国家卫生和计划生育委员会“十三五”规划教材
全国高等医药教材建设研究会“十三五”规划教材
全国高等学校教材

供法医学类专业用

法医物证学实验指导

第2版

主　编　张　林

副主编　黄代新　庞　灏　孙宏钰

编　者（以姓氏笔画为序）

扎拉嘎白乙拉（中南大学）　罗海玻（四川大学）
龙　兵（四川警察学院）　庞　灏（中国医科大学）
孙宏钰（中山大学）　聂胜洁（昆明医学院）
李淑瑾（河北医科大学）　徐红梅（复旦大学）
邱平明（南方医科大学）　黄　江（贵阳医学院）
张　林（四川大学）　黄代新（华中科技大学）
张　越（皖南医学院）　梁伟波（四川大学）
易少华（华中科技大学）

人民卫生出版社

图书在版编目(CIP)数据

法医物证学实验指导 / 张林主编. —2 版. —北京：人民卫生出版社，2016

ISBN 978-7-117-22737-7

Ⅰ. ①法… Ⅱ. ①张… Ⅲ. ①物证－法医学－实验－教材 Ⅳ. ①D919.2-33

中国版本图书馆 CIP 数据核字(2016)第 123367 号

法医物证学实验指导

第 2 版

主　　编：张　林
出版发行：人民卫生出版社（中继线 010-59780011）
地　　址：北京市朝阳区潘家园南里 19 号
邮　　编：100021
E - mail：pmph @ pmph.com
购书热线：010-59787592　010-59787584　010-65264830
印　　刷：人卫印务（北京）有限公司
经　　销：新华书店
开　　本：850 × 1168　1/16　　**印张**：15
字　　数：444 千字
版　　次：2008 年 8 月第 1 版　2016 年 3 月第 2 版
2022 年 11 月第 2 版第 4 次印刷（总第 5 次印刷）
标准书号：ISBN 978-7-117-22737-7/R · 22738
定　　价：40.00 元

全国高等医学院校法医学专业第五轮
规划教材修订说明

20 世纪 80 年代，我国在医学院校中设置了法医学专业，并于 1988 年首次编写了成套的法医学专业卫生部规划教材，从而有力地推动了法医学教育的发展。2009 年五年制法医学专业规划教材第四轮出版发行。为促进本科法医学专业教学，教育部法医学专业教学指导委员会在 2014 年开始制定审议国家法医学本科专业教育质量标准并拟报教育部审批。根据质量标准要求及法医学相关领域学科进展，2014 年经全国高等医药教材建设研究会和全国高等医学院校法医学专业教材编审委员会审议，启动第五轮教材修订工作。

本轮修订仍然坚持“三基”“五性”，并努力使学生通过学习达到培养具有坚实基础理论知识和专业知识、熟悉司法鉴定程序和法医鉴定技能、掌握法学、医学及相关学科知识，具有良好的思维判断能力以及分析问题能力的法医学高级复合型人才的专业培养目标。新教材体现了法医学领域的新进展和我国的新法规、新政策与新要求；考虑了学生的就业，具有较强的实用性，使学生在毕业后的实际工作中能够应用所学知识。本轮教材在编写中强调了可读性、注重了形式的活泼性，并全部配备了网络增值服务。

全套教材 16 种，其中主教材 11 种，配套教材 5 种，于 2016 年全部出版。所有教材均为国家卫生和计划生育委员会“十三五”规划教材。

第5轮法医学专业教材目录

1. 法医学概论	第5版	**主编**	丁　梅					
2. 法医病理学	第5版	**主编**	丛　斌	**副主编**	官大威	王振原	高彩荣	刘　敏
3. 法医物证学	第4版	**主编**	侯一平	**副主编**	丛　斌	王保捷	郭大玮	
4. 法医毒理学	第5版	**主编**	刘　良	**副主编**	张国华	李利华	贠克明	
5. 法医毒物分析	第5版	**主编**	廖林川	**副主编**	王玉瑾	刘俊亭		
6. 法医临床学	第5版	**主编**	刘技辉	**副主编**	邓振华	邓世雄	陈　腾	沈忆文
7. 法医精神病学	第4版	**主编**	胡泽卿	**副主编**	赵　虎	谢　斌		
8. 法医人类学	第3版	**主编**	张继宗	**副主编**	蔡继峰	赖江华		
9. 刑事科学技术	第4版	**主编**	李生斌	**副主编**	张幼芳	李剑波		
10. 法医法学	第3版	**主编**	常　林	**副主编**	邓　虹	马春玲		
11. 法医现场学		**主编**	万立华	**副主编**	阎春霞	陈新山		
12. 法医病理学实验指导	第2版	**主编**	成建定	**副主编**	周　韧	王慧君	周亦武	莫耀南
13. 法医物证学实验指导	第2版	**主编**	张　林	**副主编**	黄代新	庞　灏	孙宏钰	
14. 法医毒理学实验指导		**主编**	朱少华	**副主编**	黄飞骏	李　凡	喻林升	
15. 法医毒物分析实验指导	第2版	**主编**	沈　敏	**副主编**	金　鸣	周海梅		
16. 法医临床学实验指导	第2版	**主编**	刘兴本	**副主编**	顾珊智	樊爱英		

全国高等学校法医学专业第五轮
规划教材编审委员会

顾　　问

石鹏建　陈贤义

主任委员

侯一平

副主任委员

丛　斌　王保捷　李生斌　周　韧　杜　贤

委　　员

张　林　杜　冰　喻林升　赵子琴　王英元
樊爱英　陈　晓　陶陆阳　赵　虎　莫耀南
李利华　刘　良　邓世雄　杨　晋

秘　　书

廖林川　潘　丽

主编简介

张林，教授，博士生导师，现任四川大学校长助理，教育部高等学校法医学专业教学指导委员会秘书长，中国法医学会物证专业委员会副主任，国际法医遗传学会（ISFG）会员，四川省法医学会常务理事。《中华医学遗传学学报》《四川大学学报》等杂志编委。获国务院特殊津贴，卫生部突出贡献专家，教育部跨世纪人才，四川省科学与技术学术带头人。

从事法医学专业本科教学二十余年，主编法医学类国家规划教材两本，参编法医学专业教材及参考书籍十余部。国家级精品课程《法医物证学》主讲教师。主讲多次视频公开课，资源共享课等法医学专业网络公共课程。主要研究领域为法医物证学，主要研究方向为：法医学新型遗传标记的探索研究，新一代测序技术在法医学领域中的应用研究，脑损伤相关研究等。在国外 SCI 期刊发表科研论文 120 余篇，获发明专利 5 项。主持国家 973 前期及 863 重点等国家重点科技研项目。负责了 8 项国家自然科学基金，11 项省部级科研项目。获得过教育部科技进步二等奖，人民解放军医疗成果二等奖，四川省科技进步一等奖。

副主编简介

黄代新，教授，博士生导师，现任华中科技大学同济医学院法医学系主任、湖北同济法医学司法鉴定中心主任及法医物证与毒物分析教研室主任，国际法医遗传学会（ISFG）及中国法医学会会员、教育部高等学校法医学专业教学指导委员会及中国遗传学会法医遗传专业委员会委员、湖北司法鉴定协会常务理事以及《中国法医学杂志》编委。

从事法医学专业本科教学工作19年，参编法医学专业教材及参考书10余部，为省级精品课程《法医物证学》负责人。研究领域为法医遗传学，主要研究方向为DNA遗传标记及表观遗传标记的法医学应用。迄今，主持或参与国家自然科学基金项目6项，已发表科研论文90余篇。

庞灏，教授，博士生导师，中国医科大学法医学院法医物证学教研室教师。

现主要从事法医物证学和法医学的教学工作。研究领域主要涉及法医物证学中混合斑组分的分离及个人识别，帕金森氏病中遗传学相关的发病机制研究，以及环境毒素致帕金森氏病的相关机制研究。目前为止，以第一申请人获得过国家自然科学基金面上项目资助3项。在国内外期刊上发表学术论文近百篇，其中以第一作者和通信作者发表文章近20篇，累计影响因子超过50分。

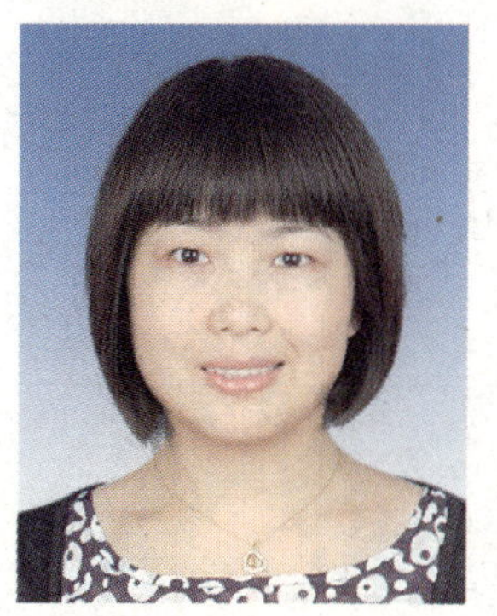

孙宏钰，教授，硕士研究生导师，中山大学中山医学院法医学系副主任，法医物证学教研室主任。中国法医学会法医物证专业委员会委员，广东省法医学会理事，广东省司法鉴定协会法医物证专业委员会主任。

自1999年始于中山医科大学（现中山大学）从事法医物证学专业课程教学工作。主要研究方向包括法医个体识别和亲子鉴定、DNA遗传标记的开发和检测、DNA多态性分析技术及其在法医物证学中的应用等。先后主持和参加国家自然科学基金和教育部留学人员科研启动项目共6项、省市级科技项目8项，发表研究论文60余篇。作为主要完成人的科研成果曾获“公安部科技进步一等奖”“国家科技进步二等奖”和“广东省科技进步二等奖”。

前 言

法医学是临案科学，法医物证学更是以鉴定生物检材的成分和特性以证明案件事实为核心的学科。它是一门实践性和综合性很强的学科，是侦破案件的向导，查明事实的依据，审查证据的手段。法医物证学实验技术是法医物证学应用于实践的关键，是各个学科先进技术在生物性检材检验中的集中体现。我们编写《法医物证学实验指导》的目的正是配合法医物证学教学过程中所需实验技术的教学方案，同时为法医物证学工作实践提供检验所需的实验技术方案。

法医物证学实验指导第 1 版教材主要注重于实验教程在专业教学中的地位和作用，贯彻经典实验技术与现代实验技术相结合的主导思想，从 20 世纪 70 年代的法医血型血清学技术，到今天应用最广泛也是最有效的 DNA 分型技术等都进行了详细的描述。如今已经过去 8 年时间，分子生物学技术领域发生了翻天覆地的变化，我国法医物证学实践在国家大力支持下也得到了长足的发展。新形势下的高等教育必须采用符合时代变迁的知识教材，为此我们编写了《法医物证学实验指导》第 2 版。

第 2 版中我们增加了法医物证学实践中所应用的新技术，包括焦磷酸测序法测定 SNP 基因型等技术。为了提高学生的现场分析能力，本书增加了现场检材提取的实验章节，血痕基本形态分析的实验章节等。为了提高同学们的 DNA 分析能力，我们根据 DNA 分型实践中常见的疑难问题专门设计了相关实验。除此之外，在本书中还增加了 DNA 数据库的介绍，似然率的计算实验以及鉴定文书的撰写实验。相较第 1 版而言，第 2 版更加注重学生综合能力的培养，而不仅仅局限于实验操作，同时增强了对实验异常结果分析判断能力的培养。为了使本书更为简洁有效，我们精简或合并了部分不再常用的技术方案，如血清型、酶型的测定，多态性蛋白基因型的检测等。同时在附录中增加了常用的 STR 基因座群体数据，常用试剂及配方等。我们努力将《法医物证学实验指导》编写成为一本与《法医物证学》紧密配合的实践教材，能适应现代需求的高层次刑事科学技术教科书以及法庭科学的技术指南。它可供普通高等学校法医学专业必修课和医学类专业选修课使用，也可作为刑事侦查、科学研究人员从事业务工作的参考书。

《法医物证学实验指导》在编写过程中得到全国众多高校法医学院（系）老师们的大力支持，谨此致以诚挚的谢意！由于我们知识水平和经验有限，本书难免有不足乃至错误之处，祈盼各院校师生不吝指正，以期更正和提高。

张 林

2016 年 1 月

目　　录

第三篇 DNA分型

第一章　绪　　论

一、法医物证学实验的任务和目的

法医物证学是以法医物证为研究对象，研究和解决法律上有关的生物检材鉴定的一门学科。法医物证是以其生物检材的成分和特性来证明案件事实，它是侦破刑事案件的向导，查明案件事实的依据，审查其他证据的手段。而生物检材必须由实验技术来检验，因此法医物证学实验自然成为法医物证学的核心所在。

法医物证学涉及血清学、免疫学、遗传学、生物化学和分子生物学等多种边缘学科。同样，法医物证学实验也相应地囊括这些学科的实验内容和技术手段。法医物证学实验是一门多学科交叉的实验课程，有其独创性和特殊性。

法医物证学主要的任务在于个人识别和亲权鉴定。个人识别是指以同一认定理论为指导原则，通过对生物检材的遗传标记做出鉴定，依据个体特征来判定多个生物检材是否属于同一个体的认识过程。亲权鉴定是指分析个体的遗传标记，根据遗传规律对被控父母与子女的血缘关系进行鉴定。法医物证学实验主要是进行个体同一性认定和亲缘关系鉴定的实验，它的实验结果为刑法和民法的审判工作提供坚实而有力的证据。

通过法医物证学实验，可以提高实践理论知识，培养分析问题和解决问题的能力。因此，法医物证学实验的任务和目的就是将法医物证学的理论知识运用到实践中来，将各种学科的实验技术融入到生物检材的检验中去，直接而有效的解决司法实践中的个人识别、亲权鉴定及案件重建等问题。

二、法医物证学实验的研究方法

纵观历史，法医物证学研究方法经历了上百年的发展。自 1901 年 Landsteiner 发现 ABO 血型系统以后，半个世纪内至少 21 种细胞血型系统得以完成；1958 年 Dausset 通过发现 HLA-A_2 确立了白细胞系统；60 年代以来，通过各种电泳技术进行了血清型和酶型的检测；70 年代以来通过等电聚焦技术发现了多种血清型和酶型的亚型；80 年代 DNA 多态性被应用于法医物证学，先后发展了 DNA 指纹、聚合酶链反应和 DNA 测序等技术，现阶段新一代测序技术的逐渐普及为法医物证学的检验也带来了前所未有的机遇。伴随生命科学日新月异的发展，法医物证学实验有了质的飞跃，由常量检测发展到微量及超微量检测，由蛋白质水平检测发展到分子水平检测。

一方面，随着法医物证学发展成为法医血清学、法医分子生物学、法医人类学及法医牙科学等分支学科，法医物证学实验的内容涉及多种学科，如遗传学、人类学、物理学、化学、生物化学、分子生物学和相关临床医学等学科的实验内容和技术手段。另一方面，由于法医物证包括的范围极广，实验对象包括人体血液、精液、阴道液、毛发、指甲、各种软组织和骨骼等生物检材。这造就了法医物证学实验成为一门利用各种学科实验技术，对各种生物检材进行检验的交叉性实践学科。法医物证学实验总是与生命科学各学科的发展保持几乎一致的速度，及时而有效地将各种实验技术的创新和完善应用于法医物证鉴定中，极大地丰富了法医物证学实验的研究方法。

三、法医物证学实验检材的发现、提取和送检

法医物证学实验的检材主要指各种生物检材，包括体液、分泌液、排泄物，比如血液、精液、尿液、阴道分泌物、羊水及其斑痕等等，也包括各种组织器官、毛发、骨骼、牙齿等等。善于对法医物证学实验检材的发现、提取、送检，是充分发挥物证作用的前提，是开展法医物证学实验的首要条件。

四、法医物证学鉴定结论的法律相关问题

法医物证学是通过遗传标记分析为案件侦查提供线索，为审判提供科学证据，做出法医物证学鉴定结论。但鉴定结论不等于司法鉴定结论。只有当法医物证学鉴定结论经过司法人员审查，认为其正确可信，方具有法律效力，才能作为一种法律证据。法医物证学鉴定结论的法律效力取决于以下条件：

1. 法医物证学鉴定人或鉴定单位必须得到司法机关的认可　只有受司法机关指派或聘请的法医物证学鉴定人或鉴定单位，做出的法医物证学鉴定才具有法律效力。当然，法医物证学鉴定人和鉴定单位的资格必须满足一系列条件，经过严格审查之后才能具备。

2. 法医物证学鉴定程序必须符合法律要求　法医物证学鉴定必须具备委托、受理和鉴定三个规范的法律程序。只有受司法机关委托，全面检验，操作规范，经过科学分析后做出的法医物证学鉴定结论，再经司法人员审定后，才是具有法律效力的鉴定结论。

3. 法医物证学鉴定结论必须内容完整，格式规范　法医物证学鉴定结论一般包括以下内容：委托进行鉴定的单位；鉴定的目的和要求；提交的材料；鉴定的时间和地点；鉴定的方法；实验分析结果；鉴定结论；鉴定单位及鉴定人签名。

法医物证学鉴定结论具备证据的基本特征，同时，鉴定方法和原理具备科学性，鉴定结果具有实验的重复性。鉴定结论是针对案件中的专门性问题做出判断性结论，是对司法审判提供的科学证据，而不是对相关事实的法律评价。

第一篇　现场生物物证样本处理

第二章　现场生物物证检材的提取、保存与送检

现场生物物证检材的提取、保存与送检是整个物证检验环节极其重要的一步。这一阶段的处理直接决定是否能够在现场获得有价值的生物物证。如果在这一阶段出现错误，可能导致遗漏有价值的生物物证，物证失去检验价值，物证污染等。从而影响整个案件的侦破与诉讼，甚至导致错案的发生。

实验一　现场体液斑的提取、包装、保存与送检

体液斑是现场非常常见的生物检材。该实验主要适用于现场血痕、精斑、唾液斑等斑迹类检材的提取、包装、保存与送检。

【实验技术原理】

现场体液斑的提取方法主要包括棉签转移、直接提取、粘胶带转移、纱布转移、刮取等。根据体液斑存在于不同的载体而灵活选用相应的方法。棉签转移是实践中非常常用的提取方法，广泛适用于地面、墙壁等非渗透性客体上斑迹的转移。直接提取适用于卫生纸、烟头、衣物、避孕套等小件或可直接剪取的检材。该实验以地面血痕、衣服血迹、烟头、和水杯为例，对斑迹类检材的提取方法做一介绍。

【实验材料】

1. 材料准备　去核酸灭菌水、现场物证采集箱、照相机、警用手电、物证牌、比例尺、物证袋、物证盒、DNA采集专用棉签、笔、记录本、手套、防护衣、鞋套、帽子、口罩等。

2. 现场准备　实验前预先布置好现场，案情设计合理，现场生物物证包括有地面血迹、血衣、烟头、水杯等。

【实验方法】

到达现场时应首先做好现场保护工作，在现场周围布上警戒线，禁止无关人员进入现场。物证采集应在2～3人的配合下进行，采集人员在进入现场前应穿戴洁净的工作服、一次性鞋套、帽子、口罩、手套等防护设备。注意帽子必须包裹住头发，手套必须戴过袖口。

1. 地面血痕

(1) 血痕的固定：在血痕旁放置物证牌、比例尺，采用照相或录像的方式进行血痕固定，同时做好详细的提取记录。

(2) 取出采集DNA专用棉签一根，采用去核酸灭菌水浸湿棉签头部(微湿。注意取出棉签时，应从棉签棒端打开包装，禁止触碰棉签头部)。

(3) 采用微湿的棉签头部擦拭地面血痕。

(4) 再取出一根干棉签，用力反复擦拭地面血痕，尽量使血痕全部转移到棉签头部。

（5）若地面血迹未干燥，则不用浸湿，而采用干棉签头部直接蘸取。

（6）将棉签自然阴干后置于专用的纸质物证袋，做好标记，填写好物证袋上相应提取记录（案件名称、提取地点、提取时间、检材名称、提取人、见证人等）。如果棉签难以在短时间内干燥，可采用专用物证包装盒保存棉签。

（7）阴干的棉签置于阴凉干燥处室温保存。

（8）送检：填写送检委托书，及时送检。包装检材的包装物应保证在运输过程中避免淋湿、相互摩擦、冲撞以及失落。

2. 衣服

（1）固定：在衣服旁放置物证牌，采用照相或录像的方式固定衣服的原始状态。

（2）肉眼观察衣服上血迹，深色衣服上血迹可能不明显，可采用多波段光源观察血迹，或在黑暗处采用鲁米诺喷显血迹。

（3）对衣服上的血迹部位进行拍照固定。

（4）用剪刀剪取血迹部位 $1cm^2$ 左右，置于纸质物证袋。

（5）若血迹未干燥，应自然阴干后置于纸质物证袋，做好标记，填写好物证袋上相应提取记录。

（6）剪取衣服上未沾血迹部位作为对照样本，装入物证袋，做好标记。

（7）剪取衣服衣领、袖口等部位，采集穿衣人的生物检材。

（8）剪取后的衣服折叠后装入大号纸质物证袋（可采用洁净隔离纸垫于每次折叠处）。

（9）剪取的检材和衣服一并送检，要求同上。

3. 烟头　主要采集烟头上与口唇接触部位。

（1）固定：同上。

（2）采用镊子夹取烟头。

（3）剪刀剪去烟灰部分，但注意保留烟的品牌。

（4）将烟头放入物证袋，做好标记，填写好物证袋上相应提取记录。如果烟头较多，每个烟头均应单独包装。如果烟头湿润，应晾干后装入物证袋。

（5）送检：同上。

4. 水杯上的唾液斑　主要是采集杯口边缘与口唇接触的部位。

（1）固定：同上。

（2）取出采集 DNA 专用棉签一根，采用去核酸灭菌水浸湿棉签（微湿）。

（3）采用微湿的棉签反复擦拭水杯边缘（与嘴唇接触部位）。

（4）将棉签自然阴干后置于专用的纸质物证袋，做好标记，填写好物证袋上相应提取记录（案件名称、提取地点、提取时间、检材名称、提取人、见证人等）。如果棉签难以在短时间内干燥，可采用专用物证包装盒保存棉签。

（5）阴干的棉签置于阴凉干燥处室温保存。

（6）棉签转移采集后的水杯也应一并提取。

（7）送检：同上。

【注意事项】

1. 现场保护意识　做好现场保护，防止无关人员进入现场、破坏现场。采集后做好是否需要复勘现场的准备。

2. 证据意识　工作人员在采集现场生物物证时要具有强烈的证据意识，采集的过程中要严格按照相关规定做好拍照、记录、鉴证人签字等相关工作。

3. 防止检材污染　污染的来源包括进入现场的人员，检材之间的交叉污染，采集用的器械、试剂、棉签等。因而，进入现场的人员，尤其是直接接触检材的人员要注意避免自身 DNA 污染物证，采集用的器械均应该消毒或采用一次性用具，检材要单独分开包装防止检材之间的交叉污染。

4. 防止检材腐败　血痕、精斑等斑迹类检材，只要保存方法正确，可以保存相当长时间，但是如果检材未阴干，处于潮湿环境中，也很容易发生腐败变质，失去检验价值。

5. 衣服上血迹较多时，要注意及时采集血迹和衣领、袖口等部位检材　曾有现场发现嫌疑人所穿衣服，衣服上留有大量受害人血迹。采集人员将整件衣服直接装入物证袋，血迹干燥后呈粉末状，污染整件衣服，最终导致未能检测出嫌疑人脱落细胞，难以认定嫌疑人。

6. 采集物证后应制作物证采集清单，需鉴证人签字。

【思考问题】

1. 采集生物检材过程中应注意哪些容易发生污染的环节？

2. 如何防止生物检材的腐败？

实验二　现场微量生物检材的提取、保存与送检

微量生物检材多见于人体接触性检材，如门把手、牙刷、梳子、果核、打火机等。微量生物检材量小，难以发现，易损失，因而对提取、保存和送检的要求均较高。

【实验技术原理】

微量生物检材的发现比较困难，需要结合现场分析进行检材定位。目前也有一些仪器用于发现微量生物检材，如采用多波段光源发现微量血迹。一些痕迹显现方法，如“502”熏显、碘熏等均可用于指印类接触性生物物证的发现。在提取微量生物检材时要尽量使得采集的细胞浓度高，污染小，最大程度提高检出率。因而，在提取时要注意找准提取部位，转移时采用小的载体，尽量提高生物检材采集的浓度和纯度。提取时，可根据不同的载体采用专用棉签、专用脱落细胞粘取器、纱线、植绒拭子等。

【实验材料】

1. 材料准备　去核酸灭菌水、照相机、电筒、物证牌、比例尺、物证袋、物证盒、DNA 采集专用棉签、笔、记录本、手套、防护衣、鞋套、帽子、口罩。

2. 现场准备　实验老师预先布置现场。

【实验方法】

微量生物检材的提取应有 2～3 人进行配合。提取前穿戴洁净的工作服、一次性鞋套、帽子、口罩、手套。注意帽子必须包裹住头发，手套必须戴过袖口。

1. 门把手上微量生物检材的提取、包装与送检——方法 1。

(1) 检材的固定：在门把手旁放置物证牌，采用照相或录像的方式进行固定，做好详细的提取记录。

(2) 取出采集 DNA 专用棉签一根，采用去核酸灭菌水浸湿棉签(微湿。注意取出棉签时，从棉签棒端打开包装，禁止触碰棉签头部)。

(3) 采用微湿的棉签用力反复擦拭门把手，尽量擦干表面。

(4) 将棉签自然阴干后置于专用的纸质物证袋，做好标记，填写好物证袋上相应提取记录。如果棉签难以在短时间内干燥，可采用专用物证包装盒保存棉签。

(5) 送检，同前。

2. 门把手上微量生物检材的提取、包装与送检——方法 2。

(1) 检材的固定(同上)。

(2) 剪取纱线一段，约 1cm，浸湿。

(3) 采用镊子夹取纱线，反复擦拭门把手。

(4) 剪取另一纱线，约 1cm，反复擦拭门把手。

(5) 将两根纱线放置于 EP 管，低温保存。

(6) 送检，同前。

3. 采用专用细胞粘取器采集微量生物物证(见增值服务部分)。

【注意事项】

1. 微量生物检材对提取、包装、保存、送检的要求极高　提取时，要注意找准提取部位，尽量提高生物检材采集的浓度和纯度。微量生物检材很容易受到外源性 DNA 的污染，在检材的提取和保存过程中，尤其要注意防止污染。为防止检材腐败、变质，提取的微量生物物证一定要及时送检。在采集极其微量的接触性检材时(如刀柄部位遗留的嫌疑人脱落细胞)，可以采用 1～2mm 的纱线擦拭，擦拭后采用直扩试剂盒进行 PCR 扩增。对于多人共同接触的检材(比如刀刃端含有受害人 DNA，而刀柄端含有嫌疑人 DNA)，采取分段提取，不同部位的生物检材分别单独转移，单独包装，避免相互污染。

2. 手印类微量生物物证的采集。对于手印类接触性生物检材的采集会涉及手印的痕迹显现。对于没有显现价值的手印(如反复接触导致手印纹线模糊)，可直接进行生物物证采集。对于有手印显现价值的要先进行手印采集，在痕迹显现的方法上，优先选用光学手段进行显现，也可采用碘熏、"502"等对 DNA 检验无影响的显现方法。在显现处理后进行生物物证采集。

【思考问题】

1. 常见微量生物物证存在的载体有哪些?

2. 微量生物物证采集的注意事项有哪些?

实验三　现场其他生物检材的提取、保存与送检

现场其他生物检材主要指毛发、肌肉、内脏组织、牙齿、骨组织等，均是现场非常常见的生物检材。这类检材由于各自的组织特性，在提取、保存及送检上与斑迹类检材有许多不同之处。

【实验技术原理】

毛发、肌肉、内脏组织、牙齿、骨组织等检材的提取大多采用直接提取法。毛发细微，难以发现，常需借助强光、多波段光源等光学手段，保存时要注意防止毛发的丢失。肌肉与内脏组织易于腐败，应及时采集，采用冷冻或 75% 乙醇保存。附有软组织的小骨片可连同软组织一并提取，附着在大块骨组织上的软组织可先将软组织剥离，与骨组织分别保存。骨组织可冷冻或晾干后干燥环境保存。

【实验材料】

1. 材料准备　去核酸灭菌水、75% 乙醇、照相机、电筒、物证牌、比例尺、物证袋、广口瓶、标签、笔、记录本、手套、防护衣、鞋套、帽子、口罩。

2. 现场准备　实验前预先布置好现场。

【实验方法】

需 2～3 人配合进行。提取前穿戴洁净的工作服、一次性鞋套、帽子、口罩、手套。注意帽子必须包裹住头发，手套必须戴过袖口，使用的镊子、容器均需洁净，禁止重复使用一次性器具。

1. 毛发的提取、保存和送检

(1) 借助警用手电等光学手段发现现场毛发。

(2) 固定：在毛发旁放置物证牌、比例尺，采用照相或录像的方式进行固定，同时做好详细的提取记录。

(3) 采用镊子夹取毛发，注意夹取时不要触碰毛囊部位。

(4) 将提取的毛发置于透明物证袋，独立包装，禁止多根毛发混装。若毛发潮湿，应晾干后置于透气的纸质物证袋包装。也可采用胶带将毛干部位粘于滤纸上，装入物证袋。

(5) 若从被害人身体上提取脱落毛发时，必须提取被害人血样作为比对样本。

(6) 做好物证袋上的标记。

（7）室温保存，及时送检，送检时注意防止毛发丢失。

2. 肌肉的提取、保存和送检

（1）固定：在肌肉组织旁放置物证牌，采用照相或录像的方式进行固定，同时做好详细的提取记录。

（2）采用镊子夹取肌肉组织，置于洁净容器内。

（3）密封后 −20℃保存，也可采用 75% 乙醇浸泡室温保存。

（4）做好物证标记，冷藏，及时送检。

3. 牙齿的提取、保存和送检

（1）固定：在牙齿旁放置物证牌，采用照相或录像的方式进行固定，同时做好详细的提取记录。

（2）采用镊子夹取牙齿，用刷子清洗牙齿。

（3）晾干后置于透气的纸质物证袋，做好标记。

（4）干燥环境保存，及时送检。

【注意事项】

1. 毛发的采集　有的现场可能会有大量毛发，比如宾馆、车站、商场等公共场所。在采集这类现场的毛发时，要注意根据案情进行分析判断，选择与案情有关的重点部位采集，比如作案工具上的毛发、作案时所戴帽子上的毛发等。同时注意选择毛囊明显、检验价值大的毛发。

2. 防止组织腐败　甲醛水溶液（福尔马林）是防止组织腐败很好的溶液，但甲醛水溶液浸泡的组织难以提取 DNA，因而不适用于 DNA 检测组织的保存。肌肉组织应采用 75% 乙醇或 −20℃低温保存。

【思考问题】

1. 75% 乙醇浸泡防止腐败的原理是什么？为何不能采用甲醛水溶液浸泡？

2. 哪些骨组织更加适合做 DNA 检测？

第三章　现场血迹分析

血迹是现场非常常见的物证。血迹分析是综合运用生物学、物理学、数学方面的知识，对现场血迹的形成方式进行分析判断。现场血迹分析对于案件性质的判断、是否为第一现场、搏斗情况、受伤情况等具有重要参考意义，从而为案件的侦破、诉讼提供重要信息。

实验四　现场血迹类型分析

血迹类型分析是现场血迹分析的重要部分。血迹类型的正确判断是血迹分析的关键，常常能够为案情分析提供重要信息。本实验适用于现场勘查中血迹的初步分析，包括现场血迹的固定、各种类型血迹的识别与分析。

【实验技术原理】

该实验是在掌握了血迹类型的基础知识上进行。血迹分析步骤上，首先做好现场血迹的固定，然后确定血迹类型，最后分析血迹形成方式。方法上，主要通过肉眼观察现场血迹，按照先想后动、先原始后变动、先无损后有损、先地面后空间的原则，采用照相机、摄像机等设备固定现场血迹，结合血迹类型的基本知识进行血迹类型及形成方式分析。

【实验材料】

1. 材料准备　强光手电、照相机、比例尺、物证号牌、警戒线、手套、脚套、头套、口罩、帽子、纸、笔、生物物证现场勘查箱。

2. 现场准备　实验老师提前做好模拟现场的布置工作，模拟现场最好基于真实的典型案例进行设计。模拟现场血迹种类多样，血迹分布符合案情，便于开展后续现场分析。

【实验方法】

1. 进入现场

(1) 在现场周围拉上警戒线，做好现场保护，防止无关人员进入现场。

(2) 进入现场时应穿戴好一次性鞋套、帽子、口罩、手套，注意帽子必须包裹住头发，手套必须戴过袖口。在现场走动过程中要注意避开血迹部位，避免人为形成二次血迹，可采用专用现场踏板铺板后进入现场。

2. 肉眼观察现场血迹的空间分布情况，做好记录。

3. 现场血迹类型分析

(1) 确定血迹类型：通过血迹形态特征，初步判断血迹类型。血迹类型主要包括滴落状血迹、喷溅状血迹、抛甩状血迹、流柱状血迹、浸染状血迹、擦拭状血迹、血印痕、血泊等。

(2) 血迹的固定：在血迹旁放置物证牌、比例尺，采用照相或录像的方式进行血迹固定，同时做好详细的现场记录。对于垂直面上的血迹进行拍照时，最好在血迹下方画一条“水平线”，便于后续的血迹飞行角度的计算。

(3) 对于清洗过的潜血血迹，可采用血迹增强技术进行显现处理，比如鲁米诺喷显试剂(在显现之前应先进行拍照固定）。

4. 制作现场血迹分布草图。

5. 根据血迹分布、血迹类型初步分析血迹形成方式，分析讨论案情，重建现场。

【注意事项】

1. 现场血迹较多时，一定要注意穿戴鞋套，现场行走时要避免踩踏血迹，避免人为形成二次血迹，影响分析。

2. 现场除了血迹信息外，还有许多其他信息，比如足迹、指纹、工具痕迹等。在实践中进行案情分析时，一定要注意综合多方面信息，包括现场情况、调查访问、尸体检验、实验室检验等。

【思考问题】

1. 现场血迹分析的步骤有哪些？

2. 血迹类型有哪些？

3. 如何区分抛甩状血迹和喷溅状血迹？

实验五　现场血迹形态分析与计算

现场血迹分析与计算通常在进行了现场血迹类型初步判断之后，通过测量、计算，主要针对溅洒血迹的形成方式进行进一步分析，为案情分析和现场重建提供相应信息。

【实验技术原理】

大多溅洒血迹形态是由于血滴以一定的速度撞击靶面形成。单个溅洒血迹呈现出以撞击点为中心呈扇形或辐射形向外分布的形态。血迹形态的形成除了碰撞形成外，还受到许多因素的影响，比如撞击方向、撞击力度、流血量、靶面质地等。在确定出血位置时，首先确定血源集中区域，从二维空间上确定出血的区域，然后通过血迹形态的测量来计算撞击角度。最后通过血迹集中区域和撞击角度即可确定血源的空间位置。

【实验材料】

1. 材料准备　强光手电、照相机、比例尺、物证号牌、弹性拉线、手套、脚套、头套、口罩、帽子、纸、笔、生物物证现场勘查箱。

2. 现场准备　实验老师提前做好模拟现场的布置工作。现场血迹应包括滴落血迹、抛甩血迹、喷溅血迹、溅落血迹等。现场血迹分布符合案情，便于开展后续现场分析。

【实验方法】

1. 确定血源集中区域

(1) 在溅洒血迹处选择几个相对独立的血迹。

(2) 用直尺将血迹的纵轴连接成直线，然后进行延伸。

(3) 多个血迹形成的多条直线交汇于一点，即血源集中区域。

2. 确定出血点

(1) 观察血迹形态，选择测量血迹（选择比较靠近血迹集中区域，形态较小的血迹）。

(2) 测量血迹的大小，主要测量血迹的长度和宽度。

(3) 通过血迹长度和宽度，利用三角函数计算血迹的撞击角度。

(4) 通过拉线法确定出血位置。将拉线的一头采用粘胶带固定在血迹位置（避免粘在血迹表面），根据计算所得的撞击角度进行拉线。结合血迹集中区域确定出血点。

3. 根据血迹分析所得信息进行案情分析。

【注意事项】

1. 血迹长度与宽度的测量　测量血迹的长度与宽度时，首先确定血迹的前端和后端，由于血迹末端在撞击后未稳定沉淀之前还会发生变形，尤其是血滴体积较大时，撞击靶平面后还没有稳定沉积的血液将会沿着速度方向在物体表面摊开。因而，在测量时血迹末端的任何变形都不必考虑。

2．测量血迹的选择　现场血迹可能会比较凌乱，在测量时要注意选择那些形态典型，能够很好反应原始出血状态的血迹。

3．实践中常常难以将出血位置定位于一个精确的点上，因而通常采用出血集中区域来替代出血点，但习惯上也常沿用出血点的说法。

【思考问题】

1．影响血迹形态的因素有哪些？

2．如何选择测量的血迹？

第二篇　生物物证检材检验

第四章　血液及血痕检验

血痕是最常见的物证检材。血痕检验需要解决以下问题：①提取和送检的可疑斑痕是否是血痕；②血痕是人血还是动物血；③确定人血后，检测血液的遗传标记，进行个体识别；④其他检验，如血痕的性别、出血量、出血时间及出血部位推断等。因此血痕检验的实验主要分为预实验、确证实验、种属实验以及血型检验和DNA检验，本章主要介绍前四项内容。

第一节　预　实　验

实验六　联苯胺实验

【实验技术原理】

血痕中的血红蛋白或正铁血红素具有的过氧化物酶活性，使过氧化氢分解成水和新生态氧，后者将无色联苯胺氧化成蓝色的联苯胺蓝。本实验阳性，说明检材可能为血痕。

【实验材料】

1. 仪器　镊子、剪刀、滴管、滤纸。

2. 试剂　冰乙酸、联苯胺无水乙醇饱和液（取50ml无水乙醇，加入联苯胺颗粒，旋转振摇，直至剩余少量不再溶解，使溶液成饱和状态。上清液即为工作液）、3%过氧化氢。

【实验方法】

1. 剪取或刮取针头大小检材置于滤纸上；或将滤纸折叠，以折角轻擦斑痕，展开滤纸。

2. 在检材或擦拭处依次滴加冰乙酸、联苯胺无水乙醇饱和液各1滴，10～20秒后若不出现蓝色，再滴加3%过氧化氢1滴，立即出现蓝色为阳性反应，表明检材中含有过氧化物酶活性。不出现蓝色或几分钟后才出现淡蓝色为阴性反应。也可将冰乙酸和联苯胺无水乙醇饱和液混合后一次滴加，简化操作。

【实验结果】

联苯胺试验阳性结果仅表示待测物可能是血痕，而不能确证为血痕。试验阴性即可认定不是血痕或血痕已被破坏，不必再做进一步的检验。

【注意事项】

1. 本法灵敏度高达1∶(200 000～500 000)，故只需要微量检材，切勿剪取一大块，以免浪费检材。用来夹取或剪取阳性检材的镊子、剪刀用后必须擦洗干净，以防交叉污染。

2. 联苯胺能被氧化剂直接氧化成联苯胺蓝，故必须按冰乙酸→联苯胺→过氧化氢的顺序滴加试剂，不能颠倒。在加入过氧化氢前出现蓝色，说明检材含有氧化物质。

3. 经过预实验，检材已遭破坏，不能再做其他检验。因此，切勿将试剂直接滴在衣服、凶器或其他物体的斑痕上，否则会影响检验的后续步骤。

4. 本法特异性较差，据报道，大肠埃希菌、粪杆菌等许多细菌污染的检材也会出现假阳性反应。含植物过氧化物酶的检材在该试验中呈淡蓝色弱阳性反应，含有其他氧化剂的检材可直接将联苯胺氧化为联苯胺蓝，呈现蓝色。故联苯胺实验阳性只能说明检材“可能是血痕”。

5. 联苯胺有致癌作用，故操作中皮肤不要直接接触试剂，注意自我防护。

【思考问题】

1. 如何正确解释联苯胺试验的阳性、阴性结果？

2. 有哪些情况会导致假阳性结果的产生？该如何解决？

实验七　酚 酞 实 验

【实验技术原理】

血痕中的血红蛋白或正铁血红素具有的过氧化物酶活性，能将过氧化氢分解成水和新生态氧，后者将无色的还原酚酞（酚酞啉）氧化成在碱性溶液中呈红色的酚酞。

【实验材料】

1. 仪器　镊子、剪刀、滴管、滤纸、试管、组织针。

2. 试剂　无色还原酚酞液（氢氧化钠 20g、酚酞 1g 溶于 200ml 水中，加 20～30g 锌粒，于回流冷凝集装置下煮沸至红色消失，制成无色还原酚酞液。冷却后，于上清液中加入少量锌粒，装入褐色瓶中备用）、3% 过氧化氢。

【实验方法】

1. 检材准备同联苯胺试验。

2. 先滴加无色还原酚酞液 30 秒后无红色反应，再滴加 3% 过氧化氢，立即出现红色为阳性反应。

也可取检材浸液 1ml 加 5 滴还原酚酞液，30 秒后无红色反应，再加 3% 过氧化氢，立即出现红色为阳性反应。

或于试管内先加入 2 滴 3% 过氧化氢和 1ml 还原酚酞液，再用干净组织针插刺可疑斑痕后，插入试管内的液体中，出现红色为阳性反应。

【实验结果】

同联苯胺实验。

【注意事项】

1. 本法特异性较联苯胺试验好，据报道，植物过氧化物酶在该试验中呈阴性反应，且酚酞试验无毒、安全。

2. 本法灵敏度 1∶(100 000～500 000)，不及联苯胺试验，配制试剂亦繁琐。

【思考问题】

1. 如何正确解释酚酞试验的阳性、阴性结果？

2. 与联苯胺试验比较，本试验的优缺点分别有哪些？

实验八　无色孔雀绿实验

【实验技术原理】

血痕中的血红蛋白或正铁血红素具有的过氧化物酶活性，使过氧化氢分解成水和新生态氧，后者将无色孔雀绿氧化成绿色的醌类化合物。

【实验材料】

1. 仪器　镊子、剪刀、滴管、滤纸。

2. 试剂

A: 无色孔雀绿 0.5g、冰乙酸 1ml，加蒸馏水 50ml。

如无无色孔雀绿，则可将孔雀绿经褪色处理后用：孔雀石绿 0.1g，无水亚硫酸钠 0.4g，蒸馏水 50ml，搅拌溶解后过滤，再加冰乙酸 10ml，装于棕色瓶中备用。

B: 3% 过氧化氢。

【实验方法】

试验方法同联苯胺试验，出现青蓝色为阳性反应。或取 8ml 试剂 A 与 2ml 试剂 B 混合，在微量检材上滴加 1 滴混合试剂，出现青蓝色为阳性反应。

【实验结果】

同联苯胺实验。

【注意事项】

1. 本法灵敏度较低，1∶(10 000～20 000)，特异性较联苯胺试验好。

2. 干燥检材呈阳性反应者有重铬酸钾、硫酸亚铁、硫酸铁、氯化铁、氯化亚铁。植物中仅水芹银杏芽呈阳性，其他有的花草、野菜呈阳性。

【思考问题】

1. 如何正确解释无色孔雀绿试验的阳性、阴性结果？

2. 有哪些情况会导致假阳性结果的产生？该如何解决？

实验九　鲁米诺试验

【实验技术原理】

血痕中的血红蛋白或正铁血红素具有的过氧化物酶活性，使过氧化氢分解成水和新生态氧，后者在碱性溶液中氧化鲁米诺而产生化学发光。

【实验材料】

1. 仪器　喷雾器。

2. 试剂

A: 鲁米诺 0.1g、过氧化钠 0.5g，加蒸馏水 100ml；

B: 鲁米诺 0.1g、无水碳酸钠 5g、3% 过氧化氢 15ml，加蒸馏水 100ml。

【实验方法】

将试剂用喷雾器向可疑斑迹处喷雾，有血痕部位立即出现青白色发光现象，为阳性反应。

【实验结果】

同联苯胺实验。

【注意事项】

1. 本法具有较高的灵敏度，尤其适用于在夜间或黑暗处较大范围内发现血痕。

2. 鲁米诺试剂易氧化失效，必须临用时配制，加适量的 4- 碳酸异吡唑或尿酸可减弱自身发光现象。

3. 该试验特异性较好，唾液、黏液、尿、精液、乳汁、脓液及粪便均呈阴性反应，但一些油脂和金属物可呈阳性反应。

4. 犯罪现场的证据检材用鲁米诺检测后，对 DNA 检测没有抑制作用。预实验并不干扰后续 DNA 检测的实证，对法医实验室决定怎样处理生物证据检测非常重要。

【思考问题】

1. 如何正确解释鲁米诺试验的阳性、阴性结果？

2. 有哪些情况会导致假阳性结果的产生？该如何解决？

第二节　确证实验

实验十　显微分光镜检查

【实验技术原理】

有色物质能吸收一定波长的光，当日光通过这类物质后再经过分光镜时，其中某些波长的光被吸收，在连续光谱上出现黑色的吸收线。不同物质吸收线的位置与数量不相同。血红蛋白及其衍生物均为有色物质，各有其特殊的吸收光谱，在显微分光镜下检见这些特定的吸收线，便可确定血痕。

【实验材料】

1. 仪器　镊子、剪刀、载玻片、盖玻片、分离针、显微分光镜。

2. 试剂　33% 氢氧化钠、多硫化胺、高山试剂、浓硫酸。

【实验方法】

以燃烧氯化钠结晶的钠光校对分光镜标尺，使钠的黄色吸收线位于波长 589～589.5nm 处。

1. 碱性血色原吸收光谱的检查　取少量检材，按血色原结晶试验方法，通过显微镜观察，选择红色最强部位（最好红色充满整个视野），用分光镜取代目镜观察吸收线。亦可用 33% 氢氧化钠和多硫化胺溶液各 1 滴代替高山试剂制备碱性血色原。若检出血色原的吸收光谱，可确定检材为血痕。用高山试剂制备的吡啶血色原有 2 条吸收线，分别位于黄色区（波长为 554～565nm）和绿色区（波长 523～536nm），前者较明显，后者稍淡。用多硫化胺制备的血色原的吸收线位于波长为 555～560nm 和 528～530nm 处。

2. 酸性血卟啉吸收光谱的检查　取少量检材置于载玻片上，加浓硫酸 1 滴或 2 滴，盖上盖玻片，通过显微镜观察，选择紫色或灰绿色部位，再用分光镜检查酸性血卟啉的吸收线。酸性血卟啉的吸收线也有 2 条，一条位于橙色区，波长为 607～594nm，不明显；另一条位于黄绿色区，波长为 548～589nm，宽而明显。

3. 血红蛋白及其衍生物吸收光谱的检查　血痕较新鲜的，可用少量生理盐水或蒸馏水浸泡检材，将浸液滴于载玻片上用显微分光镜检查。若检出血红蛋白或其衍生物的吸收线，可确定检材有血痕。血红蛋白及其衍生物的吸收峰波长见表 10-1。

表 10-1　血红蛋白及其衍生物的吸收峰波长

化合物名称	主要吸收峰波长（nm）
氧合血红蛋白（HbO）	576～578，540～542
还原血红蛋白（Hb）	556～565
碳氧血红蛋白（COHb）	568～572，538～540
硫化血红蛋白（SHb）	618，578，540
酸性正铁血红蛋白（酸性 MHb）	630，576，540，500
碱性正铁血红蛋白（碱性 MHb）	600，577，540
氰化正铁血红蛋白（CNMHb）	540
肌红蛋白（Mb）	582，542，518
高铁血红素白蛋白（MHA）	624，540，500
亚铁血红素	575，558，550，528
酸性正铁血红素	630～635，540，510
碱性正铁血红素	610～615
高铁血红素	558，530

续表

化合物名称	主要吸收峰波长(nm)
酸性高铁血红素	662，582，540，505
碱性高铁血红素	610
吡啶血色原	554～565，523～536
硫化胺制备血色原	555～560，528～530
酸性血卟啉	594～607，548～589

【实验结果】

有些物质具有类似血痕的吸收光谱，故结果判断要谨慎。显微分光镜下检见特定的吸收线，可确定检材是血痕，但阴性结果不能否定检材是血痕，只能说未能检见血痕。

【注意事项】

1. 显微分光镜检查操作简便、快速、灵敏度比结晶试验高，只要 0.1mg 血痂即可检出。检查时若发现有氰化正铁血红蛋白、碳氧血红蛋白等物质的吸收线，提示出血者有氰化物、一氧化碳中毒。

2. 血色原的吸收线能保持较长时间，如用凡士林封闭盖玻片周围，则保持的时间更长。

3. 酸性血卟啉检查尤其适用于极其陈旧的血痕和经高温、曝晒、潮湿等因素作用的血痕。但胆汁、粪便因含有原卟啉和次卟啉，该检查也呈阳性结果，必须排除此类物质的干扰后，才能下结论。

4. 做吸收光谱检查确证血痕，如操作技术熟练，一般不会发生错误的结果。但有些物质具有类似血痕的吸收光谱，应再做化学反应观察吸收线的变化，以确定检材是否有血痕。例如品红的稀释液或卡红的氨溶液，有类似氧合血红蛋白的 2 条吸收线，但加乙酸或还原剂后，品红及卡红的吸收线不变，血液的则变。

【思考问题】

1. 如何正确解释显微分光镜检查的阳性、阴性结果？

2. 有哪些情况会导致假阳性、假阴性结果的产生？该如何解决？

实验十一　血色原结晶实验

【实验技术原理】

又称为高山结晶实验。血红蛋白在碱性溶液中分解为正铁血红素和变性珠蛋白，正铁血红素在还原剂作用下被还原为血红素，后者与变性珠蛋白及其他含氮化合物（如吡啶、烟碱、氨基酸）结合，形成针状，菊花状有特殊吸收光谱的血色原结晶。阳性结果说明检材中有血存在。

【实验材料】

1. 仪器　镊子、剪刀、载玻片、盖玻片、分离针、保湿盒、显微镜。

2. 试剂　高山试剂：30% 葡萄糖液 10ml、10% 氢氧化钠溶液 3ml、吡啶 3ml 的混合液。试剂置于棕色瓶内，于 4℃保存，2～3 天使用效果最好，2 周内有效。

【实验方法】

1. 取 1～2mm 有血痕的纤维或 $1mm^2$ 血痂置于载玻片上，用分离针分离纤维或压碎血痂，盖上盖玻片。

2. 沿盖玻片边缘加 2 滴或 3 滴试剂，置于保湿盒内，静置 10～30 分钟。

3. 显微镜检查：检材周围出现樱桃红色针状、星状或束状结晶为阳性反应。晶体大小和形成的速度与检材上的血痕浓度有关，如无结晶出现，可将玻片置乙醇灯火焰上加热 20～30 秒，冷却后观察，若有上述结晶出现，仍为阳性。

【实验结果】

血色原结晶实验阳性表明检材是血痕，但确证试验灵敏度较低，易受许多因素影响，故阴性结果也不能否定检材是血痕，只能说未能检见血痕。

【注意事项】

1. 该实验操作简单，效果较好，但试剂易失效，需用临时配制的试剂。每次实验时应用已知血痕作为阳性对照检验，避免因试剂失效而产生假阴性反应。如已知血痕不出现结晶，可在试剂内加少量氢氧化钠后重新试验，若仍不能使已知血痕出现结晶，则说明试剂已失效。

2. 存放条件较好的陈旧血痕能形成典型结晶，血痕量少、发霉腐败、经过洗涤、加热或日晒较长时间（3 周以上），则不易形成结晶或形成颗粒状、大小形态不一的非典型结晶。如检材出现樱桃红色而无结晶形成，可将此玻片用显微分光镜检查，若发现血色原特有的吸收线，可以确证血痕。

3. 血色原结晶不稳定，易分解消失。要永久保存结晶标本，可将出现结晶载玻片的盖玻片轻轻揭起，在检材上滴加 1 滴或 2 滴中性树胶，再把盖玻片盖回，中性树胶凝固即可。亦可用吡啶与 20% 阿拉伯胶（3∶1）或等量的吡啶、硫化胺、10% 阿拉伯胶混合液做试剂，以得到永久性结晶标本。

【思考问题】

1. 如何正确解释血色原结晶试验的阳性、阴性结果？

2. 有哪些情况会导致假阳性、假阴性结果的产生？该如何解决？

实验十二　氯化血红素结晶实验

【实验技术原理】

血红蛋白经酸作用，分解产生正铁血红素，后者与氯化钠和冰乙酸作用生成的氯离子结合，形成氯化血红素结晶。

【实验材料】

1. 仪器　镊子、剪刀、载玻片、盖玻片、分离针、显微镜。

2. 试剂

A: 氯化钠、冰乙酸混合；

B: 10% 氯化钠 2ml、冰乙酸 10ml、无水乙醇 5ml 混合；

C: 氯化镁 1g、水 1ml、甘油 5g、冰乙酸 20ml 混合。

【实验方法】

1. 检材处理同血色原结晶试验，在检材上加约 1/3 检材量的研细的氯化钠粉末，盖上盖玻片。

2. 沿盖玻片边缘加 1 滴或 2 滴冰乙酸；或在检材上滴加 1 滴或 2 滴试剂 B 或试剂 C，微加热，至出现气泡为止，冷却后通过显微镜检查。

3. 显微镜检查出现褐色菱形、长形结晶为阳性反应。

【实验结果】

氯化血红素结晶实验阳性表明检材是血痕，但确证试验灵敏度较低，易受许多因素影响，故阴性结果也不能否定检材是血痕，只能说未能检见血痕。

【注意事项】

1. 该试验灵敏度为 1∶1900。氯化血红素结晶形成较难，一旦形成可永久保留。

2. 真菌或细菌污染、水洗和过于陈旧的血痕常呈假阴性反应。

3. 本法试剂易得，但加热时温度超过 142℃将会破坏血红素而不能形成结晶。

【思考问题】

1. 如何正确解释氯化血红素结晶实验的阳性、阴性结果？

2. 有哪些情况会导致假阳性、假阴性结果的产生？该如何解决？

第三节 种属实验

实验十三 种属鉴定－胶体金标记法

【实验技术原理】

胶体金实验采用双抗体夹心法。胶体金由金化合物制备而成，带负电荷，可将抗体免疫球蛋白吸附在表面形成一种标记了该种免疫球蛋白的“探针”，用此“探针”可以结合相应的抗原。此种由抗体标记后的胶体金称为免疫胶体金。胶体金颗粒自身呈红色，当免疫胶体金颗粒结合对应的抗原后，再与抗原相应的抗体结合，免疫胶体金颗粒便被滞留而富集，出现肉眼可见的红色据此判断阳性或阴性的结果。

免疫层析胶体金试剂条是将所有反应物均固定在硝酸纤维素膜上，反应利用膜的毛细作用原理。试剂条分为加样区、反应区和吸附区三部分。加样区贴有免疫胶体金颗粒的玻璃纤维膜。反应区有两条反应线：一条为检测线，包被有检测抗原的抗体，如抗人 Hb 抗体；一条为质控线，包被有抗免疫球蛋白抗体，能检测标记胶体金的免疫球蛋白抗体。吸附区将加样区和反应区层析扩展上来的剩余免疫胶体金颗粒吸附于其中，以提供层析的动力。

【实验材料】

1. 仪器　免疫层析胶体金试剂条，试管。

2. 试剂　人及动物血痕样本，生理盐水。

【实验方法】

1. 取少量（约 0.5cm^2）血痕检材，剪碎置试管中，加 0.5ml 生理盐水，浸泡血痕 2～12 小时，使浸泡液澄清、透亮、微带黄色，离心沉淀，用上清做沉淀反应；

2. 取出试纸条，在加样区加 3～5 滴浸出液或将试纸条的加样区浸于待测样本的浸泡液中 5～10 秒，静置 3～5 分钟。

【实验结果】

反应区中的检测线和质控线出现两条红色区带为阳性结果。只有质控线显红色区带为阴性结果。

【注意事项】

无带出现表明可能操作失误或试纸条失效，应重复测试（图 13-1）。

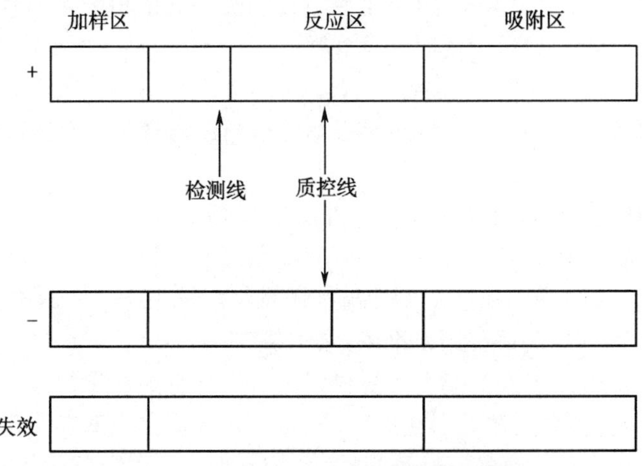

图 13-1　胶体金检测血痕的结果示意图

“+”表示阳性结果，“–”表示阴性结果，

“失效”表示胶体金试纸条已经失效

【思考问题】

1. 此实验用到的膜的毛细作用原理是什么？

2. 为什么阳性反应会出现两条红色区带？

实验十四 抗人血清(抗人血红蛋白)-环状沉淀反应

【实验技术原理】

抗血清(抗体球蛋白)与其相对应的可溶性抗原蛋白在合适的浓度下发生特异性的抗原抗体反应，形成抗原抗体复合物。沉淀素抗体主要是IgG，它拥有的与抗原的结合点不止一个，当抗原抗体浓度比例和其他条件适合时，便形成网络状结构。此时，抗原抗体反应达到最大量，复合物增大，呈不溶性，即出现肉眼可见的沉淀物，并逐渐沉淀下来。本实验在沉降管中进行，在抗原抗体两液体接触界面处出现白色的沉淀环。以抗人血清或抗人血红蛋白血清与检材浸出液作环状沉淀实验，阳性结果说明检材中含有人血。若为阴性结果说明检材不含人血。

【实验材料】

1. 仪器 小沉降管、毛细吸管、橡皮吸头、生理盐水。

2. 试剂 人血、兔血、抗体(兔抗人血清)。

【实验方法】

1. 取小沉降管3支，标号，用毛细吸管分别取抗人血清及生理盐水，按表14-1加入各管中，每管0.2ml(加时注意不能有气泡)。

2. 用毛细吸管分别吸取人血清及兔血清稀释液(1∶1000)，按表14-1加入各管中，加时应注意使抗原溶液慢慢地沿管壁流下轻轻浮于血清面上，使之成一明显界面，切勿使之相混。

3. 置37℃或室温10～20分钟，观察界面有无乳白色沉淀环。

表14-1 加样表

管号	抗人血清(ml)	生理盐水(ml)	抗原(ml)	结果
1	0.2	—	人血清0.2	
2	0.2	—	兔血清0.2	
3	0.2	0.2	—	

【实验结果】

凡有白色沉淀环即为阳性，反应快者，几分钟内即可见明显的白环。随着时间的延长，白环逐渐扩散、变粗，甚至下沉。因此重叠后应时时注意观察。

【注意事项】

1. 如果使用抗人血红蛋白血清，阳性结果表明该检材浸出液中含有人的血红蛋白，即可认定为人血痕。

2. 阴性结果时，如果血痕检材较新鲜，可以否定为人血。

3. 如果血痕过于陈旧，则不能轻易否定人血的存在，因为陈旧血痕中大部分或全部血红蛋白已变为正铁血红素，而抗人血红蛋白血清却不能与正铁血红素发生反应。故本实验不适于对过分陈旧血痕的检验，且在试剂检案中，为确保结果准确，要设置对照。

4. 如使用抗人蛋白血清，阳性反应表明检材浸出液中含有人体蛋白质，不一定是血痕。因为唾液、精液、阴道分泌液中也含有人体蛋白质成分，均可与抗人蛋白血清发生反应。所以，用抗人蛋白血清做血痕种属试验，必须在血痕确证试验阳性，肯定有血存在的前提下才能做出结论这点与抗人血红蛋白血清不同，血痕中血清蛋白比较稳定，一般条件下不易破坏，只要能用生理盐水浸泡下来，都能获得阳性结果。

【思考问题】

1. 阳性反应表明检材浸出液中含有人体蛋白质，是不是表明一定是血痕？

2. 此实验适用于所有的血痕检验吗？

实验十五 抗人血清(抗人血红蛋白)–免疫扩散实验

免疫扩散实验根据扩散方式分为单向免疫扩散实验和双向免疫扩散实验。

一、琼脂单向免疫扩散实验

【实验技术原理】

可溶性抗原在含显影抗体的琼脂介质中溶解并向四周扩散，在两者比例合适处，形成抗原抗体复合物。于抗体周围出现可见得白色沉淀环。沉淀环大小与抗原浓度成正比，由此可估计抗原量。

【实验材料】

1. 仪器 载玻片、微波炉、保温箱、保湿盒。

2. 试剂 生理盐水、沉淀素血清、已知人血痕(纱布)、动物血痕(纱布)，及未知种属血痕(纱布)。

【实验方法】

1. 布类上的血痕，剪取 1mm 长有血痕的纤维。

2. 用生理盐水配制 1% 琼脂，热融，冷却至 56℃。

3. 按 1∶3 的体积比加入预温至 56℃的沉淀素血清，混匀后取 1 滴滴于载玻片。

4. 将检材埋入尚未完全凝固的琼脂混合液中央，再于检材上补加少量混合液。

5. 将载玻片置于保湿盒内，于室温或 37℃下扩散。

【实验结果】

24 小时内检材周围出现白色沉淀环为阳性反应，每次实验均要用已知人血、动物血痕和检材无血痕部位作为阳性和阴性对照。该实验的优点为不需要制备检材浸出液，可经过实验的检材可继续用于血型测定，缺点是较为复杂。

二、琼脂双向扩散实验

【实验技术原理】

可溶性抗原与相应抗体在琼脂介质中自由扩散，当两者相遇且比例合适时，形成抗原抗体复合物，于抗原抗体间出现可见的白色沉淀线。

【实验材料】

同上。

【实验方法】

1. 1% 琼脂凝胶板上按图 15-1 打孔，中心孔加抗血清，周围孔加检材生理盐水浸出液、已知人血痕浸出液、检材无血部位浸出液和常见动物血痕浸出液。

2. 将其置于保湿盒内，于室温下或 37℃扩散。

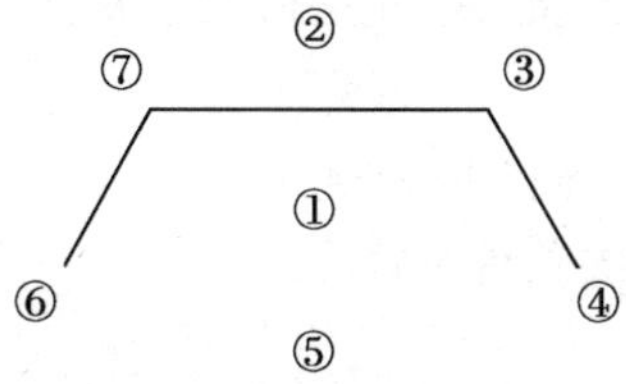

图 15-1 琼脂板打孔示意图

琼脂双向扩散试验：

1. 兔抗人血红蛋白血清。

2. 已知人血痕浸液。

3. 血痕检材浸液。

4. 检材无血痕部位浸液。

5. 牛血痕浸液。

6. 生理盐水。

【实验结果】

24 小时内出现白色沉淀线为阳性反应，无沉淀线为阴性反应。

【注意事项】

1. 该实验的优点是浸出液混浊不干扰沉淀线的观察，因琼脂可视为一种过滤器。还有不同的抗原、抗体扩散速度不同，而每一条沉淀线代表一组抗原抗体的结合，故复杂的抗原抗体系统可产生多条沉淀线，分析沉淀线的性状和位置，可判断抗原是否统一。

2. 琼脂扩散实验的结果可拍照或用氨基黑染色后作为证据保存，但沉淀的显现需要较长时间。

【思考问题】

1. 本实验的实验原理是什么？

2. 本实验的优点是什么？怎么判断抗原是否统一？

第四节　ABO 血型检验

实验十六　ABO 血型的吸收实验检测

【实验技术原理】

血痕中红细胞表面的 A、B、H 抗原能与相应的抗 -A、抗 -B、抗 -H 抗体发生特异性的抗原抗体结合，使抗血清中的游离抗体减少或消失，不能再与相应的 A、B、O 型指示红细胞表面的抗原发生凝集反应或发生的凝集反应减弱；若血痕中无某种抗原，则抗血清中的相应抗体与相应的指示红细胞会发生凝集反应，且其反应的强度没有变化。根据抗血清在与血痕吸收反应前后的效价改变情况，可推断血痕所含的血型抗原种类，判断血痕的 ABO 血型。

【实验材料】

1. 仪器　剪刀、滴管、试管、试管架、冰箱、离心机、凹孔板、显微镜。

2. 试剂　标准抗 -A、抗 -B、抗 -H 血清，标准 A 型、B 型、O 型红细胞生理盐水悬液。

【实验方法】

1. 剪取人血痕检材三份，每份约 $1cm^2$ 大小，分别剪碎放入三个 1.5ml EP 管中，试管上标明抗 -A、抗 -B 及抗 -H。剪取同样大小无血痕部位的检材，作空白对照。同时，应以已知 A 型、B 型或者 O 型血痕作阳性对照。

2. 按标记分别加入效价为 1∶32 的抗 -A、抗 -B 及抗 -H 血清各 6 滴，用玻棒挤压，使之浸透，保证能析出 4 滴。

3. 盖紧 EP 管，放室温 2 小时，4℃冰箱 12～24 小时。

4. 吸取上清液离心，测定吸收后抗血清的效价。

【实验结果】

检材无血痕部分与抗体反应后抗体效价不降低，而待测血痕部分反应后抗体效价比无血痕部分低 3 级或 3 级以上为吸收实验阳性，反之为阴性。综合抗 -A、抗 -B 及抗 -H 血清试剂吸收的级数，判断血痕中所含的 ABH 抗原，确定血痕的 ABO 血型，结果见表 16-1。

表 16-1　实验结果分析表

	抗血清稀释倍数																		
	抗 -A+A 红细胞						抗 -B+B 红细胞						抗 -H+O 红细胞						血型判定
检材与对照	2	4	8	16	32	64	2	4	8	16	32	64	2	4	8	16	32	64	
已知 A 血痕	−	−	−	−	−	−	+	+	+	+	+	−	+	−	−	−	−	−	
已知 B 血痕	+	+	+	+	+	−	−	−	−	−	−	−	+	−	−	−	−	−	
已知 O 血痕	+	+	+	+	+	−	+	+	+	+	+	−	−	−	−	−	−	−	
检材 1 无血部位	+	+	+	+	+	−	+	+	+	+	+	−	+	+	+	+	−	−	A 型
有血部位	−	−	−	−	−	−	+	+	+	+	+	−	+	−	−	−	−	−	
检材 2 无血部位	+	+	+	+	+	−	+	+	+	+	+	−	+	+	+	+	−	−	B 型
有血部位	+	+	+	+	+	−	−	−	−	−	−	−	+	−	−	−	−	−	
检材 3 无血部位	+	+	+	+	+	−	+	+	+	+	+	−	+	+	+	+	−	−	AB 型
有血部位	−	−	−	−	−	−	−	−	−	−	−	−	+	−	−	−	−	−	
检材 4 无血部位	+	+	+	+	+	−	+	+	+	+	+	−	+	+	+	+	−	−	O 型
有血部位	+	+	+	+	+	−	+	+	+	+	+	−	−	−	−	−	−	−	

【**注意事项**】

1. 抗血清的效价在实验前要用指示红细胞测定。

2. 测定吸收后的抗血清效价所用的指示红细胞应与注意事项第 1 条所用的指示红细胞相同。

3. 本实验必须设置空白对照。在没有空白对照的情况下，对阳性结果的判断一定要慎重。

4. 如果检材量少或者检材为陈旧血痕时，对阴性结果的判断一定要慎重。可以通过以下方法优化实验或者验证实验结果：①选用效价为 1∶8～1∶16 的抗血清；②用解离实验验证结果。

5. 不能仅因为抗 -A 与抗 -B 抗体未被吸收而判断被检血痕为 O 型，必须要用抗 -H 血清进行进一步的测定方可判断。

6. 所有检材均不得与手接触，以免汗液污染。

【**思考问题**】

1. 如果检材量少或者为陈旧血痕，抗血清效价应该在什么范围内？

2. 有哪些情况会导致假阴性结果的产生？该如何解决？

3. 如果检材量少，且没有抗 -H 血清的情况下，仅从抗 -A 和抗 -B 吸收级数能否判断 ABO 血型？为什么？

4. 如果抗 -A 与抗 -B 抗体未被吸收，有哪些可能性？

实验十七　ABO 血型的解离实验检测

【**实验技术原理**】

血型抗原与其相应的抗体在一定温度条件下能结合，当温度升至 50～55℃时，已结合的抗体又可分离，抗体的特异性并不发生改变，仍能凝集新鲜的拥有相应抗原的红细胞。据此特性，将血痕与已知抗体血清混合，使血痕中的血型抗原与相应的抗体相结合，再用水洗去未结合的游离抗体，然后加入已知型的指示红细胞，加温至 50～60℃，使已结合的抗体解离出来，又重新凝集相应的指示红细胞。根据凝集结果，即可判断血痕中的血型物质。

【**实验材料**】

1. 仪器　剪刀、分离针、载玻片、盖玻片、滴管凹玻片、温箱（56℃）、离心机、显微镜、保湿盒。

2. 试剂　甲醇、抗 -A 血清、抗 -B 血清、A 型与 B 型红细胞生理盐水悬液、1% 鸡蛋清。

【实验方法】

试管法：

（1）剪取血痕纤维两段，各长 0.3cm，用分离针分细，加入甲醇固定 10 分钟，滤纸吸干。

（2）分别放入凹孔内，标记上 A、B，按标记各加入效价为 1∶64 或 1∶128 的抗 -A 与抗 -B 标准血清 2 滴，检材浸在血清内，室温放置 0.5～1 小时，以利于抗原结合相应的抗体。

（3）取出检材用滤纸吸至半干，立即放入两凹孔内，用生理盐水洗 5～10 次，洗脱未被结合的多余凝集素。

（4）取出用滤纸吸至半干后，分别放入两支试管内。与抗 -A 管内加入 0.1% 的 A 型红细胞悬液 1 滴，于抗 -B 管内加入 0.1% 的 B 型红细胞悬液 1 滴。将试管放入 56℃温箱内 5～10 分钟，解离抗体。

（5）以 1000rpm 的速度离心 1 分钟。

（6）摇匀，将试管内容物倒在载玻片上，盖上盖玻片，镜检。红细胞显示凝集者为阳性反应，未出现凝集者为阴性反应。

【实验结果】

1. 结果判定　在对照正确的情况下，抗 -A 血清加 A 型红细胞凝集而抗 -B 血清加 B 型红细胞不凝集，说明血痕中有 A 凝集原，判定为 A 型；同样，抗 -A 血清加 A 型红细胞不凝集而抗 -B 血清加 B 型红细胞凝集，说明血痕中有 B 凝集原，判定为 B 型；两者均凝集，判定为 AB 型；均不凝集，判定为 O 型（表 17-1）。

表 17-1　实验结果分析表

	检材				对照		
	1	2	3	4	空白	A	B
抗 -A+A 型红细胞悬液	+	–	+	–	–	+	–
抗 -B+B 型红细胞悬液	–	+	+	–	–	–	+
血型	A	B	AB	O	对照正确		

2. 洗脱未被结合的多余凝集素是实验的关键，时间过短洗得不净，可出现假阳性，过长会出现假阴性反应。最好先用已知血型的血痕做先行实验，掌握好浸泡、洗脱与解离时间后，再测未知检材。

3. 因 O 型血与无血部位对照结果相同，为了鉴别是否是 O 型血，可用抗 -H 抗体进一步测定。因 O 型血红细胞含 H 抗原最多，可吸收抗 -H 抗体，用 O 型红细胞配制成 1%～2% 悬液，其实验方法同上。

【注意事项】

1. 指示红细胞必须新鲜，浓度不宜过高，以 0.1% 为宜。

2. 实验过程中，必须用同样大小的 A、B 型人血痕和检材上无血痕部分做阳性和空白对照。

3. 所有检材均不得与手接触，以免汗液污染。

4. 本法虽然灵敏，节省时间，但技术条件要求较高，稍有疏忽，即可能出现差错，故同一检材，必须重复 3 次，结果一致才能做出结论。

5. 实际检案中，若检材所测血型与犯罪嫌疑人的相同，可证明该嫌疑人有作案嫌疑，但不能据此认定。如果能与其他证据相配合，可以作为揭露犯罪的重要诉讼证据；若检材所测血型与犯罪嫌疑人的不同，即可排除对犯罪嫌疑人的怀疑，从而缩小侦查范围。

【思考问题】

1. 血痕解离试验的特点有哪些？

2. 如何正确判读解离试验的结果？

实验十八 ABO血型的红细胞粘连实验检测

【实验技术原理】

抗-A、抗-B及抗-H抗体，每一抗体分子具有多个抗原结合部位。当血痕与足够抗体反应后，抗体结合到血痕的相应抗原上，但抗体的抗原结合部位未被全部占据，这些空着的结合部位能与指示红细胞发生抗原抗体反应，形成血痕抗原-抗体-指示红细胞抗原的复合物。指示红细胞黏附于血痕上为阳性反应，不黏附于血痕上为阴性反应。综合血痕与抗-A、抗-B及抗-H抗体的反应结果，判断血痕的ABO血型。

【实验材料】

1. 仪器　载玻片、塑料浅盒、显微镜、已知A、B、O型血痕纱布、未知种属血痕纱布。

2. 试剂　甲醇、抗-A、抗-B、抗-H试剂、生理盐水、指示红细胞悬液。

【实验方法】

1. 剪取长约0.2cm有血痕的纤维3段，分离针分细纤维后，用蛋清黏附于载玻片上，甲醇固定。

2. 分别加2滴效价为256的抗-A、抗-B、抗-H试剂，反应30分钟。

3. 用生理盐水洗涤，加0.5%指示红细胞悬液一滴，反应30分钟。

4. 将载玻片置塑料浅盒盖上，检材面向下，于盒盖中轻加生理盐水，使液面接触检材，静置5分钟，让游离红细胞充分沉降，通过显微镜观察。

【实验结果】

红细胞黏附于检材上为阳性反应，不黏附为阴性反应。以检材无血痕部位作为阴性对照，已知A、B、O型血痕作为阳性对照。综合血痕与抗-A、抗-B及抗-H抗体的反应结果，判断血痕的ABO血型。

【注意事项】

本实验灵敏度高，可检出一根含血纤维或单一细胞的血型，但实验要求较高效价的抗体。

【思考问题】

1. 本实验的实验原理是什么？

2. 本实验中甲醇的作用及作用机制是什么？

实验十九 ABO血型的免疫组化(ABC法检测)

【实验技术原理】

红细胞上的血型抗原与相应由兔制备的抗体（第一抗体）结合，再与生物素标记的羊抗兔Ig抗体（第二抗体）结合，再加入酶标记的亲和素，形成抗原-第一抗体-生物素结合抗体-酶标亲和素复合物，再加底物，出现显色反应为阳性结果。

【实验材料】

1. 仪器　待测血型的血痕纱布、已知A、B、O血型的血痕纱布、滤纸、显微镜。

2. 试剂　过氧化氢、甲醇、兔抗-A、抗-B、抗-H抗体、羊抗兔抗体、酶标记亲和素、3，3′-二氨基四盐酸联苯胺−0.01%过氧化氢底物液。

【实验方法】

1. 剪取3根约0.3cm长的检材纤维，浸入含3%过氧化氢的甲醇液中10分钟，灭活内源性过氧化物酶活性。

2. 取出纤维，用滤纸吸干，洗涤，封闭。

3. 将纤维分置于兔抗-A、抗-B、抗-H抗体中反应30分钟，洗涤。

4. 再置于羊抗兔抗体中反应30分钟，洗涤。

5. 浸入酶标记亲和素液中15～20分钟，洗涤。

6. 浸入0.05% 3，3′- 二氨基四盐酸联苯胺 -0.01% 过氧化氢底物液5分钟，水洗干燥后通过显微镜检查。

【实验结果】

1. 检材纤维上变褐色者为阳性结果，表明血痕含有与第一抗体相应的抗原。不着色或呈浅黄色为阴性结果，表明血痕不含有与第一抗体相应的抗原。

2. 综合检材纤维分别与抗 -A、抗 -B、抗 -H 抗体反应的结果，判断血痕的ABO血型。

3. 实验同时应有无血痕的纤维及已知A、B、O血型的有血痕纤维作为阴性与阳性对照。

【注意事项】

ABC法是目前最为敏感的免疫组织化学技术，灵敏度极高。

【思考问题】

1. 本实验的实验原理是什么？

2. 实验结果怎么判定？

实验二十　血痕凝集素的测定

【实验技术原理】

用红细胞悬液浸渍血痕，血痕中的凝集素逐渐被溶出，与已知的相应型别红细胞相遇时便出现凝集反应，表明血痕含有与红细胞抗原对应的抗体。

【实验材料】

1. 仪器　保湿盒、载玻片、盖玻片、显微镜。

2. 试剂　1% A、B型红细胞悬液。

【实验方法】

1. 剪取火柴头大小2块血痕，分别放在载玻片的两侧，于玻片的左上角标明“A”，在右上角标明“B”。

2. 按标记在A侧和B侧分别加1滴1%A型和B型红细胞悬液，浸透后盖上玻璃片，继续加红细胞悬液至倾满盖玻片及载玻片之间的空隙。

3. 将载玻片放于湿盒内，室温中（或放置37℃温箱中），每10分钟镜检一次，半小时后每30分钟镜检一次，连续观察2小时，若在检材周围红细胞明显的凝集成团即为阳性。

【实验结果】

结果分析见表20-1。

表20-1　实验结果分析表

检材	检材Ⅰ	检材Ⅱ	检材Ⅲ	检材Ⅳ	空白	A型血	B型血
加A-RBC	+	−	+	−	−	−	+
加B-RBC	−	+	+	−	−	+	−
此检出的凝集素	抗A	抗B	抗A抗B	无	无	抗B	抗A
血型判断	B	A	O	AB		对照准确	

【注意事项】

1. 加入的红细胞要新鲜，否则会发生假凝集反应。

2. 取材时，应取血痕边缘的检材，同时取空白和已知血痕作对照。

3. 玻片上的检材，无须用大头针分离纤维。

【思考问题】

请问本实验的实验原理是什么？

第五节　其 他 检 验

实验二十一　月经血抗纤维蛋白(原)血清实验

【实验技术原理】

月经血含有大量纤维蛋白溶酶，使纤维蛋白分解为可溶性纤维蛋白，因此月经血痕生理盐水浸液中含有纤维蛋白。纤维蛋白、可溶性纤维蛋白及纤维蛋白原具有相同的抗原决定簇，制备特异的抗-纤维蛋白(原)血清与血痕浸液作环状沉淀反应试验，阳性结果表示血痕为月经血。外伤出血，由于纤维蛋白原已变为纤维蛋白析出，血痕浸液不含可溶性纤维蛋白，故呈阴性结果。

【实验材料】

1. 仪器　带有月经血痕的布条、外伤血痕纱布、离心机、沉淀管、集合管、载玻片。

2. 试剂　生理盐水，抗-纤维蛋白(原)血清。

【实验方法】

1. 用适量生理盐水浸泡少量血痕的检材(约 0.2cm×0.2cm)12～24 小时，离心，制成血痕生理盐水浸液。

2. 取抗纤维蛋白(原)血清约 0.1ml，注入沉淀管底部，缓缓沿管壁将 0.2ml 血痕浸液重叠于抗血清上，保持两液界面清晰，无气泡，于室温下静置 1 小时观察结果。

【实验结果】

1. 若两液接触面出现乳白色沉淀环为阳性反应，无沉淀环为阴性反应。

2. 本法能正确检测出半年内的月经血痕。

【思考问题】

1. 请问本实验的实验原理是什么？

2. 外伤出血为什么会发生阴性反应？

第五章　精液及精斑检验

精液（精斑）是民事和刑事案件常见的生物性斑迹。强奸或猥亵行为常需要检验精液（精斑）。另外，亲子鉴定、离婚案件、同性恋等案件有时需做精液检验。精液中的成分主要包括精子和前列腺液，为乳白色透明的黏性液体，具有特殊的麝香气味。对疑为精斑的检材需要解决以下问题：①可疑精斑是否是精斑；②是否是人的精斑；③是何人的精斑。检验步骤是先通过肉眼检查、预实验、确证实验、种属实验认定为人精斑后再进行个人识别，为案件的审判提供科学的依据。

第一节　肉 眼 检 查

实验二十二　精斑的肉眼及紫外线检查

【实验技术原理】

1. 精斑的肉眼检查用于可疑精斑的初步筛选，确定其所在部位及分布情况，以便准确取材，提高检出阳性率。

2. 紫外线检查法简便、不损害检材，可在肉眼不能识别时做精斑定位用。精斑中的黄素在紫外线下显银白色荧光，边缘呈紫蓝色。

【实验材料】

紫外线灯，放大镜，可疑精斑检材。

【实验方法】

1. 肉眼检查　观察并记录可疑斑迹的分布情况、数目、位置、形状、大小、颜色、气味、手感等，必要时用放大镜进行观察。实际工作中要进行拍照。目的在于通过视、嗅、触觉等方法相结合，以提高精斑初步判断的准确性。

2. 紫外线检查　将可疑精斑检材置于紫外线下检查，精斑在紫外线下发银白色荧光，斑痕边缘呈紫蓝色，查见后，将斑痕范围画出，观察斑痕的形状、位置和大小等。紫外线可激发精斑的固有荧光，不过荧光不是精斑的特有反应。

【实验结果】

1. 精斑无固定形态，其外观也因附着载体不同而有差异　在体表精斑常呈白色鳞片状痂片，在深色纺织品上，浓厚精斑呈灰白色糨糊状斑迹，偶可见结痂；较稀薄的精斑浸润于布纤维间，则不易查见；在浅色纺织品上，精斑多呈黄白色地图状，边缘色深。用放大镜检查，可在布纤维表面或中间见黄白色小鳞片。在软质载体上的精斑手触之后有较硬触感。新鲜精斑有特殊腥味。

2. 精斑中的黄素在紫外线下显银白色荧光，边缘呈紫蓝色　紫外线下观察出现阳性结果时，表示斑痕可能是精斑，但不能确定为精斑。因为其他一些物质，包括阴道分泌物、尿液、鼻涕、唾液、乳汁、脓液、肥皂斑、洗涤剂、植物汁液、纺织品中的某些色素、燃料、漂白剂、含荧光素的各种载体等，在紫外线下也能发出类似的荧光。紫外线下观察出阴性结果，不要轻易否定精斑的存在。因为精斑过于淡薄或陈旧，或精斑受其他物质污染，均可无荧光产生。

【注意事项】

本方法虽然简便、快捷，但只能作为可疑精斑的大体观察，且可能出现假阳性或假阴性结果，因此，在案件现场获取检材时，注意不要轻易放弃任何可疑的精斑。

【思考问题】

1. 精液的组成成分有哪些？

2. 精液的理化性质是什么？

3. 实际案件中，精液多遗留在哪些载体上？如何提取不同载体上的精斑？

4. 精子在女性生殖道内可检出的时限是多少？如何提取女性受害者身体上遗留的精斑？

第二节　精斑预实验

精斑预实验是在大体观察的基础上，为进一步筛选可疑精斑而进行的实验，精斑预实验要求方法简单、灵敏度高。常用的方法有：结晶试验法、酸性磷酸酶检测法、锌检出法、马铃薯凝集抑制试验法等。

实验二十三　碘化碘钾结晶实验

【实验技术原理】

1. 本实验方法简单、快捷，用于可疑精斑的进一步筛选，精斑中的卵磷脂逐步分解析出胆碱，胆碱遇碘试剂则形成褐色的过碘胆碱结晶，可推测精斑。若能在显微镜下发现被染成棕黄色的精子，则可确认为精斑。

2. 精斑过于淡薄、陈旧或被粪便、尿液、血液等杂质污染，均会影响本实验的结果。

【实验材料】

1. 实验材料　碘液：碘化钾 1.65g，碘 2.54g，加蒸馏水至 30ml。配制时，先将碘和碘化钾放入研钵中，加少量水碾压溶解，再加水定容至 30ml。

2. 仪器设备　毛细吸管，显微镜，载玻片，盖玻片，分离针，剪刀，镊子。

【实验方法】

1. 剪取可疑精斑检材少许置载玻片上，加 1 滴生理盐水浸软，用分离针将基质纤维分离，加盖玻片，从盖玻片边缘滴加碘液试剂 1～2 滴，显微镜下观察。目的在于使精斑中的卵磷脂逐步分解析出胆碱，胆碱遇碘试剂则形成过碘胆碱结晶。

2. 同时取无斑痕处检材及已知精斑作阴性和阳性对照。阴性对照用于排除假阳性，阳性对照用于排除假阴性。

【实验结果】

1. 初见褐色颗粒，逐渐形成褐色或褐红色针状或菱形结晶。该结晶不稳定，易溶解，可于生成后 1～2 小时自然消失，若再加试剂则可再次出现。

2. 本实验易受杂质干扰，精斑中混有粪便、尿液、血液或其他化学物质（如酸类）等均可妨碍结晶的生成。精斑过于淡薄量少、陈旧（如 2 个月以上），或经水洗则经常呈阴性。

3. 阳性结果不是精斑的特有反应，人体其他分泌物如阴道分泌物、鼻涕、唾液、脓液以及某些脏器，如肝、肾、肾上腺浸液，甚至某些昆虫、植物残汁等，也可形成类似形态的结晶。

4. 显微镜下观察时，若在视野中发现被染成棕黄色的精子，则可确认为精斑。

【注意事项】

本实验方法的灵敏度和特异性均不高，若出现阴性结果不能排除精斑的存在，若为阳性结果也不能确认为精斑。唯有在视野中发现被染成棕黄色的精子，才能确认为精斑。

【思考问题】

1. 碘化碘钾结晶实验的灵敏度和特异性如何？

2. 哪些因素会造成假阳性和假阴性？

实验二十四　磷酸苯二钠实验（Kind-King 实验）

【实验技术原理】

1. 本实验方法灵敏度高，稀释 20 000 倍的精斑仍呈阳性反应。能用于淡薄精斑、陈旧精斑的检验。

2. 本实验方法能用于精子缺乏症者的精斑检验　精液的主要成分前列腺分泌液中含有大量的酸性磷酸酶，其浓度较其他人体体液、分泌液及器官中的含量高 100 倍以上，酸性磷酸酶可分解磷酸苯二钠，产生萘酚，后者经铁氰化钾作用与氨基安替比林结合，产生红色醌类化合物。

【实验材料】

1. 实验材料

（1）缓冲液：磷酸苯二钠 0.2g，柠檬酸 1.4g，4- 氨基安替比林 0.6g，1mol/L 氢氧化钠 12.5ml，加蒸馏水至 100ml，加热溶解后置冷水中迅速冷却，加 0.5ml 氯仿。

（2）显色剂：铁氰化钾 3.6g，1mol/L 氢氧化钠 16.7ml，碳酸氢钠 1.4g，加蒸馏水至 100ml。

以上两种试剂冰冻可保存 1～2 年。

2. 仪器设备　温箱，试管，试管架，滴管，剪刀，镊子。

【实验方法】

1. 剪取可疑精斑检材少许（约 $0.1cm^2$ 大小）置于试管内，加缓冲液 3～4 滴。目的在于使前列腺液中的酸性磷酸酶分解磷酸苯二钠，产生萘酚。

2. 将试管放入 37℃温箱温浴 5～10 分钟。温浴的目的是加速分解反应。

3. 加显色剂 3～4 滴，振摇，观察结果。萘酚经铁氰化钾作用与氨基安替比林结合，产生红色醌类化合物。

4. 同时取无斑痕处检材及已知精斑作阴性与阳性对照。阴性对照用于排除假阳性，阳性对照用于排除假阴性。

【实验结果】

1. 如立即出现淡红色至深红色反应为阳性，颜色深浅可反映精斑的浓度，浓度愈高，颜色愈深红，浓度过高时可出现红色沉淀。橙黄色为阴性反应，表明检材不是精斑或精斑中的酸性磷酸酶被破坏。

2. 该实验灵敏度较高，稀释 20 000 倍的精液、被水洗过的淡薄精斑以及保存 10 余年的精斑，适当延长缓冲液在 37℃温浴时间，均可出现阳性反应。

【注意事项】

1. 由于灵敏度高，操作时要按照空白部分、可疑精斑、已知精斑的顺序剪去检材，避免污染。

2. 精液中若混有血液不影响检验，血痕在该实验中呈灰褐色。

3. 除酸性磷酸酶检验外，其余精斑预实验的灵敏度均不高（表 24-1），因此精斑检验和血痕检验不同，并非一定要经过预实验后才进行确证实验，可剪取可疑斑痕直接进行确证实验。

4. 该实验组织特异性较差，人体其他含有少量酸性磷酸酶的心、肺、肝、肾等组织及鼻涕、汗液、唾液、成年男性尿液等也呈弱阳性反应。因此出现阳性结果亦不能确诊为精斑。

5. 若结果为阴性也不能完全排除精斑的存在，因酸性磷酸酶有被破坏的可能性。

表 24-1　精斑预实验各种方法的比较

实验名称	检验精液中的成分	灵敏度	特异性
碘化碘钾结晶实验	磷脂酰胆碱	不高	不好
苦味酸结晶实验	精素	不高	不好
磷酸苯二钠实验	酸性磷酸酶	高	不好
α-磷酸萘酚 - 固蓝 B 实验	酸性磷酸酶	高	不好
锌检出法	锌	较高	较好
马铃薯凝集抑制试验	睾酮	较高	较好

【思考问题】

1. 该方法能否检验精子缺乏症者的精斑？
2. 如何排除实验中的假阳性？
3. 该实验结果阴性，能否排除精斑？

第三节　精斑确证实验及种属鉴定

精斑确证实验是检验精液中的特有成分，阳性结果可以确认精斑。常用方法有：精子检出法、免疫学方法和生物化学方法，其中免疫学方法还可同时进行种属鉴定。

实验二十五　精子直接检出实验

【实验技术原理】

适用于有精子的精斑确证实验，检出精子是确认精斑最简便、最可靠的方法。在显微镜下观察到典型精子，即可确认人类精斑。

【实验材料】

1. 实验材料

(1) 苏木素 - 伊红(HE)染色法的试剂：①苏木素染液：取苏木素 0.5g，用无水乙醇 5ml 溶解；取明矾 10g，在蒸馏水中加热溶解，加入苏木素乙醇液，加热至溶液呈深蓝色，加入氧化汞 0.25g，迅速冷却；② 0.5% 伊红染液；③ 1% 盐酸乙醇：取盐酸乙醇 1ml，加 70% 乙醇至 100ml。

(2) 酸性品红亚甲蓝(Baecchi)染色法的试剂：1% 酸性品红 1ml，1% 亚甲蓝 1ml，加入 1% 盐酸 40ml。

(3) 酸性品红靛蓝胭脂红染料配制：第一液：溶解 5g 硫酸铝于 100ml 沸蒸馏水中，加 0.1% 酸性品红，搅拌溶解。第二液：将 0.5g 靛蓝胭脂红溶于 100ml 蒸馏水中，加 1ml 盐酸，1ml 甘油混匀。

(4) 其他试剂：生理盐水、乙醇(无水、90%、80%、50%)、二甲苯、中性树胶。

2. 仪器设备　显微镜、载玻片、盖玻片。

【实验方法】

1. 剪取斑迹中央部分(精子多集中在斑迹的中央)，约 1cm^2，剪碎置试管内，滴加生理盐水 0.5ml。新鲜精斑，室温浸泡 0.5 小时，玻璃棒搅拌。陈旧精斑延长浸泡时间，4℃过夜。浸泡的目的是让精子从载体中分离。

2. 吸出全部浸液，移入小试管中，2500 转 / 分，离心 5 分钟，上清留作抗人精沉淀反应及血型测定。沉渣涂于玻片上。离心后，精子沉于试管底部。

3. 将涂片置温箱内干燥，取出，用无水乙醇固定 5～10 分钟。目的是让精子紧密结合于玻片上。

4. 涂片染色

(1) 苏木素 - 伊红染色法：

1）涂片上滴加1～2滴苏木素染液，染色10～30分钟。苏木素使精子后半部染成蓝色。

2）用自来水淋洗，加1%盐酸乙醇5～10秒。目的是洗掉未结合的染液。

3）水洗或在水中浸泡30分钟。进一步洗去未结合的染液。

4）涂片上滴加1～2滴伊红染液，染色3分钟，水淋洗。伊红使精子尾部染成红色，水淋洗未结合的伊红。

5）涂片置烤箱烘干，滴入二甲苯，盖上盖玻片，镜检。目的是固定和透明，镜检：精子头前半部不着色或浅染，后半部呈蓝色，尾部呈红色。

（2）酸性品红亚甲蓝（Baecchi）染色法：

1）于涂片上滴加Baecchi染液，静置5分钟。Baecchi染液使精子尾部染蓝色，头部染红色。

2）用1%盐酸漂洗。洗去未结合的染液。

3）干燥后二甲苯透明，镜检。干燥的目的在于使精子紧密结合于涂片上，镜检：精子头部呈红色，尾部呈蓝色。

（3）酸性品红靛蓝胭脂红染色法：

1）涂片在酸性品红靛蓝胭脂红染液的第一液中染色30秒。第一液使头部染成深紫红色。

2）用1%盐酸洗去第一液。洗去未结合染液。

3）再用第二液染色15秒。第二液使精子尾部主段和末段染成紫蓝色。

4）用95%乙醇冲洗。洗去未结合染液。

5）干燥后二甲苯透明，镜检。目的是固定和透明。镜检：精子头部染深紫红色，颈段呈白色，尾部主段和末段染成紫蓝色。

【实验结果】

应用染色法检验精子时，必须耐心仔细地在显微镜下查找，只要发现1个完整的典型精子，即可确定人精斑；若发现几个典型的精子头部也可确认精斑。典型的精子头部呈椭圆形，着色特点是前半部淡染或不着色，后半部染色明显，应注意与植物孢子、细菌、阴道滴虫等相鉴别，后者染色均匀一致，形态多呈圆形。

若能发现精子则可以确证精斑，无需再进行其他的实验确证；若没发现精子也不能排除精斑，可通过其他的确证实验进一步验证。

【思考问题】

1. 精子的形态特征有哪些？

2. 人精子与动物精子的形态有什么差异？

3. 若未找到典型的精子，能否定精斑吗？为什么？

实验二十六　抗人精液血清环状沉淀反应

【实验技术原理】

1. 适用于人精液（精斑）的确证实验。

2. 适用于精子缺乏症、输精管结扎、陈旧精斑检材的确证实验。可溶性抗原（如人精液蛋白）与相应抗体（如抗人精液蛋白抗体）在适当电解质环境中发生特异性结合，抗原与抗体比例适合时，经过一定时间形成肉眼可见的抗原抗体复合物沉淀，出现白色沉淀线。

【实验材料】

1. 实验材料　生理盐水，人精斑，动物精斑，人血痕，人阴道分泌物，抗人精液血清。

2. 仪器设备　沉降管，滴管，试管架，剪刀，镊子。

【实验方法】

1. 检材处理　取适量检材用生理盐水浸泡，浸出液经离心沉淀，取上清作环状沉淀反应，沉淀物可进行精子检验。离心后，可溶性抗原（人精液蛋白）存在于上清中。

2. 调整精斑检材浸出液的蛋白浓度至 1∶1000，蛋白浓度的测定可采用直接观察法或发烟硝酸法，具体方法同血痕环状沉淀实验。用生理盐水经浸出液稀释至 1∶1000 蛋白含量。稀释的目的是为了将抗原浓度降低至与抗血清结合的最佳浓度。

3. 在沉降管底部加入抗人精液血清，将蛋白含量约 1/1000 的精斑浸液层叠于抗血清上，使两者之间保持清晰的界面，60 分钟内观察两液接触面是否出现白色沉淀环。目的是让人精液蛋白与抗人精液血清结合，如有白色沉淀环说明两者有抗原抗体反应。

4. 同时作空白对照、已知人精斑、动物精斑、人阴道分泌物、人血痕等对照。

下层：抗人精液血清。

上层：①已知人精斑；②检材精斑；③检材空白对照；④生理盐水；⑤已知人血痕；⑥已知人阴道分泌物；⑦和⑧已知动物精斑。

已知人精斑作为阳性对照，用于排除假阴性结果；其他为阴性对照，用于排除假阳性结果。

【实验结果】

1. 经 5、15、30、60 分钟后各观察一次。15 分钟内出现阳性反应，以“+++”标记，30 分钟内出现阳性反应，以“++”标记，60 分钟内出现阳性反应，以“+”标记，60 分钟仍不出现沉淀环，为阴性反应。阳性结果可以确认为人精斑。

2. 检材浸出液离心后的沉淀物，可作涂片找精子，以互相印证。

【注意事项】

1. 各种能导致蛋白变性或降解的因素，如高温、腐败、强碱等，均可使沉淀反应发生假阴性。

2. 沉淀反应最适 pH 为 6.4～7.4，pH 增大可使反应减弱，pH 减小可使反应增强。

3. 每次实验时，均需设已知人精斑阳性对照、检材无精斑部位对照及生理盐水阴性对照，只有在阴性对照呈阴性反应、阳性对照呈阳性反应时，才能判断结果。

4. 该法灵敏度较高，但要求抗血清和检材浸液清亮，否则会影响观察结果。

【结果解释】

1. 环状沉淀反应与沉淀物找精子结果相互印证，若两者均为阳性，则认定精斑无疑；两者均为阴性，一般可否定精斑。

2. 环状沉淀反应阳性，精子检出阴性，可考虑精子缺乏症或输精管结扎，或陈旧检材精子破坏。

【思考问题】

1. 若精斑浸液的蛋白浓度过高或过低，会出现什么现象？如何解决？

2. 有哪些情况可以导致假阳性的产生？如何解决？

3. 如何制备抗人精液血清？

实验二十七　P30 实验

P30 是前列腺上皮细胞分泌的一种糖蛋白，存在于成年男性的精液中，具有高度的种属特异性和器官特异性，理化性质稳定，是法医学确认人精斑的理想标记，P30 的检测方法主要是免疫学方法，包括环状沉淀反应、琼脂糖免疫扩散反应、免疫电泳、酶联免疫吸附实验（ELISA）、胶体金技术等。本实验介绍抗 P30 血清沉淀反应及直接斑点 ELISA 实验。

一、抗 P30 血清沉淀反应

【实验技术原理】

1. 本实验方法种属和器官特异性高，是确认人精斑的理想方法。

2. 尤其适用于精子缺乏症或输精管结扎者。

3. 可溶性抗原（P30）与相应抗体（抗 P30 血清）在适当电解质环境中发生特异性结合，抗原与抗体比例适合时，经过一定时间形成肉眼可见的抗原抗体复合物沉淀，出现白色沉淀线。

【实验材料】

1. 实验材料　生理盐水、人精斑、动物精斑、人血痕、人阴道分泌物、抗人精液血清。

2. 仪器设备　沉降管、滴管、试管架、剪刀、镊子。

【实验方法】

1. 检材处理　取适量检材用生理盐水浸泡，浸出液经离心沉淀，取上清作环状沉淀反应，沉淀物可进行精子检验。离心后，可溶性抗原（P30）存在于上清中。

2. 调整精斑检材浸出液的蛋白浓度至 1∶1000，蛋白浓度的测定可采用直接观察法或发烟硝酸法，具体方法同血痕环状沉淀实验。用生理盐水经浸出液稀释至 1∶1000 蛋白含量。稀释的目的是为了将抗原蛋白 P30 浓度降低至与抗血清结合的最佳浓度。

3. 在沉降管底部加入抗 P30 血清，将蛋白含量约 1/1000 的精斑浸液层叠于抗血清上，使两者之间保持清晰的界面，60 分钟内观察两液接触面是否出现白色沉淀环。目的是让人精液中 P30 蛋白与抗 P30 蛋白血清结合，如有白色沉淀环说明两者有抗原抗体反应。

4. 同时作空白对照、已知人精斑、动物精斑、人阴道分泌物、人血痕等对照。

下层：抗 P30 血清。

上层：①已知人精斑；②检材精斑；③检材空白对照；④生理盐水；⑤已知人血痕；⑥已知人阴道分泌物；⑦和⑧已知动物精斑。

已知人精斑作为阳性对照，可排除假阴性结果；其他为阴性对照，可排除假阳性结果。

【实验结果】

1. 经 5、15、30、60 分钟后观察一次。15 分钟内出现阳性反应，以“+++”标记，30 分钟内出现阳性反应，以“++”标记，60 分钟内出现阳性反应，以“+”标记，60 分钟仍不出现沉淀环，为阴性反应。阳性结果可以确认为人精斑。

2. 检材浸出液离心后的沉淀物，可作涂片找精子，以互相印证。

【注意事项】

1. 各种能导致蛋白变性或降解的因素如：高温、腐败、强碱等，均可使沉淀反应发生假阴性。

2. 沉淀反应最适 pH 为 6.4～7.4，pH 增大可使反应减弱，pH 减小可使反应增强。

3. 每次实验时，均需设已知人精斑阳性对照、检材无精斑部位对照及生理盐水阴性对照，只有在阴性对照呈阴性反应、阳性对照呈阳性反应时，才能判读结果。

4. 该法灵敏度较高，但要求抗血清和检材浸液清亮，否则会影响观察结果。

【结果解释】

1. 环状沉淀反应与沉淀物找精子结果相互印证，若两者均为阳性，则认定精斑无疑；两者均为阴性，一般可否定精斑。

2. 环状沉淀反应阳性，精子检出阴性，可考虑精子缺乏症或输精管结扎，或陈旧检材精子破坏。

【思考问题】

比较本实验与抗人精液血清环状沉淀反应实验，哪个实验的特异性更好？为什么？

二、抗 P30 直接斑点 ELISA 实验

【实验技术原理】

1. 本实验方法种属和器官特异性高，是确认人精斑的理想方法。

2. 尤其适用于精子缺乏症或输精管结扎者。

3. 酶联免疫吸附试验（enzyme-linked immunosorbent assay，ELISA）是一种固相酶免疫分析法。常用聚苯乙烯为固相载体，将抗原或抗体包被在固相载体上，使免疫反应在固相载体上进行，然后借

助抗体上标记酶的活性，使底物被催化后形成有颜色的产物。ELISA 实验有直接法与间接法两种。直接法将酶标记在一抗上，间接法将酶标记在二抗上。

【实验材料】

1. 实验材料

（1）Tris 缓冲盐溶液（TBS）：称取 8g NaCl，0.2g KCl，3g Tris，溶于 800ml 蒸馏水中，用 HCl 调 pH 到 7.5，加水至 1000ml。

（2）1% 牛血清蛋白：称取 1g 牛血清白蛋白溶于 100ml TBS 中。

（3）显色液：称取二氨基联苯胺（DAB）12mg，溶于 10ml 0.05mol/L Tris-HCl（pH7.0）缓冲液中，避光保存。临用时取 1ml，用 0.5mol/L Tris-HCl（pH7.0）缓冲液稀释 10 倍，加 H_2O_2 10μl。

（4）其他试剂：生理盐水、人精斑、辣根过氧化物酶（HRP）标记的抗 P30 抗体。

2. 仪器设备　离心机、剪刀、镊子、吸管、平皿、硝酸纤维素膜。

【实验方法】

1. 将检材浸液滴于硝酸纤维素膜上，然后用 1% 牛血清白蛋白室温下浸泡 1 小时进行封闭，再用 TBS 洗膜 3 次，每次 3 分钟。目的是将 P30 抗原蛋白固定于硝酸纤维素膜上，并用 1% 牛血清白蛋白封闭空白区域，以减少非特异性结合。

2. 将膜浸入辣根过氧化物酶（HRP）标记的抗人 P30 抗体中，室温反应 30～60 分钟，用 TBS 洗膜 3 次，每次 3 分钟。目的是让 P30 抗原蛋白与辣根过氧化物酶（HRP）标记的抗人 P30 抗体更好的结合。

3. 加二氨基联苯胺（DAB）-H_2O_2 液显色，膜上出现棕褐色斑点为阳性反应，证明检材为人精斑。辣根过氧化物酶与底物二氨基联苯胺（DAB）-H_2O_2 液反应后显棕褐色。

4. 同时作阴性对照、载体空白对照、已知人精斑阳性对照及已知动物精斑对照。

已知人精斑为阳性对照，用于排除假阴性结果；其他为阴性对照，用于排除假阳性结果。

【实验结果】

若阴性对照、空白对照呈阴性结果，阳性对照呈阳性结果，表明检测方法及系统无误，此时，若检材呈阳性结果，则可确认为人精斑。

在确保 ELISA 系统无误的前提下，检材阳性可断定为精斑，阴性可否定精斑。

【思考问题】

1. 除辣根过氧化物酶（HRP）外，抗体上还可以标记哪些示踪物？分别用什么方法检测？

2. 如何降低抗体的非特异性结合？

实验二十八　胶体金标记 P30 试剂条检测

【实验技术原理】

1. 与 P30 的前两个实验方法相比，本实验方法能更简便、快速地确认精斑。

2. 尤其适用于精子缺乏症或输精管结扎者。

3. 胶体金颗粒为红色颗粒，可结合抗体形成免疫胶体金。检测人 P30（又称为前列腺特异性抗原，prostate specific antigen，简称 PSA）的胶体金实验采用双抗体夹心法。检材浸出液中的 P30 在加样区与免疫胶体金试纸条上的鼠抗人 P30 单克隆抗体（第 1 抗体）结合，形成由胶体金颗粒携带的抗原 - 抗体复合物。该复合物从加样区层析进入反应区。到达检测线时，抗原 - 抗体复合物胶体金颗粒中的 P30 抗原与该处的第 2 抗体（也是鼠抗人 P30 单克隆抗体）结合，检测线处形成胶体金颗粒聚集而出现肉眼可见的红色条带。剩余的免疫胶体金颗粒继续前进，当到达质控线时，免疫胶体金颗粒上的鼠抗人 P30 抗体与质控线上固定的羊抗鼠 IgG 结合，同样会在该处胶体金颗粒聚集而使质控线显现红色。因此，胶体金试纸条上显现两条红色带为阳性结果，仅质控线显现红色条带为阴性结果。

若检测线与质控线均无红色条带，说明此胶体金试纸条已失效。

【实验材料】

生理盐水，人精斑，抗P30胶体金试剂条。

【实验方法】

取适量检材用生理盐水浸泡，将试剂条插入样本浸液中（注意液面不要超过试剂条上的标志线MAX线），5分钟内观察结果，8分钟后结果无效。目的是让检材浸出液中的P30在加样区与免疫胶体金试纸条上的鼠抗人P30单克隆抗体（第1抗体）结合，形成由胶体金颗粒携带的抗原-抗体复合物。

【实验结果】

1. 阳性结果　在检测线和质控线均出现红色条带，表明样本中含有P30，可确认为人精斑。

2. 阴性结果　在检测线未出现红色条带，仅在质控线出现红色条带，表明样本中不含P30。如果试剂条失效，则在质控线处无红色条带出现。

【注意事项】

1. 试剂条在常温下一次性使用。

2. 打开包装袋后，请勿将试剂条置于空气中过久，以免受潮。

3. 当样本中P30含量过高时，容易出现假阴性结果。此时应适当稀释精斑浸液。

4. 该方法的灵敏度较高，应同时作阳性对照、空白对照。

【结果解释】

阳性结果可断定精斑，阴性结果可否定精斑。

【思考问题】

1. 质控线进行质量控制的原理是什么？

2. 由于设计有质控线，能否省略阴性对照和阳性对照？

3. 试比较P30检测的各种方法的优缺点、灵敏度与特异性。

第四节　精斑的个人识别

实验二十九　精斑ABO血型中和实验检测

中和法是一种检测可溶性血型物质的传统方法。分泌型人精斑中含有较多的ABH血型物质，常用中和试验检测。

【实验技术原理】

精斑中的水溶性A、B和H血型物质能特异地与相应的抗体结合，使抗体与指示红细胞的凝集反应能力降低或完全消失。红细胞不凝为中和试验阳性反应，证明精斑中含有与抗体相对应的抗原。精斑检材分别与抗-A、抗-B和抗-H作中和试验，综合三者的反应结果，判定分泌型个体精斑的ABO血型。

【实验材料及仪器设备】

1. 样本　分泌型人精斑。

2. 试剂　生理盐水、抗-A、抗-B、抗-H血清、2% A型、B型和O型指示红细胞生理盐水悬液。

3. 仪器设备　白瓷反应板或凹玻板、滴管、剪刀、镊子。

【实验方法】

1. 抗血清效价标定

（1）取12凹白瓷反应板或凹玻板1块，以2滴抗血清加2滴生理盐水作2、4倍数稀释，直至1∶2048。第12凹为空白生理盐水对照（图29-1）。

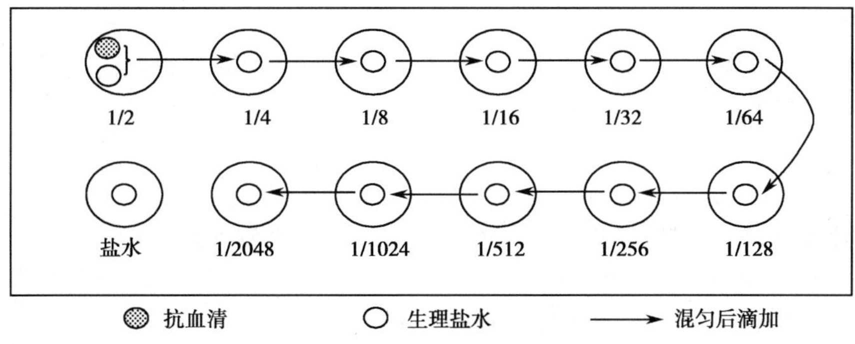

图 29-1　2、4 倍数稀释方法

（2）向每凹中加入 1 滴 2% 指示红细胞悬液，摇匀，室温静置 30 分钟，观察结果。能使红细胞凝集的抗体最高稀释倍数为该抗血清的效价。

2．中和试验

（1）精斑 0.5cm^2，剪碎置小试管内，加 0.5ml 生理盐水，搅拌后室温放置 2 小时，4℃冰箱过夜，离心。

（2）取上清液，在白瓷板内分三列用生理盐水作倍量稀释，稀释度由 1∶2 至 1∶32。

（3）于三列稀释液中分别加入等体积效价为 4～8 的抗 -A、抗 -B 及抗 -H 抗体，摇匀，室温下中和 30 分钟。

（4）再向三列各凹加入对应的 2% 指示红细胞悬液 1 滴，摇匀后静置 30 分钟，观察红细胞凝集情况。

（5）用已知 ABO 血型的分泌型人精液或唾液作阳性对照，以检材无斑痕部分作阴性对照。

【实验结果】

在对照结果正确的情况下，精斑检材与无精斑检材的抑制凝集相差 3 级以上，证明精斑中含有相应的血型物质，综合抗 -A、抗 -B、抗 -H 中和的结果，判断精斑的 ABO 血型（表 29-1）。

表 29-1　精斑 ABO 血型中和试验结果分析

抗 -A+A RBC						抗 -B+B RBC						抗 -H+O RBC						结果
2	4	8	16	32	NS	2	4	8	16	32	NS	2	4	8	16	32	NS	
－	－	－	－	－	＋	＋	＋	＋	＋	＋	＋	－	－	－	＋	＋	＋	A 分泌型
＋	＋	＋	＋	＋	＋	－	－	－	－	－	＋	－	－	－	＋	＋	＋	B 分泌型
－	－	－	－	－	＋	－	－	－	－	－	＋	－	－	＋	＋	＋	＋	AB 分泌型
＋	＋	＋	＋	＋	＋	＋	＋	＋	＋	＋	＋	－	－	－	－	－	＋	O 分泌型

【注意事项】

1．抗血清效价要准确标定，通常采用效价为 4 的抗血清，抗血清效价过高易导致假阴性结果。

2．浸泡检材的生理盐水不宜过多，否则易导致假阴性。

3．检材浸液与抗血清中和的时间至少在 30 分钟以上，可减少假阴性的发生。

4．检材浸液混浊时，可水浴煮沸 10 分钟，离心，以除去蛋白、细菌、酶类等干扰。

5．可与确证实验同时进行。

【结果解释】

1．一般情况下，本实验不易出现假阳性结果，可检出大多数分泌型个体精斑的 ABH 血型物质。如精斑检材来源于非分泌型个体或保存条件不好，由于其 ABH 血型物质含量少，采用中和法不易检出而出现假阴性结果。

2. 根据精斑检材和嫌疑人的 ABO 血型进行个人识别时，如两者血型相同，不能认定嫌疑人；如两者血型不同，可排除嫌疑人。

【思考问题】

1. 如何鉴定 O 型与非分泌型？

2. 若现场精斑为 O 型，嫌疑人血液血型为 A 型，能否排除嫌疑人？为什么？

3. 疾病对 ABO 血型有什么影响？

4. 白种人与黄种人的分泌型、非分泌型有何差异？

实验三十　精斑 ABO 血型间接斑点 ELISA 实验

间接斑点 ELISA 法是一种非常灵敏的血型抗原免疫测定法，常用于精斑等生物检材的 ABO 血型测定。

【实验技术原理】

间接斑点 ELISA 实验中，固相载体上的被检抗原（A、B 或 H 抗原）与鼠抗 -A、抗 -B 或抗 -H 抗体（第一抗体）结合后，洗掉游离的抗体，再与酶标记的羊抗鼠 IgG 抗体结合，形成抗原 - 抗体 - 酶标抗抗体复合物，利用酶促反应使底物显色为阳性反应，判断精斑所携带的 A、B、H 抗原物质，从而判断精斑的 ABO 血型。间接法将酶标记在二抗上，使酶促反应放大（图 30-1）。

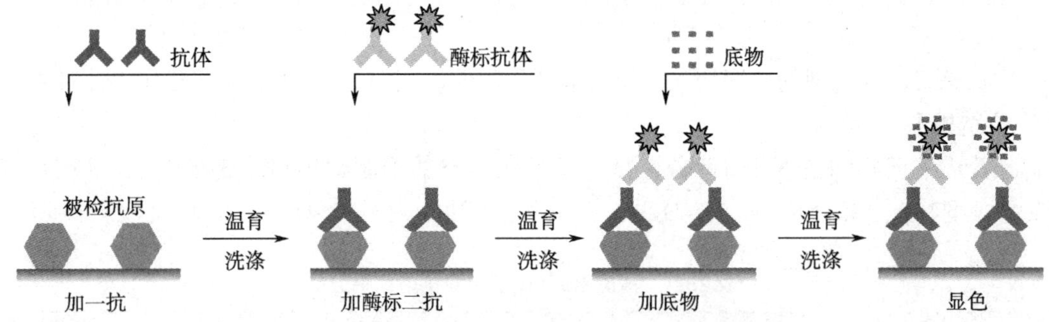

图 30-1　酶联免疫吸附实验间接斑点法原理示意图

【实验材料及仪器设备】

1. 样本　人精斑浸出液。

2. 试剂

（1）Tris 缓冲盐溶液（TBS）：称取 8g NaCl，0.2g KCl，3g Tris，溶于 800ml 蒸馏水中，用 HCl 调 pH 到 7.5，加水至 1000ml。

（2）1% 牛血清白蛋白：称取 1g 牛血清白蛋白溶于 100ml TBS 中。

（3）显色液：称取二氨基联苯胺（DAB）12mg，溶于 10ml 0.05mol/L Tris-HCl（pH 7.0）缓冲液中，避光保存。临用时取 1ml，用 0.5mol/L Tris-HCl（pH 7.0）缓冲液稀释 10 倍，加 H_2O_2 10μl。

（4）生理盐水、鼠抗 -A、抗 -B 和抗 -H 抗体、辣根过氧化物酶（HRP）标记的羊抗鼠 IgG 单克隆抗体。

3. 仪器设备　离心机，硝酸纤维素膜，平皿，微量加样器，滴管。

【实验方法】

1. 将检材浸液滴于 3 张硝酸纤维素膜上，室温干燥，再用 1% 牛血清白蛋白浸泡膜，室温平摇 1 小时进行封闭，用 TBS 洗膜 3 次，每次 10 分钟。

2. 将 3 张膜分别浸入鼠抗 -A、抗 -B、抗 -H 抗体中，室温反应 30～60 分钟，用 TBS 洗膜 3 次，每次10分钟。

3. 将膜浸入HRP标记的羊抗鼠IgG单克隆抗体，室温反应30～60分钟，用TBS洗膜3次，每次10分钟。

4. 加DAB-H_2O_2液显色，观察结果。

【实验结果】

棕褐色为阳性反应，根据3张膜的结果综合判断血型（图30-2）。

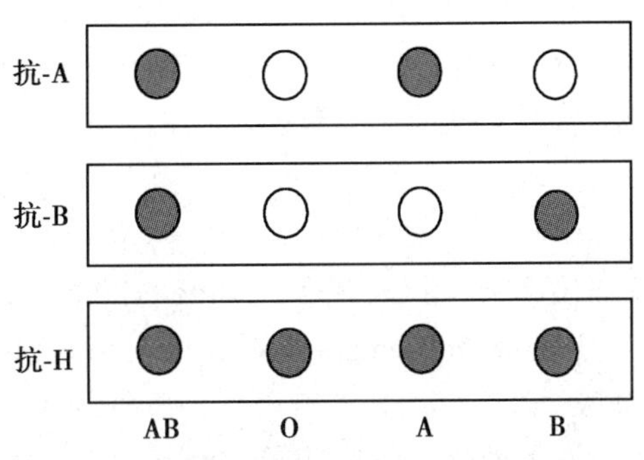

图30-2 ABO血型间接斑点ELISA实验结果分析

【注意事项】

1. 间接斑点ELISA法灵敏度很高，故检材浸液浓度不宜过高，以免背景色过高或出现假阳性结果。同时，操作中要注意防止交叉污染。

2. 新鲜检材有时因含有内源性过氧化物酶活性，催化底物显色而出现假阳性结果。可预先滴加少量30% H_2O_2，放置10分钟，再测定血型。

【结果解释】

1. 本实验灵敏度极高，可检测出非分泌型个体精斑含量极少的血型物质，可准确的判断个体血型，不易出现假阴性结果。

2. 根据精斑检材和嫌疑人的ABO血型进行个人识别时，只能用于排除嫌疑人而不能认定嫌疑人。

【思考问题】

1. 与中和法相比，间接斑点ELISA法检测精斑血型有何优势？

2. 采用ELISA法检测精斑ABO血型，如何避免假阳性结果？

实验三十一 精斑DIA3型测定（等电聚焦法）

等电聚焦（isoelectric focusing，IEF）电泳技术主要依靠等电点的不同将两性大分子（如蛋白质）彼此分离，从而可以高分辨率地用于生物大分子的分析和制备。黄递酶（diaphorase，DIA）3是仅存在于男性生殖细胞精子与睾丸组织中的一种复等位基因同工酶，各等位基因编码的肽链一级结构不同，其IEF存在差异，可采用IEF电泳技术将其分为7种表型。

【实验技术原理】

不同的蛋白质其氨基酸构成（即一级结构）不同。构成蛋白质的一些氨基酸侧链在一定pH的溶液中是可解离的，从而可带有一定的电荷。带电荷的蛋白质分子可在电场中泳动，其迁移速度随其所带电荷的不同而彼此不同。IEF技术就是在电泳分离介质中加入载体两性电解质，当通以直流电时，即形成一个由阳极到阴极逐步增加的pH梯度。当把蛋白质等两性大分子加入此体系中时，因不同的蛋白分子其等电点（isoelectric point，PI）不同，故所带的电荷也不同，可以不同的速度在电场中向其等电点方向移动，到达其PI位置时，所带电荷为零，便不再移动而在此聚焦，由此达到分离不同蛋白质分子目的。

【实验材料及仪器设备】

1. 样本　人精液(斑)。

2. 试剂

(1) 两性电解质 ampholine(pH 3.5～10)、ampholine(pH 5～8),四甲基乙二胺(TEMED),10% 过硫酸铵,1 mol/L 磷酸(阳极液),1 mol/L 乙醇胺(阴极液)。

(2) 30% 聚丙烯酰胺凝胶贮液(27.75% 丙烯酰胺、2.25% 甲叉双丙烯酰胺):称取 27.75g 丙烯酰胺和 2.25g 甲叉双丙烯酰胺,溶于蒸馏水中,过滤,定容至 100ml,置棕色瓶中,4℃贮存备用。

3. 仪器　多功能电泳系统,多功能电源,恒温循环水浴,微量加样器(100μl、10μl),刻度吸管(10ml、5ml、1.5ml),小烧杯。

【实验方法】

1. 制胶　凝胶浓度 5%,交联度 7.5%,胶板规格 120mm×120mm×0.5mm。取凝胶贮液 1.75ml,蒸馏水 7.75ml,ampholine(pH 3.5～10) 0.86ml,ampholine(pH 5～8) 0.14ml,抽气 30 分钟后,加 TEMED 5μl,10% 过硫酸铵 20μl,立即灌胶。

2. 检材处理　新鲜精液置室温下液化,于 4℃以 12 000 转 / 分,离心 20 分钟;所得精子加 2 倍体积蒸馏水,反复冻融并使之溶解;于 4℃以 20 000 转 / 分,离心 15 分钟,上清液即为精子溶解液。或取 0.5cm^2 大小精斑用 20μl 0.05mol/L DTT 浸泡,取浸液电泳。

3. 聚焦　预置电压 1500V、电流 10mA、功率 10W,预聚焦 30 分钟后加样;取精液或精斑浸出液 10μl 湿润 4mm×5mm 滤纸,铺贴于距阳极 2cm 处胶面上。初始电压 700V,逐步提高至 2000V,循环水温 4℃,总时间 2 小时。

4. 显色　将 0.1mg 二氯酚靛酚(DCIP)、5mg NADH、2.5mg MTT 溶于 2ml 0.2mol/L Tris-HCI(pH 8.4),再与 8ml 1% 琼脂糖液(用同样缓冲液配制)混匀,铺在凝胶表面,37℃孵育 30 分钟,观察酶谱。

【实验结果】

等电聚焦技术分型可将其分为 7 种表型(图 31-1)。

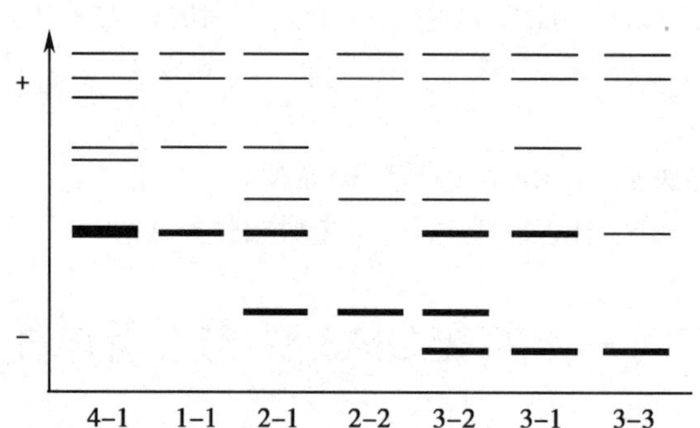

图 31-1　聚丙烯酰胺凝胶等电聚焦 DIA3 分型模式图

【注意事项】

1. 应根据待分离的蛋白质分子的 PI 选择合适 pH 范围的载体两性电解质。通常,所选的载体两性电解质的 pH 范围越窄,分离效果越好。

2. DIA3 仅存于人类精子与睾丸组织中,精浆内检不出,故其谱带染色深浅受精子数量的影响。

3. 用 DTT 浸泡精斑,9 个月的精斑仍可正确分型。

4. 用该方法正确判定 DIA3 型的最小检出量为精子冻融液 1μl,新鲜精液 3～5μl,较新鲜的精斑纱布 0.25cm×0.25cm(相当于 8μl 精液),4 个月以上的精斑纱布约 0.5cm×0.5cm。

【结果解释】

1. DIA3 是男性生殖细胞特有的一种遗传标记,其分型不受阴道分泌液和其他体液的干扰,对精液和其他体液构成混合斑中精液的个体识别具有重要价值。

2. DIA3属于较高鉴别能力的酶类，在中国人群中DP值为0.616，是精斑个人识别较理想的酶型。

【思考问题】

1. DIA3的遗传基础是什么？其群体分布情况如何？
2. 如何计算凝胶浓度及交联度？
3. 聚丙烯酰胺凝胶的孔径大小与什么有关？
4. 影响电泳迁移率的因素有哪些？

第六章　精液与阴道分泌液混合斑检验

精液与阴道分泌液混合斑是最常见的混合斑，常见于性犯罪案件中的阴道拭子、内裤、卫生纸、床单、犯罪嫌疑人外生殖器拭子等相关检材，除犯罪嫌疑人为无精症外，一般都包含精子和阴道脱落上皮细胞。检验目的主要是确证检材是否为精液与阴道分泌液混合斑后检测出精液成分遗传标记，确定犯罪嫌疑人。

实验三十二　精液与阴道分泌液混合斑的细胞学检查

细胞学检查同时检出精子和阴道上皮细胞是确认精液与阴道分泌液混合斑最简便、最可靠的方法。

【实验原理】

精液主要由精子和精浆组成，阴道分泌液中含有大量阴道脱落上皮细胞（属于复层鳞状上皮细胞），因此在显微镜下同时观察到典型精子和阴道上皮细胞，可确认为精液与阴道分泌液混合斑。

【实验材料】

1．样本　待测精液与阴道分泌液混合斑。

2．试剂　蒸馏水，甲醇，苏木素染液，伊红染液，1% 盐酸乙醇分化液，酸性品红亚甲蓝染色液，二甲苯，树胶。

（1）Harris 苏木素染液配制：取苏木素 0.9g，溶于 10ml 无水乙醇中，另取硫酸铝钾 20g 加蒸馏水 200ml，加热使其全部溶解，将苏木素无水乙醇液倒入其中，混合后煮沸，边搅拌边加入氧化汞 0.5g，待液体变为深紫色，把装有苏木素染液的容器放置到流动的冷水中，立即冷却，恢复至室温后过滤密封保存。用前若加入少许 5% 冰醋酸（每 100ml 加冰醋酸 5ml），则染色效果更好。此液经 2～3 个月后着色力减退，故宜少配。

（2）0.5% 伊红染液配制：取 0.5g 伊红溶于 10ml 蒸馏水，充分搅拌完全溶解后加蒸馏水至 100ml。

（3）1% 盐酸乙醇分化液配制：取 1ml 纯盐酸加入 70% 乙醇至 100ml。此液用一段时间后需要延长或更换液体，新液分化时间要短。

（4）酸性品红亚甲蓝染色液配制：取 1% 酸性品红液 1ml、1% 亚甲蓝 1ml、1% 盐酸 40ml，混匀后室温保存。

3．仪器设备　剪刀、镊子、分离针、试管、试管架、玻璃棒、载玻片、盖玻片、吸管、离心机、显微镜、冰箱、温箱（56℃）。

【实验方法】

1．样本处理　剪取斑痕约 $1cm^2$，剪碎置试管内，加蒸馏水 0.5ml。新鲜样本，室温浸泡 1 小时，陈旧样本需延长浸泡时间，4℃过夜。通过浸泡，使附着于载体上的细胞易于脱落便于收集沉渣涂片。如拟对样本的浸出液做抗人精液沉淀反应及 ABO 血型测定，应严格控制浸泡样本的蒸馏水量，使样本完全被浸泡即可，以免稀释人精液和 ABH 抗原。

2. 涂片　用玻璃棒反复搅拌挤压样本，吸出全部浸液，移入另一试管中，以 2500 转 / 分，离心 10 分钟，上清留作抗人精液沉淀反应使用，沉渣涂片。玻璃棒搅拌挤压样本的目的是通过外力使附着于载体上的细胞脱落。沉渣涂片时，为使沉渣涂布均匀，可将沉渣液滴于载玻片的中央或偏右约 1/4 处，以另一载玻片作推片，让推片短边慢慢移动接触沉渣液后，两载玻片夹角约为 30°～45°，向左迅速推载玻片，即可涂成一均匀的薄片。

3. 涂片固定干燥　将涂片自然干燥或置 56℃温箱干燥后，加 2～3 滴甲醇固定 10 分钟，干燥。干燥后再加固定剂或染色液，可避免涂片细胞脱落。

4. 涂片染色

（1）HE 染色法：

1）取甲醇固定过的沉渣涂片，滴加 1～2 滴苏木素染液，染色 5～10 分钟。苏木素在碱性溶液中呈蓝色，使细胞核着蓝色。苏木素染色时间与染液的着色力和外界温度有关，染色力越强，温度越高，染色越快，染色时间可适当缩短。

2）水淋洗，放入 1% 盐酸乙醇分化液中 10 秒。水淋洗是去除未结合在细胞上的染液，但细胞核中结合的过多染料和细胞质中吸附的染料必须用分化液 1% 盐酸乙醇脱去，才能保证细胞核和细胞质染色的分明。因酸能破坏苏木素的醌型结构，使色素与组织解离，分化不可过度，一般以显微镜下细胞核染色清楚（晰）而细胞质基本无色为佳。

3）流水返蓝 15～20 分钟。分化之后，苏木素在酸性条件下处于红色离子状态，呈红色；在碱性条件下处于蓝色离子状态，呈蓝色，所以分化之后用水洗去酸而中止分化，再用弱碱性水使苏木精染上的细胞核变呈蓝色，称返蓝作用，一般多用自来水浸洗即可变蓝，也可用温水变蓝。

4）放入 0.5% 伊红染液中，染色 5 分钟。伊红为酸性染料，主要使细胞质和细胞外基质中的成分着红色。

5）水淋洗，干燥后二甲苯透明，树胶封片，镜检。

（2）酸性品红亚甲蓝染色法：

1）取甲醇固定过的沉渣涂片，滴加 1～2 滴酸性品红亚甲蓝染液，染色 5～10 分钟。

2）水淋洗，干燥后二甲苯透明，树胶封片，镜检。

【实验结果】

同时检见阴道上皮细胞和精子说明是精液与阴道分泌液混合斑。

1. HE 染色　在显微镜下，典型阴道上皮细胞大而扁平，形态不甚规则，胞浆红染，有的有细胞核，有的已完全角化为无核的上皮细胞，检见阴道上皮细胞说明可能是阴道液斑；典型的精子头部呈椭圆形，前半部淡染或不着色，后半部染成蓝色，尾部呈红色，如果发现 1 个完整的典型精子或几个典型的精子头，即可确定为精斑。

2. 酸性品红亚甲蓝染色　在显微镜下，阴道上皮细胞大而扁平，形态不甚规则，胞浆及细胞核均蓝染，细胞核染色深（有的阴道上皮细胞已完全角化无细胞核）；精子头部呈椭圆形，前半部淡染或不着色，后半部染成红色，尾部呈蓝色。

【注意事项】

1. 水淋洗操作时水流要小，以免细胞脱落。

2. 精子应注意与阴道霉菌、阴道毛滴虫等相鉴别。阴道霉菌染色后镜下为均匀浓染的卵圆形孢子，有时可见假菌丝与出芽细胞相连成链状或分枝状；阴道毛滴虫较大，呈梨形或卵圆形，固定染色后泡状核浓染，可见核上缘基体发出 5 根鞭毛。

【思考问题】

1. 法医学实践中，当可疑混合斑检材没有检出精子时，应该考虑哪些情况？

2. 细胞学检查时，可结合哪些成分的检出确证斑痕含有阴道液成分？

实验三十三　混合斑ABO血型测定—中和试验

中和试验是检测可溶性血型物质的传统方法，精液与阴道分泌液混合斑检验时，可通过测定混合斑和受害人唾液的分泌状态及ABH血型物质判断混合斑血型，进行对比分析，可推测混合斑中精液的ABO血型。

【实验原理】

人类分泌型个体的分泌液（唾液、精液、阴道液等）中含有与其红细胞ABO血型一致的水溶性ABH血型物质，能特异地与相应的抗体结合，使之不再与相应的指示红细胞发生凝集反应。将混合斑浸出液与标化抗血清作用后，加入指示红细胞，观察红细胞凝集反应，如红细胞不凝集，为中和试验阳性，说明混合斑为分泌型，含有与指示红细胞抗原一致的血型物质；如加入的指示红细胞出现凝集，则为中和试验阴性，不含有相应的血型物质。综合混合斑与抗-A、抗-B、抗-H试剂的中和试验结果，可推测其所含的血型物质，从而判断混合斑的ABO血型。对比分析混合斑和受害人唾液的分泌状态和ABH物质，可推测混合斑中的精液的ABO血型。

【实验材料】

1. 样本　待测精液与阴道分泌液混合斑、已知A型、B型分泌型个体唾液斑、无斑痕空白载体对照。

2. 试剂　抗血清（抗-A、抗-B、抗-H）、2%～4%标准A型、B型、O型红细胞悬液、生理盐水、封口膜。

3. 仪器设备　剪刀、镊子、试管、试管架、滴管、烧杯、记号笔、离心机、冰箱。

【实验方法】

1. 抗血清标化

（1）抗血清2～4倍数系列稀释：取24支试管，分为3排，每排8支，分别标记上A、B、H，每管加2滴生理盐水，按标记分别加入2滴抗-A、抗-B及抗-H血清于每排第1管中，作2～4倍数系列稀释，最后1管弃去2滴，其最高稀释倍数为1∶256。

（2）加指示红细胞：每管加1滴相应的指示红细胞悬液，混匀，以1000转/分，离心1分钟，观察结果，记录抗血清效价。

（3）稀释抗血清：以凝集反应强度为“++”的最大抗血清稀释倍数稀释抗血清的原液，得到标化的抗血清（效价为4）。中和试验必须使用标化抗血清。抗血清效价太高，抗体过多，难以被检材中的血型物质全部结合，易发生假阴性结果。

2. 检材处理　剪取待检样本1cm^2，剪碎后分别放入试管内，滴加生理盐水使样本完全浸透后，再加6滴，封口，室温下放置2小时，4℃冰箱过夜。第2天取出用玻璃棒挤压样本，用滴管吸出全部浸液，放入另1试管中，以2500转/分，离心5分钟，上清备用。通过浸泡，可以使载体上附着的血型物质充分溶解。处理得到的上清液还可用于种属鉴别，沉渣可涂片用于细胞学检查。

3. 中和实验

（1）样本浸液的稀释：取30支试管，分为3排，每排10支，分别标记上A、B、H与1～10的序号，每管加2滴生理盐水，按标记分别将2滴混合斑浸出液加入每排第1管中，作2～4倍数系列稀释，最后1管弃去2滴，每排的最高稀释倍数为1∶1024。混合斑中ABH物质含量必须与相应抗血清中所含的抗体量相当，才能完全中和抗体，获得准确结果，因此需要将混合斑浸液做序列稀释，各稀释液含有不同量的ABH抗原，能充分中和标化抗血清中的抗体。

（2）中和：A排每管分别加2滴标定的1∶4的抗-A血清；B排每管分别加2滴标定的1∶4的抗-B血清；H排每管分别加2滴标定的1∶4的抗-H血清。室温放置30分钟。室温放置时间不宜缩短，以使混合斑中所含的血型物质与其对应的抗体进行充分中和。

（3）加指示红细胞：A排每管加1滴2%的A型红细胞悬液，混匀；B排每管加1滴2%的B型红细胞悬液，混匀；H排每管加1滴2%的O型红细胞悬液，混匀。1000转/分，离心1分钟，或摇匀后静置30分钟，观察红细胞凝集情况。通过离心或静置30分钟，指示红细胞与未被中和的抗体结合，便于肉眼观察凝集反应。

【实验结果】

1. 混合斑ABO血型判断　以已知A型和B型的分泌型个体唾液斑为阳性对照，无斑痕空白载体为阴性对照，在对照正确的情况下，不出现凝集反应者为中和实验阳性，混合斑样本与无斑痕空白对照的抑制凝集相差3管（级）以上者，说明混合斑中含有相应的血型物质，综合样本与抗-A、抗-B、抗-H反应情况的结果，可判断混合斑的ABO血型（表33-1）。

表33-1　混合斑ABO血型中和实验结果判断

混合斑稀释倍数	2	4	8	16	32	64	128	256	512	1024	结果判断
A	−	−	−	−	−	−	−	+	+	+	A分泌型
B	+	+	+	+	+	+	+	+	+	+	
H	−	−	−	−	−	−	+	+	+	+	
A	+	+	+	+	+	+	+	+	+	+	B分泌型
B	−	−	−	−	−	−	−	+	+	+	
H	−	−	−	−	−	+	+	+	+	+	
A	+	+	+	+	+	+	+	+	+	+	O分泌型
B	+	+	+	+	+	+	+	+	+	+	
H	−	−	−	−	−	−	−	+	+	+	
A	−	−	−	−	−	−	+	+	+	+	AB分泌型
B	−	−	−	−	−	−	+	+	+	+	
H	−	−	−	−	−	+	+	+	+	+	

2. 混合斑中的精液的ABO血型推测　测定混合斑和受害人唾液的ABH分泌状态和血型，进行对比分析，可推测混合斑中的精液的ABO血型（表33-2），若混合斑中精液血型与犯罪嫌疑人血型不同，则可否定犯罪嫌疑人；如相同，则不能否定。若受害者为非分泌型，则可容易判断犯罪嫌疑人血型。

表33-2　混合斑中精液ABO血型的判断

混合斑分泌状态/血型	受害人分泌状态/血型	混合斑中精液可能的分泌状态/血型	可排除精液的分泌状态/血型
se	se	se	ABSe，ASe，BSe，OSe
OSe	se	OSe	ABSe，ASe，BSe，se
	OSe	OSe，se	ABSe，ASe，BSe
ASe	se	ASe	ABSe，BSe，OSe，se
	OSe	ASe	ABSe，BSe，OSe，se
	ASe	Ase，OSe，se	ABSe，BSe
BSe	se	BSe	ABSe，ASe，OSe，se
	OSe	BSe	ABSe，ASe，OSe，se
	BSe	BSe，OSe，se	ABSe，ASe
ABSe	se	ABSe	ASe，BSe，OSe，se
	OSe	ABSe	ASe，BSe，OSe，se
	ASe	ABSe，BSe	Ase，OSe，se
	BSe	ABSe，ASe	BSe，OSe，se
	ABSe	ABSe，ASe，BSe，OSe，se	无

注：se非分泌型；Se分泌型

【注意事项】

1. 中和试验灵敏度较高，在检测中一般不会出现假阳性结果，但假阴性需要注意，通常可以从以下三点来减少假阴性：

（1）抗血清的效价一定要准确标定，通常抗血清效价标定为 1∶4，抗血清的效价过高易导致假性结果。

（2）浸泡检材的生理盐水不宜过多，这样会稀释检材中抗原。

（3）检材浸液与抗血清中和时间至少 30 分钟以上。

2. 对陈旧检材，可把抗血清的效价为 1∶2，以增加混合斑 ABO 血型检出率。

3. 检材浸出液混浊时，可水浴煮沸 10 分钟，然后 2000 转 / 分，离心 5 分钟，以除去蛋白、细菌、酶类等干扰。

4. 凝集抑制级数的多少在一定程度上可推测精斑中所含各种血型物质的量，判断分泌能力的强弱，并能区分分泌型与非分泌型。在实际检案中，确定分泌能力对排除某些嫌疑对象有一定的参考价值。

5. 用对比推断法得到的结果的可靠程度取决于嫌疑人与受害人的 ABO 血型，当从混合斑中测出 AB 抗原，受害人为 AB 分泌型时，则精斑的血型可以是任何 ABO 血型及分泌型，这样就不能为案件的分析与判断提供有价值的线索。

【思考题】

1. 当用中和实验测定混合斑 ABO 血型出现阴性结果时，是哪些原因造成的？应如何解决？

2. 当案件涉及陈旧混合斑的 ABO 血型检测时，在检验过程中应该调整哪些实验条件以提高检材 ABO 血型阳性检出率？

3. 精液与阴道分泌液混合比例对结果分析有重要影响，实际检案中如何做大致的判断？

实验三十四　混合斑中抗人精液独特蛋白血清检测—斑点酶联免疫吸附法

检测人精液独特蛋白上的 ABO 血型抗原，可特异的测定混合斑中精液成分的 ABO 血型。斑点酶联免疫吸附试验是一种微量检测凝集原方法，实验灵敏度高，不仅可用于常见混合斑中精液成分的血型测定，非分泌型个体精斑、稀释或陈旧精斑均可采用此法进行检测。

【实验原理】

每 1 分子人精液独特蛋白（human seminal peculiar，SPP）至少含有 2 种不同的抗原决定簇，一种为 SPP 抗原决定簇，另一种为 ABO 血型抗原决定簇。用硝酸纤维素膜吸附抗人精液独特蛋白（anti-human seminal peculiar protein，ASPP）血清，然后与混合斑浸液反应后，再分别与酶标单克隆抗 -A、抗 -B、抗 -H 抗体反应，形成 ASPP-SPP- 酶标抗体复合物，用底物 DAB 显色，点样处出现棕褐色为阳性，检材含有与抗体相对应的血型物质，不显色为阴性，说明检材不含与抗体相应的血型物质。根据混合斑与 3 种酶标抗体的反应结果，可判断混合斑中精液的 ABO 血型。

【实验材料】

1. 样本　待测精液与阴道分泌液混合斑、已知 A 型、B 型和 O 型精斑、无斑痕空白载体对照。

2. 试剂　抗人精液独特蛋白血清（ASPP）、酶标单克隆抗 -A、抗 -B、抗 -H 抗体、PBS-T 液、脱脂奶粉、封闭液、Tris、HCl、DAB 显色液、H_2O_2、蒸馏水、硝酸纤维素膜、封口膜。

（1）洗涤缓冲液（PBS-T 液）的配制：0.2g 磷酸二氢钾、2.9g 磷酸二氢钠（$Na_2HPO_4 \cdot 12H_2O$）、8.0g 氯化钠、0.2g 氯化钾、0.5ml Tween-20、0.2gNaN_3，加蒸馏水溶解，定容至 1000ml，4℃冰箱保存备用。

（2）封闭液（1% 脱脂奶粉液）的配制：取 1g 脱脂奶粉加 100ml PBS-T 液，配成 1% 脱脂奶粉液。

（3）0.05mol/L TB 液（pH7.6 的）配制：取 Tris 6.0570g，加少量蒸馏水（300ml）溶解，然后加 42ml 1mol/L HCl，加蒸馏水定容至 1000ml，用 1mol/L HCl 或 NaOH 将 pH 调至 7.6。

(4) DAB(diaminobenzidine，3，3- 二氨基联苯胺)显色液的配制：取 50mg DAB，先以少量 0.05M 的 TB 液溶解，再加入 0.05mol/L TB 液定容至 100ml，摇匀后(避光)过滤，显色前加入 30% 的 H_2O_2 约 30～40μl，宁少勿多，便于掌握反应进程。

3. 仪器设备　冰箱、剪刀、镊子、试管、试管架、玻璃棒、滴管、塑料盒子。

【实验方法】

1. 检材处理　取样本 1cm²，剪碎后放入试管内，用 PBS-T 液浸泡检材，滴加液体的量以能完全浸泡样本并可回吸 3 滴为宜，用封口膜封住试管口，室温 2 小时，冰箱过夜。通过浸泡，使载体基质上的抗原溶解释放。

2. 硝酸纤维素膜吸附 ASPP 血清　把硝酸纤维素膜浸入 ASPP 血清中 10 分钟，取出自然干燥。硝酸纤维素膜吸附蛋白质能力很强，可以极大提高检测灵敏度。

3. ASPP-SPP- 酶标抗体复合物形成

(1) 取玻璃棒搅拌挤压 PBS-T 液浸泡样本，滴管吸取浸液，每份样本分 3 处滴于包被有 ASPP 的硝酸纤维素膜上，自然干燥。

(2) 将封闭液滴加在硝酸纤维素膜上，以封闭硝酸纤维素膜上剩余的蛋白质结合位点，减少非特异性吸附，自然干燥。

(3) 用 PBS-T 液洗膜 3 次，每次 5 分钟。

(4) 将酶标单克隆抗 -A、抗 -B、抗 -H 抗体滴加到硝酸纤维素膜的相应点样位置上，室温 30 分钟，用 PBS-T 液洗膜 3 次，每次 5 分钟。

4. 显色反应　将膜置含有 H_2O_2 的 DAB 显色液中，显色 3 分钟，流水冲洗终止反应。

【实验结果】

在对照正确的情况下，观察酶标单克隆抗 -A、抗 -B、抗 -H 点样处，出现棕褐色为阳性，表明样本含有与抗体相对应的 A、B、H、血型物质；不显色为阴性，表明样本不含相应的血型物质。综合分析判断混合斑中精斑的 ABO 血型。(表 34-1)

表 34-1　斑点酶联免疫吸附法测定精斑 ABO 血型实验结果分析

检材与对照	酶标单克隆抗 -A	酶标单克隆抗 -B	酶标单克隆抗 -H	血型判定
已知 A 型精斑	棕褐色	无色	棕褐色	A
已知 B 型精斑	无色	棕褐色	棕褐色	B
已知 O 型精斑	无色	无色	棕褐色	O
检材 1				
无斑痕部位	无色	无色	无色	A
有斑痕部位	棕褐色	无色	棕褐色	
检材 2				
无斑痕部位	无色	无色	无色	B
有斑痕部位	无色	棕褐色	棕褐色	
检材 3				
无斑痕部位	无色	无色	无色	AB
有斑痕部位	棕褐色	棕褐色	棕褐色	
检材 4				
无斑痕部位	无色	无色	无色	O
有斑痕部位	无色	无色	棕褐色	

【注意事项】

1. 斑点酶联免疫吸附试验灵敏度高，只有在阳性对照及阴性对照正确的情况下，才能对未知的混合斑检材进行精斑 ABO 血型的判定。

2．在实验过程中，非特异反应会产生严重的干扰作用，采用 1%PBS-T 脱脂奶粉液进行封闭，并且在洗涤液中加入 Tween-20 都是为减少非特异性吸附；使用单克隆抗体，可提高免疫反应的特异性，减少非特异反应的干扰。

3．斑点酶联免疫吸附试验属于超微量分析技术，对试剂、蒸馏水以及实验各步骤的反应条件和操作都有严格要求。如果实验结果不理想，可以从这几方面寻找原因。

【思考问题】

1．混合斑 ABO 血型测定法中，ELISA 法与抗人精液独特蛋白检测 Dot-ELISA 法有何异同？

2．当对照结果不正确时，哪些步骤可能导致出错？

实验三十五　混合斑中精子 ABO 血型的直接检测
—间接酶标抗体免疫组化法

精子与阴道脱落上皮细胞分布有 ABH 血型物质，可使用免疫组化方法检测。因为检测的是细胞中的特异性抗原，当斑痕破坏严重如腐败时，检出率较低。

【实验原理】

免疫组化法是运用抗原与抗体特异性结合的原理，以某种抗原免疫动物制备特异性抗体，再用这种抗体（第一抗体）作为抗原去免疫另一种动物制备第二抗体，并将某种酶通过共价键连接在第二抗体上，再借酶对底物的特异催化作用生成有色的不溶性产物或有一定电子密度的颗粒，以检测组织细胞内特定抗原物质的方法。

在混合斑浸液的沉淀物涂片上分别加抗 -A、抗 -B 及抗 -H 单克隆抗体（第一抗体，为鼠免疫球蛋白），抗原与第一抗体结合，然后加上用辣根过氧化物酶标记的兔抗鼠免疫球蛋白抗体（第二抗体），使抗原结合放大，再加含有 H_2O_2 的 DAB 显色液，将抗体与抗原结合后形成的免疫复合物显示出来。通过抗原抗体反应及显色反应，显示细胞上的化学成分。精子与阴道脱落上皮细胞表面有棕色颗粒沉着者为阳性反应，说明含有与抗体相对应的血型物质；如果显示均匀淡黄色或不着色者为阴性反应，说明不含与抗体相对应的血型物质。综合混合斑中的精子与 3 种抗体的反应结果，可判断精子的 ABO 血型。

【实验材料】

1．样本　待测精液与阴道分泌液混合斑、已知 A 型、B 型和 O 型精斑、无斑痕空白载体对照。

2．试剂　生理盐水、3%H_2O_2- 甲醇液、PBS-T 液、2% 牛血清白蛋白，抗 -A、抗 -B 及抗 -H 单克隆抗体、辣根过氧化物酶标记兔抗鼠免疫球蛋白抗体、H_2O_2、DAB（3，3- 二氨基联苯胺）显色液。

（1）3%H_2O_2- 甲醇液的配制：取 90ml 甲醇加 10ml 30%H_2O_2。

（2）PBS-T 液的配制方法：同实验三十四。

（3）DAB 显色液配制方法：同实验二十七。

3．仪器设备　剪刀、镊子、恒温箱、试管、试管架、玻璃棒、滴管、塑料盒子、载玻片、分离针、冰箱、保湿盒、显微镜、盖玻片。

【实验方法】

1．检材处理

（1）剪取样本 1cm²，剪碎放入一支试管中，加适量生理盐水至完全浸泡样本，室温下放置 2 小时，4℃冰箱过夜。通过长时间浸泡，附着在载体基质上的细胞容易脱落。

（2）取出试管，用玻璃棒挤压样本，用吸管吸取全部浸液，放入另一试管中，以上过程可重复一遍，把两次的浸液放入同一试管中，以增加细胞成分的检出。

（3）离心 2500 转 / 分，弃上清，将沉渣均匀涂片，自然干燥。

2. 间接酶标抗体免疫组化法

（1）在沉渣涂片上加 3%H_2O_2- 甲醇液，室温下静置 20 分钟。此步骤目的在于以破坏内源性过氧化物酶活性并固定沉渣于载玻片上。

（2）用 PBS-T 液洗涤 2 次，每次 5 分钟。洗涤去除未被固定的浸液成分。

（3）加牛血清白蛋白，封闭 20 分钟。步骤目的在于以减少非特异性吸附，抑制非特异性背景着色。

（4）分别加抗 -A、抗 -B 及抗 -H 单克隆抗体，室温 1 小时。

（5）用 PBS-T 洗涤 3 次，每次 5 分钟。洗涤去除未被抗原结合的游离第一抗体。

（6）分别加酶标记兔抗鼠免疫球蛋白抗体，室温 1 小时。

（7）用 PBS-T 液洗涤 3 次，每次 5 分钟。洗涤去除未被抗原结合的游离第二抗体。

（8）加含有 H_2O_2 的 DAB 显色液显色 5～10 分钟，用 PBS-T 液洗涤 5 分钟，自然干燥，封片，镜检。

【实验结果】

精子与阴道脱落上皮细胞表面有棕色颗粒沉着者为阳性反应，精子与阴道脱落上皮细胞表面为均匀淡黄色或不着色者为阴性反应。综合混合斑中的精子与 3 种抗体的反应结果，判断精子的 ABO 血型（表 35-1）。

表 35-1　间接酶标抗体免疫组化测定精斑 ABO 血型实验结果分析

检材与对照	酶标单克隆抗 -A	酶标单克隆抗 -B	酶标单克隆抗 -H	血型判定
已知 A 型精斑	棕色颗粒	均匀淡黄 / 无色	棕色颗粒	A
已知 B 型精斑	均匀淡黄 / 无色	棕色颗粒	棕色颗粒	B
已知 O 型精斑	均匀淡黄 / 无色	均匀淡黄 / 无色	棕色颗粒	O
检材 1				
无斑痕部位	均匀淡黄 / 无色	均匀淡黄 / 无色	均匀淡黄 / 无色	A
有斑痕部位	棕色颗粒	均匀淡黄 / 无色	棕色颗粒	
检材 2				
无斑痕部位	均匀淡黄 / 无色	均匀淡黄 / 无色	均匀淡黄 / 无色	B
有斑痕部位	均匀淡黄 / 无色	棕色颗粒	棕色颗粒	
检材 3				
无斑痕部位	均匀淡黄 / 无色	均匀淡黄 / 无色	均匀淡黄 / 无色	AB
有斑痕部位	棕色颗粒	棕色颗粒	棕色颗粒	
检材 4				
无斑痕部位	均匀淡黄 / 无色	均匀淡黄 / 无色	均匀淡黄 / 无色	O
有斑痕部位	均匀淡黄 / 无色	均匀淡黄 / 无色	棕色颗粒	

【注意事项】

1. 混合斑涂片前，可用明胶处理载玻片，以防止脱片。

2. 破坏内源性过氧化物酶的方法是过氧化氢溶液，但应注意过氧化氢的浓度不能过高，一般为 3%～5%，时间不宜过长，室温 10 分钟即可。

3. 为抑制非特异性背景着色，最好在加特异性抗体前封闭组织涂片，常用的血清是 2%～10% 羊血清或 2% 牛血清白蛋白，但应注意此种结合并不牢固，最好不要冲洗，弃去余液后直接加入一抗。

4. 免疫组化染色的显色是最后的关键步骤，要得到最佳的显色效果，必须在镜下严格控制，以检出物达到最强显色而背景无色为最佳终止点。

5. 结果的准确性取决于对照，因此要设立空白对照（无斑痕载体）；阳性对照（已知 A 型、B 型、O 型人精斑）。

6. 间接酶标抗体组化法检测的是细胞中的特异性抗原，如果检材被破坏，细胞已自溶，则抗原已经丢失，很难检出抗原。

7. 部分精子细胞可能不被染色，其原因可能是在操作过程中抗原丢失或发生了改变，也可能是有些精子不携带抗原或抗原隐蔽不发生结合反应。

8. 据文献报道，利用该方法部分测定混合斑的精子 ABO 血型时检出了阴道分泌物中的血型物质，因此结论判断时要慎重。

【思考问题】

1. 试述 ELISA 法和免疫组化法测定混合斑中精斑 ABO 血型的优缺点。

2. 为什么免疫组化法测定精子 ABO 血型时设置空白对照和阳性对照很重要？

第七章　唾液及唾液斑检验

唾液(saliva)是人或动物口腔内唾液腺分泌的无色且稀薄的液体，唾液斑(salivary stain)是唾液干燥后形成的斑痕，是法医物证检验中常见的生物检材。

实验三十六　唾液及唾液斑的收集

唾液(斑)是法医物证检验中常见的生物检材之一，在犯罪现场遗留的烟头、水杯、口罩、瓜子壳、果壳、邮票、信封、尸体皮肤及其他物体上的咬痕等均可沾有唾液。唾液中除含有血型物质外，唾液中的口腔脱落上皮细胞可用于进行DNA分析。

测定唾液的血型及分泌状态、唾液多态性蛋白和酶、唾液脱落上皮细胞DNA分型，可以用于法医学个人识别和亲子鉴定。

【实验技术原理】

基于对唾液中遗传标记的分析，即基因产物抑或DNA分型的鉴定来确定唾液及唾液斑的采集标准。基因产物主要为人类组织血型ABO和分泌型系统以及唾液中的酶和蛋白类，前者可在全唾液及唾液斑中长期保存，合理的提取和采集，将有助于ABO和分泌型系统中型物质的分析；后者大部分为来源于腮腺液中的成分，全唾液中这些多态性的酶和蛋白含量低，因此，基于腮腺液成分的分析为首选。而DNA分型的分析，主要考虑有核细胞成分的有无和多少，以及排除其他可能污染口腔的成分，尽可能多的采集存在于唾液或唾液斑中的口腔脱落上皮细胞为原则。此外，唾液斑是唾液干燥后形成的斑痕，是法医物证检验中常见的生物检材之一。干涸的遗留在固相载体上的唾液斑，特别是残留在如茶杯、酒瓶或地面上等的可疑唾液斑检材，不易直接进行遗传标记的鉴定。因此，需采用浸湿的软质载体将上述唾液斑进行转移后分析。

【实验材料】

1. 试剂　生理盐水、蒸馏水、维生素C。

2. 仪器　试管、试管架、烧杯、镊子、剪刀、水浴锅、冰箱、EP管、双室杯、离心机、0.5kg重物、滤纸、纱布、棉拭子。

【实验方法】

1. 血型物质分析的唾液收集　漱口，然后将纱布或棉拭子放入口中，浸湿后取出，立即置通风干燥处晾干，分别包装，备检。也可用舌尖抵在下颌门齿的下方，将自然流出的唾液，置干净容器内，立即放入水浴中煮沸10分钟，然后置冰箱中保存。煮沸是为了灭活唾液中的血型物质分解酶。

2. 唾液中多态性蛋白质分析的唾液收集　唾液富含脯氨酸家族多型蛋白分析的腮腺液采集：漱口；使用井栏式双室杯(图36-1)收集腮腺液约2ml。双室杯内室紧贴于口腔中腮腺导管开口处，对双室杯外室施以负压；应用维生素C刺激腺体分泌；将双室杯内室导管接于EP管中。

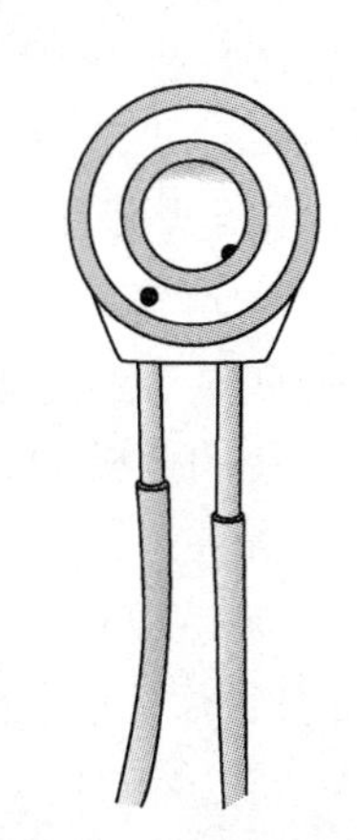

图36-1　井栏式双室杯

3. DNA分型分析唾液的收集 新鲜唾液中提取口腔黏膜脱落上皮细胞：无菌盐水漱口的漱口水，高速离心，沉淀物用于DNA的提取；纱布或唾液拭子放入口中反复擦拭口腔黏膜，然后生理盐水浸泡纱布或拭子，高速离心，沉淀物用于DNA的提取。

4. 唾液斑样品的收集

（1）唾液斑可能存在于不同的载体上：分为可直接检测的载体，如烟蒂、瓜子壳或手帕等；不可直接检测的载体，如茶杯、酒瓶或地面等。前者应首先提取全部检材，然后将这一类载体直接用生理盐水浸泡后用于检测；而后者须应用少量生理盐水浸湿的纱布或棉拭子擦取，晾干后备检。

（2）几种常用的不可直接检测的载体上收集唾液斑的方法：

1）滤纸法收集唾液斑：剪取适量大小的滤纸，用生理盐水浸湿后覆盖于唾液斑的表面。将数层干滤纸放置在上述湿滤纸之上，然后在干滤纸之上再加上0.5kg的重物。20分钟后移去重物及干滤纸，用镊子取湿滤纸晾干保存，用于唾液斑的检测分析。

滤纸法是早期提取唾液斑所用的方法。由于该方法较复杂，且现场发现的唾液斑量较小，尤其是咬痕周围的唾液斑，滤纸转移免不了浪费唾液，难以满足检验要求，尤其是DNA检验，故现已很少使用。

2）单棉拭子法收集唾液斑：将一根消毒棉拭子用消毒蒸馏水浸湿，直接擦拭存在于固相载体上的唾液斑。可直接取下棉拭子置于0.5ml的EP管中，将该管底部用大头针刺漏后放入一个1.5ml的EP管中，高速离心后得到唾液斑提取液，备检。也可将擦拭唾液斑后的棉拭子晾干保存，用于进一步的唾液斑检测分析。

单棉拭子法是一种经典的方法，该法简单快捷，提取效率较滤纸法高。但提取微量唾液斑仍不十分满意，而且难以取下皮肤上附着较紧的口腔黏膜脱落上皮细胞。若加大力度拭取，可能将被害人皮肤上的皮屑取下，影响DNA检验结果。

3）双棉拭子法收集唾液斑：将第一根棉拭子用灭菌去离子水浸湿后，在皮肤唾液斑上擦拭，置于空气中干燥（>30分钟）。湿润的棉拭子应在皮肤上沿长轴作环状滚动，直接擦拭存在于皮肤上的唾液斑，压力适中，使棉拭子与皮肤接触面积达最大，尽可能多的提取唾液斑。

第二根棉拭子不用浸湿，直接擦拭，空气中干燥大于30分钟，结合两个棉拭子检材，保存备检。用类似于第一根棉拭子的压力和方式在皮肤上拭取余下的唾液斑。

双棉拭子法第一根湿润的棉拭子将唾液斑中部分已脱落的上皮细胞重新水化，使其与皮肤的黏附松动，黏附于棉拭子之上。当用第二根棉拭子拭取时，剩下的细胞水化更加完全，与皮肤之间的黏附更加松动，能够附着在第二根棉拭子上。

（3）唾液斑中提取口腔黏膜脱落上皮细胞：尽可能提取载于固相载体上的唾液斑。口腔黏膜上皮细胞提取时，取适量检材剪碎后放入EP管中，加入适当的DNA提取缓冲液，用于DNA的提取。

如果载体体积比较小，如烟蒂可剪取0.3～0.5cm的过滤嘴；单根拭子可剪取头部的1/3或1/4，直接进行消化提取DNA；如果斑迹面积较大，可以取其中的某一部分（0.1～0.2cm^2）直接消化，也可以将全部斑迹剪碎，浸泡，离心富集沉淀后进行消化。

【实验结果】

1. 新鲜唾液样本 漱口后自然流出的全唾液样本应是无色、无味、近中性、略黏稠的液体；新鲜于纱布或拭子上的唾液，经离心后可得到无色且稀薄的液体。样本煮沸10分钟后，可用于ABO及分泌型系统的分析，自然流出的全唾液煮沸后也可用做抗原，免疫注射生产相应的ABO血型系统的抗体。未煮沸的样品可以进行电泳分析，以鉴定唾液中蛋白质的多态性。

2. 唾液斑样本 应用生理盐水浸泡后，依载体的不同，可能得到略带颜色的唾液样本。样本煮沸10分钟后，可用于ABO及分泌型系统的分析。

3. 腮腺液样本 由双室杯采集的纯腮腺液为无色、无味、清澈透明如水状的稀薄不黏稠液体。样品可直接进行电泳分析，以鉴定唾液富含脯氨酸家族的多态性蛋白。

4. 唾液口腔上皮细胞样本　漱口无菌盐水、纱布或唾液拭子放入口中反复擦拭口腔黏膜后经生理盐水浸泡的液体，高速离心后，可见到微小的沉淀物（口腔上皮细胞），用于口腔上皮细胞的鉴定及DNA的提取。而载于固相载体上的唾液检材，一般是在进行唾液预试验后，可直接用于DNA提取目的的实验。

【注意事项】

1. 唾液检材的采集应与其他法医物证检材一样，做到完整、全面、细心、无污染及采集后合理的处理。

2. 腮腺液样品的采集应尤为注意将双室杯的内室准确的对于腮腺导管的开口处，即上颌第二磨牙冠相对的颊黏膜处。同时，双室杯外室一定要吸住颊黏膜。

3. 所有检材均不得与手接触，以免污染。

4. 双棉拭子法不能像单棉拭子法那样用力拭取，只需适当用力，大大降低皮肤脱落上皮细胞污染的危险。

【思考问题】

1. 唾液检材用于遗传标记鉴定的分类？

2. 腮腺液检材采集失败的原因和补救策略？

3. 唾液检材中哪种成分采集可用于线粒体DNA遗传标记的分析？

4. 三种唾液斑收集法的收集效率如何？

实验三十七　淀粉消化实验

唾液（斑）中含有大量的淀粉酶，检查淀粉酶可推测被检斑痕中是否含有唾液。自然界中植物、发芽种子、真菌中均含有淀粉酶，人体的其他分泌液（鼻涕、尿液、精液）中也含有少量淀粉酶，因此，仅检测出斑痕中含有淀粉酶，不能证明是唾液斑。

【实验技术原理】

淀粉遇碘显蓝色。淀粉酶能将淀粉分解为糖，糖遇碘不呈蓝色反应。因此，将已知淀粉溶液与检材斑痕作用后，再加碘，若显蓝色，证明待测斑痕不是唾液斑；若不显蓝色，表示检材中已无淀粉存在，可能被淀粉酶分解，检材可能是唾液斑。再利用糖的还原作用，验证淀粉已分解为糖，便可判断检材中含有唾液。

【实验材料】

1. 试剂

（1）0.01%淀粉溶液：取可溶性淀粉10mg，加蒸馏水至100ml溶解。

（2）碘液：碘0.3g，碘化钾0.5g，蒸馏水100ml。先将碘化钾溶解于水中，再加碘，待溶解后加蒸馏水定容至100ml。临用时再用蒸馏水稀释200倍。

（3）1%氯化三苯基四氮唑溶液：将1%氯化三苯基四氮唑溶于0.2mol/L氢氧化钠溶液中。

（4）碱性铜试剂：硫酸铜1.73g、枸橼酸钠17.3g、无水碳酸钠10g，加蒸馏水至100ml。先将枸橼酸钠和无水碳酸钠加于70ml蒸馏水中，加热溶解。用10ml蒸馏水溶解硫酸铜，然后缓慢地加入到冷却的枸橼酸钠溶液中，并不断进行搅拌。最后加蒸馏水到100ml，过滤后贮于棕色瓶中备用。

2. 仪器　镊子、剪刀、37℃温箱、试管、酒精灯。

【实验方法】

1. 唾液斑中淀粉酶的证明

（1）剪取可疑唾液斑痕约0.2cm^2，同时剪取斑痕外围相同大小检材作为对照，分别置于试管内。需要设置基质对照、阳性对照和阴性对照。

（2）向试管内加入0.01%淀粉溶液0.1ml，然后将试管放入37℃温箱中30～60分钟。淀粉是白色无定形粉末，通常由10%～30%的直链淀粉（淀粉颗粒质）与70%～90%支链淀粉（淀粉皮质）组成。直链淀粉是由葡萄糖以α-1，4-糖苷键结合而成的链状化合物，但并非线形结构。淀粉分子中各葡萄糖单位有游离羟基，可以形成分子内氢键而形成螺旋结构，每一圈螺旋大约有六个葡萄糖单位。

（3）取上述检材淀粉溶液1滴，加碘液1滴，观察颜色变化。淀粉的螺旋结构中有一定的空腔，刚好能容纳碘分子钻入。碘分子与淀粉之间借助于范德华力联系在一起，形成一种络合物，这种络合物能够吸收除了蓝色以外的其他可见光，因此使淀粉呈现出蓝色。当淀粉溶液的浓度在十万分之五左右时，仍能观察到淀粉与碘作用显色。

2．阳性反应者糖生成的证明

（1）于试管中首先加入1%氯化三苯基四氮唑溶液1滴，然后加入检材淀粉液1滴。立即在火焰上短时间加热，观测颜色反应。氯化三苯基四氮唑（TTC）是标准氧化还原电位为80mV的氧化还原物质，溶于水中成为无色溶液，但还原后即生成红色而不溶于水的三苯基甲臜（TTF）。生成的TTF比较稳定，不会被空气中的氧自动氧化。

（2）也可用碱性铜试剂进行糖生成的证明，即将碱性铜试剂与检材淀粉液混合后短暂加热。碱性铜试剂与还原糖混合后加热生成Cu_2O。

【实验结果】

1．第一步唾液淀粉酶的证明实验，对照管应立即出现蓝色，若检材管无色或呈淡黄色即为阳性反应，证明检材可能含唾液斑；若检材管出现蓝色，则可判为阴性反应，证明检材不是唾液斑。

2．第二步糖生成的证明实验，出现红色沉淀为阳性反应，证明有糖的存在，检材是唾液斑；若呈无色透明或浅红色则为阴性反应，证明检材不是唾液斑。

3．碱性铜试剂与检材淀粉液反应后，若出现棕红色沉淀为阳性反应。

【注意事项】

1．所有检测试剂最好是新鲜配制。

2．实验中应严格设置阳性和阴性样品对照。

3．淀粉酶并非唾液与唾液斑独有，检测淀粉酶只能作为预实验。

4．本实验非常灵敏，保留5年以上的唾液斑检材，经100℃加热20分钟，或者200～300℃加热15分钟，均可呈阳性反应。

5．若淀粉溶液浓度过高或所加淀粉溶液量过多，易出现假阴性结果。

6．糖生成实验阳性说明溶液中含有单糖，可以是淀粉被酶解后所产生，也可以是外界污染物直接带入。

7．碱性铜试剂试验中，会产生黄绿色的颜色变化，这是因为加热过程中Cu_2O的生成量和$CuSO_4$的减少量都不够，结果导致Cu_2O的棕红色与$CuSO_4$的蓝色“混合”而显“黄绿色”。

【思考问题】

淀粉消化实验结果为阳性，为什么不能确定是唾液斑？

实验三十八　口腔黏膜脱落上皮细胞检查

唾液中含有口腔黏膜脱落上皮细胞，通过在镜下观察可以推断可疑斑迹是否为唾液斑。唾液中口腔脱落细胞多源于新鲜收集唾液或浸泡唾液斑离心后的沉淀物。然而，目前唾液中的脱落细胞也为DNA检测的重要检材，因此要慎重使用，以避免影响到后续的DNA分析。

【实验技术原理】

唾液中含有口腔黏膜脱落上皮细胞，为复层扁平上皮，又称复层鳞状上皮。这一形态上较具特色的细胞可经苏木素-伊红（HE）染色后，通过显微镜观察确定。如观察到非角化扁平上皮细胞，同时结合淀粉酶结果，可判断为唾液斑。

【实验材料】

1. 试剂 生理盐水、蛋白甘油（将鸡蛋清用玻璃棒充分搅拌后，加入等量的甘油搅均匀，再加少量防腐剂，如苯酚、麝香草酚等，混合而成）、甲醇、苏木素、1% 的盐酸乙醇（在 75% 的乙醇中加入浓盐酸配制而成）、伊红、70% 乙醇、80% 乙醇、90% 乙醇、95% 乙醇、无水乙醇、二甲苯、中性树胶。

2. 仪器 镊子、剪刀、小试管、玻璃棒、显微镜、载玻片和盖片、染色器皿、离心机。

【实验方法】

1. 剪取 $1cm^2$ 大小的可疑唾液斑纱布，用约 1ml 的生理盐水浸泡超过 1 小时，期间反复用玻璃棒挤压。弃去纱布，3000 转 / 分离心 10 分钟，弃上清，留沉渣，备检。

2. 涂少许蛋白甘油于载玻片上，再将上述检测样品的沉渣均匀涂于载玻片上，自然干燥或加温干燥后，待检。蛋白甘油作为一种组织黏合剂，可以使样品沉渣黏附于载玻片上。

3. 用甲醇固定检测样品，待固定液干燥后，直接染苏木素 2～5 分钟。甲醇固定的目的是保持细胞自然形态，防止细胞自溶和细菌所致的腐败，可以使蛋白质变性，沉淀和凝固细胞内蛋白，使细胞不但保持自然形态，而且结构清晰，易于着色。甲醇固定的优点是时间快，细胞收缩小，细胞核保存较好，结构清晰，染色鲜艳，对抗原保存较好；缺点是具有挥发性和毒性。

4. 水洗以去掉浮色，然后加入 1% 的盐酸乙醇分化（浸 1～2 次即可），流水洗载玻片 5 分钟以上。盐酸乙醇的分化作用主要靠盐酸在水中电解出 H^+，改变组织表面的电荷，使过染和吸附的染料从组织中脱解出，达到分化的目的，使不应着色的颜色脱净，应着色的色彩变得更加清晰适中 。

5. 伊红染色 2～5 分钟。然后脱水，即将载玻片分别按顺序放入 70% 乙醇、80% 乙醇、90% 乙醇、95% 乙醇中各数秒，最后放入无水乙醇中浸泡 5～10 分钟后更换至新的无水乙醇中再浸泡 5～10 分钟，以彻底脱水。切片经 HE 染色后，要彻底脱水透明，才能用中性树胶封盖。如果脱水不彻底，封片后呈白色雾状，镜下观察模糊不清，且容易褪色。

6. 脱水后的样品放入二甲苯中透明 5～10 分钟后更换新的二甲苯，重复此步骤。二甲苯是目前应用最广的透明剂，它作用迅速，能与乙醇混合又可与封藏用的树胶混合，可以增加组织的透明度，使结构看得更清楚。

7. 用中性树胶封片。干燥后，显微镜下观察结果。

【实验结果】

染色后观察的细胞形态多样，但以多角形为主；胞质呈粉色伊红性染色；胞核呈圆形，较小，蓝染。

【注意事项】

1. 严格设置阳性和阴性样品的对照。

2. 未角化的复层扁平上皮分布于口腔、食管和阴道等处。因此，该方法单纯检出细胞并不能证明一定是来源于口腔的脱落细胞。

3. 如可同时查见食物残渣、嗜氧菌、厌氧菌等，可以进一步确证是唾液斑；若查见呼吸道黏膜脱落的纤毛柱状上皮，证明唾液中有痰液存在，也可证明是唾液斑。

【思考问题】

如果唾液斑脱落细胞检测为未角化的复层上皮细胞，是否可以确定为唾液斑？

实验三十九 唾液 ABO 血型的测定—中和实验

中和实验是一种简便、快速检测分泌型体液 ABO 血型的方法。除了唾液（斑）之外，还可以对精液（斑）、阴道液（斑）等体液的 ABO 血型进行检测。H 抗原是 ABO 抗原的前体物质，所有分泌型人都分泌 H 物质（矛盾分泌型除外），对分泌型 O 型个体最好选择抗 -H 进行中和实验，可区别罕见的 Oh 型。

【实验技术原理】

唾液与唾液斑中的水溶性 A、B、H 物质与其对应的抗血清（抗 -A、抗 -B、抗 -H）中抗体量相当时，可完全中和抗体，此时如果再加入对应型别的标准红细胞，不能观察到红细胞凝集。然而，唾液检材中 ABH 物质与抗血清的滴度不能正好完全匹配，因此常应用标化的抗血清检测稀释的唾液检材，最后加入指示红细胞，最大限度上消除假阴性结果，也称之为半定量中和实验。

【实验材料】

1. 试剂　生理盐水、抗血清（抗 -A、抗 -B、抗 -H）、2% 标准人 A 型、B 型、O 型红细胞悬液。

2. 仪器　镊子、剪刀、试管、离心机。

【实验方法】

1. 抗血清标化

（1）抗血清稀释：10 个试管中各加入 0.1ml 的生理盐水，吸取 0.1ml 抗血清（抗 -A、抗 -B、抗 -H）加入第一个试管中，然后采用 2 倍稀释法稀释（即至 1024 倍稀释）。第一个试管加入抗血清后吹吸混匀后，取 0.1ml 加入第二个试管中，以此类推，最后一个试管加入后混匀，取 0.1ml 弃去。

（2）抗血清效价测定：于每个小试管中分别加入对应的 2% 标准红细胞悬液 1 滴，以 1000 转 / 分离心 1 分钟。抗血清需经过标化确定最适稀释浓度，抗血清效价太高、抗体过多，难以被唾液中的血型物质全部抑制，易发生假阴性结果。

2. 半定量中和试验

（1）设三排试管，每排 10 支。分别取唾液或唾液斑浸出液 2 滴，加入等量的生理盐水，采用 2 倍稀释法稀释至 1024 倍。2 倍稀释时，末管弃去 2 滴稀释液。

（2）按排向每管中分别加入已标化的抗 -A、抗 -B、抗 -H 抗体各 2 滴，室温下中和 30 分钟。抗血清与相应的抗体相结合，若不存在与之相应的抗血清，则不消耗抗体。

（3）分别向加入抗 -A、抗 -B、抗 -H 抗体的试管中对应地加入 1 滴 2% 标准人 A 型、B 型或 O 型红细胞悬液，于室温下放置 15 分钟，然后以 1000 转 / 分离心 1 分钟，观察结果。游离的抗体与相应的红细胞发生凝集反应。

【实验结果】

1. 抗血清标化结果的观察　轻轻弹起离心后沉降的红细胞，观察凝集反应，以反应强度为“++”的最大抗血清稀释倍数稀释抗血清的原液，即得到标化的抗血清。

2. 半定量中和实验结果的观察　发生凝聚反应者为中和实验阴性；不发生凝集反应者为中和实验阳性。

3. 半定量中和实验判断唾液分泌型及 ABO 血型见表 39-1。

表 39-1　半定量中和实验结果分析表

唾液样本编号	抗血清	指示红细胞	滴度										判断型别
			1:2	1:4	1:8	1:16	1:32	i:64	1:128	1:256	1:512	1:1024	
1	抗 H	O	—	—	—	—	+	++	++	++	++	++	A 分泌型
	抗 A	A	—	—	—	—	—	—	—	—	—	—	
	抗 B	B	++	++	++	++	++	++	++	++	++	++	
2	抗 H	O	—	—	—	—	+	++	++	++	++	++	B 分泌型
	抗 A	A	—	—	—	—	+	++	++	++	++	++	
	抗 B	B	—	—	—	—	—	—	—	—	—	—	
3	抗 H	O	—	—	—	—	+	++	++	++	++	++	AB 分泌型
	抗 A	A	—	—	—	—	—	—	—	—	—	—	
	抗 B	B	—	—	—	—	—	—	—	—	+	++	

续表

唾液样本编号	抗血清	指示红细胞	滴度										判断型别
			1∶2	1∶4	1∶8	1∶16	1∶32	1∶64	1∶128	1∶256	1∶512	1∶1024	
4	抗H	O	−	−	−	−	−	−	−	++	++	++	O分泌型
	抗A	A	++	++	++	++	++	++	++	++	++	++	
	抗B	B	++	++	++	++	++	++	++	++	++	++	
5	抗H	O	++	++	++	++	++	++	++	++	++	++	非分泌型
	抗A	A	++	++	++	++	++	++	++	++	++	++	
	抗B	B	++	++	++	++	++	++	++	++	++	++	

【注意事项】

1. 所用抗血清应实验前标化，检测用标准红细胞应新鲜配制。

2. 如抗H抗体来源于植物血凝素，其凝集反应较强，因此加入指示红细胞后应立即离心，而不需要通常室温放置的15分钟作用时间。

【思考问题】

1. 如果实验出现假阴性结果，最可能是什么原因造成的？如何解决？

2. 如果只有抗H血清，采用半定量中和实验是否可以确定唾液样本的分泌状态？为什么？

3. 如果确定了唾液样本的分泌状态后，只用抗A和抗B采用半定量中和实验是否可以确定唾液样本的ABO型？为什么？

实验四十　唾液酸性富含脯氨酸蛋白多态性检测

唾液成分中的部分蛋白及酶类具有遗传多态性，可采用高分辨率的等电聚焦电泳（IEF）对其进行分析分型。与全唾液比较，腮腺液所含的成分较均一，细菌和食物污染较少，含有较少的酶降解蛋白。因此，采用腮腺液作为样本来分析蛋白质多态性明显优于全唾液，故多种唾液多态性蛋白型可应用于亲子鉴定中。唾液蛋白型的电泳分型一般需将唾液浓缩5～10倍，因唾液样本用量较大，故其法医学应用受到一定限制。

【实验技术原理】

唾液富含脯氨酸蛋白家族中含有多种酸性富含脯氨酸蛋白，并且表现出遗传多态性。现已确定它们主要为两个基因座上的产物，即富含脯氨酸蛋白（Pr）来自于*PRH2*基因座；而唾液酸性蛋白（Pa）、唾液双带蛋白（Db）、腮腺唾液等电聚焦变异体蛋白（PIF）和At蛋白来自于*PRH1*基因座。由于两个基因座上的基因产物结构和组成上的高度相似性，各种多态性蛋白质的等电点非常接近，因此，可以应用聚丙烯酰胺凝胶等电聚焦电泳技术进行分离鉴定。

【实验材料】

1. 试剂

（1）丙烯酰胺＋甲叉双丙烯酰胺凝胶贮备液：总浓度（T）为16%，交联度（C）为2.75%。

（2）尿素、10%过硫酸铵（AP）、四甲基乙二胺（TEMED）。

（3）载体两性电解质pH 3.5～5和pH 4～6。

（4）正极电极液：0.5mol/L的磷酸；负极电极液：0.5mol/L氢氧化钠。

（5）固定液：20%三氯乙酸。

2. 仪器　低温循环仪、三恒（电流、电压和功率）电源、等电聚焦电泳槽、100mm×70mm×0.2mm大小的制胶板、双室杯、玻璃平皿。

【实验方法】

1. 凝胶的制备：自制胶板大小为100mm×70mm×0.2mm。凝胶液配方如下（两板量）：

尿素	0.9g
凝胶贮备液	1.3ml
蒸馏水	0.7ml
载体两性电解质（pH 3.5～5）	0.15ml
（pH 4～6）	0.15ml
10% 过硫酸铵	40μl
TEMED	2μl

将上述试剂混匀后，用注射器将其注入到垫有两条0.2mm厚塑料垫条的两块玻璃板间，室温下保湿聚合0.5小时，保湿盒中置4℃冰箱中保存备用。

丙烯酰胺是聚合单体，甲叉双丙烯酰胺是交联剂，过硫酸铵是引发剂，TEMED是催化剂，可以催化过硫酸铵产生自由基，从而加速丙烯酰胺凝胶的聚合，尿素是变性剂，载体两性电解质可以在电场力的作用下形成连续pH梯度。

凝胶液配好后应充分混匀，用注射器以较快的速度注入两块玻璃板之间，速度过慢凝胶液容易在注射器内聚合凝固。一边注入胶液一边敲打玻璃板，排出气泡。

2. 腮腺液的采集　见实验三十六。

3. 等电聚焦电泳：取出凝胶板，小心撬去其中的一块玻璃板，使凝胶贴附于另一块玻璃板上。用电极条分别蘸取正负极电极液后加入到凝胶表面。然后，将凝胶板进行预电泳，电压1800V，电流10mA，功率2W，循环温度6℃。约30分钟后，用3mm×6mm滤纸条浸取腮腺液样本，直接加到距阴极1.5cm的胶面上，30分钟后提高功率至3W，1小时后去除加样条。继续电泳直到恒电压超过2小时，结束电泳。等电聚焦电泳属于高电压电泳，过程中应注意安全防护。

4. 电泳完成后，直接将凝胶板用固定液固定，10分钟后观察结果。三氯乙酸可以与蛋白质形成不溶性盐；作为蛋白质变性剂使蛋白质构象发生改变，暴露出较多的疏水性基团，使之聚集沉淀。

【实验结果】

1. 20%的三氯乙酸固定液可直接沉淀电泳聚焦后的唾液酸性富含脯氨酸蛋白而显带，在凝胶上可见到白色的沉淀带。

2. 结果判型如图40-1所示。

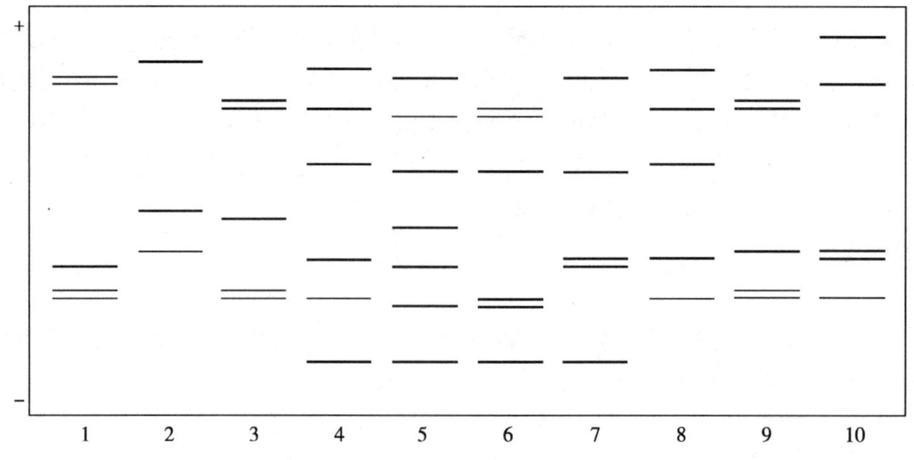

型的判定：1. *PRH1* 4–4, *PRH2* 1–1；2. *PRH1* 2–6, *PRH2* 2–2；3. *PRH1* 2–4, *PRH2* 1–1；4. *PRH1* 1–1, *PRH2* 2–1；5. *PRH1* 1–2, *PRH2* 2–1；6. *PRH1* 1–4, *PRH2* 1–1；7. *PRH1* 1–6, *PRH2* 2–2；8. *PRH1* 2–2, *PRH2* 2–1；9. *PRH1* 4–6, *PRH2* 1–1；10. *PRH1* 6–6, *PRH2* 2–1；

图40-1　唾液酸性富含脯氨酸蛋白PAGIEF法分离谱型模式图

3. 唾液酸性富含脯氨酸蛋白 *PRH1* 和 *PRH2* 位点上的等位基因以及对应的产物见表 40-1。

表 40-1　唾液酸性富含脯氨酸蛋白 *PRH1* 和 *PRH2* 位点的等位基因及其相应产物

位点名称	等位基因	产物
PRH1	*PRH1*1*	Db-f, Db-s
	*PRH1*2*	Pa
	*PRH1*4*	PIF-f, PIF-s
	*PRH1*6*	At
PRH2	*PRH2*1*	Pr1, Pr3
	*PRH2*2*	Pr2, Pr4

【注意事项】

1. 如对固定的蛋白进行染色，通常只能观察到分子量较大的蛋白被染色，而分子量较小的蛋白似乎很难被染色。

2. 如果沉淀的目的蛋白带不清楚，可考虑加入更多的浸湿了唾液的滤纸片。

【思考问题】

1. 进行唾液酸性富含脯氨酸蛋白 PAG-IEF 方法鉴定多态性所用的聚丙烯酰胺凝胶使用液的总浓度和交联度是多少？

2. 理论上讲 *PRH1* 基因座共有多少种基因型和多少种表现型？

第八章　尿液及尿斑检验

尿液（斑）是犯罪案件中较少见的一种生物检材。正常人尿液中除含有少量的尿素、尿酸和无机盐外，还含有微量的上皮细胞、蛋白、肌酐及 ABO 血型物质。通过检测人尿液中的特殊物质，可以证明人尿的存在及进行个人识别判定。

实验四十一　尿类黏蛋白的双抗体夹心 ELISA 法检测

双抗体夹心法，属于非竞争结合测定。它是检测抗原最常用的 ELISA 技术，适用于检测分子中具有至少两个抗原决定簇的多价抗原。人尿含有少量的类黏蛋白，是一种具有较强的种属特异性的多价抗原，可用双抗体夹心法 ELISA 法检测，来证明人尿的存在。

【实验技术原理】

以已知抗体（抗人尿类黏蛋白的 IgG）包被载体，然后将含有抗原的待检标本加入，共同孵育后，抗原结合于包被抗体上，再加入酶标记的特异性抗体，酶标抗体连接到抗原上，最后加入酶作用的底物，根据颜色反应来判定抗原的有无及含量（图 41-1）。若加入的是生物素标记的抗体，则可加入酶标记的亲和素，然后再加酶作用的底物以显现颜色。

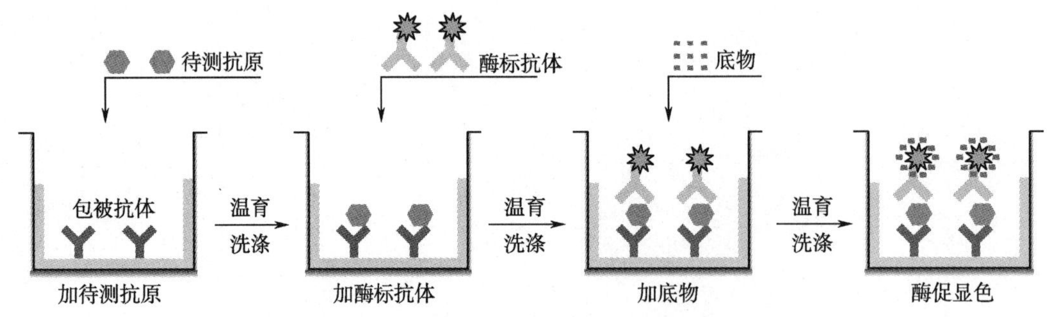

图 41-1　双抗体夹心 ELISA 法检测抗原示意图

【实验材料】

1. 样本　人尿斑。

2. 试剂　羊抗人尿类黏蛋白 IgG、生物素标记的羊抗人尿类黏蛋白 IgG、辣根过氧化物酶标记的链霉亲和素（SA-HRP）、类黏蛋白标准品、0.05mol/L 的碳酸盐缓冲液（pH9.6）、0.02mol/L PBS-T（含 0.05%Tween-20 的磷酸盐缓冲液）、3，3′，5，5′- 四甲基联苯胺（TMB）、牛血清白蛋白（BSA）、Tris、盐酸、H_2SO_4。

3. 仪器设备　96 孔酶标板、恒温水浴箱、酶标仪、微量移液器。

【实验步骤】

1. 用 0.05mol/L 的碳酸盐缓冲液（pH 9.6）将羊抗人尿类黏蛋白 IgG 稀释成浓度为 10mg/L 后包

被酶标板，每孔 100μl。42℃孵育 5 小时，倒去包被液，用 PBS-T 洗 3 次，甩干。其中一孔不加包被抗体，作为试剂空白。

2. 用 10g/L BSA-PBS-T（以 PBS-T 作为溶剂配制）封闭板上的空白位点，每孔 200μl，37℃孵育 1 小时，甩干。

3. 除试剂空白及另留 1 排孔作为阴性对照外，其余各孔各加检材浸液或倍比稀释的类黏蛋白标准品 100μl，阴性对照孔加 100μl 的 10g/L BSA-PBS（以 PBS 为溶剂配制），37℃孵育 1 小时，用 PBS-T 洗 3 次，甩干。

4. 除试剂空白孔外，其余各孔加生物素标记的抗人尿类黏蛋白 IgG 100μl，37℃孵育 1 小时，用 PBS-T 洗 6 次，甩干。

5. 所有各孔加 SA-HRP 液 100μl，37℃孵育 10 分钟，用洗涤液 Tris-HCl-T（含 0.05%Tween-20 的 Tris-HCl 缓冲液）洗 6 次，甩干。

6. 每孔加 10g/L TMB 100μl，37℃孵育 15 分钟，再加 2mol/L H_2SO_4 50μl，使反应终止。

7. 在酶标仪上 450nm 波长处，测量吸光度（OD450nm）值，用试剂空白孔调零。

【实验结果】

有颜色变化为阳性，没有颜色变化为阴性。阳性结果可按以下方法测定待测样品中的蛋白浓度：用倍比稀释的类黏蛋白标准品的吸光度值绘制标准曲线，求出标准曲线的回归方程，然后用待测样品的吸光度值代入回归方程即可算出待测样品中的蛋白含量。

【注意事项】

1. 人尿反应最强，某些动物尿液亦有反应，其反应强度依次为：黑猩猩、东半球猴（东半球与美洲大陆相对而言，尤指欧洲）、猪、狗、牛。其他动物，包括鸟类在内以及人体的其他体液均呈阴性反应。

2. 保存 3 个月的尿斑反应强度不减。

3. 结果解释　一般情况下，阳性实验结果可以证明人尿的存在。但由于该实验对少数其他种属动物尿液存在交叉反应，故应结合尿斑位置和案情综合考虑是否确证为人尿。

【思考问题】

1. 为什么有些动物尿液呈阳性反应，而有些动物尿液却为阴性？

2. 双抗体夹心 ELISA 法与普通 ELISA 法相比有何优势？

3. 尿液和尿斑都适用此法吗？两者的检验有何差异？

实验四十二　尿斑的肌酸酐检测法

本方法是一种灵敏度极高的肌酸酐检测方法，可用来检测尿斑、血斑或汗斑中的肌酸酐。尿斑中的肌酸酐含量较高，但血液和汗液中也含有少量肌酸酐。若要用此法证明尿斑的存在，应排除血液或汗液的污染。

【实验技术原理】

肌酸酐在碱性条件下与硝基氢氰酸钠相遇，生成异亚硝基肌酸酐，当溶液中加入酸时，生成亚铁氰化铁，溶液呈蓝绿色。

【实验材料】

1. 样本　人尿斑。

2. 试剂　甲苯、2% 醋酸或 4% 三氯醋酸溶液、10%NaOH 溶液（pH10～11）、1% 硝基氢氰酸钠溶液、冰醋酸。

3. 仪器　剪刀、试管、试管架、滴管、移液管、酒精灯。

【实验步骤】

1. 剪取可疑尿斑、空白基质及已知尿斑各 1.0cm²，剪碎，分别置于 3 支试管内，各加甲苯 1～2ml

（保证检材完全浸没）。

2. 5～10 分钟后吸去甲苯，加 2% 醋酸或 4% 三氯醋酸溶液 1～2ml，置火焰上加热至沸 3 分钟左右，然后将液体转移至另三支试管中。

3. 待液体冷却后，加入 6 滴 10%NaOH（pH 10～11）溶液及 10 滴 1% 硝基氢氰酸钠溶液。此时因生成异亚硝基肌酸酐，溶液初显红色或橙红色，迅速变成黄色。

4. 再加入 10 滴冰醋酸，不断间歇煮沸约 10 分钟，观察液体颜色变化。

【实验结果】

出现蓝绿色至蓝色为阳性。

【注意事项】

1. 要设置已知尿斑和空白基质检材作对照。

2. 该法较灵敏，可检出 0.003～0.05ml 尿液中的肌酸酐。但检材陈旧或尿液含量少的尿斑要适当增加检材量（约 40mg）。

3. 醋酸和碱溶液要密闭保存，而硝基氢氰酸钠应贮存于深色玻璃瓶中，保存时间过长则分解。

4. 若斑迹经某种洗涤剂或清水洗过，则不能检出。但高热熨烫 1 小时及腐败尿液不影响检出。

【结果解释】

在对照结果正确前提下，检材实验结果阳性，基本可判定为尿斑的存在，但应注意血液或汗液的污染导致的假阳性结果。

【思考问题】

1. 为什么要设置已知尿斑对照？

2. 对混有血液的尿斑，为什么用 4% 三氯醋酸代替 2% 醋酸浸出即可防止血液颜色的干扰？

实验四十三　尿液及尿斑 ABO 血型的斑点 ELISA 测定法

斑点酶联免疫吸附试验是参照斑点杂交技术，以纤维素膜为载体的一种免疫检测技术，其样品用量少，敏感性及特异性高，可用于各种抗原 - 抗体体系的检测。人尿液中含有少量 A、B、H 血型物质，可用灵敏度高的斑点 ELISA 法测定其型别。

【实验技术原理】

将抗原固定于硝酸纤维素（NC）膜上，再加酶标单克隆抗体，通过免疫反应形成抗原 - 抗体 - 酶复合体，经相应底物显色后即可判定有无相应抗原存在。

【实验材料】

1. 样本　人尿液或尿斑。

2. 试剂　硝酸纤维素（NC）膜、1% 过氧化氢、0.05moL/L 碳酸盐缓冲液（pH 9.6）、0.01mol/L 磷酸盐缓冲液（PBS，pH 7.6）、小牛血清、Tween-20、辣根过氧化物酶（HRP）标记的抗 -A、抗 -B 和抗 -H 单克隆抗体、3，3′- 二氨基联苯胺（DAB）。

3. 仪器设备　剪刀、镊子、试管、试管架、试管夹、酒精灯、吸管、培养皿、微量移液器、记号笔。

【实验方法】

1. 将尿液煮沸 5 分钟，以灭活内源性过氧化物酶。

2. 将煮过的尿液分别点样于 3 张标有抗 -A、抗 -B 和抗 -H 的 NC 膜上。若为尿斑，则加 1% 过氧化氢处理后，用 0.05mol/L 的碳酸盐缓冲液（pH 9.6）浸泡，以浸出液点样。

3. 室温放置 3 分钟后，浸入用 0.01mol/L 磷酸盐缓冲液（PBS，pH 7.6）溶液配制的 30% 小牛血清中封闭 5 分钟。

4. 将膜分别放入用 0.01mol/L PBS（pH 7.6）溶液配制的 30% 小牛血清适当稀释的（抗 -A 稀释 30 倍，抗 -B 和抗 -H 稀释 15 倍）辣根过氧化物酶（HRP）标记的单克隆抗体溶液中 10 分钟。

5. 再将膜放入用 0.01mol/L PBS（pH 7.6）配制的 0.05%Tween-20 溶液中洗涤 2 分钟，以去除未结合的抗体。

6. 取出后加二氨基联苯胺（DAB）底物溶液显色，观察结果。

【实验结果】

出现棕褐色斑点为阳性，无颜色改变为阴性。综合抗 -A、抗 -B 和抗 -H 三种酶标单克隆抗体的反应结果，判断尿液（斑）的 ABO 血型（表 43-1）。

表 43-1 斑点 ELISA 法测定尿液及尿斑 ABO 血型的结果分析表

检材与对照	抗 -A	抗 -B	抗 -H	血型判定
已知 A 型尿液	●		○	
已知 B 型尿液		●	○	
已知 AB 型尿液	●	●	○	
已知 O 型尿液			●	
空白基质				
检材 1	●		○	A 型
检材 2	●	●	○	AB 型
检材 3		●	○	B 型
检材 4			●	O 型

【注意事项】

1. 该方法简单、快速，一般 30 分钟内即可完成。
2. 本法灵敏度极高，有些用中和法确定为非分泌型的样本用该法亦可测出 ABH 物质。
3. 必须设置已知血型尿液（斑）及空白基质检材对照。

【结果解释】

1. 如对照检材结果正确，可根据尿中检出的 ABH 血型抗原，判定个体的 ABO 血型。
2. 根据检材和嫌疑人的 ABO 血型进行个人识别时，只能用于排除嫌疑人而不能认定嫌疑人。

【思考问题】

1. 实验过程中采用小牛血清封闭硝酸纤维素（NC）膜的目的是什么？
2. 有些用中和法确定为非分泌型的样本用该法亦可测出 ABH 物质，为什么？
3. 若三种单克隆抗体反应均为阴性，其结果说明了什么？

第九章　指(趾)甲检验

实验四十四　指(趾)甲ABO血型检验—热解离法

指(趾)甲由表皮细胞角化而成，耐腐败。一些高度腐败或白骨化的尸体，指(趾)甲、骨是唯一能保存下来的人体组织。由于指(趾)甲中含有较多的ABH血型物质，且不受分泌状态的影响。应用热解离法检测指(趾)甲ABH血型物质对个体身份识别有一定的实用价值。

【实验技术原理】

指(趾)甲中的A、B、H抗原能与相应的抗-A、抗-B、抗-H抗体发生特异性的结合。这种抗原抗体特异性结合是可逆的，加热至56℃后，指(趾)甲上抗原结合的抗体可以解离下来。用新鲜的已知A、B和O指示红细胞检测解离液中的抗体，可推断出指(趾)甲所含的血型抗原类型，从而判断指(趾)甲的ABO血型。

【实验材料】

1. 样本　人指(趾)甲一片。

2. 试剂　肥皂水、蒸馏水、乙醚或丙酮、甲醇、2%蛋清生理盐水液，抗-A、抗-B、抗-H血清(1∶128～1∶256)、0.1%～0.2%A、B、O型指示红细胞悬液。

3. 仪器设备　载玻片、盖玻片、蜡笔、指甲锉或刀片、镊子、滴管、温箱、保湿盒、染色架、染色缸、滤纸、显微镜。

【实验方法】

1. 取指(趾)甲一片，约0.5cm×1cm，先用肥皂水清洗，再用清水、蒸馏水冲洗，干燥后用乙醚或丙酮脱脂30～60分钟，甲醇固定10分钟。

2. 取载玻片2块，用蜡笔在其中一块的两端画2个圆圈，并分别标明抗-A、抗-B，在另一块载玻片上用蜡笔画1个圆圈，标明抗-H。

3. 用指甲锉将指(趾)甲锉成粉状或用刀片削成小薄片，用镊子取少许，分别置于标记抗-A、抗-B和抗-H的3个圆圈的中央。

4. 各加2%蛋清生理盐水液1滴，并使粉末分布均匀，放入56℃温箱烤干。

5. 分别加甲醇2～3滴，固定10～20分钟，晾干。

6. 按标记分别加入效价为1∶128～1∶256的抗-A、抗-B和抗-H血清2～3滴后，将载玻片放入保湿盒中，室温放置1～1.5小时。

7. 将载玻片垂直插入染色架后置于染色缸中，自来水中洗涤20～25次，或用4℃冷生理盐水浸泡2分钟，再用冷生理盐水洗涤3～5次。

8. 用滤纸吸取载玻片和检材上的水分，按标记分别加入对应浓度为0.1%～0.2%的A、B和O型指示红细胞悬液2～3滴，放入保湿盒内，置56℃温箱中解离5～10分钟。

9. 取出冷却后，加盖玻片显微镜下观察。

【实验结果】

显微镜下观察，红细胞出现凝集者为解离实验阳性，不凝集者为阴性。根据抗-A+A型指示红细胞、抗 -B+B 型指示红细胞、抗 -H+O 型指示红细胞的凝集情况，判断指（趾）甲的 ABO 血型，结果见表 44-1。

表 44-1　解离实验测定指（趾）甲 ABO 血型的结果分析表

检材与对照	抗 -A+A 型指示红细胞	抗 -B+B 型指示红细胞	抗 -H+O 型指示红细胞	血型判断
已知 A 型指（趾）甲	+	−	+	
已知 B 型指（趾）甲	−	+	+	
已知 O 型指（趾）甲	−	−	+	
检材 1	+	−	+	A 型
检材 2	−	+	+	B 型
检材 3	+	+	+	AB 型
检材 4	−	−	+	O 型

【注意事项】

1. 在实验前要用指示红细胞测定抗血清的效价，选用的抗体效价应高于 1∶128。

2. 实验操作技术和经验要求较高，其中洗涤步骤是关键，洗多容易出现假阴性，洗少容易出现假阳性结果，应根据抗血清的效价和吸收时间等因素调整洗涤条件。在正式检测前，应用已知血型的人指（趾）甲做预实验，以掌握洗涤条件。

3. 必须设置已知 A 型、B 型和 O 型人指（趾）甲对照。

4. 指示红细胞的浓度应为 0.1%～0.2%，过高或过低均不适宜。

5. 将指（趾）甲锉成粉末或刮成絮状后，增加了与抗体的接触面积，可提高解离实验的灵敏度。

6. 指（趾）甲垢污染、指（趾）甲油皆会干扰 ABO 血型的测定结果，检验前需清洗指（趾）甲，刮去指（趾）甲油。

7. 用甲醇固定的指（趾）甲凝集力强于未固定的指（趾）甲，且能避免假阳性结果。

8. 水浸、土埋 1 年以上的指（趾）甲，大多不能准确测定 ABO 血型，尤以 A 型物质含量降低最为显著。

9. 因实验个人技术要求很高，故检测时应至少重复 2～3 次，实验结果相同时，方能做出结论。

【思考题】

1. 若仅有抗 -A、抗 -B 血清，没有抗 -H 血清，而检材又未测出 A、B 抗原，能否直接判定为 O 型指（趾）甲？

2. 有哪些情况会导致假阳性和假阴性的结果？该如何解决？

3. 为什么要用已知血型的指（趾）甲作为阳性对照？

第十章　毛发检验

毛发是皮肤的一种特殊附属器，由角化上皮细胞组成，对腐败有较强的抵抗力，不易毁坏，能保存很长的时间，是法医鉴定常见的生物检材。根据毛发特殊的形态结构可确定样本是否是毛发，进而区别动物毛和纤维、人毛和动物毛。检测毛发中的ABH血型物质可判断ABO血型，测定毛发角蛋白的分子质量可区分人毛和动物毛。

实验四十五　毛发的形态学检查

毛发随生长周期的自然脱落或受机械性外力作用时损伤脱落，可遗留在现场。利用显微镜观察毛发的形态结构、脱落方式，确定是否为毛发，区别动物毛和纤维、人毛和动物毛，判定毛发的脱落方式。

一、毛发自然脱落与暴力拔下及损伤毛发的形态学鉴别

毛发有一定的生长期，自然脱落的毛发与受外力拔下或损伤脱落的毛发在形态上有差别。

【实验材料】

1. 样本　人毛发。

2. 仪器设备　眼科镊子、剪刀、载玻片、盖玻片、显微镜。

【实验方法】

1. 肉眼观察　观察自然脱落、暴力拔下、剪断、铁锤打击、燃烧毛发的外观形态。

2. 显微镜观察　将自然脱落头发、拔下头发、热损伤毛发、锐器钝器损伤头发的数根置于载玻片上，盖上盖玻片，镜下观察。

【实验结果】

1. 自然脱落毛发　毛球细胞角化而萎缩，呈棍棒状，下方闭锁，无毛囊附着。

2. 暴力拔下毛发　毛根湿润，常见毛囊组织附着，毛球湿润，毛球下端呈开放状(毛乳头呈凹窝或是钩状弯曲)。

3. 热损伤毛发　毛发被烧伤或烫伤时，呈现出卷缩、烧焦、断裂、膨胀状况，毛皮质出现小裂缝或有气泡形成。

4. 锐器损伤毛发　断端平滑、整齐；若是被刃口较钝的锐器弄断，则断端呈锯齿状或阶梯状。

5. 钝器损伤毛发　当毛发受到钝器打击时，被打击部位会膨大变宽或破裂呈分枝状。若发生断裂则断端不整齐，呈锯齿状。

二、动物毛和天然或人工合成纤维的鉴别

动物毛发和天然或人工合成纤维在外观上很形似，组织成分上有差异，可通过组织形态学和化学方法加以区别。人毛或动物毛有毛小皮、皮质和髓质三层组织结构，其他纤维不具有。此外，人毛

或动物毛燃烧时会释放出特殊的臭味，一般纤维燃烧时则无特殊臭味放出，合成纤维燃烧时虽有特殊臭味，但易与毛发臭味区别。

【实验材料】

1. 样本　人毛发、狗毛、植物纤维（亚麻纤维等）。

2. 试剂　1∶1 硫酸水溶液、50%NaOH 水溶液、5% 苦味酸水溶液。

3. 仪器设备　打火机、载玻片、盖玻片、显微镜、玻璃试管。

【实验方法】

1. 形态学检查

（1）将人毛或动物毛、植物纤维置生理盐水中洗涤。

（2）用 1∶1 的乙醇和乙醚混合液脱脂。

（3）浸入 10%～20% 硝酸或 3% 过氧化氢溶液中脱色。

（4）用水洗去脱色液，无水乙醇脱水，二甲苯透明。

（5）将样本置于载玻片上，加中性树胶，盖上盖玻片后镜检。

2. 燃烧试验　点火分别燃烧人毛或动物毛、植物纤维，对比结果。

3. 溶解试验　两个试管中加入 1∶1 硫酸水溶液少量，另两个试管中加入 50%NaOH 溶液少量，将一根毛发和一根纤维分别放入上述试管中片刻，对比观察结果。

【实验结果】

1. 肉眼观察毛发结构见图 45-1。

2. 显微镜下毛发结构见图 45-2　显微镜下可见毛发有毛小皮、皮质和髓质三层结构。

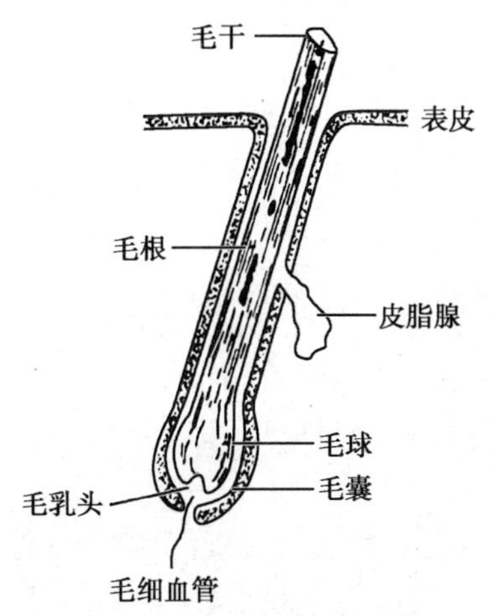

图 45-1　毛发的结构示意图

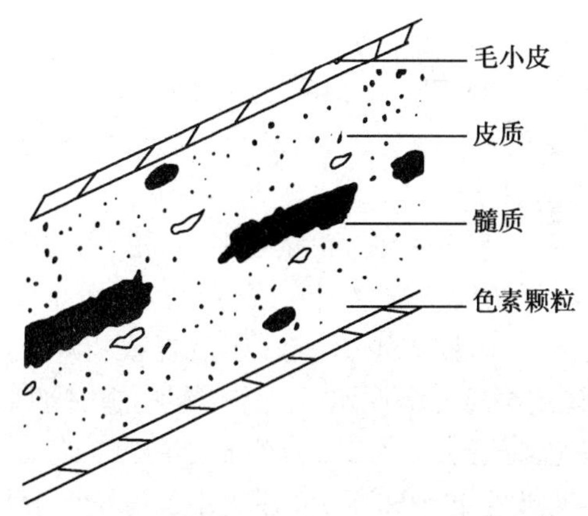

图 45-2　镜下毛小皮、皮质、髓质示意图

3. 显微镜下观察天然或人工合成纤维的结构

（1）植物纤维：表面无毛小皮的横向纹理，也无皮、髓质之分。纤维呈纵向排列成扁平的转区带状，正交偏振光下扭转区呈橙色和蓝黄色。

（2）麻纤维：四种麻纤维横截面及侧面形状见图 45-3。

（3）桑蚕丝：偏振光下可见纵向干涉条纹，呈黄绿、粉红色，横截面呈钝圆角的三角形。

（4）柞蚕丝：偏振光下呈暗褐色，横截面呈细长楔形。

（5）矿物纤维石棉纤维：偏振光下见双折光非常弱，看不见干涉色，加上一级红补偿镜片，则可见明显的蓝色或黄色。

（6）玻璃纤维：偏振光下呈透明棒状，无偏振光干涉图像。

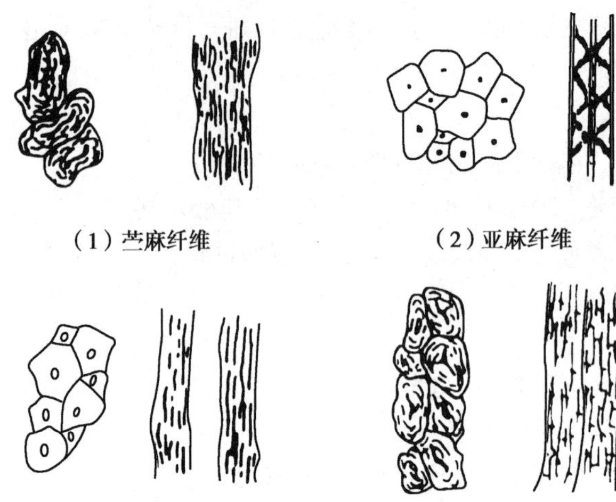

（1）苎麻纤维　（2）亚麻纤维

（3）黄麻纤维　（4）大麻纤维

图 45-3　四种麻纤维横截面及侧面形状

4. 燃烧实验结果　动物毛难燃烧，燃烧后发生臭味并收缩。植物纤维易燃烧，燃烧后无臭味。

5. 溶解实验结果　动物毛难溶于硫酸，而在 50%NaOH 溶液中逐步软化至溶解。植物纤维易溶于硫酸中，而不溶于 50%NaOH 溶液中。

三、人毛和动物毛的鉴别

人毛和动物毛的皮质和髓质宽度以及色素颗粒分布等情况不同，显微镜观察毛发的特殊形态结构，区分人毛和动物毛。

【实验材料】

1. 样本　人头发、狗毛、兔毛等。

2. 试剂　30%H_2O_2、5% 藻红乙醇溶液、饱和苏丹Ⅲ乙醇溶液、乙醇、乙醚。

3. 仪器设备　染色缸、载玻片、盖玻片、显微镜。

【实验方法】

1. 脱色检查法　如黑色素过多，可进行脱色处理。将毛发置载玻片上，滴加 30%H_2O_2 脱色 30～40 分钟，在低倍镜下观察，待颜色变浅（一般呈淡褐色即可），能辨认皮质结构时，立即停止脱色。将脱色的毛发在清水中充分洗涤，干后置载玻片上，滴加 5% 甘油，盖上盖玻片，即可镜检。若欲长期保存，应先用酒精乙醚脱水，二甲苯透明，用中性树胶封片。

2. 染色检查法　用 5% 藻红乙醇溶液染色。取洗净整根毛发干燥后放入染色缸中，加饱和苏丹Ⅲ乙醇溶液染色 40～50 分钟，用无水乙醇洗一分钟，干燥、树胶封片，镜下观察。

【实验结果】

5% 藻红乙醇溶液染色，毛发髓质染橙黄色。人毛和动物毛的鉴别见表 45-1。

表 45-1　人毛发和动物毛的鉴别

毛发的结构	人毛发	动物毛
毛小皮	鳞片小、薄，纹理呈波浪状， 毛小皮游离缘呈细锯齿状	鳞片大而厚，纹理粗大， 毛小皮游离缘呈粗锯齿状
皮质	宽，占毛干直径 2/3 以上， 色素颗粒多分布在皮质边缘	窄，占毛干直径 1/2 以下， 色素颗粒多均匀分布在髓质边缘
髓质	窄，不连续（个别部位的毛可出现连续）， 占毛干直径 1/2 以下	宽，连续，占毛干直径 1/2 以上， 多数兽类有特殊的花纹
外表颜色	一般为一种颜色	常见一根毛上有几种颜色

【思考问题】

简述毛发的形态特点，毛发和植物纤维的区别，毛发和动物毛的区别。

实验四十六　毛发ABO血型检验

毛发是角化组织，不易腐败，毛发中的ABH血型物质可以长期保存而不易被破坏。可采用解离法和标记抗体法检测毛发的ABH血型物质，判定ABO血型。

一、解离试验

【实验技术原理】

解离法是一种微量、快速、简便的检测凝集原的方法。毛发髓质中的ABO血型物质能与抗-A、抗-B、抗-H抗体结合，形成抗原-抗体复合物。在56℃条件下，抗原抗体复合物发生解离，当加入指示红细胞时，解离的抗体可与相应的指示红细胞抗原发生凝集反应，在显微镜下可观察到凝集块。根据指示红细胞发生凝集反应的情况，可判定ABO血型。

【实验材料】

1. 样本　人毛发数根、已知A、B、O血型的毛发。

2. 试剂　抗-A、抗-B血清、0.2%A型、B型指示红细胞悬液、冷4℃生理盐水、无水乙醇、乙醚、洗涤液。

3. 仪器设备　凹玻板、小铁锤（或毛发压榨器）、小试管、台式离心机、负压吸引装置、冰箱、光学显微镜、记号笔、滤纸、铝箔。

【实验方法】

1. 取人毛发数根，用洗涤剂清洗，再用水、蒸馏水冲洗，然后用无水乙醇浸泡20～30分钟脱水，无水乙醚浸泡10分钟脱脂。

2. 将毛发用铝箔包好，放在实验台上，用小铁锤砸扁暴露毛发髓质，或用载玻片与试管碾压毛发，充分破坏毛发组织结构。

3. 将压扁的毛发分成2份，分别置于白瓷板凹孔内，分别标记A、B。加抗A和抗B抗体各3～4滴，用玻片盖好，吸收3～4小时，或负压吸引30分钟，也可再移置4℃冰箱中过夜，使其充分吸收。

4. 取出已吸收的毛发，置于滤纸上吸去多余的血清。放入另一白瓷板凹孔内，用4℃冷生理盐水分别洗涤4～6次，用吸管吸去生理盐水，分别移置于两支小试管中，并做标记A、B。

5. 分别加相应的0.2%A、B型指示红细胞悬液各一滴，使毛发浸于其中。将试管放入56℃恒温箱内10分钟，解离抗体。

6.1000转/分钟，离心1分钟后，取悬液置于载玻片上，盖上盖玻片，显微镜下观察红细胞凝集情况，判定血型。

【实验结果】

显微镜下见毛发周围红细胞呈凝集状态，表示毛发含有相应特异性抗原，结果阳性。不凝集者，结果为阴性。血型结果判定见表46-1。

表46-1　解离法测定人毛发的ABO血型

	样本编号	抗-A	抗-B	血型判断
未知样本	1	−	−	O型
	2	+	−	A型
	3	−	+	B型
	4	+	+	AB型
对照	5	+	−	A型
（已知血型）	6	−	+	B型

【注意事项】

1. 指示红细胞必须新鲜配制，浓度0.1%～0.2%为宜。

2. 实验中应用已知血型的毛发做阳性对照，只有当已知血型的毛发检验结果正确时，实验结果方可采信。

3. 压扁毛发的程度以暴露髓质又不使毛干分离为宜。

4. 抗体的效价不应低于1∶128。

5. 抗体吸收时间不应少于3～4小时，如无负压吸引，可置于4℃冰箱中充分吸收。

6. 同一检材，必须重复3次，结果一致才能做出结论。

二、标记抗体法

【实验技术原理】

毛发皮髓质中的血型抗原与相应由兔制备的抗体（第一抗体）结合，再与生物素标记的羊抗兔Ig（第二抗体）结合，再加入酶标记的亲和素，形成抗原-第一抗体-生物素结合抗体-酶标亲和素复合物，再加底物，出现显色反应为阳性结果。

【实验材料】

1. 样本　人毛发数根、已知A、B、O血型的毛发。

2. 试剂　兔抗-A、抗-B、抗-H抗体、过氧化氢、小牛血清、0.01mol/L PBS（pH 7.4）、甲醇、羊抗兔抗体、酶标记亲和素、3′，3′-二氨基四盐酸联苯胺-0.01%过氧化氢底物液。

3. 仪器设备　滤纸、强力胶、载玻片、显微镜。

【实验方法】

1. 用过氧化氢将毛发脱色。

2. 用强力胶将毛发固定于载玻片上。

3. 削去毛发的一半，暴露皮、髓质。

4. 加小牛血清封闭非特异性结合点后，用0.01mol/L PBS（pH 7.4）洗涤。以后步骤同ABO血型的免疫组织化学ABC法检测。

【实验结果】

1. 毛发上变褐色者为阳性结果，表明毛发含有与第一抗体相应的抗原。不着色或呈浅黄色为阴性结果，表明毛发不含有与第一抗体相应的抗原。

2. 综合毛发分别与抗-A、抗-B、抗-H抗体反应的结果，判断毛发的ABO血型。

3. 实验同时设置已知A、B、O血型的毛发作为阳性对照。

【思考问题】

1. 为什么要暴露毛发的髓质后进行实验？

2. 如何应用解离法判断毛发血型？

实验四十七　毛发角蛋白检验—SDS-PAGE电泳法

SDS-PAGE电泳法是以聚丙烯酰胺凝胶作为支持介质的一种常用电泳技术，采用浓缩胶和分离胶不连续缓冲系统，可检测毛发中的角蛋白的分子量。

【实验技术原理】

头发的主要成分为角蛋白（约占80%以上），主要存在于毛小皮和皮质层中。十二烷基硫酸钠（SDS）是一种同时具有亲水基团与疏水基团的阴离子界面活性剂，易与蛋白质（用还原剂切断二硫键后的肽键）成比例（1.4∶1）的结合，形成带负电荷的复合物。易溶于水，并且蛋白质在电场中的泳动速度与蛋白质分子质量有关，故可用于测定蛋白质的分子质量。

【实验材料】

1. 样本　人毛、动物毛（如狗毛、兔毛等）。

2. 试剂

（1）30% 丙烯酰胺 - 甲叉丙烯酰胺：29.2g 丙烯酰胺、0.8g 甲叉丙烯酰胺、48.1g 尿素，加蒸馏水至100ml。

（2）分离胶缓冲液（pH 8.8）：18.2g Tris、0.4g SDS，加蒸馏水至 100ml。

（3）浓缩胶缓冲液（pH 6.8）：6.06g Tris、0.4g SDS，加蒸馏水至 100ml。

（4）尿素水溶液：48.1g 尿素加蒸馏水至 100ml。

（5）甘油尿素水溶液：48.1g 尿素、10ml 甘油，加蒸馏水至 100ml。

（6）缓冲液（pH 8.8）：2.8g Tris、14.3g 甘氨酸、2g SDS，加蒸馏水至 1000ml。

（7）15% 固定液：150g 三氯醋酸加蒸馏水至 1000ml。

（8）0.15% 染色液：1.5g 考马斯亮蓝 R-250、250ml 无水乙醇、100ml 冰醋酸，加蒸馏水至 1000ml。

（9）脱色液：250ml 无水乙醇、100ml 冰醋酸、加蒸馏水至 1000ml。

（10）毛角蛋白抽提液（pH 9.3）：0.606g Tris、48.1g 尿素，加蒸馏水至 100ml。

（11）20%SDS 水溶液：20g SDS 加蒸馏水至 100ml。

（12）TEMED、低分子质量标准蛋白样品、β- 巯基乙醇。

3. 仪器设备　剪刀、毛细吸管、Mini ProteinII 垂直平板电泳槽、LKB222-010 Ultroscan XL 激光光密度仪。

【实验方法】

1. 样品处理　剪取人毛发和各种动物毛 2～5cm，洗净、脱脂、剪碎，放入 1ml 离心管内，加 pH 9.3 的毛角蛋白抽提液（6μl/cm）和 β- 巯基乙醇（0.6μl/cm），于 28℃下抽提 48 小时。然后以 10 000 转 / 分，离心 10 分钟，取上清液加入 SDS，最终浓度为 2%，置于冰箱冷冻备用。

2. 制备电泳凝胶　将 12% 分离胶用毛细吸管加入垂直平板电泳槽内，用蒸馏水封住液面；待聚合后，倾倒掉水，灌入 3.9% 浓缩胶，立即插入加样梳子；待聚合后，拔去梳子，用滤纸吸干凹槽内的水分。

3. 加样　于低分子质量标准蛋白样品溶液中加入少许溴酚蓝指示剂作为对照，加样量为 5μl。人毛发和各种动物毛角蛋白提取液加样量为 10μl。

4. 电泳　于电泳槽（Mini ProteinII 垂直平板电泳槽）中加入电泳缓冲液（pH8.8），以恒电流 30mA 电泳 1.5 小时。

5. 固定　取下胶块，置于 15% 三氯醋酸溶液中固定 30 分钟。

6. 染色　于 0.15% 考马斯亮蓝 R-250 溶液中染色 2 小时以上。

7. 脱色　于脱色液中脱色至凝胶板背景清晰为止；

8. 扫描　用 LKB222-010 UltroscanXL 激光光密度仪对凝胶板进行扫描，并用线性积分计算出各种毛角蛋白组分的相对百分含量。

【实验结果】

人毛发与动物毛角蛋白电泳扫描图谱均不相同。人毛发和动物毛在相对分子质量为 94 000 和 43 000 的区域均有两条蛋白区带，在相对分子质量为 43 000 处的区带明显。所不同的是人头发角蛋白组分主要集中在相对分子质量为 43 000 的区域，而动物毛在相对分子质量低于 17 500 的区域还有蛋白区带，其中黑猩猩、藏猕猴、狗熊、豚鼠和狗在相对分子质量低于 17 500 的区域有两条区带，家龟有三条区带，山羊在相对分子质量为 67 000、30 000 和 175 000 的区带各有一条区带。此外，家兔和豚鼠在相对分子质量大于 30 000 的区域各有一条蛋白区带。

通过线性积分获得毛发角蛋白组分的相对百分含量，结果如表 47-1 所示。

表 47-1　人毛发和动物毛角蛋白组分的相对百分含量比较

相对分子质量	人	黑猩猩	藏猕猴	狗熊	山羊	家兔	豚鼠	狗
94 000	19.4	9.8	9.3	17.1	11.2	2.8	10.7	16
67 000	–	–	–	–	19.3	–	–	–
43 000	80.6	51.8	49.4	56.1	32.7	26.9	32.9	54.1
>30 000	–	–	–	–	–	15.2	30.1	–
30 000	–	–	–	–	11.5	–	–	–
175 000	–	–	–	–	20.7	–	–	–
<17 500 Ⅰ	–	29.1	16.5	12.9	–	9.7	21.5	4.1
<17 500 Ⅱ	–	3.9	2.7	13.5	–	33.4	4.8	9
<17 500 Ⅲ	–	–	–	–	–	9.3	–	–

【思考问题】

1. 动物毛和植物纤维的区别是什么？
2. 人毛与动物毛的区别是什么？
3. 毛发 ABO 血型检验中为什么要暴露毛发的髓质后进行实验？
4. 为什么通过 SDS-PAGE 电泳法能将人毛发和动物毛发区别？

第十一章　人体软组织检验

人体ABO血型测定一般通过检测红细胞膜上的ABH抗原即可，一些特殊情况如碎尸案和飞机失事死后仅有组织碎块、交通事故后交通工具上附着的人体组织，通过检测人体组织中的ABH抗原对个体身份的识别具有一定的作用。此外，对于不合血型输血死亡剖验案例，可以研究不合血型血在体内的分布。

实验四十八　软组织ABO血型测定(ABC法)

【实验技术原理】

免疫组织化学法是应用抗原与抗体特异性结合的原理，利用人体组织ABH抗原，可与抗-A、抗-B、抗-H单克隆抗体结合，加辣根过氧化物酶标记的兔抗鼠IgG抗体，与抗-A、抗-B、抗-H单克隆抗体结合，形成人体组织中ABH抗原-抗-A、抗-B、抗-H单克隆抗体-辣根过氧化物酶标记的兔抗鼠IgG抗体的复合物，浸入DAB底物溶液中反应，观察结果。阳性结果可见组织细胞染成深褐色，阴性结果呈浅黄色或不着色。

【实验材料】

1. 样本　组织碎片切片或甲醛固定脏器组织切片。

2. 试剂　生理盐水、3%H_2O_2-甲醇液、T-PBS液、脱脂奶粉、抗-A、抗-B、抗-H单克隆抗体、辣根过氧化物酶标记兔抗鼠免疫球蛋白抗体、H_2O_2。

3. 仪器设备　眼科剪、眼科镊、试管、玻璃滴管、载玻片、恒温箱、分离针、冰箱、保湿盒、显微镜、玻璃棒、塑料盒子、盖玻片。

【实验方法】

1. 试剂

(1) T-PBS液：0.2g磷酸二氢钾、2.9g磷酸氢二钠($Na_2HPO_4 \cdot 12H_2O$)、8.0g氯化钠、0.2g氯化钾、0.5ml Tween-20、0.2g的NaN_3，加水定容至1000ml，4℃保存备用。

(2) 5%脱脂奶粉T-PBS液：5g脱脂奶粉加100ml T-TBS洗涤液，配成5%脱脂奶粉缓冲液。

(3) 3% H_2O_2-甲醇液：10ml 30%H_2O_2加90ml甲醇。

(4) 二甲苯、梯度乙醇(100%、95%、80%、70%)。

2. 方法

(1) 取石蜡切片3张(组织碎片切片或甲醛溶液固定脏器组织切片)、常规二甲苯脱蜡、梯度乙醇脱水：二甲苯Ⅰ20分钟、二甲苯Ⅱ20分钟、100%乙醇Ⅰ10分钟、100%乙醇Ⅱ10分钟、95%乙醇5分钟、80%乙醇5分钟、70%乙醇5分钟。

(2) 生理盐水洗涤，干燥后浸入3% H_2O_2-甲醇液中10分钟，灭活组织中内源性过氧化物酶，并固定组织中的ABH血型抗原。

(3) 用5%脱脂奶粉T-PBS液洗涤3次，每次5分钟，以消除载玻片非特异性吸收。

（4）分别加单克隆抗 -A、抗 -B、抗 -H 抗体，37℃保湿盒中反应 1 小时。

（5）用 T-PBS 液洗涤 3 次，每次 5 分钟，加过氧化物酶标记的兔抗鼠 IgG 抗体，37℃保湿盒中反应 1 小时后。

（6）用 T-PBS 液洗涤 3 次，每次 5 分钟，浸入 DAB 底物溶液中反应 5 分钟，水洗，干燥后封片，显微镜下观察结果。

【实验结果】

阳性结果可见组织细胞染成深褐色，阴性结果呈浅黄色或不着色，结合待检组织与抗 -A、抗 -B、抗 -H 单克隆抗体的反应结果，判断待检组织的 ABO 血型（表 48-1）。

表 48-1　免疫组织化学法测定人组织中的 ABO 血型

抗 -A	抗 -B	抗 -H	血型判断
+	−	+	A 型
−	+	+	B 型
+	+	+	AB 型
−	−	+	O 型

【注意事项】

1. 制作组织切片时，应对载玻片进行处理，可用铬钒明胶或多聚赖氨酸处理，以防止脱片。

2. 常用 3% 过氧化氢溶液去除内源性过氧化物酶，但应注意过氧化氢的浓度不能过高，一般为 3%～5%，时间不宜过长，最好室温 10 分钟。

3. 抑制非特异性背景着色，最好用特异性抗体同种动物来源的灭活的非免疫血清在加特异性抗体之前进行处理，以封闭组织涂片荷电点，不让一抗与之结合，但这种方法一般实验室很难实现，一般常用的是 2%～10% 羊血清或 2% 牛血清蛋白。在室温下作用 10～30 分钟即可，但应注意此种结合是不牢固结合，所以最好不要冲洗，弃去余液直接加一抗。

4. 免疫组化染色的显色是关键，一般辣根过氧化物酶（HRP）的检测系统选用 DAB 显色系统进行显色，镜下控制组织呈最强显色而背景无色为最佳的显色效果。DAB 显色时间短、着色浅，时间长、背景又深，一般 DAB 在配制后 30 分钟以内使用，过时不能使用，DAB 加到组织切片作用时间最长不宜超过 10 分钟（最好在 5 分钟以内）。

5. 免疫组化的结果正确判断取决于正确使用各种对照，以血管腔内红细胞的形成 ABH 抗原 - 抗 -A、抗 -B、抗 -H 单克隆抗体 - 辣根过氧化物酶标记的兔抗鼠 IgG 抗体的复合物，作为内部阳性对照；加异型的抗血清或辣根过氧化物酶标记的兔抗鼠 IgG 抗体作为阴性对照。综合 3 张切片的实验结果，判断组织的 ABO 血型。

【思考问题】

1. 用特异性红细胞粘连实验和免疫组化法测定软组织 ABO 血型各有什么特点？哪种方法更灵敏、更准确定位？

2. 试述人体组织 ABH 物质分布。

第三篇　DNA 分型

第十二章　生物物证样本的 DNA 提取

从各类生物检材中提取 DNA 是进行法医 DNA 分析的前提，也是后期 DNA 分型成功与否的关键。

第一节　DNA 提取与纯化方法

DNA 提取的过程就是裂解细胞，释放 DNA 分子，去除与 DNA 结合的蛋白质、多糖、脂类（也包括其他核酸），最后分离、纯化 DNA 的过程。DNA 提取方法有多种，实际检案中应根据生物检材的来源、种类、数量和保存条件，应该有针对性地选择适当的提取方法，保证获得法医 DNA 分析所需数量和质量的 DNA。

实验四十九　酚 - 氯仿法提取 DNA

【实验技术原理】

真核细胞的细胞膜与核膜在 SDS 的作用下裂解，在蛋白酶 K（以下简称 PK）、EDTA 和去污剂的存在下细胞内蛋白质被消化成多肽或小肽分子，然后用等体积饱和酚抽提去除蛋白质，再用氯仿抽提除去 DNA 溶液中的酚，最后用无水乙醇沉淀 DNA，DNA 干燥后用 TE 或水溶解。

【实验材料】

1. 试剂　TNE（或称 STE）缓冲液、10% SDS、PK 溶液（10mg/ml）、饱和重蒸酚、酚 / 氯仿混合液（V/V=1∶1）、氯仿 / 异戊醇（V/V=24∶1）、NaAC 溶液（3mol/L，pH 5.2）、无水乙醇、70% 乙醇、1×TE 缓冲液、灭菌双蒸水（18mΩ）。

2. 仪器设备　台式高速冷冻离心机、冰箱、恒温水浴箱（或恒温烤箱）、1000μl、100μl 和 10μl 可调移液器及相应的防回吸吸头、1.5ml 微量离心管。

【实验方法】

1. 对各种检材进行前处理（参见实验五十三～实验五十六），得到各类检材的细胞（核）沉淀。

2. 在沉淀中加入 TNE 400μl、1/10 体积的 10%SDS（约 40μl，终浓度为 1%）、1/100 体积 10mg/ml PK（约 4μl，终浓度为 100μg/ml），混匀，封口。56℃水浴或烤箱孵育 1～3 小时。如在 37℃孵育，时间可延长 1～2 小时。其间不时倒转混匀。孵育时间视检材条件而定，通常较陈旧的检材孵育时间相对较长。

3. 加入等体积（约 500μl）饱和酚，以上下颠倒离心管方式混匀液体 5 分钟，至管内液体混合成乳状液，5000 转 / 分钟，离心 5 分钟。此时溶液分成三层，DNA 在无色的上层水层（水相）中，下层为黄色或褐色的苯酚层（有机相），中间白色混浊层为变性蛋白质。苯酚、氯仿的容器需用棕色瓶盛装。

苯酚具有腐蚀性，氯仿具有神经毒性，操作需在通风橱内进行，并注意自我防护。

4. 吸取上层水溶液转移至新管，加入等体积（约 500μl）酚 / 氯仿（V/V=1∶1）混合液，倒转混匀 5 分钟，5000 转 / 分，离心 5 分钟。吸取上层水溶液转移至新管的过程中，当吸至上清液与苯酚交界面时，注意动作要轻柔，不要吸到交界面白色的蛋白质。此外，酚 - 氯仿法提取 DNA 步骤之间需转换多个离心管，在进行多个检材 DNA 提取时容易混淆，要注意进行标记。

5. 吸取上层水溶液转移至新管，加入等体积（约 500μl）氯仿 / 异戊醇（V/V=24∶1）混合液，倒转混匀 5 分钟，5000 转 / 分，离心 5 分钟。异戊醇的作用是减少在蛋白质变性操作过程中产生的气泡。

6. 吸取上层水溶液转移至新管，加入 1/10 体积（约 45μl）的 3mol/L NaAC 和 2 倍体积（约 1ml）的预冷无水乙醇（−20℃），轻柔倒转混匀，沉淀出 DNA，4℃12 000 转 / 分，离心 15 分钟，弃上清。

7. 加入 70% 预冷乙醇 1.5ml，混匀，4℃12 000 转 / 分，离心 5 分钟，弃上清。重复此步骤 2～3 次。此步骤目的是去除残留的盐和其他杂质。沉淀和洗涤 DNA 所用的无水乙醇和 70% 乙醇均需预冷以提高产量。如果预计 DNA 产量较高，可不加 NaAC，同时省略 70% 乙醇的洗涤步骤。

8. 室内自然晾干 DNA 沉淀至 DNA 成无色透明状。加适量（20～500μl）1×TE 缓冲液或灭菌双蒸水溶解 DNA，保存于 4℃备用（图 49-1）。溶解 DNA 的 1×TE 缓冲液或灭菌双蒸水的用量视检材 DNA 含量和拟进行的 DNA 检测技术而定。

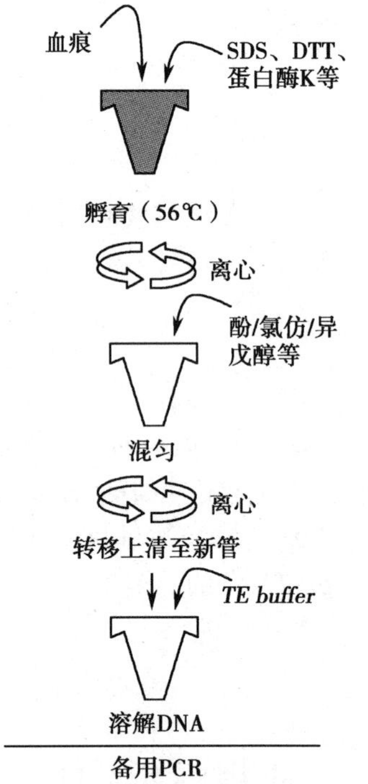

血痕
SDS、DTT、蛋白酶K等
孵育（56℃）
离心
酚/氯仿/异戊醇等
混匀
离心
转移上清至新管
TE buffer
溶解DNA
备用PCR

图 49-1　酚 - 氯仿法提取 DNA 流程示意图（以血痕为例）

【实验结果】

1. 酚 - 氯仿法适用于所有类型生物检材，提取到的是双链 DNA 分子，DNA 质量和数量相对较高。但该方法步骤较多，过程繁琐，DNA 损耗相对较大，不适用于微量检材。

2. 如果抽提到的 DNA 足够多，在加入无水乙醇上下倒转离心管沉淀 DNA 时，可看到白色絮状 DNA 析出，并可见其逐渐聚集成团。但对法医现场检材来说，大部分情况并不能看到白色絮状的 DNA 沉淀，但不代表没有提取到足够检测量的 DNA。

【思考问题】

1. 在酚 - 氯仿法提取 DNA 的步骤中，SDS、PK、苯酚、氯仿、异戊醇、NaAC、无水乙醇、70% 乙醇分别起何作用？

2. 简述酚 - 氯仿法提取 DNA 有何优缺点。

实验五十　Chelex-100 法提取 DNA

【实验技术原理】

Chelex-100 是一种离子交换树脂，是苯乙烯和二乙烯苯的共聚体，它包含成对的亚氨基乙酰乙酸，可螯合多价金属离子，尤其对二价离子的亲和力特别强。在低离子强度、碱性及 100℃的条件下，细胞膜破裂，蛋白质变性，DNA 游离。Chelex-100 通过螯合金属离子（如镁离子），抑制核酸酶对 DNA 的酶解作用。离心后，使 Chelex-100 树脂颗粒和细胞碎片沉降到离心管底部，DNA 留在上清液中，可直接进行 PCR 扩增反应。

【实验材料】

1. 试剂　5% Chelex-100 贮存液、PK 溶液（10mg/ml）、1mol/L DTT、灭菌双蒸水（18mΩ）。

2. 仪器设备　台式高速离心机、恒温水浴箱（或恒温烤箱）、热循环仪、漩涡振荡器、1000μl、

100μl 和 10μl 可调移液器及相应的防回吸吸头、0.5ml 微量离心管。

【实验方法】

1. 对各种生物检材进行前处理（参见实验五十三～实验五十六），得到各类检材的细胞（核）沉淀。

2. 在沉淀中加入 20～200μl 5% Chelex-100 悬浮细胞（核）。Chelex-100 贮存液为悬浊液，使用中要不断摇匀，用 1ml 吸头或其他较粗的吸头吸取。软组织等检材需同时加入适量 PK 溶液，精液、精斑、指甲、毛干等检材还需加入适量 DTT 溶液。Chelex-100 用量视检材 DNA 含量而定，但至少需淹没检材。

3. 56℃孵育 30 分钟以上。其间最好不时震荡。孵育时间视检材条件而定，通常较陈旧的检材孵育时间相对较长。

4. 98～100℃水浴（或热循环仪保温）8～10 分钟，取出后高速漩涡振荡 5～10 秒。

5. 12 000 转 / 分，离心 3～4 分钟。

6. 取上清液作 PCR 分析用，4℃保存备用（图 50-1）。吸取 DNA 进行 PCR 时一定要保证吸取上清，切勿混有 Chelex-100 树脂颗粒。Chelex-100 提取的 DNA 一般不宜长期存放。放置一段时间再用时，需再次 12 000 转 / 分，离心 3～4 分钟。如果 DNA 需长期保存，可把上清液与 Chelex-100 树脂颗粒分开，保存在 -20℃。

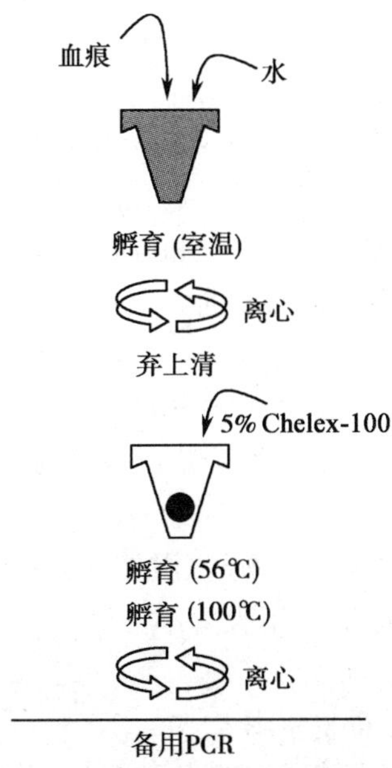

图 50-1　Chelex-100 提取 DNA 流程示意图（以血痕为例）

【实验结果】

1. Chelex-100 法提取 DNA 看不到白色絮状 DNA 析出，但不代表没有提取到足够检测量的 DNA。

2. 因为 Chelex-100 在提取过程中使双链 DNA 变性生成单链 DNA，因此 Chelex-100 法提取的 DNA 只适用于进行基于 PCR 的分析。

3. Chelex-100 法适用于各类生物检材 DNA 提取，简便快速，试剂安全，单管操作，污染机会减少，对 DNA 损失小，尤其适用于微量检材，但该方法对 DNA 纯化效果不如酚 - 氯仿法，提取的 DNA 纯度不高。

【思考问题】

1. Chelex-100 提取生物检材 DNA 的原理是什么？

2. 简述 Chelex-100 提取法与酚 - 氯仿法提取 DNA 相比有何优缺点。

实验五十一 磁珠法提取DNA

【实验技术原理】

磁珠是一种磁化树脂，DNA分子在pH小于7.5的溶液中可逆性地结合在溶液中的磁珠上，磁性分离架将磁珠吸附在管的底部或壁上而让杂质留在溶液中，溶液中的杂质（蛋白和细胞碎片等）经洗涤被去除，最终加热数分钟将DNA释放到洗脱液中。

【实验材料】

1. 试剂 DNA IQ™系统（Promega公司，美国），试剂盒中包括了裂解缓冲液（Lysis buffer）、2×洗涤缓冲液（2×Wash buffer）、洗脱缓冲液（Elution buffer）和磁性树脂（Resin）。1mol/L DTT、无水乙醇、异丙醇、灭菌双蒸水（18mΩ）。

2. 仪器设备 台式高速离心机、恒温水浴箱（或恒温烤箱）、热循环仪、旋涡振荡器、磁性分离架（磁力架）、1000μl、100μl和10μl可调移液器及相应的防回吸吸头、1.5ml微量离心管、离心套管。

【实验方法】

1. 剪取固体材料上的斑迹，将适量样品放在1.5ml离心管内（各种生物检材的前处理参见实验五十三～实验五十六）。

2. 加入配制好的裂解液150～250μl，95℃保温30分钟。

裂解液的配制方法：每100μl Lysis buffer中加入1μl 1mol/L DTT。颠倒几次混匀。做好标记以表明加入了DTT，并记录上日期。该溶液可在室温密封保存长达1月。若检材陈旧，保温时间可适当延长。

3. 将裂解缓冲液和样品转移到离心套管中，12 000转/分钟，离心2分钟。注意：将裂解液与固体基质一起离心以获得最大的回收效率是很重要的。

4. 拿去套管，向DNA溶液中加入7μl树脂。加样时要保持树脂完全悬浮，确保加入适量的树脂。

5. 若从液体（如血液）中提取DNA，可省略步骤1～4，直接在样品中加入100μl配制好的裂解缓冲液和7μl树脂，以下步骤两者相同。

6. 短暂振荡混匀样品-裂解液-树脂混合物，室温放置5分钟。

7. 将离心管置于磁力架上，吸附树脂。用吸管小心吸弃液体。这个步骤需仔细除去溶液，不要触碰管壁一侧的树脂。

8. 加入100μl制备的裂解缓冲液，重复步骤6～7。

9. 加入100μl制备好的、短暂旋涡振荡含树脂的洗脱液，将离心管置于磁力架上，吸附树脂。用吸管小心吸弃液体。重复2次，共洗涤3次。

洗涤液的配制方法：加35ml的95～100%乙醇和35ml异丙醇到2倍体积的Wash Buffer中。盖好瓶盖并颠倒几次混匀。做好标记表明已加入乙醇，溶液可保存在室温，确保瓶子盖严以防止挥发。

10. 打开离心管盖，把管子放在磁分离架上，在室温下干燥5分钟。注意不要超过20分钟，以免DNA难于洗脱。

11. 根据所用的物证样品情况加入20～100μl洗脱缓冲液，短暂旋涡振荡，置于65℃水浴或烤箱加热5分钟，让DNA从树脂上游离出来。

12. 短暂旋涡振荡悬浮树脂，趁热立即将离心管置于磁力架上，分离树脂和DNA，小心将洗脱的DNA液转移到新离心管中备用（图51-1）。

【实验结果】

1. 磁珠表面功能团数量可以控制提取的DNA最大浓度，实现定量提取的要求，适用于大约100ng或更少量DNA的快速纯化。磁珠法所得DNA纯度极高，费用比Chelex-100高。

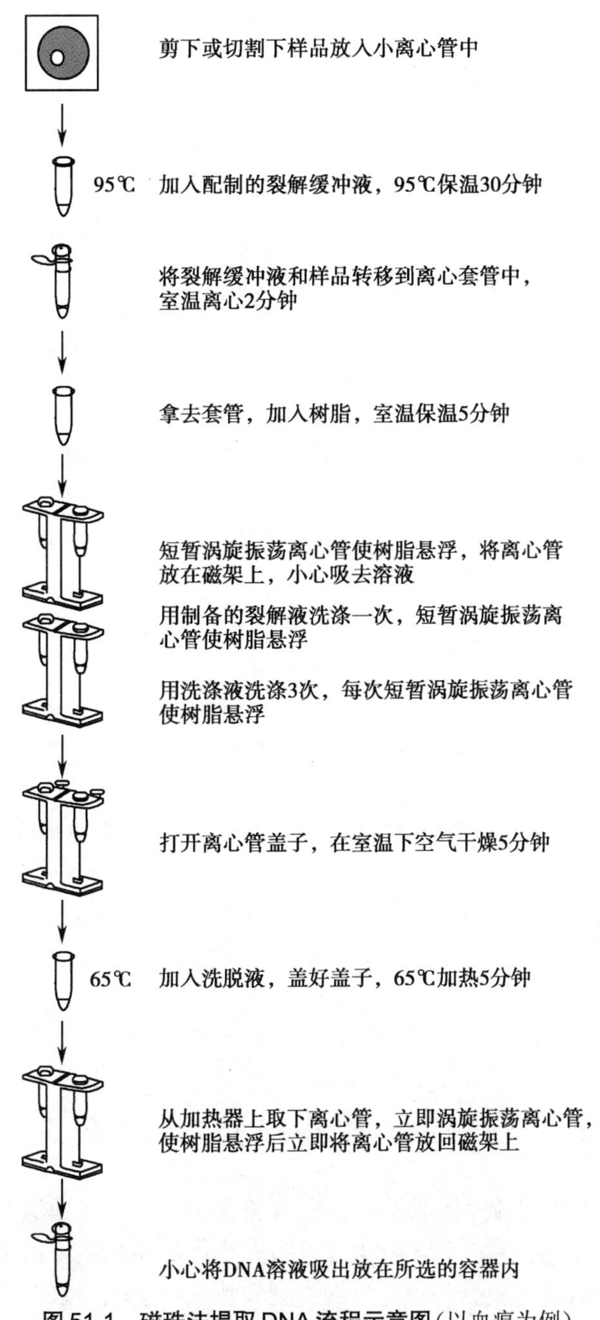

图 51-1　磁珠法提取 DNA 流程示意图（以血痕为例）

2. 磁珠法适用于所有类型生物检材，其具有的小尺寸效应和表面效应可高效提取 DNA，满足微量生物检材 DNA 提取的要求。

3. 磁珠法可通过仪器进行自动化操作，满足数据库建设等对大批量样本提取的需要。

【思考问题】

1. 磁化树脂和 Chelex-100 树脂颗粒提取 DNA 的原理有何不同？

2. 酚 - 氯仿法、Chelex-100 法和磁珠法三种 DNA 提取方法各有何优缺点？

实验五十二　盐析法提取 DNA

【实验技术原理】

盐析法利用 DNA 和蛋白质等其他成分在不同浓度的 NaCl 溶液中溶解度不同以达到分离目

的。在SDS、PK的作用下，细胞核中的核酸和蛋白分离，释放出DNA；然后利用高浓度的NaCl溶解DNA、沉淀蛋白质；最后用无水乙醇沉淀出DNA。

【实验材料】

1. 试剂（试剂配制方法参见附录） TNE缓冲液、10% SDS、PK溶液（10mg/ml）、5mol/L NaCl、无水乙醇、1×TE溶液。

2. 仪器设备 台式高速离心机、恒温水浴箱（或恒温烤箱）、热循环仪、漩涡振荡器、1000μl、100μl和10μl可调移液器及相应的防回吸吸头、1.5ml微量离心管。

【实验方法】

1. 对各种生物检材进行前处理（实验五十三～实验五十六），得到各类检材的细胞（核）沉淀。

2. 加入TNE 400μl、1/10体积的10% SDS（约40μl，终浓度为1%），1/100体积10mg/ml PK（约4μl，终浓度为100μg/ml），混匀，封口。56℃孵育消化1～3小时。其间不时倒转混匀。孵育时间视检材条件而定，通常较陈旧的检材孵育时间相对较长。

3. 向消化液中加入等体积5mol/L NaCl（约500μl），混匀，冰浴10分钟沉淀蛋白。12 000转/分，离心2分钟，吸取上层水溶液转移至新管。

4. 加入2倍体积预冷无水乙醇（约1ml）析出DNA，4℃12 000转/分，离心15分钟收集DNA沉淀，弃上清。

5. 室温晾干DNA沉淀，加入适量20～500μl 1×TE缓冲液溶解DNA，4℃保存备用。溶解DNA的1×TE缓冲液或灭菌双蒸水的用量视检材DNA含量和拟进行的DNA检测技术而定。

【实验结果】

1. 盐析法不需使用有毒的有机溶剂，只转移DNA一次，操作简便快捷，试剂安全经济，处理多个样品的效率较高。

2. 盐析法DNA提取回收率高于酚-氯仿法，质量优于Chelex-100法，在法医物证实践中常用于血液、血痕、精液、精斑等检材的DNA提取，在临床医学检验中应用相对更广。

【思考问题】

盐析法和酚/氯仿法提取DNA的实验步骤有何相同和不同之处？

第二节 各类生物检材DNA提取

常见的法医生物检材主要是各种体液，如血液、唾液、精液、羊水、尿液等及由其形成的斑痕；各种人体组织器官及其碎块，以及毛发、指（趾）甲、骨骼和牙齿等角化组织和硬组织；个别检案中可能涉及微痕量检材。DNA提取时应根据各种检材的类型和特点，选择合适的DNA提取方法。

实验五十三 体液（斑）的DNA提取

常见的人体体液（斑）主要包括血液、唾液、精液、羊水、尿液及其斑痕。这些检材可能存在于犯罪现场，也可存在犯罪嫌疑人或受害人的衣服、用具等客体上。

【实验技术原理】

体液（斑）的DNA主要存在于有核细胞中，不同类型的检材中含有不同的有核细胞。例如，血液（痕）中的基因组DNA主要存在于白细胞中，而红细胞没有细胞核却含有血红蛋白，其中的血卟啉是PCR反应的强抑制剂，因此在提取基因组DNA时需除去红细胞，然后再将白细胞中的DNA提取出来。而在精液中，主要有核细胞是精子细胞，精子核膜均含有大量硫醇蛋白，含有丰富的二硫键，需要用特殊的化学试剂如二硫苏糖醇（DTT）打开二硫键，释放DNA。因此，应根据体液（斑）的类型选择不同的DNA提取方法。

本实验针对几种最常用的DNA提取技术，介绍常见体液（斑）的DNA提取方法。

【实验材料】

1. 样品 各种体液（斑）。

2. 试剂 TNE缓冲液、10% SDS、PK溶液（10mg/ml）、饱和重蒸酚、酚/氯仿混合液（V/V=1∶1）、氯仿/异戊醇（V/V=24∶1）、NaAC溶液（5mol/L，pH 5.2）、无水乙醇、70%乙醇、5% Chelex-100贮存液、20% Chelex-100、DNA IQ™系统（包括裂解缓冲液、2×洗涤缓冲液、洗脱缓冲液和树脂）、1mol/L DTT、异丙醇、灭菌双蒸水、5mol/L NaCl、1×TE溶液、生理盐水、QIAamp®DNA Stool Mini Kit。

3. 仪器设备 台式高速冷冻离心机、台式高速离心机、冰箱、恒温水浴箱（或恒温烤箱）、热循环仪、旋涡振荡器、磁分离架、1000μl、100μl和10μl可调移液器及相应的防回吸吸头、1.5ml、0.5ml微量离心管、离心管套。

【实验方法】

（一）血液（痕）

血液（痕）的基因组DNA主要存在于有核的白细胞中。

1. 酚-氯仿法

（1）混匀血样，吸取50～100μl抗凝血，或取血痕约1.0cm^{2}剪碎，放入1.5ml微量离心管。新鲜血液采集后需抗凝，通常用EDTA或枸橼酸钠作为抗凝剂。切不可用肝素抗凝。

（2）加入1.4ml灭菌双蒸水，混匀静置10分钟。

（3）8000转/分，离心5～10分钟，弃上清，获得细胞沉淀。去除上清液时，注意吸头贴壁，动作轻柔，不要吸到管底的沉淀。

（4）如上清颜色较深，可重复以上步骤（1）～（3）。

（5）加入TNE 400μl、1/10体积的10% SDS（约40μl，终浓度为1%）和1/100体积10mg/ml PK（约4μl，终浓度为100μg/ml），56℃消化约1～3小时，间中倒转混匀。如在37℃孵育，时间可延长1～2小时。

（6）以下按照实验四十九【实验方法】3～8提取DNA。

2. Chelex-100法

（1）混匀血样，吸取3～50μl抗凝血，或取血痕约0.5cm^{2}剪碎，放入0.5ml微量离心管。新鲜血液采集后需抗凝，通常用EDTA或枸橼酸钠作为抗凝剂。切不可用肝素抗凝。

（2）加入500μl灭菌双蒸水，混匀静置10分钟。

（3）8000转/分，离心5～10分钟，弃上清，获得细胞沉淀。去除上清液时，注意吸头贴壁，动作轻柔，不要吸到管底的沉淀。

（4）如上清颜色较深，可重复以上步骤（1）～（3）。

（5）加入200μl 5% Chelex-100悬浮细胞。

（6）以下按照实验五十【实验方法】3～6提取DNA。

3. 磁珠法

（1）混匀血样，吸取1～5μl抗凝血，或取血痕约0.25cm^{2}剪碎，放入1.5ml微量离心管。

（2）血液样本以下实验步骤按照实验五十一【实验方法】5～12提取DNA；血痕样本以下按照实验五十一【实验方法】2～12提取DNA。

（二）唾液（斑）

唾液（斑）的基因组DNA主要存在于自然脱落的口腔黏膜细胞。

1. 酚-氯仿法

（1）吸取50～100μl唾液，或取唾液斑约1.0cm^{2}剪碎，置于1.5ml离心管中。

（2）加入1.4ml灭菌双蒸水，混匀静置5分钟。

（3）8000 转 / 分钟，离心 5～10 分钟，弃上清，获得细胞沉淀。

（4）加入 TNE 400μl、1/10 体积的 10% SDS（约 40μl，终浓度为 1%）和 10mg/ml PK4μl，56℃消化约 1～3 小时，间中倒转混匀。如在 37℃孵育，时间可延长 1～2 小时。

（5）以下按照实验四十九【实验方法】3～8 提取 DNA。

2．Chelex-100 法

（1）吸取 3～20μl 唾液，或取唾液斑约 $0.5cm^2$ 剪碎，置于 0.5ml 离心管中。

（2）加入 500μl 灭菌双蒸水，混匀静置 5 分钟。

（3）10 000 转 / 分，离心 5～10 分钟，弃上清，获得细胞沉淀。

（4）加入 200μl 5% Chelex-100 悬浮细胞。

（5）以下按照实验五十【实验方法】3～6 提取 DNA。

3．磁珠法

（1）吸取 1～10μl 唾液，取唾液斑或口腔拭子约 $0.25cm^2$ 剪碎，置于 1.5ml 离心管中。

（2）唾液样本以下实验步骤按照实验五十一【实验方法】5～12 提取 DNA；唾液斑样本以下按照实验五十一【实验方法】2～12 提取 DNA。

（三）精液（斑）

精液（斑）的基因组 DNA 主要存在于男性精子细胞中。

1．酚 - 氯仿法

（1）吸取精液 10～100μl，或取精斑约 $1cm^2$ 剪碎，置于 1.5ml 离心管中。

（2）加入 1.4ml 灭菌双蒸水，室温轻轻倒转混匀。

（3）8000 转 / 分钟，离心 5～10 分钟，弃上清，收集细胞沉淀。

（4）加入 TNE 400μl，10% SDS 40μl，10mg/ml PK 8μl，1mol/L DTT 20μl，混匀，封口。56℃温育消化 1～3 小时，其间应不时倒转混匀。

（5）以下按照实验四十九【实验方法】3～8 提取 DNA。

2．Chelex-100 法

（1）吸取精液 1～50μl，或剪取精斑约 $0.5cm^2$ 剪碎，置于 0.5ml 离心管中。

（2）加入 0.5ml 灭菌双蒸水，室温轻轻倒转混匀。

（3）8000 转 / 分，离心 5～10 分钟，弃上清，获得细胞沉淀。

（4）加入 5% Chelex-100 200μl，10mg/ml PK 4μl，1mol/L DTT 10μl，混匀，封口。56℃温育 1 小时以上，其间应不时倒转混匀。

（5）以下按照实验五十【实验方法】4～6 提取 DNA。

3．磁珠法

（1）吸取精液 1～5μl，或取精斑约 $0.25cm^2$ 剪碎，置于 1.5ml 离心管中。

（2）精液样本以下实验步骤按照实验五十一【实验方法】5～12 提取 DNA；精斑样本以下按照实验五十一【实验方法】2～12 提取 DNA。

（四）混合斑

法医物证学中的混合斑主要是指女性阴道液和男性精液混合形成的斑痕，其中女性阴道液中的细胞来源主要是阴道上皮细胞，精液中的细胞来源主要是精子。

1．酚 - 氯仿法

（1）取混合斑检材约 $1cm^2$ 剪碎，置于 1.5ml 离心管中。

（2）加灭菌双蒸水 1.5ml，混匀，室温浸泡 10 分钟，8000 转 / 分，离心 5 分钟，弃上清，收集细胞沉淀。

（3）加入 TNE 400μl、10% SDS 40μl、10mg/ml PK 8μl，56℃温育消化 3 小时。间中倒转混匀。

（4）在上述离心管（简称上管）底部用烧热的针扎 1 个小孔后，套在另一个 1.5ml 离心管（简称下管）上，5000 转 / 分，离心 10 分钟，弃去上管。

（5）下管的上清液含女性成分，吸取到另一干净离心管，按照实验四十九【实验方法】3～8 提取女性 DNA。

（6）下管的沉淀含有男性精子细胞，加入 TNE 1ml，混匀洗涤，5000 转 / 分钟，离心 10 分钟，弃上清液。重复此操作 2～3 遍，收获男性精子细胞。

（7）在沉淀中加入 TNE 400μl、10% SDS 40μl、10mg/ml PK 8μl、1mol/L DTT 20μl，56℃温育消化 3 小时。其间不时倒转混匀。

（8）以下按照实验四十九【实验方法】3～8 提取男性 DNA。

2．Chelex-100 法

（1）取混合斑检材约 0.5cm^2 剪碎，置于 1.5ml 离心管中。

（2）加灭菌双蒸水 1.5ml，混匀，室温浸泡 10 分钟，8000 转 / 分，离心 5 分钟，弃上清，收集细胞沉淀。

（3）加入 TNE 400μl、10% SDS 40μl、10mg/ml PK 8μl，56℃温育消化 3 小时。间中倒转混匀。

（4）在上述离心管（简称上管）底部用烧热的针扎 1 个小孔后，套在另一个 1.5ml 离心管（简称下管）上，5000 转 / 分钟，离心 10 分钟，弃去上管。

（5）下管的上清液含女性成分，吸取到另一干净离心管，加入 50μl 20% Chelex-100 贮存液，摇匀，56℃温育 1 小时以上，其间应不时倒转混匀，以下按实验五十【实验方法】4～6 提取女性 DNA。

（6）下管的沉淀含有男性精子细胞，加入 TNE 1ml，混匀洗涤，5000 转 / 分钟，离心 10 分钟，弃上清液。重复此操作 2～3 遍，收获男性精子细胞。

（7）加入 5% Chelex-100 200μl、10mg/ml PK 4μl、1mol/L DTT 10μl，摇匀，56℃温育 1 小时以上。间中倒转混匀。

（8）以下按实验五十【实验方法】4～6 提取男性 DNA。

3．Chelex-100 磁珠法

（1）取混合斑检材约 0.25cm^2 剪碎，置于 1.5ml 离心管中。

（2）加灭菌双蒸水 1.5ml，混匀，室温浸泡 10 分钟，8000 转 / 分，离心 5 分钟，弃上清，收集细胞沉淀。

（3）加入 TNE 400μl，10% SDS 40μl，10mg/ml PK 8μl，56℃温育消化 3 小时。间中倒转混匀。

（4）在上述离心管（简称上管）底部用烧热的针扎 1 个小孔后，套在另一个 1.5ml 离心管（简称下管）上，5000 转 / 分，离心 10 分钟，弃去上管。

（5）下管的上清液含女性成分，吸取到另一干净离心管，加入 50μl 20% Chelex-100 贮存液，摇匀，56℃温育 1 小时以上，其间应不时倒转混匀，以下按实验五十【实验方法】4～6 提取女性 DNA。

（6）下管的沉淀含有男性精子细胞，加入 TNE 1ml，混匀洗涤，5000 转 / 分，离心 10 分钟，弃上清液。重复此操作 2～3 遍，收获男性精子细胞。

（7）以下按照实验五十一【实验方法】5～12 提取男性 DNA。

（五）羊水

羊水的成分 98% 是水，另有少量无机盐类、有机物和脱落的胎儿细胞，可从羊水中收集胎儿细胞进行产前亲子鉴定。

1．Chelex-100 法

（1）混匀羊水，取 1.5ml 加入 1.5ml 微量离心管，13 000 转 / 分，离心 3 分钟，弃上清。

（2）再加入羊水 1.5ml，13 000 转 / 分，离心 3 分钟，弃上清，收集两次的细胞沉淀。

（3）加入 TNE 缓冲液 1ml 充分悬浮细胞并转移至 0.5ml 离心管中，13 000 转 / 分，离心 3 分钟，弃上清。

(4) 加入5% Chelex-100 200μl、10mg/ml PK 2μl，混匀。

(5) 以下按照实验五十【实验方法】3～6提取DNA。

2. 磁珠法

(1) 混匀羊水，取1.5ml加入1.5ml微量离心管，13 000转/分，离心3分钟，弃上清。

(2) 以下按照实验五十一【实验方法】5～12提取DNA。

（六）尿液

尿液中的基因组DNA主要存在于尿液中的有核细胞，例如上皮细胞白细胞和吞噬细胞等，男性尿液中有时会含有一些精子，但含量极少。

1. 酚-氯仿法

(1) 分批取尿液共5～10ml，1500转/分，离心15分钟，收集沉淀，去上清。

(2) 加入1.4ml生理盐水重悬沉淀，10 000转/分，离心5分钟，弃上清，获得细胞沉淀。

(3) 加入TNE 400μl、1/10体积的10% SDS（约40μl，终浓度为1%）和10mg/ml PK4μl，56℃消化约1～3小时，间中倒转混匀。如在37℃孵育，时间可延长1～2小时。

(4) 以下按照实验四十九【实验方法】3～8提取DNA。

2. Chelex-100法

(1) 分批取尿液共1～5ml，1500转/分，离心15分钟，收集沉淀，去上清。

(2) 加入0.5ml生理盐水重悬沉淀，10 000转/分，离心5分钟，弃上清，获得细胞沉淀。

(3) 加入100μl 5% Chelex-100悬浮细胞。

(4) 以下按照实验五十【实验方法】3～6提取DNA。

3. 磁珠法

(1) 分批取尿液共1～5ml，1500转/分，离心15分钟，收集沉淀，去上清。

(2) 加入0.5ml生理盐水重悬沉淀，10 000转/分，离心5分钟，弃上清，获得细胞沉淀。

(3) 以下按照实验五十一【实验方法】5～12提取DNA。

（七）尿斑

尿斑中的基因组DNA主要存在于白细胞、吞噬细胞和上皮细胞等，男性尿斑中有时会含有一些精子，但含量极少。

1. Chelex-100法

(1) 取尿斑样本约10cm^{2}剪碎后放入小烧杯中，加生理盐水后在37℃水浴30分钟，套管离心，弃纱布载体及上清液。

(2) 沉淀物加入0.5ml生理盐水重悬沉淀，转移至0.5ml微量离心管，10 000转/分，离心5分钟，弃上清。

(3) 沉淀物加入0.5ml生理盐水重悬沉淀，转移至0.5ml微量离心管，10 000转/分离心5分钟，弃上清，获得细胞沉淀。

(4) 沉淀中加入5% Chelex-100 100μl、PK（2mg/ml）5μl，振荡摇匀。

(5) 以下按照实验五十【实验方法】3～6提取DNA。

2. 磁珠法

(1) 取尿斑样本约3～5cm^{2}剪碎后放入小烧杯中，加生理盐水后在37℃水浴30分钟，套管离心，弃纱布载体及上清液。

(2) 沉淀物加入0.5ml生理盐水重悬沉淀，转移至0.5ml微量离心管，10 000转/分，离心5分钟，弃上清。

(3) 沉淀物加入0.5ml生理盐水重悬沉淀，转移至0.5ml微量离心管，10 000转/分，离心5分钟，弃上清，获得细胞沉淀。

(4) 以下按照实验五十一【实验方法】5～12提取DNA。

（八）粪便

粪便中含有从消化道中脱落的细胞，因此也可以提取到DNA。

1. 磁珠法

（1）取100mg粪便，悬于500μl制备的裂解缓冲液中。

（2）56℃保温1小时，13 000转/分，离心3分钟，吸取上清，移入1.5ml离心管中。

（3）再加入500μl制备的裂解液和7μl树脂，室温放置5分钟。

（4）以下按照实验五十一【实验方法】6～12提取DNA。

2. QIAamp®DNA Stool Mini Kit提取法

（1）取200mg粪便放于2ml离心管中，加1.6ml Buffer ASL，振荡至粪便样品完全均质。

（2）14 000转/分，离心2分钟，上清转移至一新2ml离心管。

（3）加一片Inhibit EX，振荡至Inhibit EX片完全溶解，室温放置2分钟，14 000转/分，离心3分钟。

（4）吸取所有上清于另一新2ml离心管，14 000转/分，再次离心3分钟，吸取600μl上清加到已加有25μl PK的2ml离心管中。

（5）加600μl Buffer AL，振荡1分钟，70℃温浴2小时。

（6）加600μl无水乙醇，振荡混合。

（7）取混合液600μl加到放在收集管上的QIAamp®spin柱上，14 000转/分，离心1分钟。

（8）更换新收集管，重复二次后，加500μl Buffer AW1于QIAamp®spin柱上，14 000转/分，离心1分钟。

（9）更换新收集管后，加500μl Buffer AW2于QIAamp®spin柱上，14 000转/分，离心1分钟。

（10）更换新收集管后，14 000转/分，离心3分钟，把QIAamp®spin柱放到一新1.5ml离心管上，加200μl纯水（15～25℃），放室温5分钟，14 000转/分，离心2分钟。

（11）收集的溶液再用Microcon 2100（Amicon）浓缩至15μl，备用于DNA分析。

【注意事项】

1. 血液（痕）DNA提取前处理的关键在于红细胞是否裂解充分。除磁珠法外，以上介绍的前处理方法中均采用低渗溶液（双蒸水）作为红细胞裂解液。如红细胞被裂解充分，通过离心收获的细胞沉淀应为白色或淡粉色沉淀。如沉淀仍呈较明显红色，则需进行重复裂解。

2. 混合斑进行二步消化前需进行精斑确证试验确证是否存在精子，并观察精子和阴道上皮细胞的比例，以便调整第一步消化的时间，使上皮细胞消化完全；另外，由于检材样品的条件不同，女性阴道上皮细胞和精子细胞常不容易分离彻底，可能仍然得到混合样品的检验结果，需重新调整二步消化的时间等条件，并按照混合斑分析的原则分析分型结果。

3. 法医物证实践中对于混合斑的检验通常是针对男性精子DNA，但女性DNA的分型有助于判断精子DNA是否分离完全，排除女性物质对分型结果的干扰，起到对照的作用。在某些案例中，对混合斑中女性DNA的鉴定也会发挥重要的作用。

【结果解释】

1. 对于新鲜体液（斑），以上各种方法一般均能获得满意的DNA质量和数量。

2. 对于陈旧、腐败、污染严重等条件较差的体液（斑），为了提高DNA的产量和质量，可根据情况对实验进行一些改良，例如Chelex-100法中可加入PK、延长孵育时间等；也可以综合利用几种方法进行DNA提取，例如使用磁珠法等将Chenlex-100法提取的DNA溶液再次纯化。

【思考问题】

1. 本实验介绍的几种血液（痕）DNA提取前处理时，均先用灭菌双蒸水浸泡检材，其作用是什么？

2. 在精液DNA提取中为什么要加DTT？有何作用？

3. 如何根据体液（斑）的类型选择DNA提取前处理方法？

实验五十四 软组织的DNA提取

在交通肇事、碎尸、空难、爆炸等案件中，人体软组织是最常见的生物学检材。软组织在人体内分布广泛，皮肤、肌肉、胃肠、膀胱、心肝脾肾等内脏器官、未钙化的软骨组织（如肋软骨）等都属于软组织。

组织经过固定、石蜡包埋、切片、HE染色等可辨认为何种组织，一般以石蜡包埋组织和组织切片（染色或未染色）的形式长期留存于医院病理科和法医鉴定机构中，含有身源者的DNA信息资料。

【实验技术原理】

由于软组织内含有大量的有核细胞，DNA的含量也较高。而在石蜡包埋组织和组织切片中，由于固定剂甲醛溶液（福尔马林）在空气中逐渐被氧化，呈现的酸性环境对组织DNA双链有着极强烈的破坏性，表现在直接使DNA脆性增加而降解和促使蛋白交联，使得稳定地从这类检材中获取高质量的完整DNA存在一定程度的困难。

【实验材料】

1. 样品　各种软组织。

2. 试剂（试剂配制方法参见附录）　5% Chelex-100贮存液、DNA IQ™系统（包括裂解缓冲液、2×洗涤缓冲液、洗脱缓冲液和树脂）、1mol/L DTT、二甲苯、无水乙醇、异丙醇、灭菌双蒸水，1×TE溶液。

3. 仪器　台式高速离心机、冰箱、恒温水浴箱（或恒温烤箱）、热循环仪、旋涡振荡器、磁分离架、手术刀片、1000μl、100μl和10μl可调移液器及相应的防回吸吸头、1.5ml和0.5ml微量离心管。

【实验方法】

（一）软组织（以肌肉为例）

1. Chelex-100法

（1）剪取肌肉组织约0.1cm×0.1cm×0.1cm，放入1.5ml离心管中。

（2）加入灭菌双蒸水1.5ml，冲洗1次，弃水。

（3）加入5% Chelex-100 200μl和10mg/ml PK 2μl，56℃温育1～3小时或至肌肉完全溶解。

（4）以下按照实验五十【实验方法】4～6提取DNA。

2. 磁珠法

（1）剪取肌肉组织0.1cm×0.1cm，放入1.5ml离心管中。

（2）加入灭菌双蒸水1.5ml，冲洗1次，弃水。

（3）以下按照实验五十一【实验方法】2～12提取DNA。

（二）早孕绒毛组织DNA的提取

1. Chelex-100法

（1）将送检的组织样物质放于玻璃培养皿中，用灭菌双蒸水清洗3次后，加入灭菌双蒸水5ml。

（2）在漂浮的组织中仔细分辨绒毛组织。

（3）剪取0.1cm×0.1cm×0.1cm大小的绒毛组织，放入0.5ml离心管中，加入灭菌双蒸水0.5ml，冲洗1次，弃水，获得绒毛组织。

（4）加入5% Chelex-100 200μl、10mg/ml PK 2μl，56℃温育1～3小时或至绒毛组织完全溶解。

（5）以下按照实验五十【实验方法】4～6提取DNA。

2. 磁珠法

（1）将送检的组织样物质放于玻璃培养皿中，用灭菌双蒸水清洗3次后，加入灭菌双蒸水5ml。

（2）在漂浮的组织中仔细分辨绒毛组织。

（3）剪取0.1cm×0.1cm大小的绒毛组织，放入0.5ml离心管中，加入灭菌双蒸水0.5ml，冲洗1次，弃水，获得绒毛组织。

（4）以下按照实验五十一【实验方法】2～12 提取 DNA。

（三）石蜡包埋组织 DNA 的提取

1. 样品处理

（1）用手术刀将一小块体积约 0.2cm×0.1cm×0.1cm 组织切下，移入 1.5ml 离心管中，剪碎。

（2）在离心管内加入 0.5ml 二甲苯，震荡混匀，10 000 转 / 分，离心 5 分钟，弃上清，重复一次。

（3）在沉淀中加入 0.5ml 无水乙醇，震荡混匀，10 000 转 / 分，离心 5 分钟，弃上清，重复一次。

（4）室温下挥干。

2. 实验操作

（1）Chelex-100 法

1）加入 100μl 5% Chelex-100 悬浮细胞，加入 1/100 体积 10mg/ml PK（约 1μl，终浓度为 100μg/ml），混匀，封口。

2）56℃水浴或烤箱孵育 1～3 小时或至组织完全溶解。

3）以下按照实验五十【实验方法】4～6 提取 DNA。

（2）磁珠法

按照实验五十一【实验方法】2～12 提取 DNA。

（3）Chelex-100 磁珠法

1）加入 100μl 20% Chelex-100 悬浮细胞。

2）加入 10mg/ml PK3μl，混匀，封口。

3）56℃水浴或烤箱孵育 1～3 小时或至组织完全溶解。

4）98～100℃水浴（或热循环仪保温）8～10 分钟，取出后高速漩涡震荡 5～10 秒。

5）12 000 转 / 分，离心 3～4 分钟。

6）取上清液，加入 2 倍体积的配制好的裂解缓冲液和 7μl 树脂。

7）以下按照实验五十一【实验方法】6～12 提取 DNA。

（四）组织切片 DNA 的提取

1. 样品处理

（1）取组织切片一张，置二甲苯液中浸泡直至盖玻片自然脱落，取出载玻片在空气中挥干。

（2）用干净刀片刮取载玻片上的组织，置离心管中。

（3）在离心管内加入 0.5ml 二甲苯，振荡混匀，10 000 转 / 分，离心 5 分钟，弃上清，重复一次。

（4）在沉淀中加入 0.5ml 无水乙醇，振荡混匀，10 000 转 / 分，离心 5 分钟，弃上清，重复一次。

（5）室温下挥干乙醇后，将处理后的组织切碎。

2. 实验操作　同石蜡包埋组织 DNA 提取的实验操作。

【注意事项】

1. 新鲜软组织含有的有核细胞多，DNA 产量和质量一般都较好。但是，由于含有大量蛋白质，软组织易于腐败，DNA 会发生降解。因此，对于软组织需冷冻保存，及时检验。

2. 绒毛来源于胚胎组织的一部分，是胎儿的附属物，能反映胎儿的遗传特征。绒毛的 DNA 提取与人体其他软组织无明显区别，关键是取材时要仔细挑出绒毛组织，勿混杂母体成分，应同时提取母亲样本作为对照。

3. 甲醛溶液对 DNA 的降解和破坏作用不仅发生在石蜡包埋前的组织固定上，还延续到石蜡包埋后残余甲醛固定剂对 DNA 片段的继续侵害上，由此导致存档石蜡包埋组织块或组织切片中的 DNA 随存放时间延长而持续降解。

4. 组织切片在有限的横切面积下厚度一般仅有 3～5μm，导致 DNA 数量较少，有时达不到检测要求。另外，由于各种组织细胞密度和细胞外间质的多少不同，导致不同类型的切片组织的 DNA 质量和数量差异较大。因此，应该根据各种组织类型来调整切片组织的用量。

【结果解释】

1. 各种组织在固定剂甲醛溶液中的DNA降解速率不一，肺、卵巢和胃表现出较好的抗性，降解速率最慢，检测时限为8～10天的固定时间；脑、心、肝、脾、肾的检测时限为5～7天；降解速率最快的是肠和子宫，检测时限只有3～4天。

2. 有研究结果显示，同一组织类型的切片组织是否经HE染色对其DNA提取的质量无明显影响。

【思考问题】

与新鲜组织相比，石蜡包埋组织或组织切片的DNA提取有何不同之处？

实验五十五 硬组织和角化组织的DNA提取

人体硬组织主要包括骨和牙齿，是由高度钙化组织构成的器官，不易受环境与理化因素的影响，是人体最坚硬的组织和保存时间最长的器官。在一些高度腐败或白骨化的尸体现场中，骨骼和牙齿往往是唯一能保存下来的有检测价值的人体组织。

角化组织主要包括毛发和指（趾）甲，细胞内富含角质蛋白，抗腐能力强，可长期存在。毛发位于体表，自然脱落或在受到机械性外力作用时损伤脱落，可遗留在现场。

【实验技术原理】

法医物证检验中的硬组织检材条件通常较差，常为陈旧或腐败条件，DNA含量少，并包含多种抑制PCR的污染物。因此，硬组织DNA提取的关键是最大限度得到骨骼中所含DNA的同时又去除PCR抑制物，保证提取到的DNA的产量和质量。本实验仅介绍两种应用效果较好的方法：方法一结合了有机溶剂法和QIAquick™ PCR纯化试剂盒，其对DNA的纯化是以硅胶膜为基础的纯化柱；方法二以非离子型去污剂CTAB（cetyltrimethylammonium bromide，十六烷基三甲基溴化胺）作为骨组织细胞裂解液的主要成分，同时加入巯基乙醇，充分将骨组织细胞破坏释放出来，以提高DNA的提取率，并结合基于磁化树脂为基础的DNA IQ™系统纯化试剂盒进行DNA的纯化。

角化组织一般由上皮细胞角化而成，细胞里充满富含二硫键的角质蛋白，因此在提取过程中需加入DTT。其中指甲的结构可分甲根、甲体（甲盖）、甲游离缘三大部分。甲根和甲体由于含有毛细血管、淋巴，提取核DNA比较容易；由于在表皮细胞从甲母基质细胞分化、迁移形成角化细胞的角化过程中，细胞核降解消失是一个逐步的过程，因此甲游离缘仍可残存未完全破坏的细胞核或DNA片段。毛发大体上由毛干、毛尖和毛根三个部分组成。毛根（带毛囊）存在有核细胞，DNA提取难度不大；而已角化的毛干和自然脱落的毛囊的核DNA降解，只含有线粒体DNA和短片段的核DNA，因而大多数的法庭科学实验室都是将毛干作为检测线粒体DNA非编码区序列的检材。

【实验材料】

1. 样品 各种硬组织和角化组织。

2. 试剂（试剂配制方法参见附录） 无水乙醇、无水乙醚、正丁醇、氯仿、氯仿/异戊醇（24∶1）、脱钙液（0.5mol/L EDTA，pH8.0）、骨孵育液（Bone incubation buffer）、1mol/L DTT、PK溶液（20mg/ml）、QIAquick™ PCR Purification Kit（包括QIAquick Spin Columns，PBI，PE和EB）、DNA IQ™系统（包括裂解缓冲液、2×洗涤缓冲液、洗脱缓冲液和树脂）、异丙醇、灭菌双蒸水、Microcon-100、CTAB提取缓冲液（2% CTAB，20mmol/L Tris-HCl pH8.0，1mmol/L EDTA，1.4mmol/L NaCl，0.2%巯基乙醇）。

3. 仪器 台虎钳、锯条、砸牙器、台式高速冷冻离心机、冰箱、恒温水浴箱（或恒温烤箱）、恒温孵育器、手术刀片、旋涡振荡器、研钵、1000μl、100μl和10μl可调移液器及相应的防回吸吸头、5ml试管、1.5ml微量离心管、离心套管。

【实验方法】

（一）骨骼DNA的提取

1. 骨孵育液孵育结合QIAquick™ PCR纯化试剂盒纯化法

（1）取骨干或干骺端检材一段，用刷子彻底洗干净，用刀片刮掉表面皮质，用水冲干净，再用沾无水乙醇的纸巾擦拭几次后，放入通风柜内，用紫外灯照射每面约15分钟。

取材时，选择骨细胞相对丰富的关节部位进行DNA分析，骨密质相对受微生物污染较少。一般优先提取致密的长骨（如股骨、肱骨等）。

（2）取出后，将检材使用台虎钳固定好，使用锯条在骨干位置每隔约0.5cm锯取骨粉，用1.5ml离心管收集骨粉（每管约1g），共收集5管。

骨粉的质量是提取的关键。由于电锯锯取骨粉时会大量发热而引起骨粉DNA降解，因此不提倡使用电锯。

（3）取骨粉约1g，加入无水乙醇800μl，震荡混匀，室温静置2～3小时，期间振荡3～5次。

（4）13 000转/分，离心1分钟，弃去上清液。

（5）加入无水乙醚800μl，震荡混匀，室温静置10分钟后，13 000转/分，离心1分钟，弃去上清液。

（6）打开离心管盖子，通风柜内室温放置15～30分钟，至挥干残余乙醚。

（7）裂解、脱钙：加入100μl骨孵育液、400μl脱钙液、20μl PK溶液（20mg/ml）以及20μl（1mol/L）DTT，56℃振荡孵育过夜；12小时后再按前量补加PK和DTT，65℃振荡孵育4小时后，13 000转/分，离心1分钟，转移上清液至新的1.5ml离心管中，加入等体积正丁醇，振荡混匀，13 000转/分，离心2分钟，弃去上清液；若剩余体积超过500μl，重复加入等体积正丁醇，振荡混匀，13 000转/分，离心2分钟，弃去上清液后，剩余体积约为300～400μl左右。加入500μl氯仿，轻轻颠倒混匀，13 000转/分，离心5分钟，小心吸取上层液体至另一新1.5ml离心管中。

（8）DNA纯化：采用QIAquick™ PCR纯化试剂盒。

1）加入QIAquick PCR Purification Kit中的PBI溶液，使PBI溶液与上清液体积比为5∶1，混匀，然后向纯化柱（QIAquick Spin Column）中加入适量上述混合液，13 000转/分，离心1分钟，弃掉下层液体，重复几次操作直到混合液全部滤过。

2）加入500μl PBI溶液离心洗涤1次。

3）加入500μl配有无水乙醇的PE溶液（无水乙醇∶PE溶液=4∶1），离心洗涤2次。

4）13 000转/分，离心2分钟，甩干残余液体后把纯化柱放置于新的1.5ml离心管中，打开盖子室温挥发5分钟。

5）将已在65℃预热的EB溶液30μl直接加入到纯化柱的硅膜上，65℃孵育5分钟后，13 000转/分，离心2分钟，收集下层液体用于PCR反应或置于4℃保存备用。

2. CTAB裂解结合DNA IQ™试剂盒法

（1）骨骼清洗和骨粉制备同骨孵育液孵育结合QIAquick™ PCR纯化试剂盒纯化法（1）～（2）。

（2）取骨粉约4g，放入研钵中进一步研磨。

（3）裂解：加入2ml CTAB提取缓冲液，搅拌成糊状。用刀片刮取糊状骨粉到5ml的试管中，根据样品量加适量的CTAB浸泡，在旋涡振荡器上充分混匀，室温过夜。次日将上述检材放在漩涡振荡器上充分混匀后放入65℃水浴箱中水浴1小时，其间每隔10分钟取出在漩涡振荡器上振荡混匀，10 000转/分，离心25分钟，取出中间层（上层为油性物质，下层为骨屑）放入新的5ml的试管中。将取出的液体与等体积的氯仿/异戊醇（24∶1）充分混匀，10 000转/分，离心10分钟，吸取上清（DNA提取液）至新的1.5ml离心管。

（4）DNA纯化：采用DNA IQ™系统纯化。

1）加入等体积的DNA IQ™试剂盒裂解液（100μl Lysis buffer∶1μl DTT）和7μl树脂，在漩涡振荡器上反复快速震荡几次，让DNA分子与树脂充分结合10分钟。

2）把离心管放在磁分离架上，小心吸取废液。首先吸取上面的泡沫，吸液枪头切勿接近树脂。如果DNA提取液较多，一次处理不完，可采用以下两种方式处理：①再取等体积的DNA提取液和裂解液重复上述步骤；② 提前将DNA提取液放置Micorocon-100中，在小台式离心机2500转/分，离心10分钟，留取上管的浓缩液，重复此步骤直到DNA提取液全部浓缩完，最终使DNA提取液控制在750μl以内。

3）用100μl裂解液再洗一遍，重复上一步骤。

4）加入100μl已配制好的洗涤液（2ml Wash buffer∶1ml无水乙醇∶1ml异丙醇），在漩涡振荡器上点击振荡一下，把废液抽吸干净，重复洗3遍，然后室温下放置10分钟，让剩余废液挥发掉。

5）向试管中加入30μl灭菌双蒸水洗脱，在漩涡振荡器上震荡一下后放入65℃水浴箱中水浴5分钟，从水浴取出后振荡一次，立即放在树脂分离架上吸出，获得纯化的DNA用于PCR反应或置于4℃保存备用。

（二）牙组织DNA的提取

主要介绍骨孵育液孵育结合QIAquick™ PCR Purification Kit纯化法。

1. 取牙齿1～2颗用清水洗净表面，以手术刀片刮去牙齿表层及污垢物，用灭菌双蒸水冲去浮垢放入干净小烧杯中，加入无水乙醇浸泡2小时后弃去无水乙醇，用干净纸巾拭干后以手术刀片再次刮去牙齿表层，用沾无水乙醇的纸巾擦拭几次，室温挥干无水乙醇。

2. 将牙齿放入砸牙器中用锤子砸成粉末，置于干净的1.5ml离心管中。

3. 加入无水乙醇800μl，震荡混匀，室温静置2～3小时，期间振荡3～5次。

4. 13 000转/分，离心1分钟，弃去上清液。

5. 加入无水乙醚800μl，震荡混匀，室温静置10分钟后，13 000转/分，离心1分钟，弃去上清液。

6. 打开离心管盖子，通风柜内室温放置15～30分钟，至挥干残余乙醚。

7. 同骨孵育液孵育结合QIAquick™ PCR Purification Kit纯化法提取骨骼DNA的实验方法（7）～（8）。

（三）指（趾）甲DNA的提取

1. Chelex-100法

（1）将适量指（趾）甲（约1.0mg）置于1.5ml微量离心管，加入灭菌双蒸水冲洗6～8次，去除指甲内容物与表面污染物。

在法医学实践中，指甲内容物里的外来人体组织常是两个人搏斗抓扯时从对方身上刮剥下来的，可以用来提取DNA作为追踪对方个体特征的检材，因此在提取指甲DNA之前，可通过擦拭等方法转移指甲上可能的异体组织，分别提取DNA进行检测（详见实验五十）。

（2）将指（趾）甲尽量剪碎。

（3）加入5% Chelex-100贮存液100μl，10mg/ml PK 10μl，1mol/L DTT 10μl，混匀，56℃水浴3～24小时或至指（趾）甲完全溶解。

（4）以下按照实验五十【实验方法】4～6提取DNA。

2. 磁珠法

（1）同指（趾）甲DNA的Chelex-100提取法中的（1）、（2）。

（2）以下按照实验五十一【实验方法】2～12提取DNA。

（四）毛发（毛囊）DNA的提取

1. Chelex-100法

（1）剪取拔脱毛发的毛囊1～5个，放入0.5ml离心管中。

（2）按顺序依次用无水乙醇、灭菌双蒸水、无水乙醇各冲洗1次，挥干。

（3）加入5% Chelex-100 80μl、10mg/ml PK 1μl，56℃温育0.5～1小时或至完全溶解。

（4）以下按照实验五十【实验方法】4～6提取DNA。

2. 磁珠法

（1）同毛发（毛囊）DNA的Chelex-100提取法中的（1）、（2）。

（2）以下按照实验五十一【实验方法】2～12提取DNA。

（五）毛发（毛干）DNA的提取

1. Chelex-100法

（1）剪取毛干1～2cm，剪为3mm的小段，放入0.5ml离心管中。

（2）按顺序依次用无水乙醇、灭菌双蒸水、无水乙醇各冲洗1次，挥干。

（3）加入5% Chelex-100 80μl、10mg/ml PK 1μl、1mol/L DTT 2μl，56℃温育5小时或过夜至完全溶解。

（4）以下按照实验五十【实验方法】4～6提取DNA。

2. 磁珠法

（1）同毛发（毛干）DNA的Chelex 100提取法中的（1）、（2）。

（2）以下按照实验五十一【实验方法】2～12提取DNA。

【注意事项】

1. 对于新鲜长骨或牙齿，可同时选择干骺端等骨松质部位或用凿子将牙齿破开，取其中的骨松质或牙髓提取DNA。

2. 由于毛发检材的DNA含量相对较少，在提取时可减小体系以提高提取到的DNA的浓度，例如减小溶解DNA所用的TE缓冲液或灭菌双蒸水，减小5% Chelex-100的用量。

3. 新鲜拔取的毛发带毛囊，含核DNA量较高。自然脱落的毛发中绝大部分毛囊已经萎缩，含核DNA量较少，不利于肉眼观察。可通过放大镜检查，选择毛囊条件相对较好的毛发并确定毛囊位置。

【结果解释】

1. 硬组织DNA的提取难度较大，得到的DNA数量和质量有时仅能进行mtDNA序列分析而不能进行核基因组STR分型。

2. 硬组织的前处理比较耗时，但是非常重要。目前已有一些可用于骨粉研磨的自动化程度较高的机器，例如Freezer/Mills® 冷冻研磨机等。

【思考问题】

1. 结合骨组织和DNA的特点，在进行骨骼DNA提取时，应该如何取材？

2. 进行指甲DNA提取时为什么要加DTT？

3. 毛干和毛囊的DNA提取方法有何异同？为什么？

实验五十六　微痕量检材的DNA提取

法医物证鉴定中常见的微痕量检材，主要是指人体皮肤黏膜的代谢脱落细胞，包括口腔脱落细胞和体表接触脱落细胞等。这些微痕量检材可以存在于犯罪现场，也可存在犯罪嫌疑人的衣服、用具等客体上。

【实验技术原理】

在法医物证实践中，口腔脱落细胞的载体形式多样，多见于烟蒂、口罩、瓜子壳、饮料瓶口、口香糖、咬痕、牙刷、邮票、信封等类型的现场检材上。

体表接触脱落细胞来自于皮肤。皮肤是人体最大的器官，每天脱落的细胞就达400 000个，是一个巨大、潜在的生物物证来源。凡是人的皮肤黏膜接触过的物品，都可能会留下接触者的脱落细胞。

【实验材料】

1. 样品　含口腔脱落细胞和体表接触脱落细胞的各种微痕量样品。

2. 试剂（试剂配制方法参见附录）　TNE缓冲液、10% SDS、PK溶液（10mg/ml）、饱和重蒸酚、酚/氯仿混合液（V/V=1∶1）、氯仿/异戊醇（V/V=24∶1）、NaAC溶液（3mol/L，pH5.2）、无水乙醇、70%乙醇、5% Chelex-100贮存液、DNA IQ™ 系统（包括裂解缓冲液、2× 洗涤缓冲液、洗脱缓冲液和树脂）、

1mol/L DTT、异丙醇、灭菌双蒸水、1×TE 溶液。

3. 仪器 台式高速冷冻离心机、台式高速离心机、冰箱、恒温水浴箱（或恒温烤箱）、热循环仪、旋涡振荡器、磁分离架、1000μl、100μl 和 10μl 可调移液器及相应的防回吸吸头、1.5ml 和 0.5ml 微量离心管、离心套管。

【实验方法】

（一）口腔脱落细胞

1. 样品处理

（1）烟蒂：烟蒂末端的烟纸、海绵上都会沾有吸烟者的唾液。提取时首选烟纸，若烟纸污染严重，可考虑检验海绵。剪取约 $0.5cm^2$ 烟蒂末端的烟纸放入离心管中，剪碎，加入 0.5ml 灭菌双蒸水，室温轻轻倒转混匀，13 000 转 / 分，离心 3 分钟，弃上清，收集沉淀。

（2）口香糖：口香糖经过反复咀嚼，含有大量的口腔脱落细胞。提取时，剪取 0.5mm×0.2mm×0.2mm 大小检材放入 0.5ml 离心管中，剪碎，加入 0.5ml 灭菌双蒸水，室温轻轻倒转混匀，13 000 转 / 分，离心 3 分钟，弃上清，收获沉淀。

（3）果核、筷子、吸管、牙签等能直接放入离心管中的物品：直接置于离心管中，加入 0.5ml 灭菌双蒸水，室温浸泡 15 分钟以上，期间不断震荡搅动；然后将载体取出，轻轻倒转混匀，13 000 转 / 分，离心 3 分钟，弃上清，收获沉淀。

（4）牙刷：用手术刀切取 3～4 束刷毛，放入离心管中，剪碎，加入 0.5ml 灭菌双蒸水，室温轻轻倒转混匀，13 000 转 / 分，离心 3 分钟，弃上清，获得细胞沉淀。由于牙膏含有碳酸钙等 PCR 抑制剂，切取刷毛时注意不要太靠近刷毛根部，避免沾上牙膏。

（5）水杯、饮料瓶口等：采用二步擦拭法提取，用纯水或生理盐水湿润的边长约为 0.5cm 的小三角滤纸片、2～3cm 长的棉线或棉签头部反复擦拭瓶口，然后用同样大小的干滤纸片、棉线或干棉签头部再擦拭一遍，将两次擦拭的纸片、棉线或棉签头部放入同一离心管中，剪碎。

（6）吻痕、咬痕等：剪取擦拭棉签的擦拭部位约 $0.5cm^2$，放入离心管中，剪碎。擦拭提取体表的吻痕、咬痕时，擦拭力度要轻，范围要小，避免混有受害人的 DNA。

2. 实验操作

（1）Chelex-100 法

1）加入 50～200μl 5% Chelex-100 悬浮沉淀，加入 10mg/ml PK（约 0.5～2μl），混匀，封口。

2）以下按照实验五十【实验方法】3～6 提取 DNA。

（2）磁珠法

按照实验五十一【实验方法】2～12 提取 DNA。

（3）Chelex-100 磁珠法

1）加入 50-200μl 20% Chelex-100 悬浮沉淀，加入 1/100 体积 10mg/ml PK（约 0.5～2μl），混匀，封口。

2）56℃孵育 1 小时以上。

3）98～100℃水浴（或热循环仪保温）8～10 分钟，取出后高速漩涡震荡 5～10 秒。

4）12 000 转 / 分离心 3～4 分钟。

5）取上清液，加入 2～3 倍体积的配制好的裂解缓冲液和 7μl 树脂。

6）以下按照实验五十一【实验方法】6～12 提取 DNA。

（二）体表接触脱落细胞的 DNA 提取

1. 样品处理

（1）汗潜指纹及已显现指纹：用纯水或生理盐水湿润的边长约为 0.5cm 的小三角滤纸片、2～3cm 长的棉线或棉签头部反复擦拭瓶口，然后用同样大小的干滤纸片、棉线或干棉签头部再擦拭一遍，将两次擦拭的纸片、棉线或棉签头部放入同一离心管中，剪碎。

(2) 指甲内容物：用棉签头部反复擦拭指甲上的附着组织，剪取棉签的擦拭部位约 0.5cm²，放入离心管中，剪碎。

(3) 衣服、鞋子、袜子、绳索、口罩等渗透性载体上接触细胞：这类检材目前多采用公安部物证鉴定中心研制的生物脱落细胞提取仪真空吸附法或 EZ-tape 胶带粘附法提取。

1）生物脱落细胞提取仪真空吸附法适用于面积较大、且不确定接触部位的渗透性载体上接触细胞的提取。检材提取后，剪取第二层滤膜约 0.5cm² 放入离心管中（一般第一层较脏，第三层细胞含量少），剪碎，加入 0.5ml 灭菌双蒸水，室温轻轻倒转混匀，13 000 转 / 分，离心 3 分钟，弃上清，收获沉淀。

2）EZ-tape 胶带粘附法适用于渗透性载体上占有其他斑迹，大面积吸取容易造成污染时的接触细胞提取。检材提取后，将胶带去下黏面朝里置于离心管中，剪碎，加入 0.5ml 灭菌双蒸水，室温轻轻倒转混匀，13 000 转 / 分，离心 3 分钟，弃上清，收获沉淀。

2. 实验操作

同口腔脱落细胞 DNA 提取的实验操作。

【注意事项】

1. 口香糖的胶一般不影响 PCR，无需特殊的处理。但在一些盗窃案中，疑犯往往将嚼过的口香糖塞入锁孔作案，口香糖被机油、铁锈污染，单纯采用 Chelex-100 提取效果不佳，可采用有机试剂法提取 DNA，或使用磁珠法进一步纯化 Chelex-100 提取产物。

2. 对现场遗留的指印、掌纹，按照"先无损后有损"原则，通常先进行指印的显现检验，拍照固定后，再用适当的载体转移提取。

3. 使用 Chelex-100 法提取微痕量检材时，可通过增加 Chelex-100 浓度或减少 Chelex-100 用量，以增加溶液中 DNA 的浓度，但必须保证检材能被 Chelex-100 溶液完全浸泡。

【结果解释】

微痕量检材含 DNA 量一般比较少，一般不采用酚 - 氯仿法等 DNA 损耗相对较大的提取方法，可采用 Chelex-100 法或磁珠法，也可以综合利用几种方法进行 DNA 提取。

【思考问题】

可以通过采取哪些方法提高微痕量检材 DNA 提取的产量？

第三节　DNA 定量

在法医学案件中，DNA 定量的目的主要是在 STR 的 PCR 扩增中加入适当的模板量，这样才能避免得到超出分析范围的数据和相关人为杂峰的形成。对于大多数 PCR 反应，特别是基于现行的商用试剂盒的复合 STR 分型工作，最佳人类 DNA 模板量范围是 0.5～2ng 之间，能够得到较好的 STR 分型图谱。因此，如果样品 DNA 量不在获得最适 DNA 图谱的模板量范围之内，我们就需要在扩增反应前对模板 DNA 量进行调整，从而得到有益于结果解释的良好的 STR 分型图谱。而对样本进行浓缩或稀释则取决于 DNA 定量的结果。

实验五十七　琼脂糖凝胶半定量法

琼脂糖凝胶电泳可以分离不同分子大小和构象不同的 DNA 分子，但进行 DNA 定量只能通过肉眼观察或图像分析系统对比估算，精确度有限，因此称为半定量。此外，琼脂糖凝胶电泳半定量可以作为判断 DNA 是否降解和降解程度的参考。不同浓度的琼脂糖能够分离的 DNA 分子大小不同（表 57-1），但无法区分 RNA 和降解成小片段的 DNA。

表 57-1　琼脂糖浓度与 DNA 分离范围

琼脂糖浓度	0.3	0.5	0.7	0.9	1.2	1.5	2
线状 DNA 大小范围(kb)	60～5	20～1	10～0.8	7～0.5	6～0.4	4～0.2	3～0.1

【实验技术原理】

带电荷的物质在电场中的趋向运动称为电泳。DNA 分子是两性分子，在 pH 值为 3.5 时，碱基上的氨基基团解离，而三个磷酸基团中只有第一个磷酸解离，整个分子带正电荷，在电场中向负极泳动；在 pH 值为 8.0～8.3 时，碱基几乎不解离，磷酸全部解离，核酸分子带负电荷，向正极泳动。琼脂糖是从琼脂中分离得到，主要是由 *D*- 半乳糖和 3，6 脱水 *L*- 半乳糖连接而成的一种线性多糖。琼脂糖加热溶解后分子呈随机线团状分布，当温度降低时链间糖分子上的羟基通过氢键作用相连接，形成孔径结构，而随着琼脂糖浓度不同形成不同大小的孔径。故采用适宜浓度的琼脂糖凝胶介质作为电泳支持物，发挥分子筛的功能，使不同分子大小和构象不同的 DNA 分子泳动率出现较大差异，达到分离的目的。电泳前用溴化乙锭（EB）染色，双链核酸在紫外线照射下会发出橙色荧光。与已知浓度 DNA（一般使用 λDNA 或其酶切产物）参照物的荧光强度和迁移位置进行比对，就可以估算出待测样本的 DNA 浓度和分子量大小。后者可以作为判断 DNA 是否降解和降解程度的参考。

【实验材料】

1. 样本　待测 DNA 样本溶液、DNA 分子量标准品

2. 试剂　琼脂糖，TBE 电泳缓冲液：90mmol/L Tris、90mmol/L 硼酸、2.0mmol/L EDTA-Na_2（pH 8.0），上样缓冲液（10×）：4mol/L 尿素、45% 甘油、50mmol/L EDTA、0.1% 溴酚蓝、0.1% 二甲苯蓝，溴化乙锭染色液。

3. 仪器设备　电泳仪、电泳槽、凝胶样品梳、微波炉、移液器、有机玻璃内槽、水平仪、紫外检测器、凝胶自动成像仪等。

【实验方法】

1. 琼脂糖凝胶版的制备　将电泳槽水平放置，放好样品槽模板梳。称取 0.3g 琼脂糖置于锥形瓶中，加入 30ml TBE 缓冲液加热至琼脂糖熔化，即为 1% 琼脂糖凝胶液，倒入有机玻璃槽内，使整个有机玻璃槽形成均匀的胶层。静置一小时待胶液凝固后拔出样品槽模板梳待用。将琼脂糖加热熔化后再凝固，可使不同浓度的琼脂糖形成不同大小的孔径，发挥分子筛的功能。

2. 加样　在有机玻璃槽中加入电泳缓冲液，分别将上样缓冲液和待测 DNA 样本溶液或 DNA 分子量标准品混合，用移液器将待测样品分别加入胶板的样品槽内，并在一个或几个孔中加入 DNA 分子量标准品。加入 DNA 分子量标准品是为了与待测 DNA 进行比对，估算其浓度和分子量大小。

3. 电泳　加完样品后立即电泳，当溴酚蓝染料移动到距离胶板下缘 1～2cm 处停止电泳。

加样完成后立即电泳是为了防止 DNA 在样品槽中扩散，使相邻加样孔的样品互相污染，电泳结果条带变得模糊。溴酚蓝在不同浓度的琼脂糖凝胶中的电泳迁移率各相当于不同长度的 DNA 分子，可用作电泳指示剂，估算相应片段长度的 DNA 在凝胶中的位置，并在合适的时间停止电泳。

4. 染色　将电泳后的凝胶浸入溴化乙锭（EB）染色液中至少 15 分钟。

溴化乙锭含有一个可以嵌入 DNA 堆积碱基之间的三环平面基团，它与 DNA 的结合几乎没有碱基序列特异性。在高离子强度的饱和溶液中，大约每 2.5 个碱基插入一个溴化乙锭分子。

5. 观察和拍照　在紫外线灯下观察染色后的电泳凝胶，DNA 存在处显示出肉眼可见的橘红色荧光条带；然后用相机拍照，F5.6，加色滤光片，曝光 1/2 秒，显像 60 秒。也可用凝胶自动成像仪观察，拍照。

6. DNA 定量　通过肉眼对比估算或图像扫描和灰度值分析，记录 DNA 样本含量。对需要作进一步研究的 DNA 片段进行回收。

【实验结果】

1. 观察待测DNA样本的分子量大小　用DNA分子量标准品的迁移距离作为参照，比较待测DNA样本的迁移距离。如果待测DNA条带仍然停留在加样槽附近，与DNA分子量标准品中最大分子量的DNA条带接近，且条带边界清晰，表示待测DNA样本为大分子(>20kb)。如果DNA条带呈涂布状，甚至有部分DNA分子电泳至接近溴酚蓝染料条带，则表示DNA分子已经降解成小片段。

2. 观察待测DNA样本的浓度　用DNA分子量标准品作为参照，比对荧光强度或灰度值，可以估算出待测DNA样本的浓度。

【注意事项】

1. 用移液器将样品加至样品槽。每次点样的体积一般少于25μl，因此吸取每一个样品时，操作要稳定细心。

2. EB染色液具有强致癌作用，并有中等毒性，配制和使用时都应戴手套，并且不要把EB洒到桌面和地面上。盛放EB染色液的器皿放置在不易造成第二次污染的地方。EB染色液和污染了EB的容器和物品处理要严格按照“实验室生物安全保障”和“危险物品处理办法”的相关规定进行。

3. 观察DNA离不开紫外透射仪，因此要佩戴有效防护紫外线的眼镜或面罩。此外紫外线对DNA分子有破坏作用。需要从胶上回收DNA时，应尽量缩短紫外线照射时间并采用长波长的紫外线灯(300～360nm)，以减少紫外线对DNA的破坏。

4. 无论用肉眼观察荧光强度，还是扫描图像并进行灰度值分析，与DNA分子量标准品对比估算浓度时，均存在一定误差。且荧光强度与DNA含量之间并非完全的线性关系，所以本法只能作为半定量。

【思考问题】

1. 为什么要在样品中加入水溶性的阴离子追踪染料(如溴酚蓝)？

2. 为什么琼脂糖凝胶电泳只能作为半定量？

实验五十八　紫外分光光度法

紫外分光光度法是根据DNA分子对波长为260nm电磁波的吸收特性所建立起来的一种DNA定量分析方法，其对DNA的定量可精确到ng级别，但对DNA纯度要求极高，若待测DNA被蛋白质或酚类污染，则测定结果误差较大。此外，RNA和DNA的吸收主峰一样，因此待测DNA中混有RNA时，检测结果会不准确，不宜采用本法。

【实验技术原理】

组成DNA的嘌呤碱和嘧啶碱具有共轭双键，使DNA在260nm处有强紫外光吸收峰，且吸光度值(OD_{260})大小与DNA浓度成正比。同时，酚类的吸收峰位于270nm处，蛋白质的吸收峰位于280nm处。纯净的DNA在260nm和280nm处的吸光度值之比OD_{260}/OD_{280}约为1.8。当样品中含有蛋白质或酚类，会使OD_{260}/OD_{280}值下降。因此，只有当OD_{260}/OD_{280}值≥1.8时，根据OD_{260}计算出的DNA浓度才较为准确。

【实验材料】

1. 样本　待测DNA样本、DNA标准品。

2. 试剂　去离子超纯水或TE。

3. 仪器设备　移液器、防回吸吸头、1.5mL离心管、紫外分光光度计。

【实验方法】

1. 打开检测软件，出现操作界面，选取Nucleic Acid，仪器提示检测连接是否正常。

2. 在仪器的加样点上加1μl去离子超纯水(或TE)，放下探头，点OK。仪器自检，通过后可继续测量；不能通过时，仪器会报警。

3. 点 Blank 键，仪器以去离子超纯水（或 TE）为空白对照调零。使用与溶解 DNA 的溶剂相同的物质作为空白对照，能够消除溶剂对检测结果的影响。

4. 用滤纸吸去加样点和探头的去离子超纯水（或 TE），加 1μl 待测 DNA 样品，放下探头。在界面右边的 Sample Type（样品类型）中选择"DNA-50"，点 Measure（测量），仪器开始定量检测。

"DNA-50"是指本实验中待测 DNA 样本是双链 DNA，因为 $1OD_{260}$ 双链 DNA=50μg/mL。若是单链 DNA，则选择"DNA-40"。

5. 测量完成后，出现结果图：左边的图为 220～350nm 的扫描峰图，右边可以查看 260nm、280nm 的 OD 值，260nm/280nm OD 值的比值，以及样品核酸浓度。只有当 OD_{260}/OD_{280} 值≥1.8 时，才表示待测 DNA 样品纯度较高，根据 OD_{260} 计算出的 DNA 浓度较为准确。

6. 用滤纸吸去样品，在加样点上加 2μl 去离子超纯水（或 TE），放下探头，以清洁加样点和探头。再重复一次后，加入第二个 DNA 样品，点 Measure，仪器继续测量下一个样品。清洗是为了去除前一个样品残留在加样点和探头上的 DNA，以免其影响下一个样品的检测结果。

7. 需记录测量结果时，可点 Show Report（显示报告），出现结果数据表格。

8. 测量结束后，关闭软件，用滤纸吸去样品，在加样点上加 2μl 去离子超纯水，放下探头，以清洁加样点和探头。再重复一次，放下探头，关闭仪器。

【实验结果】

1. 当 OD_{260}/OD_{280} 值≥1.8 时，表示待测 DNA 样品纯度较高，根据 OD_{260} 计算出的 DNA 浓度较为准确。

2. 当 OD_{260}/OD_{280} 值<1.8 时，表示待测 DNA 样品中可能有蛋白质污染，根据 OD_{260} 计算出的 DNA 浓度不准确。

3. 观察 220～350nm 吸光度的扫描峰图。当峰值在 260nm 处，且峰形正常时，认为检测结果可采纳。

4. DNA 浓度和 OD 值之间的关系如下：

（1）双链 DNA：待测双链 DNA 浓度（μg/μl）=（OD_{260} 值 ×50× 稀释倍数）/1000。

（2）单链 DNA：待测单链 DNA 浓度（μg/μl）=（OD_{260} 值 ×40× 稀释倍数）/1000。

【注意事项】

1. 第一步中，最佳方案是先用已知浓度的 DNA 标准品测试紫外分光光度计的功能是否正常。通常可选择λ噬菌体的 DNA，浓度为 1μg/μl。

2. 该方法测定吸光度为 0.2～0.8 的范围内的 DNA 溶液，计算出来的结果相对准确，误差较小。

3. DNA 和 RNA 吸收主峰相同。因此若待测 DNA 样品中含有 RNA 时，本法测得的 DNA 浓度不准确。

【思考问题】

1. 为什么要设置 DNA 标准品？

2. 为什么要在检测前以去离子超纯水（或 TE）为空白对照调零？

3. 为什么要求 OD_{260}/OD_{280} 值一定要大于 1.8？

实验五十九　荧光实时定量 PCR 技术

荧光实时定量 PCR 技术能够对用于扩增的 DNA 进行数量和质量方面的评定。该方法有时也被称为定量 PCR 或动力学分析，因此它可以分析 PCR 循环间源于目标序列的扩增而产生的荧光信号的改变。荧光实时定量 PCR 技术可以分为绝对定量和相对定量两种，绝对定量是根据标准曲线来计算待测模板 DNA 的拷贝数或浓度，相对定量可以比较两个基因表达水平的差异，得到的结果是百分比。

【实验技术原理】

荧光实时定量PCR技术是指在PCR反应体系中加入荧光基团，从而通过对PCR扩增反应中每一个循环产物荧光信号的实时检测来实现对其模板的定量和定性分析。PCR反应开始后，荧光信号的强度与PCR反应产物的累积程度密切相关，通过已知浓度的DNA模板的检测结果绘制出标准曲线，即可对待测DNA模板做定量分析。

荧光扩增曲线一般分为三个时期：荧光背景信号期、荧光信号扩增期、平台期。在荧光背景信号期，扩增的荧光信号被背景信号所掩盖，无法判断PCR产物量的变化；到了平台期，由于反应的多种成分达到终点，PCR产物累积变慢甚至停止，观察到的荧光信号稳定，产物量的对数与起始DNA模板量不存在线性关系。而荧光信号扩增期也分为两个阶段，指数扩增期和线性扩增期。指数扩增期是检测荧光强度与循环次数关系的最佳时期，这个阶段反应效率接近100%，每一次循环后PCR产物量倍增，PCR产物量的对数与循环数呈很精确的线性关系。到了线性扩增期，由于一种或多种反应成分的消耗致使其浓度低于临界值，扩增效率变慢为数学增加而不再是指数增加。由于像dNTP或引物这些成分在反应中消耗的速度略有不同，不同样本在线性扩增期的扩增效率并不一致，因此不能用于比较。

为了定量和比较的方便，荧光实时定量PCR技术引入了循环阈值（Ct）这一概念。Ct是指每个反应管内荧光信号达到设定的阈值时所经历的循环数，其中C代表Cycle（循环），t代表threshold，是指荧光阈值，该值是由荧光实时定量PCR软件在高于扩增早期阶段的噪音基线而设定的，一般荧光阈值的缺省设置是3～15个循环的荧光信号的标准偏差的10倍。

研究表明，每个DNA模板的Ct值与该模板的起始拷贝数的对数存在线性关系，起始拷贝数越多，Ct值越小。在相同PCR扩增条件下，测定已知起始拷贝数的标准品的Ct值，可以绘制出标准曲线。只要检测待测DNA样本的Ct值，即可从标准曲线中得出该样本的起始拷贝数。

荧光实时定量PCR的检测手段有非特异性插入性荧光染料法（如SYBR Green I）、特异性探针杂交法（TaqMan探针）、复合探针杂交法、分子信标技术等。本实验以特异性探针杂交法为例介绍荧光实时定量PCR技术。

TaqMan探针标记有两种不同波长的荧光染料，其序列可与引物对之间特异的DNA序列杂交。典型的探针设计时会比PCR引物的退火温度高一些，这可使探针在PCR引物延伸前得以杂交。报告染料连接在探针的5′端，荧光淬灭基团则连接在3′端。当探针完整时，报告染料和淬灭基团彼此接近，由于两染料间的荧光能量共振转移，使得报告染料不会产生荧光。在PCR反应中，链合成会取代杂交的TaqMan探针。Taq聚合酶拥有5′端核酸外切酶活性，能酶切合成路径上与目标序列退火的探针。当报告染料分子因探针被水解而脱落，不再与淬灭基团靠近时，就会产生荧光。因此，每复制一条DNA链，就有一个荧光信号产生。荧光信号会随PCR产物的增加同步增强。测定已知浓度DNA模板的Ct，绘制标准曲线，即可通过待测DNA模板的Ct值从标准曲线中计算出其起始浓度。

【实验材料】

1. 样本　待测DNA、DNA标准品。

2. 试剂　TaqMan探针试剂盒、RNase free H_2O。

3. 仪器设备　荧光实时定量PCR仪、光学盖膜、0.5mL离心管、96孔反应板。

【实验方法】

1. 制备DNA标准品

（1）取8个0.5ml离心管，分别标记为Std.1～Std.8。

（2）取DNA标准品（200ng/μl）50μl加入Std.1，并加入150μl RNase free H_2O。然后Std.2～Std.8按照表59-1依次稀释。

表 59-1　标准品 Std.1 ~ Std.8 稀释方法

标准品	浓度(ng/ml)	稀释方法
Std.1	50.000	50μl DNA 标准品 + 150μl RNase free H_2O
Std.2	16.700	50μl Std.1 + 100μl RNase free H_2O
Std.3	5.560	50μl Std.2 + 100μl RNase free H_2O
Std.4	1.850	50μl Std.3 + 100μl RNase free H_2O
Std.5	0.620	50μl Std.4 + 100μl RNase free H_2O
Std.6	0.210	50μl Std.5 + 100μl RNase free H_2O
Std.7	0.068	50μl Std.6 + 100μl RNase free H_2O
Std.8	0.023	50μl Std.7 + 100μl RNase free H_2O

Std.8 的浓度为 0.023ng/ml，大约包含 7 个拷贝的二倍体人类 DNA 基因组，是本方法定量范围的最下限

2. PCR 反应

(1) 取 96 孔反应板，各孔加入 TaqMan 探针试剂盒中的引物 10.5μl，反应体系混合物 12.5μl。

(2) 按表 59-2 所示，各孔加入 2μl DNA 样品或标准品。

表 59-2　96 孔反应板加样安排表

	1	2	3	4	5	6	7	8	9	10	11	12
A	Std.1	UNKN	UNKN	UNKN	UNKN	UNKN	Std.1	UNKN	UNKN	UNKN	UNKN	UNKN
B	Std.2	UNKN	UNKN	UNKN	UNKN	UNKN	Std.2	UNKN	UNKN	UNKN	UNKN	UNKN
C	Std.3	UNKN	UNKN	UNKN	UNKN	UNKN	Std.3	UNKN	UNKN	UNKN	UNKN	UNKN
D	Std.4	UNKN	UNKN	UNKN	UNKN	UNKN	Std.4	UNKN	UNKN	UNKN	UNKN	UNKN
E	Std.5	UNKN	UNKN	UNKN	UNKN	UNKN	Std.5	UNKN	UNKN	UNKN	UNKN	UNKN
+F	Std.6	UNKN	UNKN	UNKN	UNKN	UNKN	Std.6	UNKN	UNKN	UNKN	UNKN	UNKN
G	Std.7	UNKN	UNKN	UNKN	UNKN	UNKN	Std.7	UNKN	UNKN	UNKN	UNKN	UNKN
H	Std.8	UNKN	UNKN	UNKN	UNKN	Blank	Std.8	UNKN	UNKN	UNKN	UNKN	Blank

"Std"代表 DNA 标准品，"UNKN"代表待测 DNA，"Blank"代表空白对照

(3) 荧光实时定量 PCR 仪设置 PCR 反应条件如图 59-1。

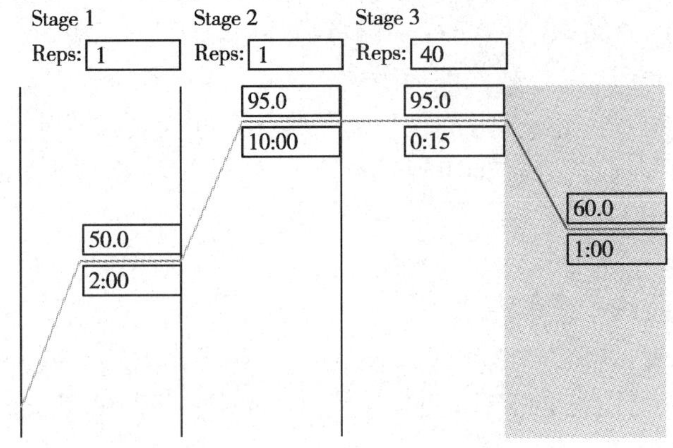

图 59-1　PCR 反应条件

荧光实时定量 PCR 仪默认在最后一步(60℃ 1min)收集荧光信号

(4) 开始 PCR 反应。

3. 数据分析　在 Analysis Setting 中将基线(Baseline)的阈值设为 0.2，起始点设为 3，终点设为

6，点击Analysis按钮，进行数据分析。

基线阈值设置为0.2是为了避免荧光背景信号的干扰；起始循环数设为3，是为了避开PCR中的荧光背景信号期；终点设为6，则是因为循环数3～6之间是最完整的指数扩增期，是荧光强度与循环次数关系的最佳检测时期。

【实验结果】

1. 点击Standard Curve可查看根据标准DNA制作的标准曲线，其中横坐标为标准DNA模板初始浓度的对数值，纵坐标为Ct值。

2. 点击Amplification Plot可查看扩增曲线图，其中横坐标为循环次数，纵坐标为校正后的荧光强度的对数。

3. 点击Report，可查看实验报告，其中Qty选项中可查看根据标准曲线计算的各待测DNA样品的定量结果。

4. 当DNA较少时，由于某些随机变异，可能荧光实时定量PCR的结果是0，但后续STR分型仍然可以得到完整的结果。这种情况的原因有以下几种类型：

（1）当DNA模板量较少时，由于随机变异造成的等位基因丢失会降低定量结果的可信度，此时可重复实验增加可信度。

（2）不同反应中加入的DNA量是不同的。许多定量PCR反应需要2μl的DNA，而STR反应可以加入10μl甚至更多。因此当荧光实时定量PCR的结果是0时，可以增加模板DNA的加样量。

（3）定量PCR和STR反应的PCR缓冲液可能是不同的。如果STR扩增的缓冲液含有不同的聚合酶或者含有能够解决PCR抑制问题的物质，那么两者的结果不具有等价性，定量结果不能对STR分型结果提供一个真实的评价。

（4）加样的准确性也是一个因素。通常吸取2μl的准确性是小于吸取10μl的。在定量PCR中一个不准确的DNA加样量会造成结果的真实性降低。

【注意事项】

1. 全程操作要注意防止污染，最好可以在独立实验室内进行，操作者要戴一次性手套、帽子。

2. 本实验必须设置空白对照，防止污染。

3. 荧光标记的探针要注意避光保存。

4. 本方法定量范围为23pg～100ng。

【思考问题】

1. 荧光实时定量PCR的操作最需要注意的是什么问题？

2. 出现污染时，该如何解决？

实验六十　荧光定量计定量法

荧光定量计定量法适用于定量十分稀有且难以处理的样品，很少量的单、双链DNA，将用于实时定量PCR（qPCR）或新一代测序技术（NGS）等需要精密测定实验的DNA样本等。该法对混有RNA的双链DNA样品具有高度选择性，诸如盐、游离核苷酸、溶剂、去污剂或蛋白质等常见污染物，都能很好地耐受。需要注意的是，该法是对待测样品中的总DNA进行定量，对人类DNA没有特异性。

【实验技术原理】

荧光定量计采用只会分别与双链或单链DNA结合后才发出荧光的分子探针（molecular probes）染料，即使有游离核苷酸或降解核酸存在时亦是如此。荧光计会收集与DNA结合的染料发出的荧光信号，并通过荧光强度和添加的样品体积计算相应的DNA浓度。由于该技术只检测靶分子（而不是污染物）的浓度，因此这种特异性可以获得十分精确的结果。

【实验材料】

1. 样本 待测DNA、标准DNA样品(100ng/μl)。

2. 试剂 双链DNA定量分析试剂盒、去离子超纯水。

3. 仪器设备 荧光计、0.5ml离心管。

【实验方法】

1. 校准荧光计

(1) 将部分标准DNA样品稀释至0.2ng/μl。

(2) 分别将100ng/μl和0.2ng/μl标准DNA样品各5μl与195μl工作液混合,分别标记为Std.1和Std.2孵育2分钟。

(3) 在主界面上,选择DNA标准品分析,按下Yes,读取新的标准DNA样品。插入Standard #1的提示出现在界面上。

(4) 在样品槽中插入Std.1,并按下Read,读取过程大约需要3秒钟。

(5) 插入Std.2,并按下Read。在读取Std.2之后,校准完成。新的标准DNA样品曲线及直线连接的标准DNA样品数据点出现在屏幕上。

2. 读取样品

(1) 将5μl待测DNA与195μl工作液混合,孵育2分钟。

(2) 选择Sample(样品),进入样品界面。

(3) 在样品槽中插入样品,并按下Read。

(4) 一旦测定完成,结果会显示在界面上,显示的数字即为分析管中DNA的浓度。

(5) 如果要读取下一个样品,从样品槽中取出样品,插入下一个样品,并按下Read Next Sample(读取下一个样品)。

3. 计算原始样品的浓度 按下Calculate Stock Conc。利用体积滚轮,选择您添加到分析管中的原始样品体积。停止滚动时,荧光计会根据测得的分析浓度计算原始样品浓度。

【实验结果】

1. 在荧光浓度曲线中,空心圆圈代表正确的标准DNA样品,黑色圆圈代表落在分析范围内的样品,而红色圆圈代表不在分析范围内的样品或标准DNA样品。最近的样品以较大的黑色圆圈表示。

2. 测定完成后,显示的数字即为分析管中DNA的浓度。

【注意事项】

1. 校准荧光计时,Std.2的读取应当比Std.1高很多,且样品的读取应落在两个标准品之间。

2. 校准荧光计时,显示"Standards Incorrect(标准品不正确)",表示有错误,需要检查校准值确定错误来源。

3. 样品浓度超出标准曲线的检测范围时,只能显示样品浓度大于标准曲线最大值或小于标准曲线最小值。

4. 本方法测定的是样品中的总DNA,对人类DNA不具有特异性。

5. 本方法定量范围为0.2~100ng。

6. 请勿在阳光直射下操作仪器。

【思考问题】

荧光定量计定量法的优点和缺点是什么?

第十三章　多态性蛋白的基因型检测

人类蛋白质多态性（protein polymorphism）是一种普遍现象，人类蛋白质的多态性往往和人种及其地理分布有关。多态性蛋白质指一种蛋白质存在一级结构多肽链中的氨基酸排列顺序不同以及二硫键的位置差异，所形成该种蛋白质结构差异的多个类型。蛋白质多态性的产生，是由于表达该蛋白质的结构基因突变。结构基因碱基的取代、缺失、插入所导致的基因的核苷酸顺序改变，产生复等位基因，从而表达合成该类蛋白质的不同类型，即形成蛋白质多态性。

广义的多态性蛋白质，包括红细胞血型、白细胞血型、血清型、酶型等，部分蛋白质多态性可运用于法医学领域。本节分别利用序列特异性引物 - 聚合酶链反应（PCR-SSP）、限制性片段长度多态性 - 聚合酶链反应（PCR-RFLP）、序列特异性寡核苷酸 - 聚合酶链反应（PCR-SSO）、直接测序技术 - 聚合酶链反应（PCR-SBT）、单链构象多态性分析 - 聚合酶链反应（PCR-SSCP）等，几种常用的基因检测分子生物学方法，重点介绍红细胞血型基因型中 ABO 基因型与 Lewis 基因型的检测、人类白细胞抗原 HLAⅡ类基因型的检测、血清型中的型特异成分（Gc）基因型检测，以及酶型中的磷酸葡萄糖变位酶（PGM1）与丙氨酸氨基转移酶（GPT）的基因型检测。

实验六十一　ABO 基因型的测定
序列特异性引物—聚合酶链反应（PCR-SSP）

PCR-SSP（sequence specific primer，SSP）法是一种常用的检测 ABO 基因型方法，可以精确检测血液、精液、唾液等体液，以及血痕、精斑、组织、毛发等人体生物性检材的 ABO 基因型。ABO 基因定位于 9 号染色体，为核内基因组。ABO 基因分析在法医学、临床医学、遗传学均具有重要价值，PCR-SSP 法 ABO 基因检测可以有效运用于 ABO 血型亚型测定、异常 ABO 血型分析、新生儿 ABO 血型测定等疑难血型定型。PCR-SSP 法 ABO 基因检测灵敏度较高，ABO 基因结果准确，实验检材用量少，适用微量检材的 ABO 基因检测。

【实验技术原理】

1. PCR 序列特异性引物分析法，是使用能够特异识别特定等位基因的引物通过 PCR 扩增检测序列多态性的方法。PCR-SSP 序列特异性引物是根据不同类型核心序列关键几处碱基的差异而设计，引物 3′ 端第一个碱基分别与各等位基因的特异性碱基相匹配，特异性引物仅从对应类型的核心序列起始扩增，只有引物 3′ 端第一个碱基与决定特定等位基因的碱基互补时才能实现 DNA 片段的复制，在 PCR 循环中每个引物仅与其相应的等位基因退火并得以延伸，而不与其他核心序列退火。PCR-SSP 通过在各引物的 5′ 末端添加不同数目非互补多聚核苷酸，调整 PCR 产物片段长度，由此可以产生出大小不同的阶梯状扩增片段，根据扩增产物片段长度差异，这些 PCR 产物经电泳分离，银染显示呈现为不同的阶梯状扩增片段图谱，从而进行判定基因型。

2. 人类 ABO 基因定位于 9q34.1 → 9q34.2。A、B 基因分别编码 353 个氨基酸组成的 α（1，3）N- 乙

酰氨基半乳糖胺转移酶和 *D*- 半乳糖转移酶，O 基因为无效基因。人类 ABO 基因由 7 个外显子组成，多数编码顺序位于第 6 和第 7 外显子。第 7 外显子的两处碱基置换形成等位基因 A 和 B，第 6 外显子的单碱基缺失形成等位基因 O。根据 A，B，O 各等位基因间的序列差异，设计相应的序列特异性引物，使其在 PCR 循环中每个引物仅与其相应的等位基因退火并得以延伸，通过在各引物的 5′ 末端添加不同数目非互补多聚核苷酸，调整 PCR 产物片段长度，根据扩增产物片段长度差异，进行 ABO 基因型判定。

【实验材料】

1. 试剂

（1）DNA 提取试剂组分（Chelex-100 提取法）：5% Chelex-100、蛋白酶 K（20mg/ml）、无菌去离子水、TE 缓冲液。

（2）ABO 基因检测 PCR 扩增试剂组分：Taq 聚合酶、ABO 基因两套扩增系统Ⅰ和Ⅱ的 10 个引物（表 61-1）。

（3）PAG 凝胶电泳银染系列试剂组分：丙烯酰胺、N，N- 亚甲双丙烯酰胺、0.5% TBE 电极缓冲液、5× 上样缓冲液、1% 硝酸银。

2. 仪器设备　PCR 扩增仪、电泳仪、电泳槽。

表 61-1　ABO 基因组系列引物序列

引物序号	5′-3′
1	CTGTGGCGCTTCTGATGTCCTCGTGGTGGTGA
2	AACGATGTCCTCGTGGTAC
3	CGAGGTTGTGGATCTCGATGTCGAAT
4	TTGCGGATGTCGATGATGTGCGAAT
5	GACTGCAGGGCGATTTCTACTACA
6	TATGCCTGGTCGACCAT
7	GCGTCTATTTCTACCTGGGGA
8	AGTCCGATTTCTACTACCTGGGGA
9	CTTGAGGATGTCGATGTTG
10	TAGCATCTGGTCGACCATCATC

【实验方法】

1. ABO 基因组模板的 DNA 提取与制备（以 Chelex-100 提取血液 DNA 模板为例）

（1）取血液 1～5μl，加入 1.5ml 离心管，加入纯水 1ml，剧烈震荡，室温下放置 15 分钟。

（2）10 000～13 000 转 / 分离心 2～3 分钟，弃去上清，收集沉淀。必要时用纯水洗涤 1～2 次，直至无色或色素很少。

（3）处理后的样品中加入 200μl 悬浮好的 5% Chelex-100 溶液（若为软组织检材同时还应加入 10mg/ml PK 2～3μl），在 56℃水浴中温浴 30 分钟以上，震荡 5～10 秒，100℃温浴 8 分钟后，剧烈震荡 5～10 秒。

（4）13 000 转 / 分离心 3 分钟，以沉淀 Chelex-100 颗粒，上清液 4℃保存，用于 PCR 反应。

2. ABO 基因组 PCR 扩增

（1）ABO 基因两套扩增系统Ⅰ和Ⅱ组成：10 个引物分别交叉组合形成两套扩增系统Ⅰ和Ⅱ：

系统Ⅰ（8 引物法）由 1～8 号引物组成；

系统Ⅱ（6 引物法）由 1、2、5、7、9、10 号引物组成。

（2）ABO 基因扩增体系：PCR 总体系为 10μl，含 10×buffer 1.0μl，25mmol/L $MgCl_2$ 0.6μl，2mmol/L dNTP 1.0μl，各引物分别为 2pmol，模板 DNA 约 10ng 左右，0.5Taq DNA 聚合酶。两个扩增系统的每组引物对见表 61-2。

表 61-2　各体系的扩增引物组与对应等位基因及变异点碱基

	第 6 外显子				第 7 外显子			
	等位基因	261	297	对应扩增引物	796	802	803	对应扩增引物
系统Ⅰ	A	G	A	1#/3#	C	G	G	6#/7#
	A^G	G	G	1#/4#	C	G	G	6#/7#
	B	G	A	1#/4#	C	G	G	5#/6#
	O^2	G	G	1#/4#	C	G	G	6#/8#
	O^A	G	A	2#/3#	C	G	G	6#/7#
	O^G	G	G	2#/4#	C	G	G	6#/7#
系统Ⅱ	A	G		1#/9#	C	G	G	7#/10#
	B	G		1#/9#	A	G	G	5#/10#
	O			2#/9#	C	G	G	7#/10#

（3）PCR 热循环条件：

95℃预变性 2 分钟，随后 95℃变性 30 秒、54℃退火 30 秒、72℃延伸 30 秒，30 个循环后，72℃延伸 7 分钟。

3．ABO 基因组 PCR 扩增产物检测

（1）ABO 基因组 PCR 扩增产物电泳

1）制胶：非变性聚丙烯酰胺凝胶（T=10%，C=3.3%）的制备

丙烯酰胺	29g
N，N- 亚甲双丙烯酰胺	1g
双蒸水加至	100ml

溶解后置棕色瓶避光保存。

2）装槽：安装好垂直电泳槽，灌胶，将胶板略倾斜，用滴管注入胶液，避免产生气泡，胶聚合后缓缓拔出梳子。垂直槽中加入电极缓冲液，电极缓冲液需没过加样梳齿 2mm。

3）加样：5μl 扩增产物与上样缓冲液混合上样。

4）电泳：按正负极标志，接好电极，接通电源后，500V 恒压电泳 1 小时。

5）剥胶：待溴酚蓝移至所需位置时，关闭电源，剥离凝胶。

（2）ABO 基因组 PCR 扩增产物银染显影

1）固定：凝胶浸入固定液中 5 分钟，回收固定液，用蒸馏水洗胶 2 次，每次 2 分钟，轻轻振摇。

2）染色：倒入染色液，染色 10 分钟左右，染色过程中轻轻振摇，回收染色液，蒸馏水洗 2 次，每次 2 分钟，弃清洗液。

3）显色：倒入显色液至凝胶显出扩增谱带为止。显带后弃除显色液，自来水冲洗 2 次，再加入自来水定影，扫描及用图像处理系统拍照或干胶保存，判读和保存 ABO 基因分型结果。

【实验结果】

1．ABO 基因扩增系统Ⅰ识别的等位基因组成，系统Ⅰ可以识别 A、A^G、B、O^2、O^A、O^G 六种等位基因，AA、BB、AB、AO^A、AO^G、BO^A、BO^G、O^AO^A、O^GO^G 和 O^AO^G 十种基因型（表 61-3）。

2．ABO 基因扩增系统Ⅱ识别的等位基因组成，系统Ⅱ可以识别 A、B、O 三种等位基因，AA、、BB、AB、AO、BO、OO 六种基因型（表 61-3）。

表 61-3　PCR-SSP 法检测 ABO 血型的基因型片段组成

	系统Ⅰ(8 引物法)										系统Ⅱ(6 引物法)					
片段长度(bp)	AA	BB	AB	AO^A	AO^G	BO^A	BO^G	O^AO^A	O^GO^G	O^AO^G	AA	BB	AB	AO	BO	OO
110		+	+			+	+					+	+			
98	+		+	+	+	+	+	+	+	+	+		+	+	+	+
90	+		+	+	+											
85		+	+			+	+				+	+	+	+	+	
79				+		+		+		+						
74	+		+	+	+	+	+	+	+	+	+		+	+	+	+

3. PCR-SSP 法 ABO 基因分型结果图谱(图 61-1)

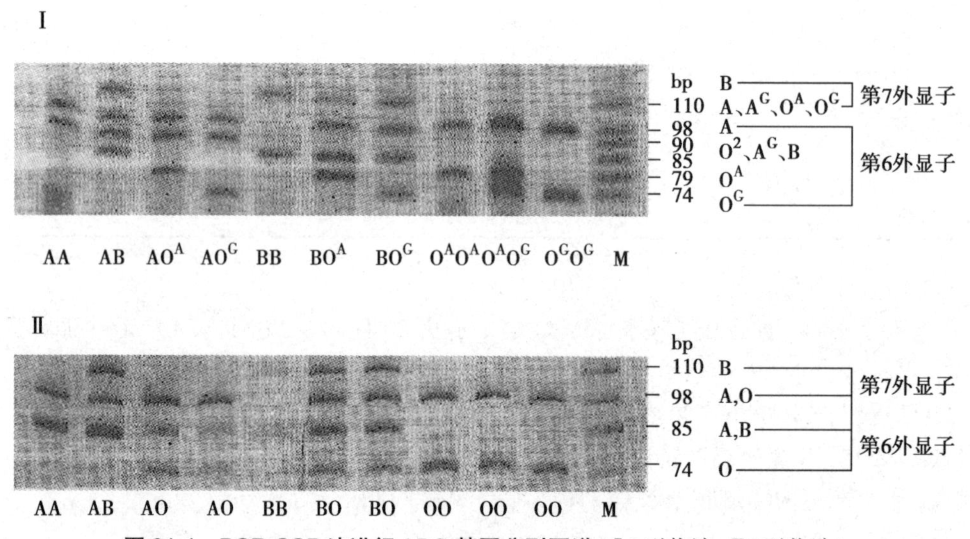

图 61-1　PCR-SSP 法进行 ABO 基因分型图谱(Ⅰ8 引物法，Ⅱ6 引物法)

【注意事项】

1. PCR-SSP 法 ABO 基因分型实验中，如引物结合序列存在碱基变异，可能无扩增产物，导致错误判型。

2. 每个 ABO 基因等位基因均需要一对 SSP 引物进行 PCR 扩增，因此对每一个样本进行 ABO 基因分型时，均需要进行多个扩增。进行 ABO 基因分型时特别注意每一扩增管中 SSP 的特异性，应做好标记，并有规律地排列、放置和加样，避免出现混乱，使分型结果错误。除使用微量扩增管之外，还可以使用 96 孔的 PCR 扩增板，较扩增管方便。

3. 必须有阳性对照，务必在对照样品分型准确的基础上，才能用 PCR-SSP 法 ABO 基因分型实验判定结果。

4. 由于 PCR-SSP 技术对污染的 DNA 较为敏感，注意加样时使用带有滤膜的吸头。在吸取含有不同 SSP 和基因组 DNA 的溶液后，一定要更换吸头。用加样器吸取或混匀溶液时避免产生气泡，产生气溶胶状 DNA，造成污染。

【结果解释】

1. PCR-SSP 法 ABO 基因分型 PCR 扩增后，相应的 PCR 产物是否出现，是 ABO 基因分型结果判断的依据。相应 SSP 扩增产物出现，表示基因组中存在与特异性引物(即 SSP)互补结合的 DNA 序列，即样本为该 SSP 结合的 ABO 基因基因阳性。当某种 SSP 引物的扩增管中未出现相应的 PCR 产物时，应注意观察内参照引物是否出现 PCR 产物。如果该扩增管的内参照引物出现 PCR 产物，而无相应 SSP 扩增产物，说明样本为该 SSP 特异性扩增的 ABO 基因基因阴性；如果该扩增管中未出现内参照引物的扩增产物，则意味着 PCR 扩增出现问题。

2. PCR-SSP 法 ABO 基因分型的操作简单，但引物设计与实验的复性条件要求较高。SSP 引物序列在模板内应当没有较高相似性，尤其是 3′ 端相似性较高的序列，否则容易导致错误引发（false priming）。降低引物与模板相似性的一种方法是，引物中四种碱基的分布最好是随机的，不要有聚嘌呤或聚嘧啶的存在，特别是 3′ 端不应超过 3 个连续的 G 或 C，因为这样会使引物在 GC 富集序列区错误引发。

3. PCR-SSP 基因分型技术，往往是以单碱基突变为基础设计引物扩增的 PCR 技术，而 ABO 血型抗原的变异可能具有不同的分子生物学基础，对于复杂的 ABO 血型往往还要对 ABO 基因全长序列进行序列测定来确定。因此在实际检案中，对于疑难的 ABO 血型鉴定，不能仅以 PCR-SSP 基因分型方法来判定 ABO 血型，要结合其他分子生物学方法检测结果、血型血清学结果及家系遗传。

【思考问题】

1. PCR-SSP 技术原理是什么？

2. 如何正确判读 PCR-SSP 法 ABO 基因分型的结果？

实验六十二　Lewis 基因型测定
直接测序技术 - 聚合酶链反应（PCR-SBT）

PCR-SBT（polymerase chain reaction-sequence based typing）是于 20 世纪 80 年代末期建立并逐步发展完善的一种高效、快速、自动化的序列测定技术，在分子生物学、医学遗传学、法医生物学等众多应用领域，DNA 自动测序已成为不可或缺的技术。Lewis 血型系统非红细胞固有抗原，是从血浆吸附而来。Lewis 血型广泛存在于人血清、脏器、体液与分泌液中，为可溶性抗原。Lewis 血型的组织型与红细胞型不完全一致，因此单纯检测其红细胞抗原容易造成分型错误，需进行精确的 Lewis 基因分型。*Lewis* 基因（岩藻糖基转移酶基因 FUT3）位于 19 号染色体，具有遗传多态性。针对各类生物性检材：血液、分泌液、组织等，运用 PCR-SBT 分析 *Lewis* 等位基因，解决司法检案、医学遗传等相关问题。

【实验技术原理】

1. DNA 测序（DNA sequencing）　是对 DNA 分子的一级结构的分析，其基本原理是 DNA 的复制反应体系中需要存在 DNA 聚合酶、DNA 模板、寡核苷酸引物和 dNTP，引物和模板退火形成双链后，DNA 聚合酶在引物的引导下在模板链上沿 3′ → 5′ 的方向移动，dNTP 按照碱基配对原则，逐个连接在引物的 3′-OH 末端。然而，如果在 DNA 合成体系中加入双脱氧核苷三磷酸（2′, 3′-ddNTP），后者与 dNTP 的区别在于脱氧核糖的 C3 位置缺少 -OH，这样，一旦 2′, 3′-ddNTP 掺入到 DNA 链中，由于没有 3′-OH，不能同后续的 dNTP 形成磷酸二酯键，从而使正在延伸的引物链在此终止。

DNA 自动测序技术以 4 种荧光染料基团分别作为 4 种 ddNTP 终止链的标记物，4 种被双脱氧核苷酸终止的 DNA 片段分别带上 4 种不同的颜色，DNA 合成反应的产物是一系列长度不等的具有 4 种不同荧光信号的多核苷酸片段，借助计算机自动数据处理最终得到 DNA 碱基的排列顺序。

2. Lewis 血型抗原主要有 Le^a 和 Le^b，其表达主要由 a（1, 3/1, 4）岩藻糖基转移酶基因 *FUT3* 所决定。*FUT3* 基因多态性全部是由于野生型等位基因编码区点突变引起的，其中 2 种为单核氨基酸变异，6 种为 2 个核苷酸变异，2 种为 3 个核苷酸变异。因此，可通过 PCR-SBT 法测定 *FUT3* 基因突变区域的序列，对 Lewis 血型进行基因分型。

【实验材料】

1. 试剂

(1) DNA 提取试剂组分（有机溶剂萃取法）：饱和酚、氯仿、STE 缓冲液、PK（20mg/ml）、乙醇 、TE 缓冲液。

（2）Lewis 基因 SBT-PCR 扩增试剂组分：

BigDye Mix Kit：

Ready Reaction Mix、阳性对照模板和引物、BigDye Terminator v3.1、5×Sequencing Buffer。

Lewis 基因目的基因测序引物：

扩增引物：

正向 F：5′-ATTAGCAAGCTCCTCTCAGGACTC-3′

反向 R：5′-GTGAGGTCCCAGGTAAGAGAGAGAG-3′

测序引物：

292R：5′-GTCTGCCTGTGGGTACACCT-3′

663F：5′-CTCATCTCAAGGTGGACGTG-3′

463F：5′-TGGAAGCCCTGGACAGATAC-3′

742R：5′-CGAAGGCCAGGTAGAACTTG-3′

（3）其他试剂：Hi-Di 甲酰胺、DNA 测序胶（POP6）、125mM 的 EDTA、无水乙醇、3M 醋酸钠（pH 5.2）。

2．仪器设备　PCR 扩增仪、DNA 序列分析仪、MicroAmp 96-Well Reaction Plate、Microcon-100DNA 纯化浓缩柱、离心机、移液器。

【实验方法】

1．Lewis 基因模板的 DNA 提取与制备（以有机溶剂萃取血液 DNA 模板为例）

（1）血液处理：

1）将抗凝血以 2000～3000rpm 离心 10 分钟；吸取白细胞层约 0.2ml 移入 1.5ml Eppendorf 管中，加入 0.2% 盐水 1ml，混匀，使红细胞溶解，10 000 转 / 分离心 10 分钟，弃去上层血红蛋白溶液，白细胞沉淀于管底。重复此步骤至血红蛋白溶液层为透明，弃上清。

2）沉淀的白细胞中加入 1ml STE，混匀，10 000 转 / 分离心 10 分钟，吸去上层 STE 至剩余总体积约为 0.5ml。

3）PK 消化，处理后的样本中加入 1/10 体积的 10% SDS 和 1/20 体积的 20mg/ml 的 PK，使终浓度分别为 1% 和 100μg/ml，置于 55℃温水浴中 3～4 小时。

（2）DNA 抽提：

1）消化完全后，用等体积的酚、酚 / 氯仿、氯仿各抽提 DNA 一次，加入等体积的饱和酚，温和地上下颠倒混合，将管内溶液混合成乳状液。10 000 转 / 分离心 10 分钟。

2）转移上层水溶液到另一 Eppendorf 管，加入 1/2 体积的酚和 1/2 体积的氯仿，混匀，10 000 转 / 分离心 10 分钟。

3）转移上层水溶液到另一 Eppendorf 管，加入等体积的氯仿，混匀，10 000 转 / 分离心 10 分钟。

（3）沉淀 DNA：

1）转移上层水溶液到另一 Eppendorf 管，加入 1/10 体积的 3mol/L 醋酸钠和 2 倍体积冷无水乙醇（-20℃保存），混匀，沉淀 DNA。10 000 转 / 分离心 10 分钟，弃上清。

2）用 70% 冷乙醇洗 DNA 沉淀三次。除去液体，室温晾干（或真空抽干）。

3）加适量的 TE 液溶解 DNA，溶解后的 DNA 于 4℃保存。

2．靶基因扩增与纯化（或按有关试剂盒说明书进行）

（1）基因扩增体系：反应体系 25μl，其中 DNA50～100ng、0.5μmol/L 引物、200μmol/L dNTP 和 $MgCl_2$ 终浓度分别为 0.2mmol/L 和 2.0mmol/L、1U Taq 酶。

（2）PCR 热循环条件：95℃ 5 分钟，95℃ 30 秒，62℃ 30 秒，72℃ 2 分钟，30 个循环；72℃延伸 10 分钟。

（3）扩增产物过柱纯化：通过 Millipore 纯化柱，有效去除扩增产物溶液中剩余的 dNTPs 和引物。

3．测序 PCR 反应：

（1）测序反应体系：反应体系总体积 10μl

2.5×Ready Reaction Premix	2μl
5×BigDye Sequencing Buffer	1μl
引物	3.2pmol
模板	20ng
加去离子水至	10μl

（2）测序反应的条件：96℃ 1分钟→（96℃ 10秒→50℃ 5秒→60℃ 4分钟）×25循环→4℃保温。

（3）测序反应产物纯化：

1）按顺序直接向每个测序反应体系中加入125mmol/L的EDTA 1μl、3mol/L醋酸钠1μl、无水乙醇25μl，充分混匀。

2）室温孵育15分钟后，4℃条件下，14 000转/分，离心15分钟。

3）小心去除液体部分后，向每个测序反应体系中加入70μl的70%乙醇。

4）4℃条件下，14 000转/分，离心8分钟，小心去除液体部分，干燥后备检。

4. 测序分析 上述反应产物经纯化后通过DNA测序仪进行序列测定和结果的分析。

（1）测序电泳样本制备：直接向纯化后的样本管中加入Hi-Di甲酰胺10μl，95℃变性3分钟，迅速冰冷3分钟，保持DNA单链状态。

（2）测序上样电泳：将样本放入DNA序列分析仪样本载样盘，按照序列分析仪使用步骤与测序分析软件，进行数据收集、序列测定和结果分析。

【实验结果】

*Lewis*基因PCR-SBT结果：在中国汉族人群中发现，*FUT3*有5种非功能性le等位基因分别为le^{59}（59T→G）、le^{1607}（1607T→A）、$le^{59,1607}$（59T→G和1607T→A）、$le^{59,508}$（59T→G和508G→A）和$le2^{02,314}$（202T→C和314C→T）（图62-1）。FUT3非功能性等位基因具有较为广泛的遗传多态性。

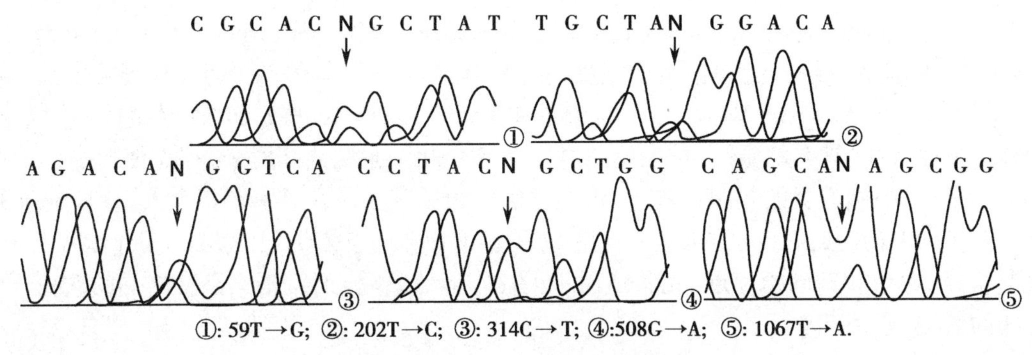

图62-1 *FUT3*基因位点序列

【注意事项】

1. 样本DNA纯度对PCR-SBT反应的影响 PCR具有短时间内高效的扩增能力，因此样本的纯度对反应有至关重要的影响。当样本不纯时，杂质会对实验结果产生干扰，在PCR产物测序循环中尤为明显，在测序结果上表现为峰图杂乱，过多的不可识别的碱基。因此，一般情况下，DNA模板需纯化。本实验采用有机萃取法，从血液中可以获得较高纯度的DNA模板。

2. 样本DNA的量对PCR-SBT反应的影响 尽管测序反应可以高效的扩增待测模板，使得测序所需要的模板量大大降低，但PCR-SBT反应有实验阈值。当低于最低限度的模板量，会引起测序反应的异常，表现为无反应，峰图弱，或者反应中断等。

3. 样本DNA的保存对PCR-SBT反应的影响 纯化的PCR产物保存方式，常用水、Tris溶液、TE三种溶剂溶解样本。TE溶液中的EDTA可以干扰测序反应的进行，测序反应前可以乙醇沉淀纯化DNA。

【结果解释】

1. PCR-SBT 法的 PCR 产物直接测序技术现已成为分子生物学和基因组学研究中的一个重要技术，广泛用于基因突变检测、遗传性疾病诊断、单核苷酸多态性研究、基因组重叠序列群等。PCR-SBT 法具有快速、简便、稳定经济的优点，可以从少量的原始样品中，得到正确的 *Lewis* 基因 DNA 序列信息。

2. 当前 PCR-SBT 法多是全自动 DNA 测序工作站，其自动地完成对样本 DNA 的碱基序列分析，然后把分析完成后的结果数据以样本文件的形式保存于计算机的硬盘中。分析好的样本文件可以用序列分析软件来打开查看结果。电泳信号图的 X 轴表示时间，Y 轴表示相对荧光强度，图上不同颜色的信号代表了四种不同的碱基，图中的每个峰代表一个 DNA 片段。根据测序结果及电泳峰图，得出 *Lewis* 基因序列。

3. *Lewis* 基因检测的 PCR-SBT 实验中，由于 DNA 片段两端 20～30bp 的测序结果及电泳峰图的准确性较低，两步 PCR 循环中，PCR 产物长度均应大于 200bp，以精确检测 *Lewis* 基因序列。在读取测序结果及电泳峰图，测序 DNA 片段两端 20～30bp 存在较多干扰峰等杂峰时，多不采用其两端测序结果。

【思考问题】

1. *Lewis* 基因的 PCR-SBT 分型原理是什么？

2. *Lewis* 血型和 ABH 分泌型间有何关系？

3. *Lewis* 基因 PCR-SBT 检测中为何要进行 DNA 纯化？

实验六十三　HLAⅡ类基因型测定
序列特异性寡核苷酸 - 聚合酶链反应（PCR-SSO）

PCR-SSO（sequence specific oligonucleotide）也称 PCR-ASO（allele specific oligonucleotide)，是 HLAⅡ类基因型检测的经典方法，常用于血液、精液、唾液等各类体液，及血痕、精斑等生物检材的Ⅱ类 HLA 基因型的测定。HLA 基因位于 6 号染色体短臂上，长约 4000kb，HLA 是目前所知人体最复杂的遗传多态性系统，具有共显性、单倍型的遗传特点。HLA 系统的高度多态性，使其作为一种遗传标记，不仅被用来研究人类的起源和进化，还在法医学领域应用于亲子鉴定和个人识别，临床上用于器官移植配型和 HLA 疾病相关的研究。使用 PCR 扩增和非同位素标记的 SSO 探针作斑点杂交法，不仅具有快速、灵敏和精确的优点，尤其适用于大样本群体研究，而且根据杂交格局的改变，还有可能发现新的 HLA 等位基因。

【实验技术原理】

1. PCR-SSO 法，根据编码不同型别 HLA 抗原的 HLAⅡ类基因在其碱基序列上存在差异，通过人工合成一组与 HLAⅡ类基因座每个等位基因碱基序列互补的寡核苷酸探针，即 SSO 探针；待测标本基因组 DNA 中的 HLA 基因经 PCR 扩增之后，与 SSO 探针杂交，通过观察杂交发生与否，来判断待测标本的 HLA 型别。

2. PCR-SSO 反向杂交法（reverse hybridization），与传统正向 PCR-SSO 探针的杂交方式不同，反向 SSO 法的各种 HLA 等位基因特异性的 SSO 探针固定在膜上，设定杂交液的离子强度和杂交温度，PCR 扩增的样本 DNA 经标记后，再进行杂交，这种方法适用于法医学微量检材的分析。

3. HLAⅡ类基因包括三个基因亚区：即 HLA DR、HLA DQ、HLA DP，每个基因亚区均含 A 和 B 两类基因序列，HLA DRB，HLA DQB，HLA DPB 具有较高的多态性，而 HLA DRA 则不具多态性，HLA DQA1 和 HLA DPA1 位点显示较低的多态性。HLAⅡ类由 α 链和 β 链组成异二聚体，基因多态性位于编码 β 链多态性蛋白区的第 2 外显子。PCR-SSO 法根据 HLA 基因的核苷酸序列，设计一系列与 HLAⅡ类等位基因特异碱基序列的互补寡核苷酸探针 SSO 探针。

【实验材料】

1. 试剂

（1）DNA 提取试剂组分（有机溶剂萃取法）：饱和酚、氯仿、STE 缓冲液、PK（20mg/ml）、乙醇 、4% 枸橼酸钠抗凝剂、TE 缓冲液。

（2）HLAⅡ类基因 PCR 扩增试剂组分：Taq 聚合酶、HLA 基因特异性引物（HLA DRB1 区为例，见表 63-1）。

表 63-1　HLA DRB1 基因系列引物序列与对应等位基因

引物	序列（5′- 3′）	特异性等位基因
UG115	CGTTTCTTGTGGCAGCTTAAGTT	DR1
UG116	CCACGTTTCCTGTGGCAGCCTAAGAGG	DR2
UG205	AGACCACGTTTCTTGGAGTACTCTACGTC	DR3，5，6
UG117	CGTTTCTTGGAGCAGGTTAAACA	DR4
UG118	CAACCACGTTTCCTGTGGCAGGG	DR7
UG206	CCACGTTTCTTGGAGTACTCTACGGG	DR8，12
UG119	CAACCACGTTTCTTGAAGCAGGA	DR9
DR10new	ACCAGACCACGTTTCTTGGAGG	DR10
DR right	ACTCGCCGCTGCACTGTGAAGCTCTC	右侧翼全部

（3）HLAⅡ类基因 SSO 杂交试剂组分：HLA 基因特异性寡核苷酸探针条、琼脂糖、溴化乙啶、杂交液、漂洗液、交联液、显色液。

2. 仪器设备　PCR 扩增仪、恒温摇床水浴箱、离心机、微量加样器、杂交槽、电泳设备。

【实验方法】

1. HLAⅡ类基因模板的 DNA 提取与制备（以有机溶剂萃取血液 DNA 模板为例）

（1）血液处理：

1）将抗凝血以 2000～3000 转 / 分离心 10 分钟；吸取白细胞层约 0.2ml 移入 1.5ml Eppendorf 管中，加入 0.2% 盐水 1ml，混匀，使红细胞溶解，10 000 转 / 分离心 10 分钟，弃去上层血红蛋白溶液，白细胞沉淀于管底。重复此步骤至血红蛋白溶液层为透明，弃上清。

2）沉淀的白细胞中加入 1ml STE，混匀，10 000 转 / 分离心 10 分钟，吸去上层 STE 至剩余总体积约为 0.5ml。

3）PK 消化，处理后的样品中加入 1/10 体积的 10% SDS 和 1/20 体积的 20mg/ml 的 PK，使终浓度分别为 1% 和 100μg/ml，置于 55℃温水浴中 3～4 小时。

（2）DNA 抽提：

1）消化完全后，用等体积的酚、酚 / 氯仿、氯仿各抽提 DNA 一次，加入等体积的饱和酚，温和地上下颠倒混合，将管内溶液混合成乳状液。10 000 转 / 分离心 10 分钟。

2）转移上层水溶液到另一 Eppendorf 管，加入 1/2 体积的酚和 1/2 体积的氯仿，混匀，10 000 转 / 分离心 10 分钟。

3）转移上层水溶液到另一 Eppendorf 管，加入等体积的氯仿，混匀，10 000 转 / 分离心 10 分钟。

（3）沉淀 DNA：

1）转移上层水溶液到另一 Eppendorf 管，加入 1/10 体积的 3mol/L 醋酸钠和 2 倍体积冷无水乙醇（−20℃保存），混匀，沉淀 DNA。10 000 转 / 分离心 10 分钟，弃上清。

2）用 70% 冷乙醇洗 DNA 沉淀，三次。除去液体，室温晾干（或真空抽干）。

3）加适量的 TE 液溶解 DNA，溶解后的 DNA 于 4℃保存。

2. HLAⅡ类基因 SSO -PCR 扩增（或按有关 HLAⅡ类基因试剂盒说明书进行）

（1）基因扩增体系：PCR 反应体系总体积为 50μl，包含 10mmol/L Tris-HCl（pH8.3）、1.5mmol/L $MgCl_2$、50mmol/L KCl、10% Glycerol、200μmol/L dNTP、0.5μmol/L primer、2.5μl Taq 聚合酶，模板 DNA 为 0.1μg。

（2）PCR 热循环条件：扩增条件是 95℃变性 1 分钟、60℃退火 1 分钟、72℃延伸 1 分钟，循环 30 个周期，最后 72℃延伸 7 分钟。

3. 2% 琼脂糖凝胶电泳检测 HLA 基因扩增产物

（1）凝胶制备：取琼脂糖 0.4g，加入 20ml 1×TBE 中配制成 2% 的琼脂糖溶液，加热溶解。将梳子安插在制胶模具上，将温度降至 60℃左右的琼脂糖溶液倒入模具中，室温凝固 35～40 分钟。轻轻拔去梳子。将模具置于电泳槽中，向电泳槽中加入 0.5×TB 电泳缓冲液，没过凝胶约 1mm。

（2）加样电泳：将 DNA 样品与上样缓冲液按 5∶1 比例混合后，取 5μl 加入凝胶加样槽中。取一系列浓度不同的标准 DNA 样品与指示剂混合后，加入样品槽中。按 5V/cm 的电压进行电泳，根据指示剂泳动的位置判定电泳的距离。

（3）染色显谱：将凝胶小心剥离模具，浸泡在 0.5μg/ml 的 EB 染液中染色约 30 分钟。在紫外灯下观察 HLA 基因扩增产物的荧光谱带。

4. PCR-SSO 扩增产物的变性与杂交

（1）把水浴箱加热至 56℃，预热杂交液与快速漂洗液 37℃以上（不要超过 56℃，使用前混匀，并使所有结晶体都溶解）。

（2）根据所检测样本数，取所需的 HLA 探针条，用铅笔做好标记。

（3）取出杂交槽（一条对一槽），并微微倾斜放置。

（4）在杂交槽的上端加入 10μl 变性液。

（5）将 10μl 样本加入变性液，并小心混匀，室温变性 5 分钟。

（6）振荡预热过的杂交液并加 2ml 至每槽中（含有变性扩增产物），轻轻震荡混匀。

（7）立即把探针条浸没于杂交槽的溶液中，并将其置于已预热的孵育盘中。

（8）将孵育盘置于 56℃的水浴摇床中（80 转 / 分），盖上盖，孵育 30 分钟。

5. PCR-SSO 漂洗与显色

（1）杂交结束后，从水浴箱中取出孵育盘。用移液器从槽中把液体吸出，再加 2ml 预热好的快速漂洗液于每槽中，然后再把孵育盘放回 56℃水浴摇床中，孵育 3 分钟。

（2）重复上述步骤 2 次。

（3）每个探针条用 2ml 漂洗应用液漂洗 1 分钟。

（4）在每个槽中加 2ml 交联剂工作液，在摇床中振荡孵育 30 分钟。

（5）每个探针条用 2ml 漂洗应用液，1 分钟内漂洗 2 次。并用 2ml 底物缓冲液再漂洗 1 次。

（6）每个槽中加 2ml 底物工作液并在摇床中振荡孵育 30 分钟。

（7）边振荡边用 2ml 蒸馏水冲洗探针条 2 次，每次至少 3 分钟，然后停止染色。

（8）取出探针条，使之完全干燥，并避光保存以便读取结果。

【实验结果】

HLAⅡ类基因 PCR-SSO 杂交结果（HLA DRB1 区为例）：常用 HLA DRB 基因 SSO 探针序列与对应等位基因见表 63-2。

表 63-2 HLA DRB 基因 SSO 探针序列与对应等位基因（部分）

探针	序列	等位基因
DR1N	B-GGAGTTCCGGGC	1501，1502，1503，0301，1201，1202，1101，1102，1103，1104，1301，1302，1304，1305，1306
DR2	B-AAGGACTTCCTGGA	1601，1101，1103，1104，1202，1305，0801，0802，0804，0805，09012

续表

探针	序列	等位基因
DR3N1	B-GCCTAGCGCCGAGTAC	0405，0409，0410，0411，0412，1303，1304，0801，0803，0805
DR4	B-CCTGATGAGGAGTAC	1101，1102，1103，1104
DR5N	B-GGCCTGCTGCGGAGC	1401，1404，1407，1410
DR6N	B-CTGTCGCCGAGTCC	1201，1202，0701，09012
DR7	B-GCAGAGGCGGGC	0101，0102，0404，0405，0408，0410，1402，1406，1409
DR8	B-GAAGACGAGCGGG	0103，0402，1102，1103，1301，1302，1304
DR9	B-CTGGAAGACAGGCG	1601，1602，0412，1101，1104，1201，1202，1305，1306，1403，0801，0802，0803，0804，0805
DR10	B-AAGCGGGGCCGG	0301，0302，0303
DR11	B-CGGGCCGAGGTG	0403，0406，0407，0411，1401，1404，1405，1407，1408，1410，09012
DR12	B-CAGAAGCGGGCC	0401，0409
DR13	B-GGGTTGGTGAGAGC	0101，0103，1502，1601，1602，0302，0401，0405，0407，0408，0409，1101，1302，1303，1305，1402，1403，1407，1409，0701，0801，0802，0803，0805，09012，1001
DR14	B-GGGTTGTGGAGAGC	1501，1503，0301，0303，0402，0403，0404，0406，0410，0411，0412，1102，1103，1104，1301，1304，1306，1401，1404，1405，1406，1408，1410，0804
DR15	HRP-GGGACGGAGCGGGTGC	全部等位基因

读出阳性探针反应对应的SSO探针号，根据探针反应格局图或用相关分析软件得出基因分型结果。

【注意事项】

1. PCR-SSO的技术首个关键为SSO特异性引物合成，实验过程中需严格按照PCR循环条件进行HLAⅡ类基因组扩增，琼脂糖凝胶电泳是其必须实验环节，可以有效判断HLA标的基因是否有效扩增。

2. PCR-SSO另一个技术关键为SSO特异性探针设计，确保与HLAⅡ类基因座的等位基因特异性序列互补，制备SSO探针，而且在严格的杂交条件下，方可保证实验结果的准确。

3. PCR-SSO反向杂交法具有灵敏度高的优点，必须有阳性对照，务必在对照样品分型准确的基础上，才能对HLAⅡ类基因分型实验判定结果。若SSO杂交中的对照参考点颜色较浅，实验结果的判读要谨慎，可以重复实验。

【结果解释】

1. PCR-SSO反向杂交法，具有灵敏度高、特异性强、需要的样本量少等优点，不仅可以用于HLA DRB1等位基因检测，运用HLAⅡ类基因HLA DR、HLA DQ、HLA DP等区域的SSO特异性引物与探针，适用于法医司法实践中各类微量检材的基因型检测。

2. 利用HLA-DRB1的组特异性和等位基因特异性，借助SSO探针杂交，可以有效分析判定亚型。不但减少了因等位基因间存在相同序列而出现交叉杂交的问题的发生，增加了分型结果的可靠性和精确性，还提高了等位基因的检出率。

3. 很多HLA基因型含有相同的多态性，PCR-SSO反向杂交法不同探针的杂交条件必须严格统一（如温度，离子强度），实验中易出现误差，不能检测新等位基因，试剂盒需不断升级。而且，对某些杂合子分辨率也不好，因此PCR-SSO分辨率不及SSP和SBT。

【思考问题】

1. PCR-SSO技术原理是什么？

2. PCR-SSO在方法上有正反相之分，两者有何区别？

实验六十四　Gc 基因型测定
限制性片段长度多态性 - 聚合酶链反应（PCR-RFLP）

PCR-RFLP（restriction fragment length polymorphism，RFLP）是发展最早的一种 DNA 标记分型技术，也是当今分子生物学的重要分析方法之一，用于检测 DNA 序列多态性，并广泛运用于遗传学、临床医学、法医学等领域。型特异成分（group specific component，Gc）又称维生素 D（Vitamin D）载体蛋白（variations in vitamin D–binding protein，DBP），对 1，25- 二羟维生素 D3 有很强的亲和力，维生素 D 及其衍生物在生物代谢中发挥重要作用。*Gc* 基因定位于 4q12，其位点突变基因达 120 多个，具有较好的 RFLP 多态性，并且在群体遗传中表现出较好的人种特异性，运用 PCR-RFLP 分析 *Gc* 等位基因，可有效应用于血液、血痕等各类生物性检材的个人识别等法医学实践。

【实验技术原理】

1. PCR-RFLP 技术中的 DNA 限制性内切酶，能够识别特定 DNA 序列，并具有在特定的部位切断 DNA 双链的活性功能。DNA 分子由于突变（核苷酸的置换、插入或缺失），改变（或形成）了限制性内切酶识别序列，使 DNA 限制性内切酶不能（或可以）将靶 DNA 片段切断。对消化后的靶 DNA 片段进行电泳检测，含有相应 DNA 限制性内切酶识别序列者，原 DNA 片段变成短片段；不含相应 DNA 限制性内切酶识别序列者，原 DNA 片段长度将不发生变化。PCR-RFLP 是将 PCR 技术、RFLP 分析与电泳方法联合应用，先将待测的靶 DNA 片段进行复制扩增，然后应用 DNA 限制性内切酶对扩增产物进行酶切，最后经电泳分析靶 DNA 片段是否被切割并进行分型。

2. *Gc* 基因的外显子 11 上有 2 个位点易变异，具多态性：416 位点（GAT → GAC，Asp → Glu）成为 *Hae*Ⅲ酶切位点，420 位点（ACG → AAG，Thr → Lys）成为 *Sty*Ⅰ酶切位点。PCR-RFLP 技术分析 Gc 基因型，采用 PCR 方法先扩增出第 11 号外显子含第 416 号和第 420 号密码子区域，再用上述两种限制性内切酶酶切，便可将 3 个普通等位基因 Gc * 1F、Gc * 1S 和 Gc * 2 检出。

【实验材料】

1. 试剂

（1）DNA 提取试剂组分（有机溶剂萃取法）：饱和酚、氯仿、STE 缓冲液、PK（20mg/ml）、乙醇 、4% 枸橼酸钠抗凝剂、TE 缓冲液。

（2）*Gc* 基因 PCR 扩增试剂组分：Taq 聚合酶、PCR 扩增试剂。

Gc 外显子 11 扩增引物序列：

上游引物：5′-GACAAGGGACAAGAACTATG-3′

下游引物：5′-AATCACAGTAAGAGGAGGT-3′

（3）*Gc* 基因 RFLP 消化试剂组分：限制性内切酶（*Hae*Ⅲ、*Sty*Ⅰ）、酶消化缓冲液。

（4）*Gc* 基因 RFLP 分型银染试剂组分：丙烯酰胺、N，N- 亚甲双丙烯酰胺、0.5%TBE 电极缓冲液、5× 上样缓冲液，1% 硝酸银。

2. 仪器设备　PCR 扩增仪、电泳仪、电泳槽、微波炉、恒温箱、三恒电源、离心机、凝胶成像系统。

【实验方法】

1. *Gc* 基因模板的 DNA 提取与制备（以有机溶剂萃取血液 DNA 模板为例）

（1）血液处理：

1）将抗凝血以 2000～3000 转 / 分离心 10 分钟；吸取白细胞层约 0.2ml 移入 1.5ml Eppendorf 管中，加入 0.2% 盐水 1ml，混匀，使红细胞溶解，10 000 转 / 分离心 10 分钟，弃去上层血红蛋白溶液，白细胞沉淀于管底。重复此步骤至血红蛋白溶液层为透明，弃上清。

2）沉淀的白细胞中加入 1ml STE，混匀，10 000 转 / 分离心 10 分钟，吸去上层 STE 至剩余总体积约为 0.5ml。

3）PK 消化，处理后的样品中加入 1/10 体积的 10%SDS 和 1/20 体积的 20mg/ml 的 PK，使终浓度分别为 1% 和 100μg/ml，置于 55℃温水浴中 3～4 小时。

（2）DNA 抽提：

1）消化完全后，用等体积的酚、酚 - 氯仿、氯仿各抽提 DNA 一次，加入等体积的饱和酚，温和地上下颠倒混合，将管内溶液混合成乳状液。10 000 转 / 分离心 10 分钟。

2）转移上层水溶液到另一 Eppendorf 管，加入 1/2 体积的酚和 1/2 体积的氯仿，混匀，10 000 转 / 分离心 10 分钟。

3）转移上层水溶液到另一 Eppendorf 管，加入等体积的氯仿，混匀，10 000 转 / 分离心 10 分钟。

（3）沉淀 DNA

1）转移上层水溶液到另一 Eppendorf 管，加入 1/10 体积的 3mol/L 醋酸钠和 2 倍体积冷无水乙醇（-20℃保存），混匀，沉淀 DNA。10 000 转 / 分离心 10 分钟。

2）弃上清，用 70% 冷乙醇洗 DNA 沉淀，三次。除去液体，室温晾干（或真空抽干）。

3）加适量的 TE 液溶解 DNA，溶解后的 DNA 于 4℃保存。

2．*Gc* 基因 RFLP -PCR 扩增（或按有关试剂盒说明书进行）

（1）基因扩增体系：反应体系总体积为 40μl，其中包括模版 DNA 0.1μg、每种引物 10pmol、TaqDNA 聚合酶 1.25U、dNTPs 200μmol、$MgCl_2$ 1.5mmol/L。

（2）PCR 热循环条件：扩增条件：94℃ 1 分钟，53℃1 分钟，72℃ 2 分钟，30 个循环。

3．RFLP -PCR 扩增产物酶切消化：分别取 10μl 扩增产物加入反应管，加 10U *Hae*Ⅲ或 *Sty*Ⅰ限制性内切酶，10× 酶消化反应缓冲液 1.0μl，蒸馏水补至 20.0μl，放入 37℃温箱中孵育 4 小时。

4．Gc 基因 PCR-RFLP 酶切产物电泳分型：

（1）电泳分离：6% 聚丙烯酰胺凝胶电泳（T=6%，C=3.3%，凝胶规格为 82mm×64mm×0.75mm）。电极缓冲液为 1×TBE。将加有 1/5 体积上样缓冲液的酶切产物电泳，220v 电压，电泳 2～3 小时。

（2）银染显色：将凝胶剥离至染色盘中，用 10% 冰醋酸固定 30 分钟，去除固定液，用蒸馏水冲洗凝胶 3 次（2 分钟以内）。将 0.1% 硝酸银溶液 200ml 倒入染色盘中，染色 30 分钟，倒掉染色液，蒸馏水快速冲洗凝胶 1 次（20 秒以内）。显色液 200ml（3% Na_2CO_3，含 0.05% 甲醛、2‰$Na_2S_2O_3$）倒入染色盘中，不断震荡，直至谱带显示清晰。用固定液终止显色。蒸馏水洗涤一次，贴于滤纸上晾干保存。

【实验结果】

Gc 基因 PCR-RFLP 结果：本实验 PCR 产物长度 388bp，*Hae*Ⅲ酶切消化后可形成 295bp、93bp 两个片段，*Sty*Ⅰ酶切消化后可形成 304bp、84bp 两个片段。经过各种内切酶消化后，可以产生 1～5 种 DNA 片段，根据酶切片段数量与长度可出现 6 种谱型（基因型组），见表 64-1。

表 64-1　Gc 基因型 PCR-RFLP 的酶切结果

基因型	*Hae*Ⅲ内切酶			*Sty*Ⅰ内切酶		
	388bp	295b	93bp	388bp	304bp	84bp
1F-1F	+			+		
1S-1S		+	+	+		
2-2	+				+	+
1F-1S	+	+	+	+		
2-1S	+	+	+	+	+	+
2-1F	+			+	+	+

【注意事项】

1．避免污染，模板 DNA 片段的扩增产物要纯，如有非特异产物，如可能含有酶识别序列的 DNA 长片段将竞争酶活性，使样品消化不完全，同时也会出现酶消化杂带。

2. 酶消化过程要充分（即底物与酶的比例要合适，消化时间要保证），避免假阴性结果。

3. PCR-RFLP 必须设有 PTC 阳性与 NTC 阴性对照，务必在对照样品分型准确的基础上，酶切阳性结果可以确定所检测 *Gc* 基因的具体序列。

【结果解释】

1. PCR-RFLP 法分析 *Gc* 基因，方法操作简单，具有较高的灵敏度、特异性较强，分型结果稳定、重复性好，实验结果容易判定，同时该技术对检材质量要求低。

2. PCR-RFLP 酶切阴性结果，仅可说明非酶识别序列，但不能准确判定具体序列，酶识别序列如有甲基化等化学修饰的核苷酸将不被切割，即虽有序列多态性，但由于内切酶不能识别消化，因而在分型中没有相应片段的谱带。

3. PCR-RFLP 技术关键是限制性酶切识别点的碱基组成与序列多态性碱基的关系，序列多态性基因座大约只有 1/3 的碱基涉及限制性识别序列，所以大部分点突变的序列多态性，无法采用 PCR-RFLP 技术检测，往往需要结合 SBT 与 SSP 等基因分析技术。

【思考问题】

1. *Gc* 基因的 PCR-RFLP 分型原理是什么？

2. *Gc* 基因的 RFLP 多态性表现形式有哪些？

实验六十五　PGM1 基因型测定
限制性片段长度多态性 - 聚合酶链反应（PCR-RFLP）

PCR-RFLP（restriction fragment length polymorphism，RFLP）作为 DNA 序列多态性检测技术，在法医学等领域，多用于血清型与红细胞酶型等遗传标记基因型测定。磷酸葡萄糖变位酶（phosphoglucomutase，PGM）是人体组织中广泛存在的一组重要的酶类，可以催化葡萄糖 -1- 磷酸盐和葡萄糖 -6- 磷酸盐相互转化，在机体糖代谢中起着重要的作用。PGM1、PGM2、PGM 3 三个基因座分别位于 1、4、6 号染色体。*PGM1* 基因定位于 1p31，部分序列点突变构成 PGM1 多态性。因此，可运用 PCR-RFLP 分析 *PGM1* 等位基因，可有效应用于血液、组织等各类生物性检材的法医学检测。

【实验技术原理】

1. PCR-RFLP 技术原理（同 Gc 基因分型）。

2. *PGM1* 基因全长 65kb，有 11 个外显子。构成 PGM1 多态性的 4 个常见等位基因由两处点突变及一次基因内重组产生。这两处突变分别是第 4 外显子 nt723 碱基 C /T 替换，致多肽链第 220 位氨基酸 Arg → Cys 改变，与 PGM1*1 和 PGM1*2 对应；第 8 外显子 nt 1320 碱基 C → T 替换，致氨基酸序列第 419 位 Tyr → His 改变，决定 PGM1*+ 和 PGM1- 型。碱基变异构成了特异性限制性内切酶 *Bgl*Ⅱ和 *Nla*Ⅲ的识别序列，据此可用 PCR-RELP 技术检测 *PGM1* 基因型。

【实验材料】

1. 试剂

（1）DNA 提取试剂组分（Chelex-100 提取法）：5% Chelex-100、PK（20mg/ml）、无菌去离子水、TE 缓冲液。

（2）*PGM1* 基因 PCR 扩增试剂组分：Taq 聚合酶、PCR 扩增试剂，PGM1 基因特异性引物。

PGM1 基因第 4、8 外显子引物序列：

Exon4

正向 F：5′-GCAGGTTTACAGCAATATAGTCACA-3′

反向 R：5′-TGAAGCATCATGATACACACAGAAG-3′

Exon8

正向 F：5′-GGGATGCAGAGCCAAACCATATCAAG-3′

反向 R：5′-TAAGACAGGAGAGGCTGTGGATGCG-3′

(3) *PGM1* 基因 RFLP 消化试剂组分：限制性内切酶（*Bgl*Ⅱ酶、*Nla*Ⅲ 酶）、酶消化缓冲液。

(4) *PGM1* 基因 RFLP 分型银染试剂组分：丙烯酰胺、N，N- 亚甲双丙烯酰胺、0.5% TBE 电极缓冲液、5× 上样缓冲液，1% 硝酸银。

2. 仪器设备　PCR 扩增仪、电泳仪、电泳槽、微波炉、恒温箱、三恒电源、离心机、凝胶成像系统。

【实验方法】

1. *PGM1* 基因组模板的 DNA 提取与制备（以 Chelex-100 提取血液 DNA 模板为例）

(1) 取血液 1～5μl，加入 1.5ml 离心管，加入纯水 1ml，剧烈震荡，室温下放置 15 分钟。

(2) 10 000～13 000 转 / 分离心 2～3 分钟，弃去上清，收集沉淀。必要时用纯水洗涤 1～2 次，直至无色或色素很少。

(3) 处理后的样品中加入 200μl 悬浮好的 5% Chelex-100 溶液（若为软组织检材同时还应加入 10mg/ml PK 2～3μl），在 56℃水浴中温浴 30 分钟以上，震荡 5～10 秒，100℃温浴 8 分钟后，剧烈震荡 5～10 秒。

(4) 13 000 转 / 分离心 3 分钟以沉淀 Chelex-100 颗粒，上清液 4℃保存，用于 PCR 反应。

2. *PGM1* 基因 RFLP -PCR 扩增（或按有关试剂盒说明书进行）

(1) 基因扩增体系：10μl PCR 体系：50mmol/L KCl、10mmol/L Tris-HCl（pH8.3）、1.5mmol/L $MgCl_2$、200μmol/L dNTPs、0.05μmol/L 每种引物、0.5U TaqDNA 聚合酶、100ng 模板 DNA。

(2) PCR 热循环条件：

1）Exon4 扩增条件：96℃预变性 2 分钟；95℃ 30 秒，60℃ 30 秒，72℃30 秒，循环 30 次，最后 72℃ 8 分钟。

2）Exon8 扩增条件：96℃预变性 2 分钟；95℃ 30 秒，63℃ 30 秒，72℃30 秒，循环 30 次，最后 72℃ 8 分钟。

3. RFLP -PCR 扩增产物酶切消化　Exon4 PCR 产物用限制酶 *Bgl*Ⅱ酶切，Exon8 PCR 产物用 *Nla*Ⅲ酶切。酶切反应体系均含扩增产物 5μl、限制酶 3U、酶切反应 10× 缓冲液 2μl、10μg/μl 的 BSA 0.2μl，加去离子水补足至 20μl，混匀后置 37℃水浴 1 小时。

4. *PGM1* 基因 PCR-RFLP 酶切产物电泳分型　配制 PAG（T=6%、C=3%），内含 4mol/L 尿素、电泳缓冲液为 0.5×TBA。分别取各酶切产物 25μl，加等体积 2× 载样缓冲液，混匀后加样，设 PUC19/*Msp* Ⅰmarker 作对照。恒压 300v，电泳 0.5～1 小时，硝酸银染色。

【实验结果】

PGM1 基因 PCR-RFLP 结果：

1. 外显子 4 引物扩增基因组 DNA 得到长 293bp 的片段，经限制酶 *Bgl*Ⅱ消化后，纯合子 PGM1*1 仅有 293bp1 条带，PGM1*2 为 189bp 和 104bp 2 条带，杂合子 PGM1*1～2 为 293bp、189bp 和 104bp 3 条带。

2. 外显子 8 引物扩增产物长 309bp，经限制酶 *Nla*Ⅲ消化后，纯合子 PGM1 * + 表现为 309bp 1 条带，PGM1 * - 为 200bp 和 109bp 2 条带，杂合子 PGM1* +/- 为 309bp、200bp 和 109bp 3 条带。*PGM1* 基因分型结果见图 65-1。

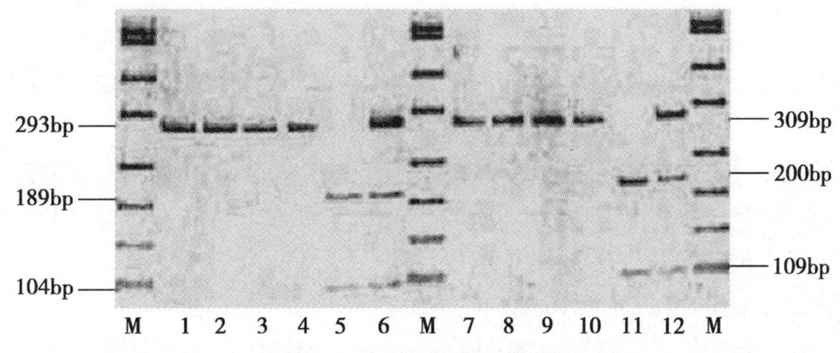

图 65-1　*PGM1* 基因分型结果

1～3：E4 PCR 产物；4～6：BgⅠⅡ消化后的 E4 PCR 产物；7～9：E8 PCR 产物；10～12：N1a Ⅲ 消化后的 E8 PCR 产物；M：PUC19/Msp Ⅰ分子量标准：1、4：1-1；2、5：2-2；3、6：1-2；7、10：+/+；8、11：–/–；9、12：+/–。

【注意事项】

同 Gc 分型。

【结果解释】

1. *PGM1* 基因的 C723T、C1320T 突变及基因内重组形成的 4 个常见等位基因决定了与 PGM1 蛋白表现型相应的 10 种基因型，但由于 PGM1*1+2-、PGM1*1-2+ 基因型都含有决定等位基因 PGM1*1、PGM1*2、PGM1*+、PGM1*- 的 4 种碱基序列，用 PCR-RFLP 法不能区分，故结合 E4、E8 分型结果，只能判定 9 种 *PGM1* 基因型，这是 PCR-RFLP 分型 *PGM1* 的一个缺陷。此外，其他碱基突变产生的稀有等位基因均不能用该法检出。

2. 其余同 Gc 分型。

【思考问题】

1. *PGM1* 的多态性分析还有哪些方法？

2. 简述 *PGM1* 基因的 RFLP 多态性表现形式。

实验六十六 GPT 基因型测定 单链构象多态性分析 - 聚合酶链反应(PCR-SSCP)

单链构象多态性（single strand conformation polymorphism，SSCP）分析是利用 DNA 或 RNA 单链构象具有多态性的特点，结合 PCR 技术进行基因检测的一种分析技术，称为 PCR-SSCP 技术，用以分析 DNA 序列的遗传学特征和基因突变。丙氨酸氨基转移酶（GPT）是通过转氨基作用，把谷氨酸变成丙氨酸过程中起催化作用的酶。研究证实，*GPT* 基因的一对共显性等位基因，决定三种表型，具有较好的遗传多态性。*GPT* 基因可作为法医学领域个人识别和亲权鉴定分析的遗传标记，同时也可作为异体骨髓移植成功的诊断指标。

【实验技术原理】

1. PCR-SSCP 技术　PCR 扩增的 DNA 片段经变性成单链 DNA，单链 DNA 在中性聚丙烯酰胺凝胶中电泳时形成不同的立体构象，其构象直接影响泳动速率，相同长度的 DNA 单链其核苷酸顺序仅有单个碱基的差别，就可以产生立体构象的不同，造成泳动速率的不同，表现为电泳图谱的差异，产生不同的 SSCP 谱带，据此可以判定不同个体 DNA 扩增片段的碱基序列差异。

2. 丙氨酸氨基转移酶 *GPT* 基因定位于 8q24.3，通过测序证实，*GPT* 基因上第 14 个密码子中的一个碱基突变（C → A）是等位基因 GPT*1 和 GPT*2 形成的原因。GPT*1 上该密码子为 CAT，在 GPT*2 上突变为 AAT，这种碱基突变可造成相应单链 DNA 构象发生变化，据此可用 PCR-SSCP 技术检测 *PGM1* 基因型。

【实验材料】

1. 试剂

(1) DNA 提取试剂组分（Chelex-100 提取法）：5% Chelex-100、PK（20mg/ml）、无菌去离子水、TE 缓冲液。

(2) *GPT* 基因 PCR 扩增试剂组分：Taq 聚合酶、PCR 扩增缓冲液、*GPT* 基因特异性引物。

GPT 基因特异性引物：

正向：5′-CCTTCCCGCCTGGTCTGGGT-3′

反向：5′-AGCTCCAAGGCTCGCTGCAC-3′;

(3) *GPT* 基因 PAG 凝胶电泳银染试剂组分：丙烯酰胺、N，N- 亚甲双丙烯酰胺、0.5% TBE 电极缓冲液、5× 上样缓冲液，1% 硝酸银。

2. 仪器设备　PCR 仪、凝胶成像系统、垂直电泳设备、水浴箱、离心机、微量加样器。

【实验方法】

1. *GPT* 基因模板的 DNA 提取与制备（以 Chelex-100 提取血液 DNA 模板为例）

（1）取血液 1～5μl，加入 1.5ml 离心管，加入纯水 1ml，剧烈震荡，室温下放置 15 分钟。

（2）10 000～13 000 转 / 分离心 2～3 分钟，弃去上清，收集沉淀。必要时用纯水洗涤 1～2 次，直至无色或色素很少。

（3）处理后的样品中加入 200μl 悬浮好的 5% Chelex-100 溶液（为若软组织检材同时还应加入 10mg/ml PK 2～3μl），在 56℃水浴中温浴 30 分钟以上，震荡 5～10 秒，100℃温浴 8 分钟后，剧烈震荡 5～10 秒。

（4）13 000 转 / 分离心 3 分钟，以沉淀 Chelex-100 颗粒，上清液 4℃保存，用于 PCR 反应。

2. *GPT* 基因 PCR-SSCP 扩增（或按 *GPT* 基因试剂盒说明书进行）

（1）基因扩增体系：反应体系总体积为 25μl：50mmol/L KCl、10mmol/L Tris-HCl（pH8.3）、1.5mmol/L $MgCl_2$、200μmol/L dNTPs、0.05μmol/L 每种引物、0.5U Taq DNA 聚合酶、1～100ng 模板 DNA。

（2）PCR 热循环条件：扩增条件：96℃预变性 2 分钟；94℃ 30 秒，62℃ 30 秒，72℃ 30 秒，循环 30 次；最后 72℃ 10 分钟。

（3）*GPT* 基因组 PCR 扩增产物检测：

1）*GPT* 基因组 PCR 扩增产物电泳：

a. 制胶：制备含 2.5% 甲酰胺的非变性聚丙烯酰胺凝胶（T=10%，C=3.3%）。

b. 装槽：安装好垂直电泳槽，灌胶，将胶板略倾斜，用滴管注入胶液，避免产生气泡，胶聚合后缓缓拔出梳子。垂直槽中加入电极缓冲液，电极缓冲液需没过加样梳齿 2mm。

c. 加样：PCR 产物加等体积 SSCP 载样缓冲液（含 95% 去离子甲酰胺）混匀，置 PCR 仪 96℃变性 6 分钟、冰水浴 6 分钟后，加样。

d. 电泳：按正负极标志，接好电极，接通电源后，280V 恒压电泳 4 小时。

e. 剥胶：待溴酚蓝移至所需位置时，关闭电源。

2）*GPT* 基因组 PCR 扩增产物银染显影：

a. 固定：凝胶浸入固定液中 5 分钟，回收固定液，用蒸馏水洗胶 2 次，每次 2 分钟，轻轻振摇。

b. 染色：倒入染色液，染色 10 分钟左右，染色过程中轻轻振摇，回收染色液，蒸馏水洗 2 次，每次 2 分钟，弃清洗液。

c. 显色：倒入显色液至凝胶显出扩增谱带为止。显带后弃除显色液，自来水冲洗 2 次，再加入自来水定影，扫描及用图像处理系统拍照或干胶保存，判读和保存 *GPT* 基因分型结果。

【实验结果】

GPT 基因 PCR-SSCP 杂交结果：电泳显带后，纯合子 1 型和 2 型均为 2 条带，杂合子 2-1 型为 4 条带（图 66-1）。

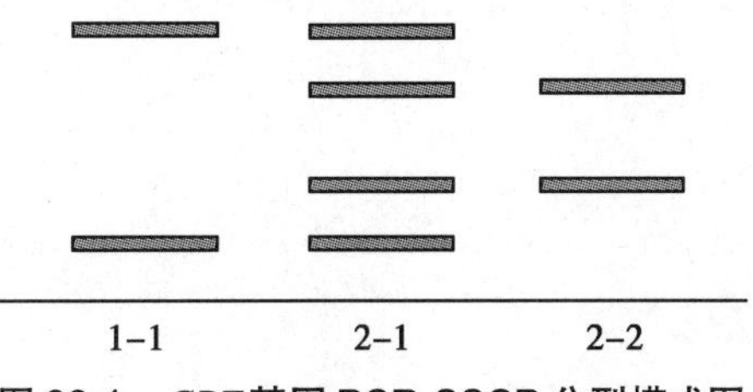

图 66-1　*GPT* 基因 PCR-SSCP 分型模式图

【注意事项】

1. 需降低游离引物对实验的影响　微量游离引物均可与 PCR 产物结合而改变其泳动率，应尽可能除去游离引物。可以采用不对称引物扩增方法，尽可能消耗多余的引物；也可以运用过柱或磁性球方法纯化 PCR 产物，或者是稀释 PCR 产物，减少游离引物的干扰。

2. 保持凝胶内温度恒定是 SSCP 分析最关键的因素。温度有可能直接影响 DNA 分子内部稳定力的形成及其所决定的单链构象，从而影响基因分型检测。室温下电泳适于大多数情况，但由于在电泳时温度会升高，为确保电泳温度相对恒定，应采取以下措施：减少凝胶厚度，降低电压，有效的空气冷却或循环水冷却等。

3. 在控制污染前提下，PCR-SSCP 不存在假阳性结果，但可能出现假阴性结果。对未知的 *GPT* 基因变异检测，PCR-SSCP 无法避免假阴性结果。后者是由于点突变引起的空间构象变化甚微，迁移率相差无几所致，尤其是点突变发生在扩增片段的两端时。如果有阳性和阴性对照，结果可以重复确定的突变带是可信的。如果没有阳性对照，应经测序来确定其是否为突变带。由于 PCR-SSCP 的不足之处主要是可能检出假阴性结果。应通过设置阳性对照，摸索电泳条件，假阴性结果在很大程度上是可以避免的。

【结果解释】

1. PCR-SSCP 单链凝胶电泳时，互补单链迁移率不同，一般形成两条单链带。PCR 产物进行单链凝胶电泳之前，通过加热变性产生单链。如变性不彻底，残留双链亦可形成一条带。因此，PCR-SSCP 分析结果至少显示三条带。由于一种 DNA 单链有时可形成两种或多种构象，实验中可能检出三条或四条单链的谱带。

2. PCR-SSCP 分析的核酸片段越小，检测的敏感性越高。对于 <200bp 的片段，SSCP 可发现其中 70% 的变异；对于 300bp 左右的片段则只能发现其中 50% 的变异；而 >500bp 的片段，则仅能检出 10%～30% 的变异，因此，<300bp，尤其是 150bp 左右的核酸片段更适于 SSCP 分析。对于大于 400bp 的 PCR 产物就需要设法进一步处理，可以用限制性酶消化 PCR 产物，产生小于 400bp 的 DNA 片段，再进行 SSCP 分析。

【思考问题】

1. PCR-SSCP 技术原理是什么？

2. PCR-SSCP 技术的优点与局限性是什么？

第十四章　STR 分析

短串联重复序列（short tandem repeats，STR）是广泛存在于人类基因组中的一类具有长度多态性的 DNA 序列。由 2～6 个碱基对构成核心序列，呈串联重复排列，主要由核心序列拷贝数目的变化而产生长度多态性。PCR 是一种模拟天然 DNA 复制的体外扩增法。由一对寡核苷酸引物分别与待扩增 DNA 片段两条链两端序列分别互补，在耐热 DNA 聚合酶存在下，反复进行热变性、退火、引物延伸三个步骤。每一次循环，模板 DNA 拷贝数增加一倍。在 n 次循环之后，模板 DNA 拷贝数可扩增上百万倍。可以采用一对特异性引物，用 PCR 技术扩增特定基因座上的等位基因，不同等位基因因核心重复单位的重复次数差异导致扩增产物片段大小不同，用特定的聚丙烯酰胺凝胶电泳分离技术结合银染显色，与该基因座的等位基因分型标准物的电泳迁移位置对比，即可确定其基因型。本章将介绍现阶段常见的几种电泳分离技术。

第一节　STR 银染检测分析

实验六十七　STR 单基因座银染检测分析

一、常规 STR 单基因座银染检测分析

【实验技术原理】

核酸分子具有两性电解质的性质，当介质 pH 为 8.0～8.3 时，核酸分子中的碱性基团几乎不解离，磷酸则全部解离，核酸分子呈负电荷，在电场中向正极泳动。线性双链 DNA 片段的电泳迁移率与分子量的对数成反比关系，短片段的电泳速度较快，长片段的较慢，据此可分离不同长度的 DNA 片段。作为一种常用的凝胶类电泳支持介质，聚丙烯酰胺凝胶（PAG）是由丙烯酰胺（Acr）和亚甲基双丙烯酰胺（Bis）聚合而成，其化学性质稳定，机械强度好，凝胶透明、电荷中性、无电渗作用，对样品分子无吸附作用。重要的是 PAG 具有分子筛效应，通过调整凝胶浓度，控制凝胶孔径，使分子质量和空间构象不同的 DNA 分子获得最大的分离效果。

银染法显色原理：银离子能渗入聚丙烯酰胺凝胶中与 DNA 分子结合成稳定的银氨络合离子复合物即$[Ag(NH_3)_2]^-$，用甲醛作为还原剂可使金属银析出，呈现黑褐色银沉淀而显现出 DNA 条带。

本部分以 vWA 基因座为例介绍其 PCR 扩增检测方法。

【实验材料】

1. 仪器　离心机、PCR 扩增仪、微量移液器、电泳仪、垂直电泳槽、垂直电泳配套设备（如玻璃板、梳子和边条）、微量进样器、显色盘、台式水平脱色摇床、酸度计。

2. 试剂　引物（vWA：5′- CCC TAG TGG ATA AGA ATA ATC -3′，5′- GGA CAG ATG ATA AAT ACA TAG GAT GGA TGG -3′）、10×PCR buffer、25mmol/L $MgCl_2$、dNTPs 混合物、丙烯酰胺（Acr）、亚

甲基双丙烯酰胺（Bis）、N, N, N', N'- 四甲基乙二胺（TEMED）、过硫酸铵、三羟甲基氨基甲烷（Tris）、乙二胺四乙酸二钠（$Na_2EDTA \cdot 2H_2O$）、硼酸、氢氧化钠（NaOH）、甲酰胺、溴酚蓝、二甲苯青 FF、冰乙酸、硝酸银、甲醛溶液、无水碳酸钠、硫代硫酸钠（$Na_2S_2O_3 \cdot 5H_2O$）、灭菌超纯水、蒸馏水或去离子水。

主要试剂的配制：

（1）10×TBE 缓冲液：将 Tris 107.8g 和 $Na_2EDTA \cdot 2H_2O$ 7.44g 溶解于 800ml 蒸馏水或去离子水中，慢慢加入硼酸，监测 pH 值至 8.3 止（约需硼酸 55g 左右），加蒸馏水或去离子水至 1000ml。

（2）0.5×TBE 缓冲液：50ml 10×TBE 缓冲液加蒸馏水或去离子水 950ml。

（3）凝胶浓度为 6% 的非变性 PAG 胶液（Acr∶Bis=29∶1）：Acr 58g、Bis 2g、10×TBE 缓冲液 50ml，加蒸馏水或去离子水至 1000ml 溶解后过滤。

（4）10% 的过硫酸铵：过硫酸铵 5g 加蒸馏水或去离子水 50ml 溶解。

（5）2× 载样缓冲液：10mmol/L NaOH、95% 甲酰胺、0.05% 溴酚蓝、0.05% 二甲苯青 FF。

（6）10mg/ml 的硫代硫酸钠溶液：5g $Na_2S_2O_3 \cdot 5H_2O$ 加 500ml 蒸馏水或去离子水溶解。

（7）10% 的醋酸溶液：200ml 冰乙酸加 1800ml 蒸馏水或去离子水。

（8）硝酸银溶液：硝酸银 2g、甲醛 3ml，加 2000ml 蒸馏水或去离子水溶解。

（9）碳酸钠显色液：无水碳酸钠 60g、甲醛 3ml、10mg/ml 的硫代硫酸钠溶液 400μl，加 2000ml 蒸馏水或去离子水溶解。

【实验方法】

1. 模板 DNA 的制备：参见第十二章。

2. PCR 反应体系的建立：

2μmol/L 上下游引物混合物	2μl
10×PCR buffer	2μl
25mmol/L $MgCl_2$	1.2μl
2mmol/L dNTPs 混合物	2μl
Taq DNA 聚合酶（5U/μl）	0.2μl
灭菌超纯水	11.6μl
模板 DNA	1μl
	共 20μl

3. 按以下条件进行 PCR 扩增：

95℃预变性 2 分钟，然后

94℃	30 秒	32 个循环
50℃	30 秒	
72℃	35 秒	

最后 72℃ 7 分钟。

4. 扩增产物的聚丙烯酰胺凝胶电泳分离

（1）PAG 制备：

1）将两块玻璃板用清洁液清洗干净，分别用自来水、蒸馏水冲洗后，晾干。

2）将晾干后的玻璃板套上边条后固定在电泳槽上。

3）取适量的 T=6%，C=5% 的 PAG 胶液（根据所用玻璃板大小决定）加入适量的 10% 的过硫酸铵和 TEMED（每 100ml 胶液加 700μl 10% 的过硫酸铵和 35μl TEMED）并混匀后，缓缓注入固定好的两块玻璃板间的腔隙中（注意不要产生气泡），注满后水平或接近水平放置，插入梳子，静置于室温聚合 40～60 分钟。

4）待凝胶完全聚合（此时在梳子下方可见折射率不同的纹线）后，小心拔出梳子，立即用蒸馏水或去离子水冲洗加样孔。

（2）放置固定好凝胶板和电泳槽后，将电泳槽内注满0.5×TBE缓冲液。

（3）将PCR扩增产物与等量2×载样缓冲液混匀后，用微量进样器吸取2～3μl小心加入到加样孔底部（注意不要产生气泡）。

（4）接上电极（加样侧接负极，另一侧接正极）后，以10～20V/cm的电压进行电泳，直至溴酚蓝泳动到接近玻璃板下边缘时终止。

（5）倒掉电泳槽内的电泳缓冲液后，从电泳槽上取下玻璃板，取下边条后，平放，用钢尺从玻璃板的一角小心撬开玻璃板，此时凝胶一般会随机黏附于其中一块玻璃板上。

（6）根据扩增产物的大小及溴酚蓝和二甲苯青FF的相对位置，大致判断扩增产物所在的部位后，用钢尺切去其余部位的凝胶。用钢尺切去扩增产物所在区域的凝胶的一角作为方向标记后，再用钢尺小心将凝胶剥离至显色盘内。

5. 银染显色：

（1）向显色盘中加入10%的醋酸固定20分钟后，将10%的醋酸倒至玻璃瓶或烧杯中以备终止显色用。

（2）蒸馏水或去离子水洗凝胶2～3次，每次2分钟。

（3）加入硝酸银溶液，将显色盘置于台式水平脱色摇床上室温摇动30分钟后倒掉。

（4）蒸馏水或去离子水洗凝胶约10秒后迅速倒掉。

（5）迅速加入预冷的碳酸钠显色液显色后，将显色盘置于台式水平脱色摇床上摇动，直至谱带显现。

（6）直接将步骤（1）中回收的10%的醋酸加入到碳酸钠显色液中以终止显色，5分钟后倒掉。

（7）蒸馏水或去离子水洗凝胶2分钟。

6. 直接在湿凝胶上判读结果或将凝胶黏附于滤纸上，表面覆盖透明胶片于室温或温箱内干燥后判读结果，干燥后的凝胶可长期保存。

【实验结果】

凝胶上呈现的黑褐色条带即为扩增产物DNA，在从负极向正极迁移时，片段大的DNA分子迁移得远，片段小的分子迁移得近。样品纯合子为1条带，杂合子为2条带。根据各基因座等位基因分型标准物判断各样品的型别（图67-1）。

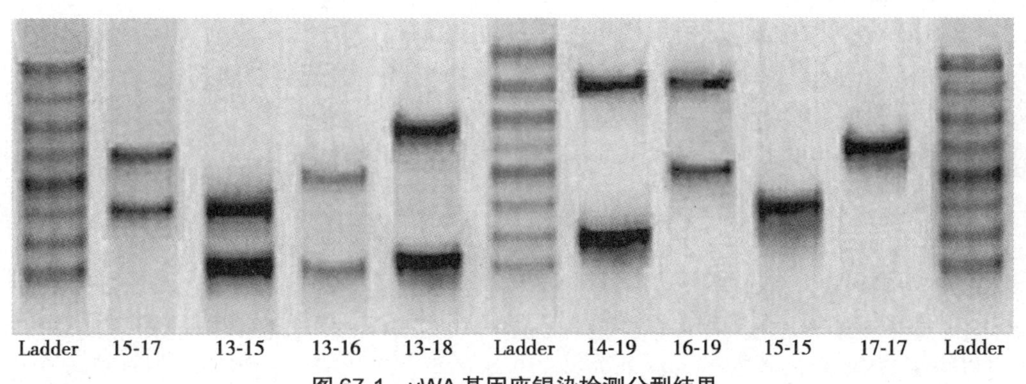

图67-1 vWA基因座银染检测分型结果

【注意事项】

1. PCR扩增过程中可能会有stutter产物出现，需要根据以下特点进行鉴别，以避免误判：A. 通常比相应的主要等位基因小一个重复单位；B. 一般较等位基因特异性条带弱；C. stutter产物的量取决于基因座、PCR条件以及使用的聚合酶；D. 序列重复不完全时，stutter产物量减少。

2. 应加等位基因分型标准物作为判型的依据。从检材DNA提取至PCR各个环节均应注意防止污染，设立阳性、阴性（空白）对照。

3. 玻璃板一定要清洗干净，否则电泳后剥离凝胶时不同部位的凝胶易粘在不同的玻璃板上。

4. 灌胶时一定不要产生气泡，否则电泳时因气泡的影响致电流不均影响分离效果。

5. 取出梳子后，必须立即彻底冲洗加样孔，否则梳子所留存的少量PAG胶液会在加样孔中聚合，产生不规则的表面，引起DNA条带变形。

6. 10%的过硫酸铵溶液不用时应置于4℃冰箱保存，且使用时间不宜过久，否则影响凝胶聚合。

7. 电泳缓冲液也可使用1×TBE缓冲液，但此时配制PAG胶液时也应相一致，使PAG胶液中也含1×TBE缓冲液。

8. 应根据扩增产物的大小选择不同浓度的PAG，以达到最佳的分离效果。不同浓度PAG的有效分离范围及溴酚蓝和二甲苯青FF的相对大小见表67-1。

表67-1 不同浓度PAG中DNA的有效分离范围及溴酚蓝和二甲苯青FF的相对大小

凝胶浓度	有效分离范围(bp)	二甲苯青FF	溴酚蓝
3.5	1000～2000	460	100
5.0	80～500	260	65
8.0	60～400	160	45
12.0	40～200	70	20
15.0	25～150	60	15
20.0	6～100	45	12

9. 绝大多数DNA片段都可采用非变性PAG电泳分离，但富含AT的DNA片段(如STR基因座SE33、F13A01等)在非变性PAG中迁移率异常，应采用变性PAG电泳分离。变性PAG通常是在凝胶中加入7mol/L的尿素。

10. 银染显色中，步骤(4)应特别注意，从凝胶浸入蒸馏水或去离子水到浸入碳酸钠显色液中的总时间最好不要超过20秒。若超过时间太长，则可重复步骤(3)后再进行后续操作。

11. 碳酸钠显色液应预冷至4～10℃，尤其是环境气温较高时，否则因化学反应较快，难以控制显色效果。

【思考问题】

1. STR基因座具有什么样的结构特征?

2. PCR-STR分型具有哪些法医学应用优势?

3. 常规使用的电泳支持介质有哪些? PAG作为电泳支持介质有何特点?

4. 常见的电泳影响因素有哪些?

5. DNA银染显色和溴化乙啶显色两种显带技术各有何特点?

二、miniSTR单基因座银染检测分析

【实验技术原理】

miniSTR是在普通STR的基础上将引物重新设计，引物结合区尽可能靠近核心序列，缩短扩增片段，理论上可以提高DNA的扩增效率；同时保证核心序列的重复次数不变，便于与商品化试剂盒的STR分型结果进行对比。(本部分以mini-TH01基因座检测为例介绍miniSTR基因座的单位点扩增检测方法)

【实验材料】

1. 仪器 同上。

2. 试剂 引物(mini-TH01: 5′- CCT GTT CCT CCC TTA TTT CCC -3′, 5′- GTT TCT TGG GAA CAC AGA CTC CAT GGT G -3′)、其余试剂同上。

【实验方法】

1. 模板DNA的制备：参见第十二章。

2. PCR 反应体系的建立：

2μmol/L 上下游引物混合物	2μl
10×PCR buffer	2μl
25mmol/L $MgCl_2$	1.2μl
2mmol/L dNTPs 混合物	2μl
Taq DNA 聚合酶（5U/μl）	0.2μl
灭菌超纯水	11.6μl
模板 DNA	1μl
	共 20μl

3. 按以下条件进行 PCR 扩增：

95℃预变性 2 分钟，然后

94℃　30 秒
61℃　30 秒　} 32 个循环
72℃　45 秒

最后 72℃ 7 分钟。

4. 扩增产物的聚丙烯酰胺凝胶电泳分离及银染显色同上。

【实验结果】

样品纯合子为 1 条带，杂合子为 2 条带。根据各基因座等位基因分型标准物判断各样品的型别。

【注意事项】

1. miniSTR 引物的结合区（尤其是 3′ 端）发生碱基突变，很容易导致等位基因的丢失，导致与普通 STR 分型结果不一致。

2. miniSTR 引物的结合区可能存在单核苷酸重复链。例如：FGA 基因座的核心序列下游存在“TTT CTT CCT TTC TTT TTT”序列，若该处设计为引物结合区，由于 T 的高度重复以及低 GC 含量，会影响引物结合的特异性。

3. miniSTR 引物与普通 STR 引物结合区之间可能存在碱基缺失或插入，导致 miniSTR 与普通 STR 分型结果不一致。

4. 无论是用 PAGE 还是毛细管电泳分离检测扩增产物，都应加等位基因分型标准物作为判型的依据。

【思考问题】

1. miniSTR 基因座与常规 STR 基因座有什么区别？

2. miniSTR 基因座有哪些法医学应用价值，能否替代常规 STR 基因座？

实验六十八　STR 多基因座检测分析

一、常规 STR 多基因座银染复合扩增检测

【实验技术原理】

STR 基因座的多态性普遍不及高度多态的 VNTR 位点，但分析多个 STR 基因座可以大大提高鉴别能力。因为 STR 基因座扩增片段短，若选择的多个 STR 基因座的扩增条件相近，则可以将两个以上基因座在同一个试管中进行 PCR 扩增，即复合扩增（mutiplex PCR），或多重 PCR。扩增产物在高分辨率的变性聚丙烯酰胺凝胶电泳，能获得有效分离（此时 DNA 的电泳迁移率只与其线性长度有关，不受双链时的二级结构影响）。本实验以 D7S820、D13S317、D3S1358 基因座的复合扩增检测为例介绍多基因座复合扩增检测方法。

【实验材料】

1．仪器　PCR 扩增仪、微量移液器、微量加样器。

2．试剂　引物（D7S820：5′- TGT CAT AGT TTA GAA CGA ACT AAC G -3′，5′- CTG AGG TAT CAA AAA CTC AGA GG -3′；D13S317：5′- ACA GAA GTC TGG GAT GTG GA -3′，5′- GCC CAA AAA GAC AGA CAG AA -3′；D3S1358：5′- ACT GCA GTC CAA TCT GGG T -3′，5′- ATG AAA TCA ACA GAG GCT TG -3′）、10×PCR buffer、25mmol/L $MgCl_2$、dNTPs 混合物、灭菌超纯水。

【实验方法】

1．模板 DNA 的制备：参见第十二章。

2．PCR 反应体系的建立：

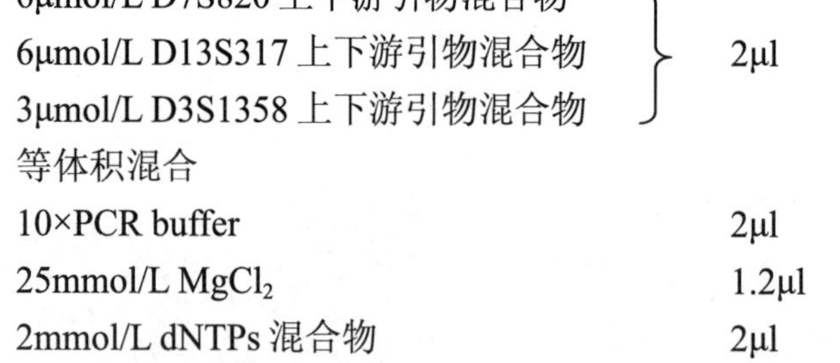

6μmol/L D7S820 上下游引物混合物 6μmol/L D13S317 上下游引物混合物 3μmol/L D3S1358 上下游引物混合物 等体积混合	2μl
10×PCR buffer	2μl
25mmol/L $MgCl_2$	1.2μl
2mmol/L dNTPs 混合物	2μl
Taq DNA 聚合酶（5U/μl）	0.2μl
灭菌超纯水	11.6μl
模板 DNA	1μl
	共 20μl

3．按以下条件进行 PCR 扩增：

95℃预变性 2 分钟，然后

94℃	30 秒	10 个循环
60℃	30 秒	
72℃	45 秒	
90℃	30 秒	22 个循环
58℃	30 秒	
72℃	45 秒	

最后 72℃ 7 分钟。

4．扩增产物检测（参见实验六十七）

【实验结果】

根据各基因座等位基因分型标准物判断各样品的型别。

【注意事项】

1．耐热 DNA 聚合酶，特别是具有 hot start 特性的耐热 DNA 聚合酶的使用，使得 STR 基因座的复合扩增更容易进行。

2．复合扩增的 STR 基因座的选择一般按以下几方面的原则进行：

（1）选择四或五核苷酸重复序列 STR 基因座。

（2）多态性高的基因座。

（3）选择不连锁的 STR 基因座。

（4）选择扩增效率高的基因座。

（5）选择扩增产物易于分辨的基因座。

（6）选择各个引物 T_m 值相近的基因座。

（7）选择单色检测（或银染色）各基因座等位基因片段长度无重叠的基因座。

(8) 选择引物间有兼容性的基因座。

(9) 选择灵敏度高、突变率低的基因座。

3. STR 片段重叠的复合扩增是一种最为复杂的复合扩增，只适用于自动 DNA 荧光检测仪分析。

【思考问题】

1. STR 基因座符合扩增检测时基因座的选择需要遵循什么样的原则？

2. 两种退火温度的作用是什么？

3. 设计复合扩增 STR 基因座的引物时应注意什么？

二、miniSTR 多基因座银染复合扩增检测

【实验技术原理】

将两个以上 STR 基因座的引物重新设计，缩短扩增片段，在同一个试管中进行 PCR 扩增，即 miniSTR 基因座的复合扩增(mutiplex PCR)，或多重 PCR。本实验以 mini-TH01、mini-TPOX、mini-CSF1PO 基因座的复合扩增检测为例介绍多位点扩增检测方法。

【实验材料】

1. 仪器　同上。

2. 试剂　引物(mini-TH01：5′- CCT GTT CCT CCC TTA TTT CCC -3′，5′- GTT TCT TGG GAA CAC AGA CTC CAT GGT G -3′；mini-TPOX：5′- CTT AGG GAA CCC TCA CTG AAT G -3′，5′- GTT TCT TGT CCT TGT CAG CGT TTA TTT GC -3′；mini-CSF1PO：5′- ACA GTA ACT GCC TTC ATA GAT AG -3′，5′- GTG TCA GAC CCT GTT CTA AGT A -3′)、其余试剂同上。

【实验方法】

1. 模板 DNA 的制备：参见第十二章。

2. PCR 反应体系的建立：

试剂	体积
14.4μmol/L mini-TH01 上下游引物混合物 12μmol/L mini-TPOX 上下游引物混合物 12μmol/L mini-CSF1PO 上下游引物混合物	2μl
等体积混合	
10×PCR buffer	2μl
25mmol/L $MgCl_2$	1.2μl
2mmol/L dNTPs 混合物	2μl
Taq DNA 聚合酶(5U/μl)	0.2μl
灭菌超纯水	11.6μl
模板 DNA	1μl
	共 20μl

3. 按以下条件进行 PCR 扩增：

95℃预变性 2 分钟，然后

温度	时间	循环
94℃	30 秒	10 个循环
60℃	30 秒	
72℃	45 秒	
90℃	30 秒	22 个循环
58℃	30 秒	
72℃	45 秒	

最后 72℃ 7 分钟。

4. 扩增产物检测(参见本章实验六十七)

【实验结果】

根据各基因座等位基因分型标准物判断各样品的型别。

【注意事项】

1. 一致性检验 由于重新设计引物存在很大的风险，因此必须进行miniSTR引物和普通STR引物扩增产物的一致性检验，以保证良好的数据库兼容性。

2. 引物浓度的调节 对复合扩增体系中基因座的引物比例进行精细的调节，以达到三个基因座之间产物量的平衡。

3. 退火温度的调节 复合扩增要求引物的退火温度比较接近，根据实验结果确定最佳退火温度。

【思考问题】

1. 为什么要进行一致性检验？

2. 引物浓度的调节主要起什么作用？

第二节 STR荧光检测分析

STR荧光检测分析广泛应用于法医DNA实验室，具有自动化程度高、快速、准确、灵敏度高、分型标准化、稳定性和重复性好等特点。

实验六十九 STR单基因座检测分析(包括常规STR及miniSTR)

STR是目前在法医物证鉴定中应用最广泛的长度多态性遗传标记，等位基因片段长度多在400bp以下，扩增成功率高，而miniSTR片段较之更短，尤其适用于降解、陈旧和腐败检材的分型鉴定。STR及miniSTR单基因座荧光检测分析是一种通过DNA提取与定量，依赖于PCR技术进行单个STR基因座的扩增，进行毛细管电泳分离、荧光检测、基因型判定的过程。实验具有高灵敏度、高鉴别能力及分型标准化的优势。

【实验技术原理】

短串联重复序列(short tandem repeats，STR)是广泛存在于人类基因组中的一类具有长度多态性的DNA序列。由2～6个碱基对构成核心序列，呈串联重复排列，主要由核心序列拷贝数目的变化而产生长度多态性。PCR是一种模拟天然DNA复制的体外扩增法。由一对寡核苷酸引物分别与待扩增DNA片段两条链两端序列分别互补，在耐热DNA聚合酶存在下，反复进行热变性、退火、引物延伸三个步骤。每一次循环，模板DNA拷贝数增加一倍。采用荧光标记的特异性引物，用PCR技术扩增特定基因座上的等位基因，不同等位基因因核心重复单位的重复次数差异导致扩增产物片段大小不同，用毛细管电泳的分离检测技术即可确定其基因型。而miniSTR是在普通STR的基础上将引物重新设计，引物结合区尽可能靠近核心序列，缩短扩增片段，理论上可以提高DNA的扩增效率；同时保证核心序列的重复次数不变，便于与商品化试剂盒的STR分型结果进行对比。本实验以vWA基因座和mini-TH01基因座检测为例介绍STR基因座的单位点扩增检测方法，各实验室可根据情况具体调整。

【实验材料】

1. 试剂 常规引物(vWA：5′-FAM-CCC TAG TGG ATA AGA ATA ATC- 3′，5′- GGA CAG ATG ATA AAT ACA TAG GAT GGA TGG -3′)、miniSTR引物(mini-TH01：5′-FAM-CCT GTT CCT CCC TTA TTT CCC- 3′，5′- GTT TCT TGG GAA CAC AGA CTC CAT GGT G-3′)、10×PCR buffer、25mmol/L $MgCl_2$、dNTPs混合物、灭菌超纯水、标准DNA(9947A)、超纯去离子甲酰胺、LIZ标记的分子量内标。

2. 仪器设备 PCR扩增仪、遗传分析仪、超净工作台、离心机、漩涡振荡器、微量移液器、移液器吸头、离心管、PCR扩增管和分型软件。

【实验方法】

1. 模板 DNA 的制备：参见第十二章。

2. PCR 反应体系（20μl）的建立：

2μmol/L 上下游引物混合物	2μl
10×PCR buffer	2μl
25mmol/L $MgCl_2$	1.2μl
2mmol/L dNTPs 混合物	2μl
Taq DNA 聚合酶（5U/μl）	0.2μl
灭菌超纯水	11.6μl
模板 DNA	1μl

PCR 反应五要素：参加 PCR 反应的物质主要有五种即引物、酶、dNTP、模板和 Mg^{2+}。每个样本扩增管反应终体积为 20μl，按以上比例抽取。扩增多个样本时，可将引物混合物、buffer、$MgCl_2$、dNTPs 混合物、Taq DNA 聚合酶，按单个样本需要量乘样本数，将以上试剂加入一个离心管，混匀后，分装到扩增管，在加入样本 DNA。这一过程确保了样本间的一致性。在一次设立大量反应时，也就避免小体积吸取，可提高加入的每一成分的精确度（方法的再现性）。当针对大量不同样本做常规实验，检测目标是揭示样本 DNA 的差异而不是揭示反应成分和样本准备方法的差异。建立 PCR 反应体系时，模板 DNA 的用量可根据浓度差异适当调整，最后用灭菌超纯水补足至终体系。

3. 按以下条件进行 PCR 扩增：

95℃预变性 2 分钟，然后

94℃	30 秒	32 个循环
50℃（miniSTR 为 61℃）	30 秒	
72℃	35 秒	

最后 72℃ 7 分钟。

不同的引物序列有不同的杂交特性，退火温度也不同。选择最适合退火温度对实验的成功至关重要。在每一个循环中，两条 DNA 模板链先被加热分开（变性）。然后，样品被冷却到合适的温度（退火），寡核苷酸引物结合。最后，样品温度升高到一个优化的温度，DNA 聚合酶是引物延伸，复制每一条模板。在每一个循环中，DNA 分子（两 PCR 引物间的序列）数目加倍。

4. 扩增产物的毛细管电泳检测分析（本实验以 3130 基因分析仪为例介绍毛细管电泳检测方法）

根据需要电泳的样品数计算电泳混合液中超纯去离子甲酰胺和分子量内标的量，预先混合超纯去离子甲酰胺和分子量内标（按每个反应体积 10μl：超纯去离子甲酰胺 9.5μl，分子量内标 0.5μl）。每管加入 10μl 上样混合物、1μl 扩增产物或 Ladder，混匀，避免产生气泡。将加好样的 96 孔板盖紧硅胶盖，离心后置于 95℃变性 3 分钟，立即放在冰上冷却 3 分钟。

由于检测设备灵敏度不同，超纯去离子甲酰胺和分子量内标的比例可适当调整。Ladder 的加量可根据实际电泳情况适当调整，确保峰值在 200～8000RFU。虽然不经过变性也可进行检测，但扩增产物最好变性以消除二级结构的影响。甲酰胺为刺激性的致畸剂，应避免吸入以及直接接触皮肤。

开启遗传分析仪电源，待绿灯停止闪烁而长亮时，打开 Data Collection 软件，建立适当的 Matrix 文件，创建 Protocol。

创建一个新的电泳样品表，打开 Plate Manager，点击 New，命名 Name、Application：GeneMapper-Generic、PlateType：96-well，点击“OK”，出现样品编辑表，编辑样品名称，在 Results Group 和 Instrument Protocol 栏选择合适的文件。然后点击 Run Scheduler，点击 Plate view，点击 Find all 找到已经命名编辑好的样品表，选中后连接对应样品盘（A 或 B），此时 Run 按钮被激活，点击 Run 按钮运行。每组电泳至少包含一个 Ladder。

PCR 扩增产物经遗传分析仪检测获得原始检测数据，数据通过 GeneMapper 软件分析后获得分型结果。操作步骤如下：双击桌面上的GeneMapper图标打开软件，在Tools下拉栏中找到Panel Manager，导入与扩增体系对应的Panel和Bin文件；在Tools下拉栏中点击GeneMapper Manager，选择Analysis Method，导入或者自定义Analysis Method；选择Size Standard，导入或者自定义Size Standard；选择Plot Setting，导入或者自定义Plot Setting。从File菜单栏中找到Add Sample to Project并点击，找到要分析的收集文件夹中待分析的源数据，点击Add to List后点击Add加入到分析界面；在分析界面上，Panels、Size Standard和Analysis Method栏分别选中与扩增体系对应的文件。点击分析按钮进行自动分析。进行图谱分析时，首先要检查Ladder及样本内标片段标记是否正确，然后检查Ladder各基因座等位基因是否标记正确，之后核查样本的分型。

【实验结果】

分型软件显示样品纯合子为1个峰，杂合子为2个峰。根据各基因座等位基因分型标准物判断各样品的分型。

【注意事项】

1. 鉴于PCR扩增及毛细管电泳检测荧光产物的灵敏度较高，每次扩增都需设置阳性对照和阴性对照。阳性对照自动分型应正确，阴性对照结果中不应有特异信号。

2. 荧光染料标记于每一基因座一对引物的其中1条引物的5′端。

3. 甲酰胺的质量、进样时间或者扩增产物与上样缓冲液的混合比例及不同实验室的仪器等因素会导致检测灵敏度存在差异或出现迁移，应以同批次电泳的等位基因分型标准物作为分型的依据。

【结果解释】

1. PCR扩增过程中可能会有stutter产物出现，需要根据以下特点进行鉴别，以避免误判：A. 通常比相应的主要等位基因小一个重复单位；B. 一般小于相应等位基因峰高的15%；C. stutter产物的量取决于基因座，PCR条件以及使用的聚合酶；D. 序列重复不完全时，stutter产物量减少。

2. miniSTR可能与普通STR分型结果不一致，其常见的原因有：A. miniSTR引物的结合区（尤其是3′端）发生碱基突变，很容易导致等位基因的丢失；B. miniSTR引物的结合区可能存在单核苷酸重复链。例如：FGA基因座的核心序列下游存在“TTT CTT CCT TTC TTT TTT”序列，若该处设计为引物结合区，由于T的高度重复以及低GC含量，会影响引物结合的特异性；C. miniSTR引物与普通STR引物结合区之间可能存在碱基缺失或插入。

【思考问题】

1. STR单基因座荧光检测较之银染法检测具有哪些优势？

2. miniSTR基因座与常规STR基因座有什么区别？

3. miniSTR基因座有哪些法医学应用价值，能否替代常规STR基因座？

实验七十　STR多基因座检测分析（包括常规STR及miniSTR）

经过筛选的STR基因座，扩增条件基本相同，可以在同一个PCR反应体系中进行复合扩增。复合扩增具有检测快速高效，单次检测信息量和个人识别率提高、成本及检材的消耗降低等特点，对微量检材的鉴定特别有价值。复合扩增技术已经具备比较严格的自动化操作程序、完善的质量控制和质量保证措施。商业化的试剂盒已广泛普及使用，标准化的分型数据有利于计算机的数据处理、贮存和联网检索，为建立大规模的法医DNA数据库打下良好的基础。miniSTR很可能在未来降解DNA的分析中发挥作用，帮助重新获得传统复合扩增体系中大片段基因座丢失的遗传信息。

【实验技术原理】

STR基因座的多态性普遍不及高度多态的VNTR位点，但分析多个STR基因座可以大大提高鉴别能力。将多个基因座的引物同时加入同一个扩增管，优化引物设计和扩增条件，可实现对多个STR基因座的同步扩增，即复合扩增（mutiplex PCR），或多重PCR。当不同基因座的扩增片段大小不同时，可通过电泳分离并区分不同基因座的等位基因片段。对基因片段大小相近和重叠的基因座引物标记不同的荧光物质，可获得荧光标记的扩增产物，通过识别标记的不同的荧光物质，可识别电泳分离时片段大小重叠的不同基因座产物。荧光物质含有共轭双键，能够吸收激光并被激发至高能量激发态，处于不稳定激发态的荧光物质跃迁回到基态时，多余的能量以光子的形式释放，可用荧光信号识别记录设备记录下荧光染料发出的光信号。不同的荧光染料具有不同的激发波长和吸收波长，可被光信号检测设备识别和记录。遗传基因分析仪整合了毛细管电泳技术和激光激发荧光检测技术，样品电泳进样采用计算机控制的自动电进样，当荧光标记的复合扩增等位基因片段通过毛细管电泳的检测窗时，电泳时间和荧光种类与强度被自动收集和记录。每个样品电泳中加入已知片段大小得分子量内标，测算每个等位基因片段的相对大小，与基因座等位基因分型标准物比较，确定每个基因座的各个等位基因，对样本的各基因座自动分型。

【实验材料】

本实验以D7S820、D13S317、D3S1358基因座的复合扩增检测为例介绍常规STR多基因座复合扩增检测方法；以mini-D7S820、mini-D13S317、mini- D3S1358基因座的复合扩增检测为例介绍miniSTR多基因座复合扩增检测方法；以某商业化试剂盒为例介绍复合扩增试剂盒检测方法（该试剂盒可以进行22个基因座的同步扩增并利用五色荧光技术进行检测，包含的基因座有D3S1358、D13S317、D7S820、D16S539、Penta E、D2S441、TPOX、TH01、D2S1338、CSF1PO、Penta D、D10S1248、D19S433、vWA、D21S11、D18S51、D6S1043、D8S1179、D5S818、D12S391、FGA，以及性别鉴定基因座Amelogenin）。

1. 试剂 常规STR引物（D7S820: 5′-FAM-TGT CAT AGT TTA GAA CGA ACT AAC G -3′, 5′-CTG AGG TAT CAA AAA CTC AGA GG-3′; D13S317: 5′-JOE- ACA GAA GTC TGG GAT GTG GA - 3′, 5′- GCC CAA AAA GAC AGA CAG AA -3′; D3S1358: 5′-HEX- ACT GCA GTC CAA TCT GGG T-3′, 5′-ATG AAA TCA ACA GAG GCT TG -3′）、miniSTR引物（mini-D7S820: 5′-FAM-GAA CAC TTG TCA TAG TTT AGA ACG AAC-3′, 5′- TCA TTG ACA GAA TTG CAC CA-3′; mini- D13S317: 5′-JOE-TCT GAC CCA TCT AAC GCC TA-3′, 5′-CAG ACA GAA AGA TAG ATA GAT GAT TGA-3′, mini-D3S1358: 5′-NED-CAG AGC AAG ACC CTG TCT CAT-3′, 5′-TCA ACA GAG GCT TGC ATG TAT-3′）、10×PCR buffer、25mmol/L $MgCl_2$、dNTPs混合物、灭菌超纯水，标准DNA（9947A）、超纯去离子甲酰胺、LIZ标记的分子量内标500、22个基因座试剂盒（引物混合液、PCR缓冲液、DNA聚合酶、阳性对照样本、等位基因分型标准物及Marker SIZ-500）。

2. 仪器设备 PCR扩增仪、遗传分析仪、超净工作台、离心机、漩涡振荡器、微量移液器、移液器吸头、离心管、PCR扩增管和分型软件。

【实验方法】

1. 模板DNA的制备：参见第十二章。

2. 自行设计引物PCR反应体系（20μl）的建立：

扩增引物的配制：

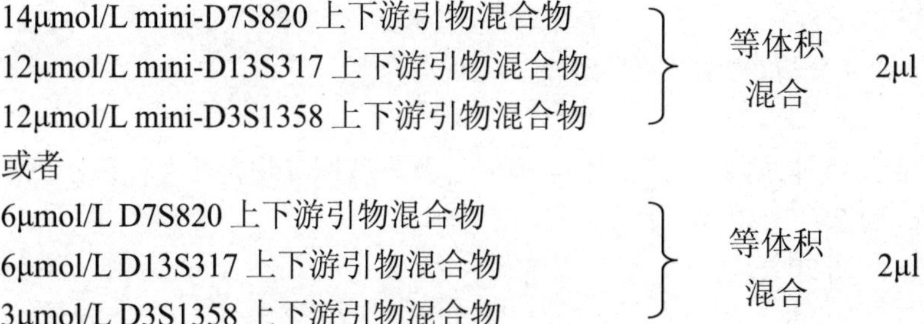
14μmol/L mini-D7S820上下游引物混合物
12μmol/L mini-D13S317上下游引物混合物
12μmol/L mini-D3S1358上下游引物混合物 } 等体积混合 2μl

或者

6μmol/L D7S820上下游引物混合物
6μmol/L D13S317上下游引物混合物
3μmol/L D3S1358上下游引物混合物 } 等体积混合 2μl

PCR 反应体系：

10×PCR buffer	2μl
25mmol/L $MgCl_2$	1.2μl
2mmol/L dNTPs 混合物	2μl
Taq DNA 聚合酶（5U/μl）	0.2μl
灭菌超纯水	11.6μl
模板 DNA	1μl

22 个基因座试剂盒 PCR 体系（10μl）建立：

模板 DNA	1μl
Reaction Mix	4μl
EX22 Primers	2μl
热启动 C-Taq 酶	0.4μl
ddH_2O	2.6μl

复合 PCR 对引物序列、浓度和相关的镁离子浓度通常要求更为苛刻。在复合反应中，引物对需要互相匹配。换句话说，引物的退火温度要相似，要避免形成额外的互补区域，避免形成引物二聚体。STR 引物设计时需考虑达到同一荧光标记染料标记的基因座目标片段均能分离的效果。优化复合 PCR 各项参数，在被扩增的多个基因座间建立平衡，对实验成功获得分型结果至关重要。

3. 常规 STR 及 22 个基因座试剂盒按以下条件进行 PCR 扩增：

95℃预变性 2 分钟，然后

94℃	30 秒	10 个循环
60℃	30 秒	
72℃	45 秒	
90℃	30 秒	22 个循环
58℃	30 秒	
72℃	45 秒	

最后 72℃ 7 分钟。

miniSTR PCR 循环参数如下：

95℃预变性 10 分钟，然后

94℃	60 秒	28 个循环
55℃	60 秒	
72℃	60 秒	

最后 60℃ 45 分钟。

复合 PCR 体系中的各引物对退火温度相似对成功扩增起决定性作用。复合扩增较之单点扩增，要增加延伸温度循环的时间，以便使聚合酶充分地复制所有目标 DNA。因各地的 PCR 仪性能不同，商业化试剂盒的循环参数中的退火温度可适当调整，调整范围 ±2℃。亦可根据模板 DNA 量和检测信号强度来调整热循环次数。

4. 扩增产物的毛细管电泳检测分析（参见实验六十九）。

【实验结果】

1. 自行设计引物 STR 复合扩增体系，根据各基因座等位基因分型标准物判断各样品的分型，各基因座如为纯合子显示 1 个峰，为杂合子显示 2 个峰。

2. 试剂盒分型图谱（图 70-1，图 70-2）。

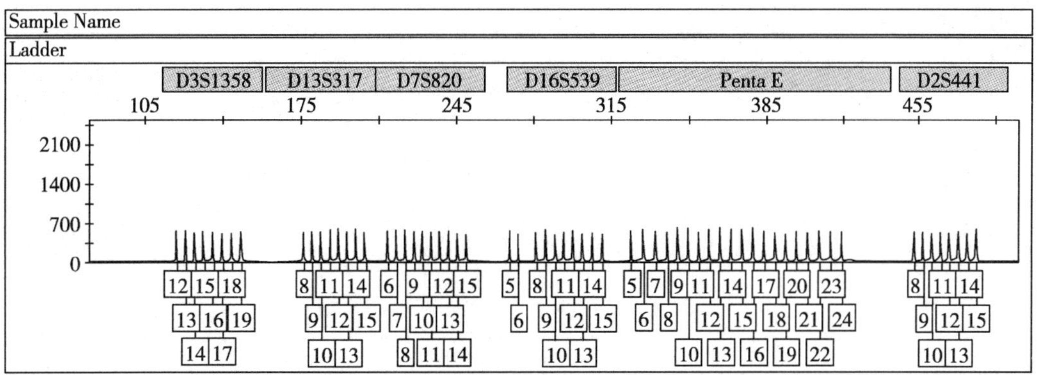

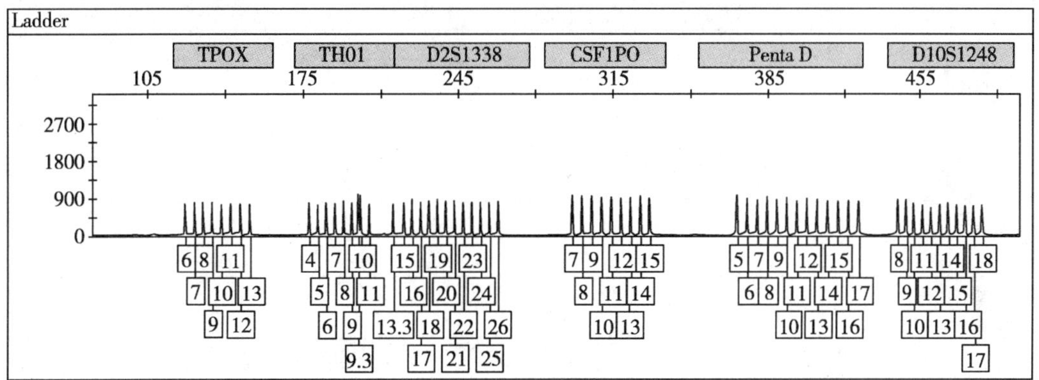

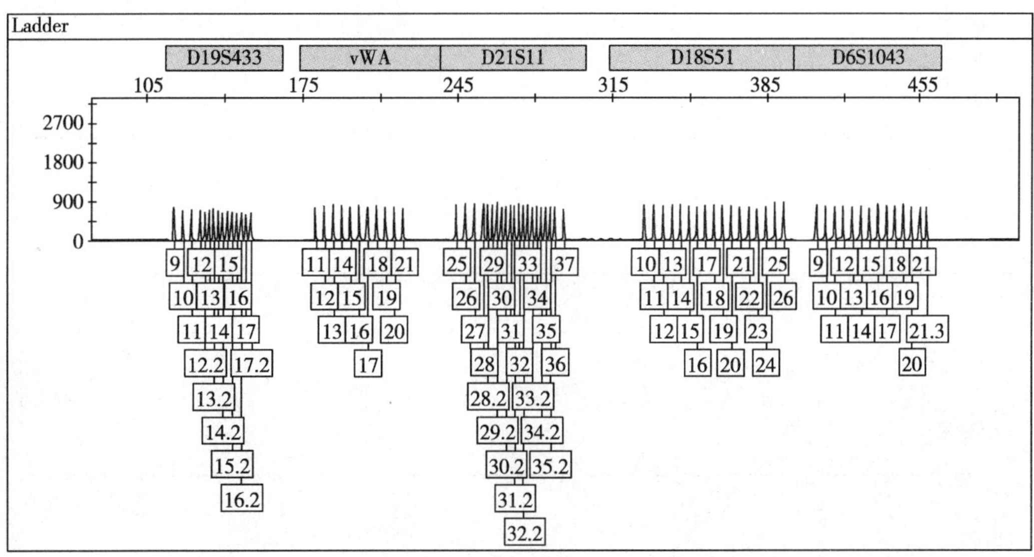

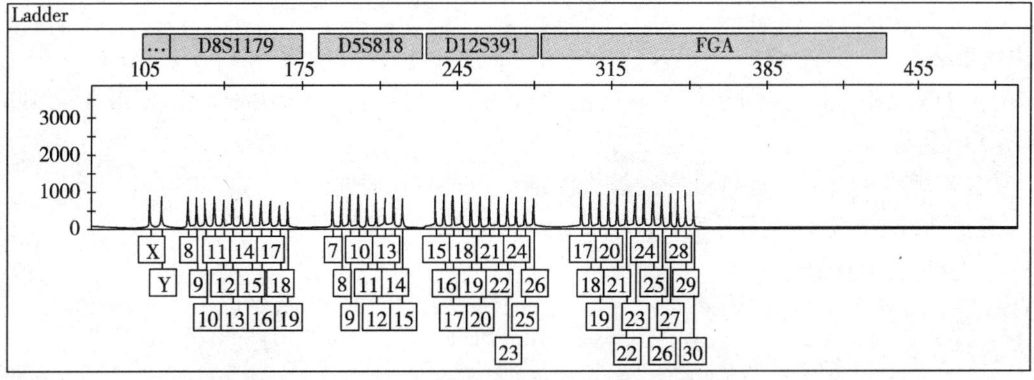

图 70-1　22 个基因座试剂盒 Ladder 图谱

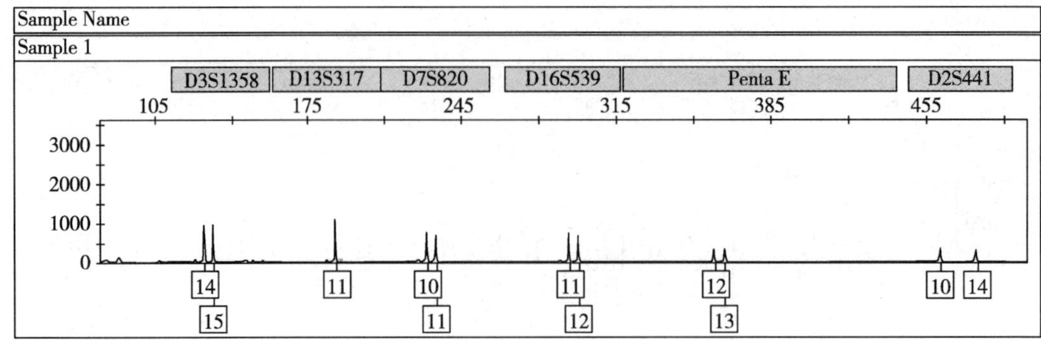

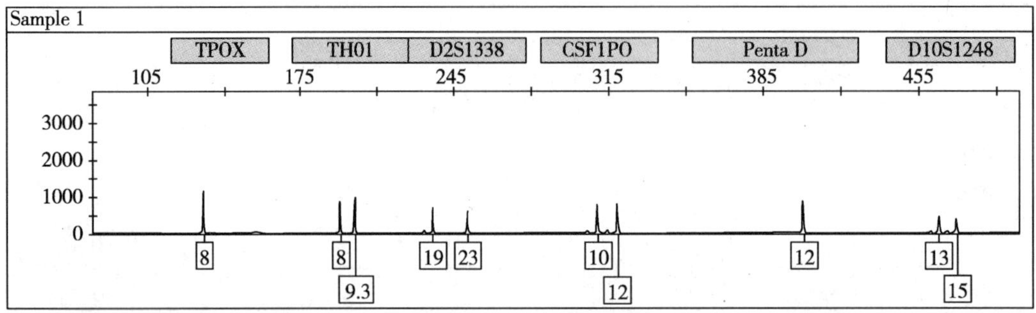

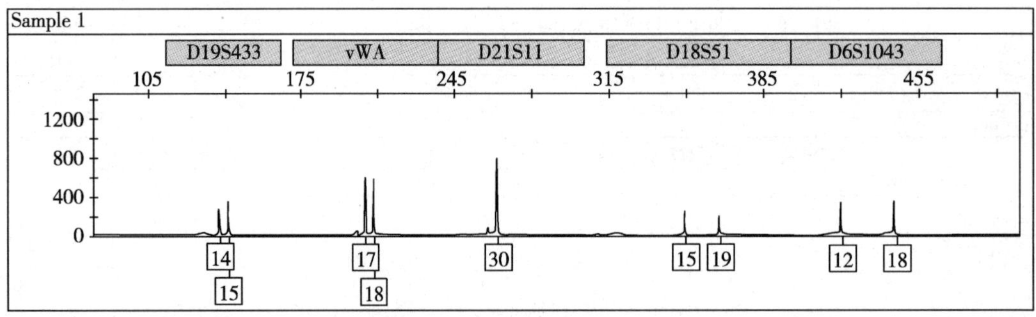

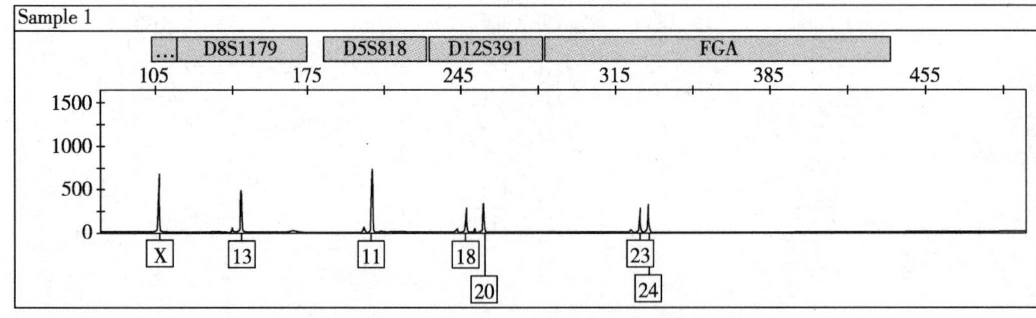

图 70-2　1 例女性样品 22 个基因座试剂盒分型结果

【注意事项】

1. 耐热 DNA 聚合酶，特别是具有 hot start 特性的耐热 DNA 聚合酶的使用，使得 STR 基因座的复合扩增更容易进行。

2. 复合扩增的 STR 基因座的选择一般按以下几方面的原则进行：

(1) 选择四或五核苷酸重复序列 STR 基因座。

(2) 多态性高的基因座。

(3) 选择不连锁的 STR 基因座。

(4) 选择扩增效率高的基因座。

(5) 选择扩增产物易于分辨的基因座。

(6) 选择各个引物 T_m 值相近的基因座。

(7) 选择单色检测(或银染色)各基因座等位基因片段长度无重叠的基因座。

(8) 选择引物间有兼容性的基因座。

(9) 选择灵敏度高、突变率低的基因座。

3. 引物浓度的调节，对复合扩增体系中基因座的引物比例进行精细的调节，以达到复合 PCR 各基因座之间产物量的平衡。

4. 退火温度的调节，复合扩增要求引物的退火温度比较接近，根据实验结果确定最佳退火温度。

5. STR 片段重叠的复合扩增是一种最为复杂的复合扩增，只适用于自动 DNA 荧光检测仪分析。

6. 商品化试剂盒分型灵敏度很高，故应注意控制模板 DNA 用量，以 0.1～2.0ng 为宜。

【结果解释】

1. STR 多基因座 PCR 扩增过程中可能会在某些基因座出现：stutter 产物、非模板添加 A、off-ladder 峰、3 等位基因、杂合性丢失等，STR 分型时需注意判断。

2. 对于降解检材的分析，常规 STR 复合扩增怀疑有大片段等位基因丢失时，可以考虑更换 miniSTR 进行检测分析。

3. miniSTR 对于降解样本的分析优势更大。但重新设计引物存在很大的风险，因此必须进行 miniSTR 引物和普通 STR 引物扩增产物的一致性检验，以保证良好的数据库兼容性。

【思考问题】

1. STR 及 miniSTR 基因座复合扩增检测时基因座的选择需要遵循什么样的原则？

2. 设计复合扩增 STR 及 miniSTR 基因座的引物时应注意什么？

实验七十一　off-ladder 峰计算

在 STR 分型中遇到个别片段峰未被分型软件自动命名，显示为 off-ladder(OL) 峰时，需要进行 off-ladder 峰的计算并进行命名。当 STR 分型时出现大量的 off-ladder 峰时，要核查分子量内标、等位基因分型标准品(allelic ladder)和分型软件设置等，此类情况不适合进行 off-ladder 峰计算。

【实验技术原理】

off-ladder 峰大部分是由于电泳过程中的漂移作用使它们被软件测量的片段大小稍稍偏离相应的等位基因或者是等位基因分型标准品的基因座等位基因未包含检测样本的等位基因，相当于样本中出现了一个新的等位基因，这个新的等位基因能够被软件识别片段大小和荧光标记种类，但在与等位基因分型标准品对比时，找不到对应的等位基因分型标准品等位基因，不能被软件自动命名而在分型时显示为 OL。对于 off-ladder 峰，通过分析前后已自动化正确命名的片段相对于 ladder 等位基因的漂移偏离情况，再对 off-ladder 峰进行漂移校正，可以人工修改为数字化命名。

【实验材料】

1. 试剂　具有某个基因座 OL 峰的样本 DNA、包含该基因座的 STR 复合扩增试剂盒或复合扩增试剂及相关的扩增后电泳试剂(分子量内标、等位基因分型标准品、甲酰胺、胶和缓冲液)。

2. 仪器设备　PCR 扩增仪、遗传分析仪、超净工作台、离心机、漩涡振荡器、微量移液器、移液器吸头、离心管、PCR 扩增管和分型软件。

【实验方法】

1. 根据需加入的 DNA 模板计算 PCR 反应体系(以一个含 22 个基因座的试剂盒为例)

Primers	5.0μl
Reaction Mix	10.0μl

热启动 C-Taq 酶	1.0μl
灭菌超纯水	8.0μl
模板 DNA（0.5～2ng/μl）	1.0μl
	共 25μl

根据模板 DNA 的浓度可以调整 PCR 反应体系。

2. 进行 PCR 扩增

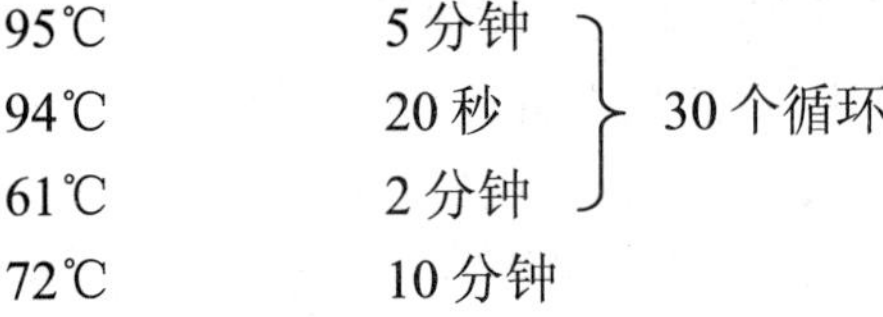

最后 22℃保存

因不同的 PCR 仪性能不同，循环参数中的退火温度可适当调整，调整范围 ±2℃内，亦可根据模板 DNA 量和检测信号强度来调整热循环次数。

3. 扩增产物进行毛细管电泳检测　由于检测设备灵敏度不同，内标和去离子甲酰胺的比例以及扩增产物的上样量可适当调整。

4. 使用分型软件进行分型，选取试剂盒对应的 Size Standard、Panels 和 Analysis Method 进行分型。进行样本分型前需检查分子量内标、等位基因分型标准品、阴性和阳性对照是否正确。

5. 发现 off-ladder 峰，进行 off-ladder 峰的计算。

【实验结果】

1. 自动化分型后出现 off-ladder 峰（图 71-1）。

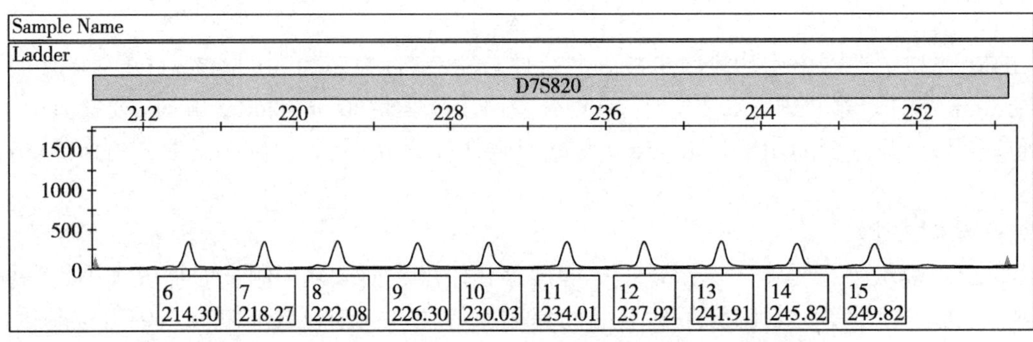

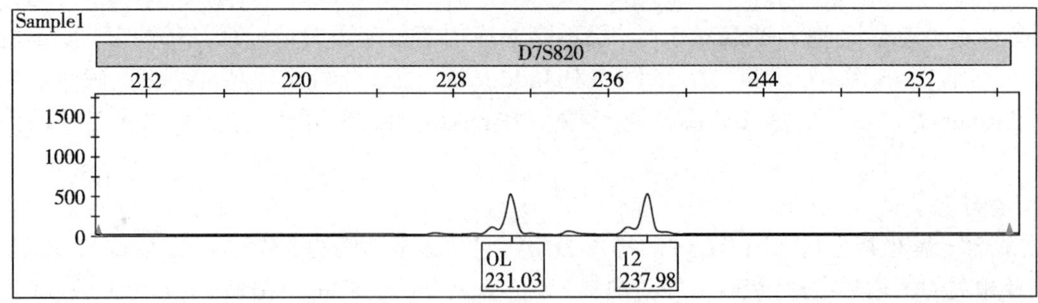

图 71-1　off-ladder 峰

2. off-ladder 峰的计算　图 71-1 中，OL 峰位于 D7S820 分型区。已经命名的样本等位基因 12 为 237.98bp，OL 峰为 231.03bp；该基因座 Ladder 中的等位基因 12 为 237.92bp，与 OL 峰紧邻的 Ladder 等位基因 10 为 230.03bp。那么该 OL 峰命名的计算方法为：

$\delta_1=S_{12}-L_{12}=237.98-237.92=+0.06$

$\delta_2=S_{OL}-L_{10}=231.03-230.03=1$

$c=|\delta_1-\delta_2|=|+0.06-1|=0.94$

表明 OL 峰比 Ladder 等位基因 10 大了 0.94bp，可以将 OL 峰命名为 10.1。

【注意事项】

1. OL 峰的计算需要对漂移进行校正，单独计算 OL 峰与 Ladder 相邻等位基因的差值或者单独计算 OL 峰与样本相邻等位基因的差值是不能对 OL 峰进行正确命名的。

2. 有些峰，如 stutter 峰、拔起峰或其他伪峰等显示为 OL 峰，需要先进行判断是否为真实的峰再进行计算。

3. 当 STR 分型时图谱显示大量的 OL 峰时，需要核查分子量内标、等位基因分型标准品和分型软件设置等。

4. OL 峰计算所得的 c 值一般为接近整数值（如 1.10、0.92），如发现 c 值偏离整数值过多（如 1.41、0.69），可以将 OL 峰与另外一个相邻的 Ladder 峰进行计算，如果仍然偏离太多可以将样本和 Ladder 重新进行电泳再分型计算。

5. OL 峰为纯合子等位基因时要结合该基因座前后相邻基因座等位基因的漂移情况来计算。

6. OL 峰位于两个基因座之间非分型区时，要通过两个基因座等位基因峰的情况判断该 OL 峰属于哪个基因座再进行计算。如果判断困难，可以更换引物或试剂盒进行再次扩增来判断。

【思考问题】

1. 如何正确进行 OL 峰计算？

2. 分型图谱中所有显示为 OL 的峰都需要进行计算吗？

实验七十二　stutter 峰识别及峰的均衡性判别

STR 分型图谱中，在等位基因峰前一个重复单位的位置出现一个信号较弱的峰，需要进行判断是否为 stutter 峰。STR 分型图谱中，出现杂合子两个等位基因峰高差别较大，不同基因座等位基因峰高差别较大，需要判别其是峰的均衡性差别还是混合样本。

【实验技术原理】

基因组复制中的滑脱更倾向于增加 1 个重复单位，但在 PCR 过程中的滑脱则更倾向于减少 1 个重复单位。stutter 峰是在 PCR 扩增过程中复制滑脱形成的扩增片段。在峰信号过强和纯合子基因座，stutter 峰更容易观察到。峰的均衡性出现差别主要是由复合扩增体系的优化程度，扩增时 DNA 模板的量过多或过少、DNA 模板降解、PCR 反应体系存在抑制剂造成的扩增不平衡，以及毛细管电泳时电进样小片段能更快进入毛细管等原因造成。

【实验材料】

1. 试剂　含有 stutter 峰的 PCR 扩增产物、含有峰均衡性差别的 PCR 扩增产物以及同一样本峰均衡性较好的 PCR 扩增产物、相应的分子量内标及等位基因分型标准品、甲酰胺、胶和缓冲液。

2. 仪器设备　遗传分析仪、超净工作台、离心机、漩涡振荡器、微量移液器、移液器吸头、离心管和分型软件。

【实验方法】

1. 将含有 stutter 峰的 PCR 扩增产物、含有峰均衡性差别的 PCR 扩增产物以及同一样本峰均衡性较好的 PCR 扩增产物进行毛细管电泳分析。

含有 stutter 峰的 PCR 扩增产物电泳上样量增加，可以为正常上样量的 2 倍以上，以便于观察 stutter 峰。

2. 使用分型软件进行分型。

3. 进行 stutter 峰识别及峰的均衡性判别。

【实验结果】

1. 含有stutter峰的PCR扩增产物自动化分型后出现stutter峰(图72-1)。基因座D3S1358等位基因16和18前一个重复单位的位置均分别出现了一个信号较弱的stutter峰。

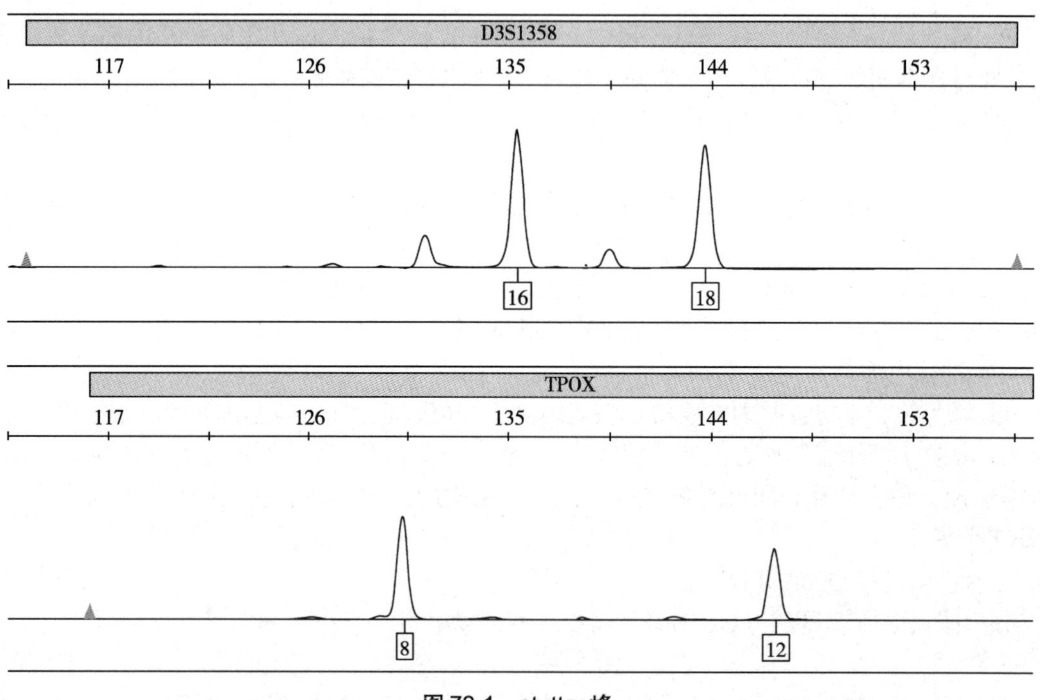

图72-1 stutter峰

2. 含有峰均衡性差别的PCR扩增产物自动化分型后出现峰的均衡性差别(图72-2)。各基因座的等位基因峰信号强度差别较大,大片段峰信号强度低。基因座TPOX、D10S1248、D19S433、D12S391和FGA内部杂合子峰均衡性差异较大。

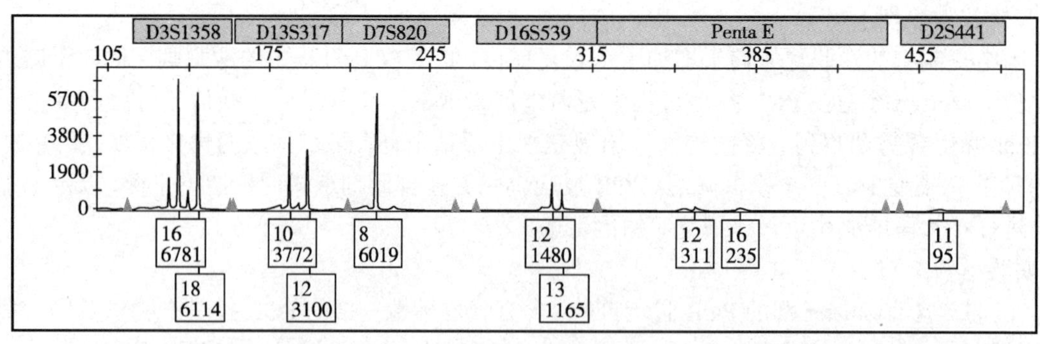

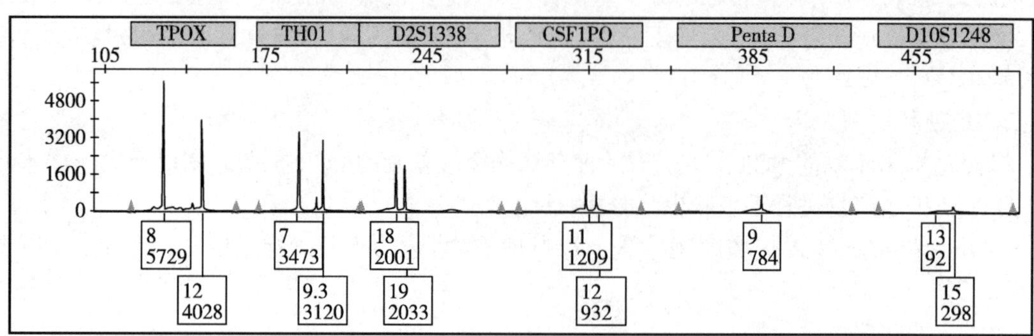

图72-2 峰的均衡性出现差别

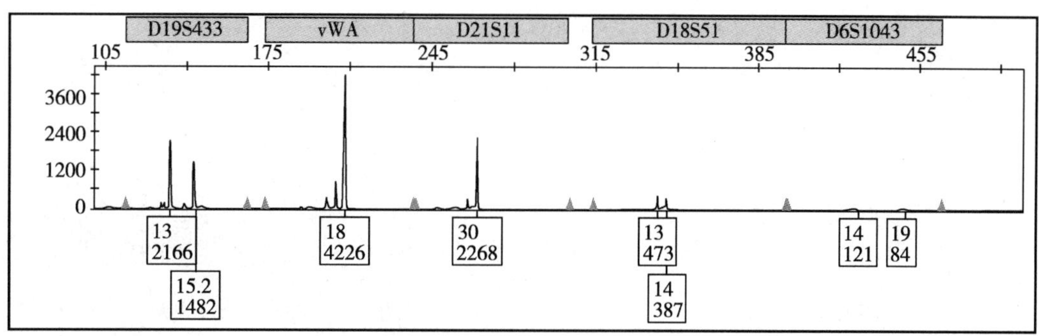

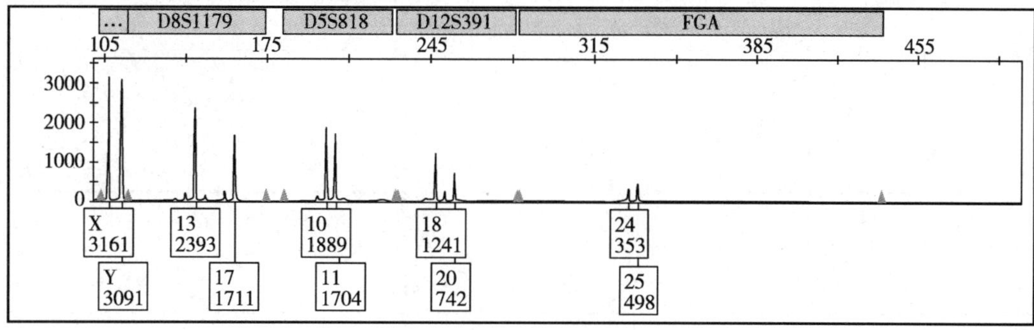

图 72-2　峰的均衡性出现差别(续)

3．含有峰均衡性较好的 PCR 扩增产物自动化分型后峰的均衡性较好(图 72-3)。各基因座的等位基因峰信号强度差别小，均衡性较好。基因座内杂合子峰的均衡性较好。

【注意事项】

1．一般情况下 stutter 峰可以由专业人员进行判断确定，但是在 DNA 样本来自两个或两个以上个体的时候，stutter 峰会对 DNA 结果的解释产生影响。因为 stutter 峰与真实的目标片段峰大小相同，要判断一个信号强度小的峰究竟是真实的等位基因峰还是相邻等位基因峰的 stutter 峰非常困难。

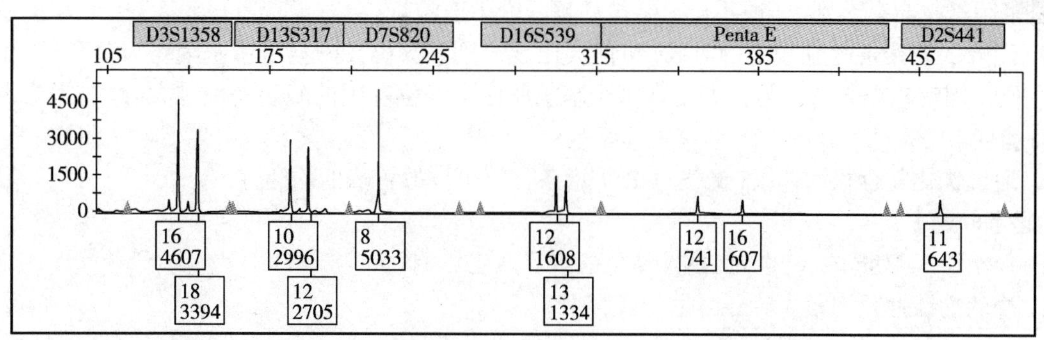

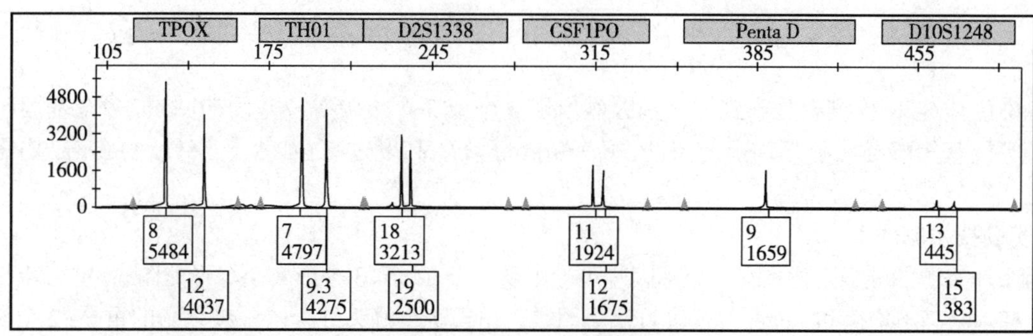

图 72-3　峰的均衡性较好

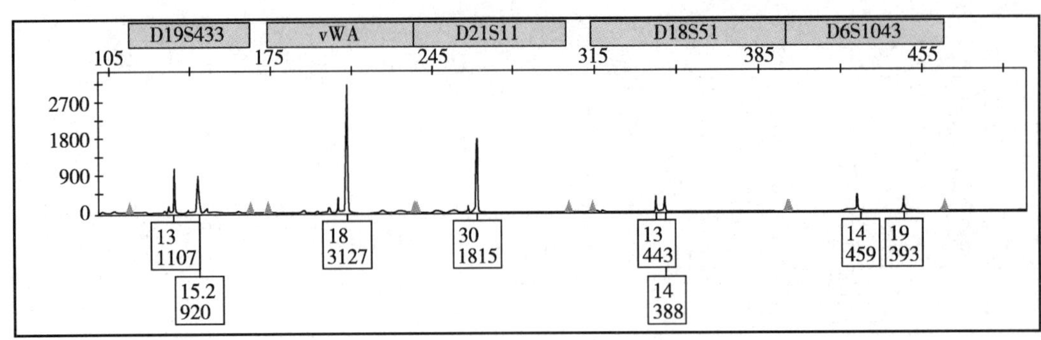

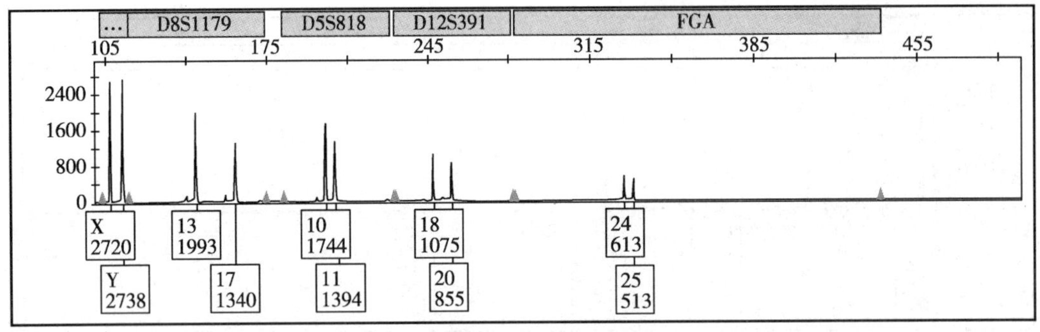

图 72-3 峰的均衡性较好（续）

2. stutter 峰通常比相邻的真实等位基因峰小一个重复单位，一般小于相邻等位基因峰高的 15%；stutter 峰的量取决于基因座、PCR 反应条件及所使用的聚合酶；核心重复单位增长 stutter 峰有减少的趋势；同一基因座内较大片段长度的等位基因 stutter 峰更高；序列重复不完全时，stutter 峰的量减少。

3. 扩增时减少样本 DNA 模板或使用活性更好的聚合酶，降低电泳上样量以降低峰信号强度，提高峰阈值或采用峰信号过滤，可以消除 stutter 峰对分型的影响。但是如果为混合样本，较少成分样本的信号可能会被漏检。

4. 通常复合扩增体系各基因座等位基因峰信号均会有一定程度的均衡性差别，同一基因座内两个等位基因峰也会有差别，一般不会对结果的解释产生影响。

5. 当峰的均衡性差别较大的时候，可能会出现个别基因座无峰信号或基因座为杂合子，信号较低的等位基因漏检或无峰信号。若出现多个基因座两个等位基因的峰高差别过大时，需考虑混合样本的可能性。

6. 通过优化复合扩增体系、调整 PCR 扩增条件等可以改善峰的均衡性。

【思考问题】

1. 什么情况下 stutter 峰会对 DNA 结果的解释产生影响？

2. 峰的均衡性差别较大时会产生什么影响？

实验七十三 两个体来源的混合斑样本检测分析实验

常染色体 STR 检测中观察到多个基因座出现 3 个或 3 个以上等位基因的图谱，多个基因座存在杂合子等位基因峰高明显不均衡的图谱，多个 stutter 峰的高度过高（如大于 15%）的图谱，均需进行混合斑分析。

【实验技术原理】

两个体来源的混合斑样本在一个基因座可能出现 1 个、2 个、3 个或 4 个峰形的图谱，并会出现杂合子等位基因峰高不均衡和 stutter 峰高度过高等图谱。出现 1 个峰为纯合子 + 纯合子的重叠；2 个峰为杂合子 + 杂合子重叠、杂合子 + 纯合子重叠 1 个等位基因、纯合子 + 纯合子不重叠；3 个峰为杂合子 + 杂合子重叠 1 个等位基因、杂合子 + 纯合子不重叠；4 个峰为杂合子 + 杂合子不重叠。当组成混合样本的两个个体共有 1 个或多个等位基因时，这些共有的等位基因将会被掩盖，每个个体的分型就很难确认。

【实验材料】

1. 试剂　标准 DNA 9947、标准 DNA 9948（或两份来源于不同个体的抗凝血）、STR 复合扩增试剂盒及相关的扩增后电泳试剂（分子量内标、等位基因分型标准品、甲酰胺、胶和缓冲液）。

2. 仪器设备　PCR 扩增仪、遗传分析仪、超净工作台、离心机、漩涡振荡器、微量移液器、移液器吸头、离心管、PCR 扩增管和分型软件。

【实验方法】

1. 标准 DNA 混合（本实验以标准 DNA 混合为例）

(1) 分别取标准 DNA 9947 和标准 DNA 9948 各 1μl 于扩增管中混匀形成 9947 和 9948 的 1∶1 混合液。

可同时进行不同比例的混合，如 1∶2，1∶3，1∶4，1∶5，5∶1，4∶1，3∶1，2∶1 等。不同比例的混合图谱会有差异。

(2) 根据需加入的 DNA 模板计算 PCR 反应体系（以一个含 22 个基因座试剂盒为例）

Primers	5.0μl
Reaction Mix	10.0μl
热启动 C-Taq 酶	1.0μl
灭菌超纯水	8.0μl
模板 DNA（0.5-2ng/μl）	1.0μl
	共 25μl

分别加入标准 DNA 9947、标准 DNA 9948 及两者混合液各 1μl。根据模板 DNA 的浓度可以调整 PCR 反应体系。

(3) 进行 PCR 扩增

95℃	5 分钟	
94℃	20 秒	30 个循环
61℃	2 分钟	30 个循环
72℃	1 分钟	30 个循环
72℃	10 分钟	

最后 22℃保存

因不同的 PCR 仪性能不同，循环参数中的退火温度可适当调整，调整范围 ±2℃内，亦可根据模板 DNA 量和检测信号强度来调整热循环次数。

(4) 扩增产物进行毛细管电泳检测　由于检测设备灵敏度不同，内标和去离子甲酰胺的比例以及扩增产物的上样量可适当调整。

(5) 使用分型软件进行分型，选取试剂盒对应的 Size Standard、Panels 和 Analysis Method 进行分型。进行样本分型前需检查分子量内标、等位基因分型标准品、阴性和阳性对照是否正确。

(6) 图谱分析，确定混合液的检测图谱是否为混合斑图谱。

2. 抗凝血混合

(1) 分别取各两个个体的抗凝血 100μl 于 EP 管中混匀形成两个体 1∶1 的混合液。可同时进行不同比例的混合，如 1∶2、1∶3、1∶4、1∶5、5∶1、4∶1、3∶1、2∶1 等。不同比例的混合图谱会有差异。

(2) 提取两个个体及混合液的 DNA。

(3) 后续 PCR 扩增、电泳及分型同 1 标准 DNA 混合的 (2) 至 (6)。

【实验结果】

1. 自动化分型后的标准 DNA 9947、标准 DNA 9948 和两者混合斑的图谱（图 73-1，图 73-2）。

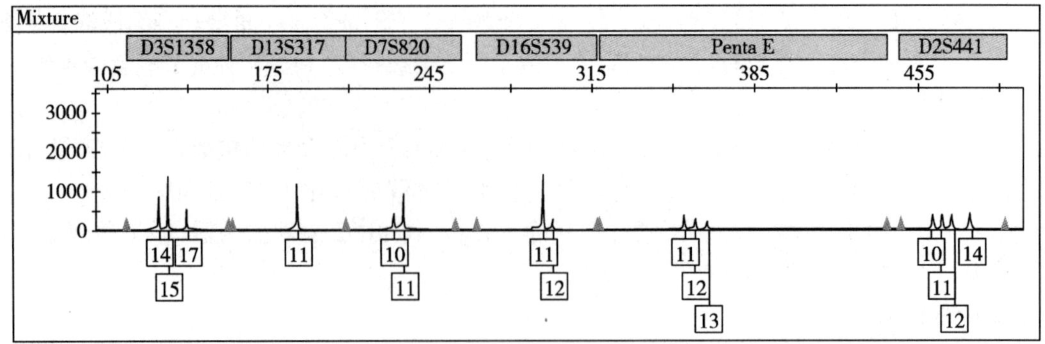

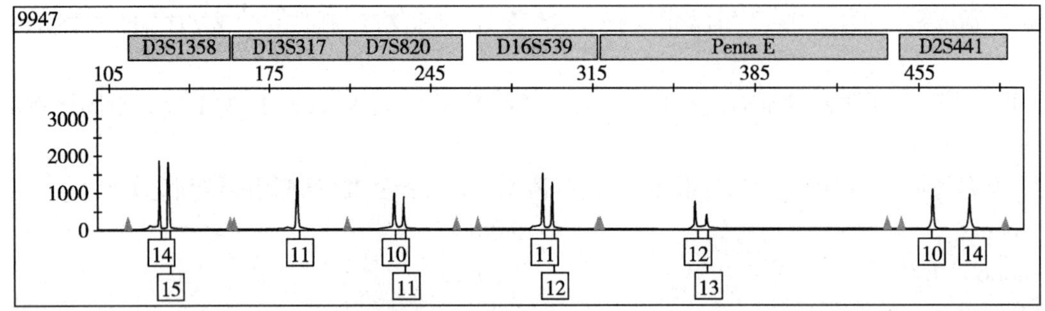

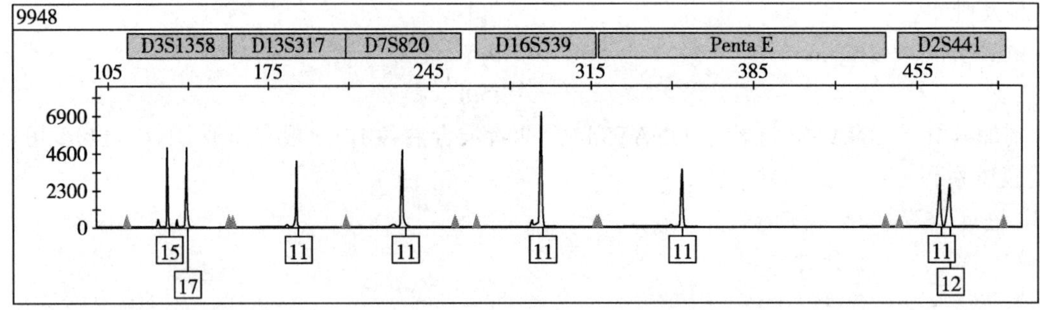

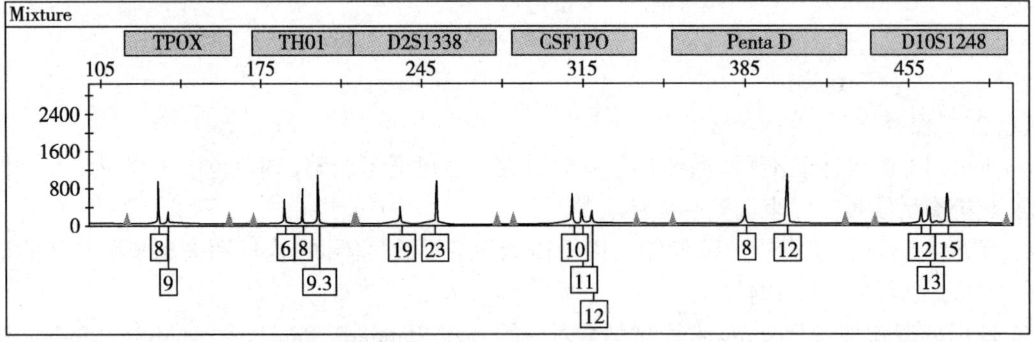

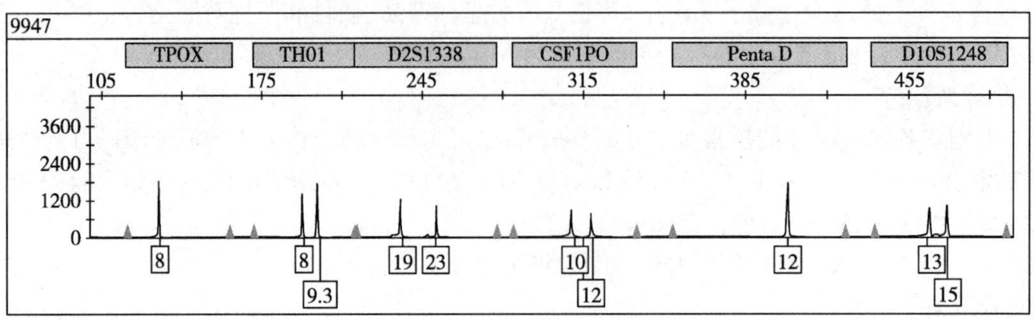

图 73-1 混合斑分型图 1

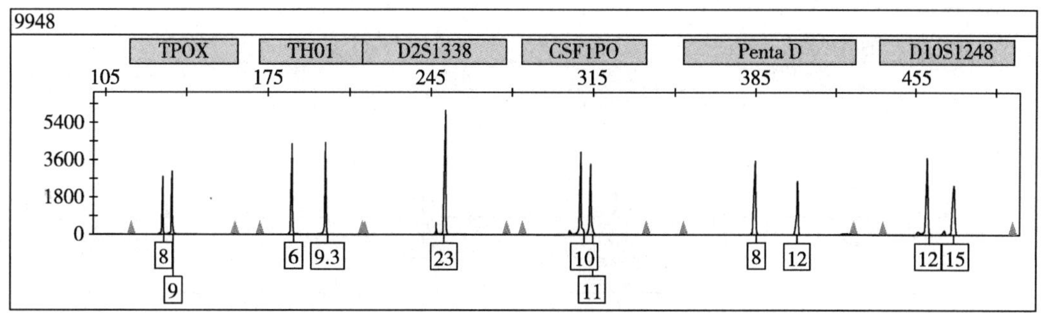

图 73-1　混合斑分型图 1（续）

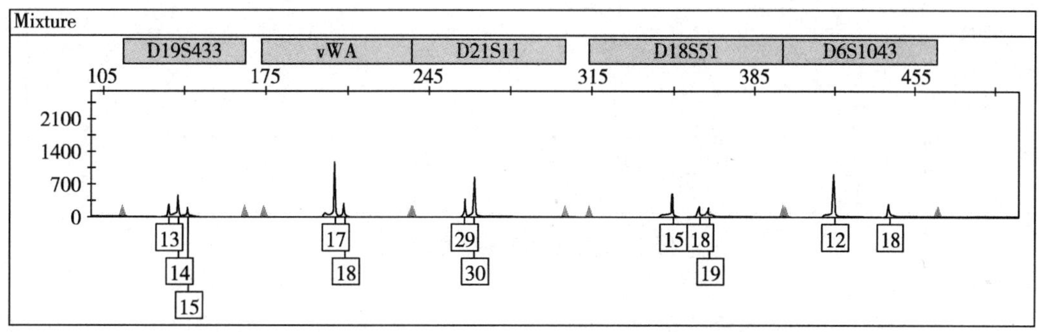

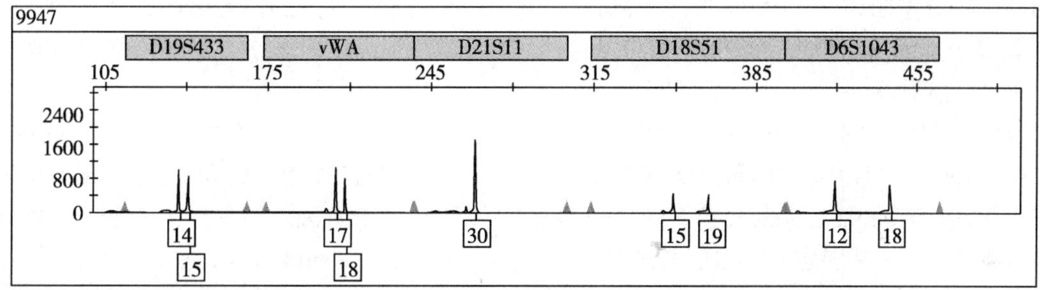

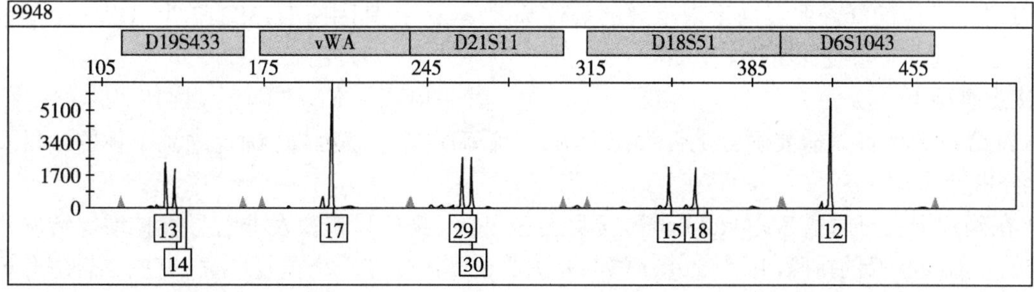

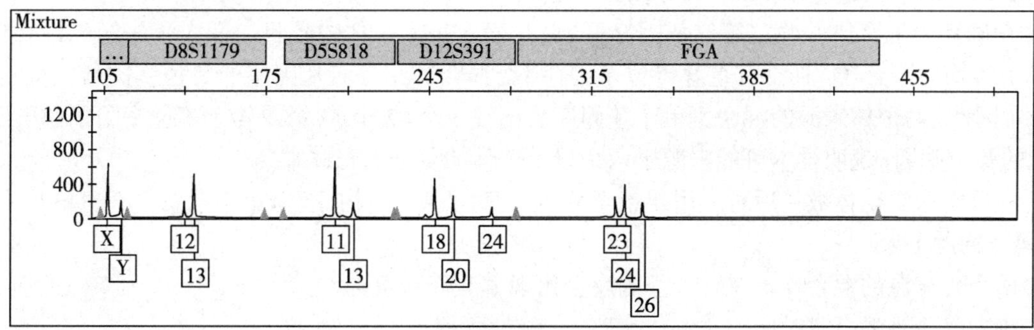

图 73-2　混合斑分型图 2

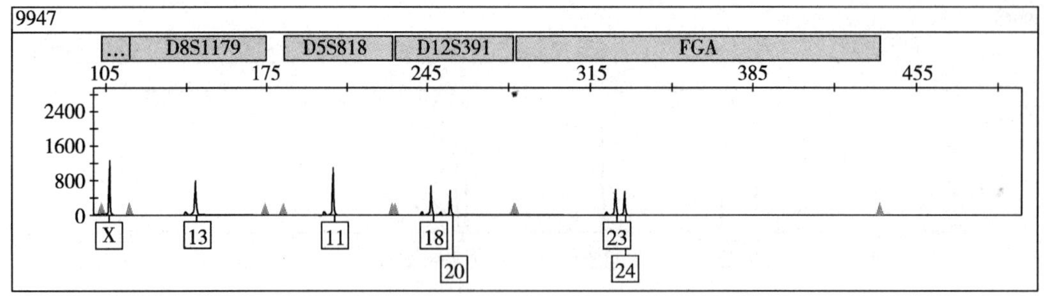

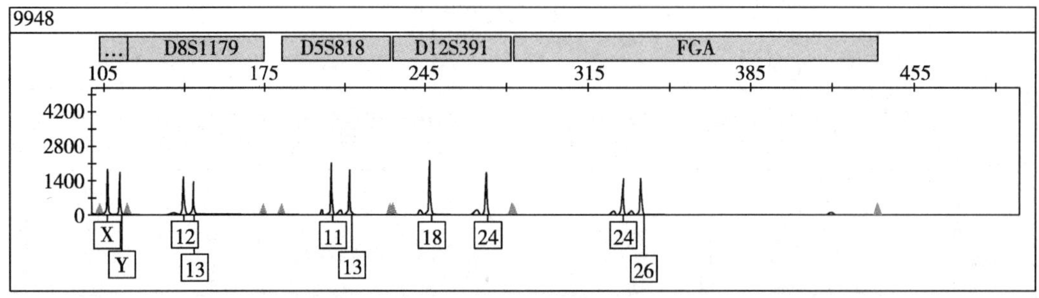

图 73-2　混合斑分型图 2（续）

2. 图 73-1 为混合斑蓝色和绿色荧光标记的基因座分型图谱，图 73-2 为混合斑黄色和红色荧光标记的基因座分型图谱，从上到下依次为混合斑、标准 DNA 9947、标准 DNA 9948。从图中可以观察到混合斑多个基因座出现 3 个或 4 个等位基因峰，并且多个基因座出现杂合子等位基因峰高不均衡和 stutter 峰高度过高。

3. 在基因座 D2S441 出现 4 个等位基因峰，为杂合子 + 杂合子不重叠的组合；在基因座 D3S1358、Penta E、TH01、CSF1PO、D10S1248、D19S433、D18S51、D12S391 和 FGA 出现 3 个等位基因峰，其中基因座 Penta E 为杂合子 + 纯合子不重叠的组合，其余基因座为杂合子 + 杂合子重叠 1 个等位基因的组合；在基因座 D7S820、D16S539、TPOX、D2S1338、Penta D、vWA、D21S11、D6S1043、Amelogenin、D8S1179、D5S818 出现 2 个等位基因峰，均为杂合子 + 纯合子重叠 1 个等位基因的组合，重叠等位基因的峰高明显高于未重叠的等位基因座峰；在基因座 D13S317 为出现 1 个等位基因峰，纯合子 + 纯合子重叠的组合。

【注意事项】

1. 混合斑分析首先需要确定是否为混合斑，然后确定等位基因峰、确定来源个体的数目及进行统计学分析计算。

2. 在确定混合斑时需考虑 stutter 峰、无效等位基因、染色体畸变及非特异性扩增等情况。其中最困难的是 stutter 峰的排除，因为 stutter 峰与相关等位基因仅差一个重复单位，有些混合斑分析里无法判断是 stutter 峰还是真实的混合斑等位基因峰。

3. 在确定为混合斑并确定等位基因峰后，就是确定来源个体的数目。两个体来源的混合斑，如果两个个体均为杂合子，且没有重叠等位基因，那么混合斑在任何基因座的等位基因最大数目应该是 4 个。因此，两个体来源的混合斑单个基因座会出现 1 个、2 个、3 个或 4 个等位基因。如果出现 4 个以上的等位基因，说明样本可能来源于两个以上个体的复杂混合样本。

4. 在确定来源个体数目后可应用统计学分析计算，见《法医物证学》第十七章混合斑检验。

【思考问题】

1. 两个体来源的混合样本在一个基因座会出现哪些峰形组合？

2. 确定是否为混合斑时应该注意什么？

实验七十四　杂合性丢失与3等位基因的判别

基因座只检出1个等位基因，与纯合子的检测结果相似，亲子鉴定或亲缘样本分析比对时出现矛盾结果，此时需要判断该基因座是否为杂合性丢失。在多基因座分析检测体系中，仅极个别样本在一个基因座出现3等位基因，不符合混合样本特征时，需要判断该基因座是否为3等位基因。

【实验技术原理】

导致杂合性丢失的常见原因是DNA模板的PCR引物结合区发生突变，进而影响引物的结合，导致扩增失败，无法检测到模板DNA中真实存在的一个等位基因。导致3等位基因的常见原因是出现额外的染色体或引物结合区突变，PCR扩增后获得三种不同的等位基因产物。

【实验材料】

1. 试剂　含有杂合性丢失的PCR扩增产物及同一样本未出现杂合性丢失的PCR扩增产物、含有3等位基因的PCR扩增产物、相应的分子量内标及等位基因分型标准品、甲酰胺、胶和缓冲液。

2. 仪器设备　遗传分析仪、超净工作台、离心机、漩涡振荡器、微量移液器、移液器吸头、离心管和分型软件。

【实验方法】

1. 含有杂合性丢失的PCR扩增产物及同一样本未出现杂合性丢失的PCR扩增产物、含有3等位基因的PCR扩增产物进行毛细管电泳分析。

2. 使用分型软件进行分型。

3. 进行杂合性丢失和3等位基因的判别。

【实验结果】

1. 含有杂合性丢失的PCR扩增产物自动化分型后出现杂合性丢失（图74-1）。

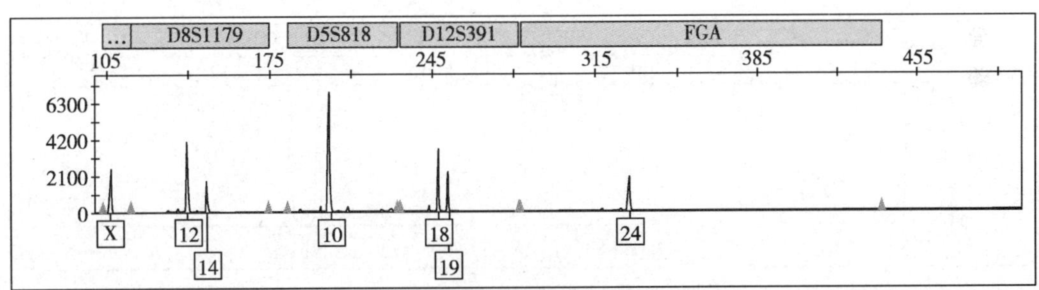

图74-1　出现杂合性丢失

2. 同一样本未出现杂合性丢失的PCR扩增产物自动化分型后各基因座峰正常（图74-2）。对比图74-1可以发现，图74-1中D5S818基因座等位基因12丢失、基因座FGA等位基因21丢失。

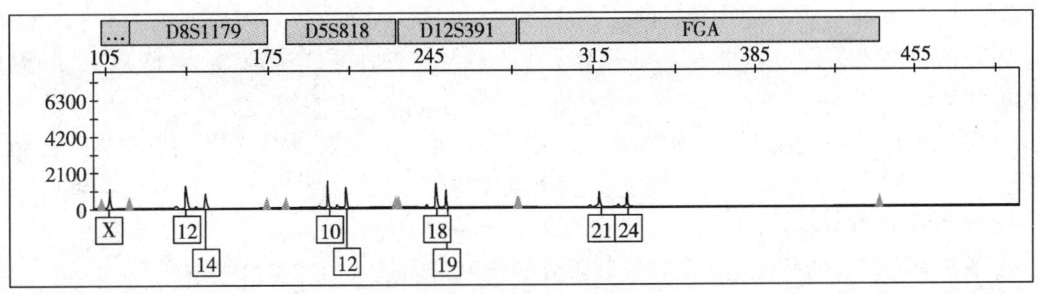

图74-2　未出现杂合性丢失

3. 含有 3 等位基因的 PCR 扩增产物自动化分型后出现 3 等位基因（图 74-3）。基因座 D19S433 出现 3 等位基因（13，13.2，14），3 个等位基因峰较均衡。

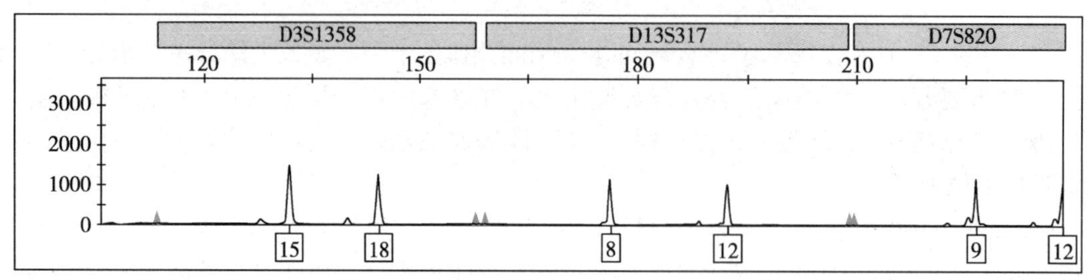

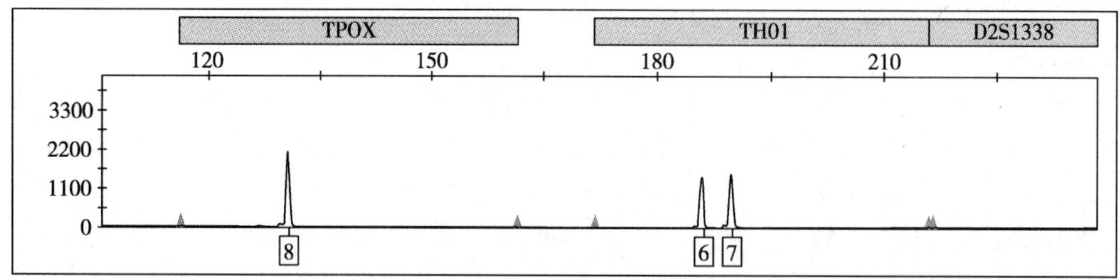

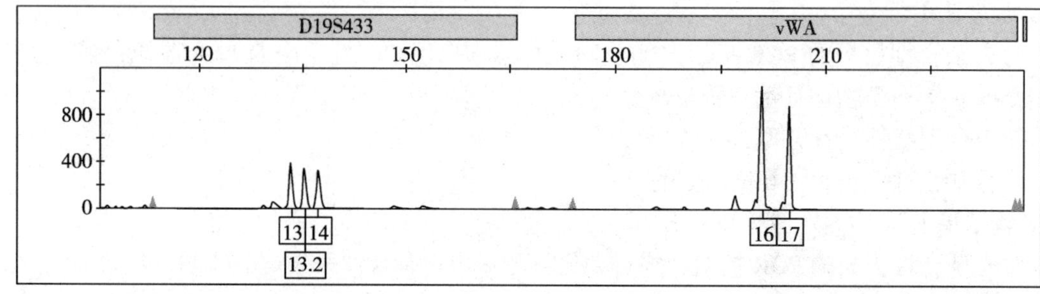

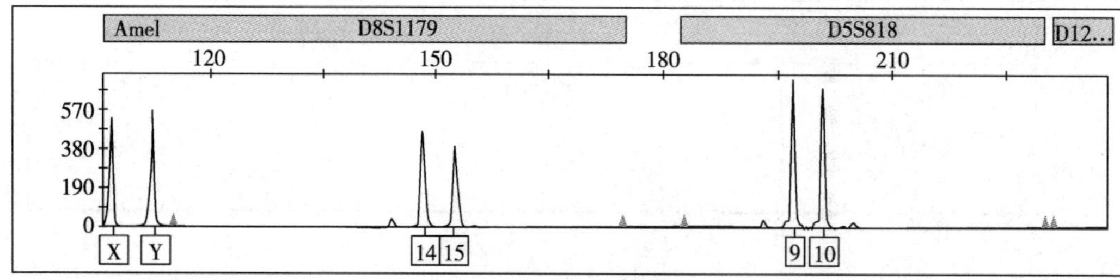

图 74-3 3 等位基因

【注意事项】

1. 单一样本的 STR 图谱分析难以判断是否有杂合性丢失。采用不同引物设计的复合扩增体系、亲子鉴定或亲缘样本分析比对时出现矛盾结果可以提示杂合性丢失。低拷贝 DNA 样本检测中也常出现杂合性丢失，结果分析时需注意判断。

2. 怀疑杂合性丢失时可以更换不同引物设计的复合扩增体系或试剂盒、调整 PCR 扩增体系及 DNA 模板量。

3. 出现 3 等位基因一般为极个别样本，如果出现同批次检测样本多个基因座出现 3 等位基因，要考虑污染。一个样本一般也只会一个基因座出现 3 等位基因，如果出现多个基因座检出 3 等位基因，要考虑为污染或混合样本。

4. 出现 3 等位基因的基因座 3 个等位基因峰的强度可能基本相同也可能不同。

5. 3 等位基因一般不会对分型结果产生影响，出具鉴定文书时出要真实描述，不能随意删减等位基因。

【思考问题】

1. 怎样判断杂合性丢失？

2. 判断 3 等位基因时需要注意什么？

第三节　性染色体检测分析

性染色体 STR 的检测分析在一些类型的案例有其独特的应用价值。在法医 DNA 实验室，STR 荧光检测分析同样应用于性染色体 STR 的检测。

实验七十五　X-STR 检测

X 染色体 STR 检测可作为法医亲子鉴定及个人识别的辅助。X 染色体检测主要应用于以下情形：复杂亲缘关系鉴定（有一名以上女性参与鉴定）、争议父与女儿的亲子鉴定（特别适用于孩子生母不能参与鉴定的情形）、半同胞姐妹（同父）关系的鉴定、祖孙关系鉴定及乱伦案件的亲子鉴定。在一些案件中，需要确认失踪人员或灾害事故受害者的身份，但是无法获得直接的对照样本，这时可以找来生物学亲属帮助进行身份识别，X 染色体可能发挥特别的作用。

【实验技术原理】

X-STR 是 X 染色体上的短串联重复序列，和常染色体 STR 标记一样，可以采用一对特异性引物，用 PCR 技术扩增特定基因座上的等位基因，不同等位基因因核心重复单位的重复次数差异导致扩增产物片段大小不同，用特定的分离检测技术即可确定其基因型。因男性性染色体为 XY，女性为 XX，故正常男性只有 1 个等位基因，分型结果显现一个峰；女性有 2 个等位基因，若 2 个等位基因不相同，表现为 2 个峰，如相同则表现为 1 个峰（本实验以 DXS6803 和 DXS9895 两个基因座为例介绍其检测方法）。商品化 X-STR 检测试剂盒即利用荧光标记引物，将多个扩增条件相近的 X-STR 基因座在一个 PCR 反应体系中同时扩增，以节约检材、提高单次检测的信息量。同一荧光染料标记的各基因座间扩增产物片段大小不能重叠，不同荧光染料标记的基因座间扩增产物片段大小可以重叠。

【实验材料】

本实验以某 12 个 X-STR 基因座试剂盒为例介绍其检测方法（DXS8378、DXS10135、DXS10148、DXS7132、DXS10074、DXS10079、HPRTB、DXS10101、DXS10103、DXS7423、DXS10134、DXS10146）。

1. 试剂　引物（DXS6803：5′-FAM-GAA ATG TGC TTT GAC AGG AA-3′，5′-CAA AAA GGG ACA TAT GCT ACT T-3′；DXS9895：5′-JOE-TTG GGT GGG GAC ACA GAG-3′，5′-CCT GGC TCA AGG AAT TAC AA-3′）、10×PCR buffer、25mmol/L MgCl2、dNTPs 混合物、某个含 12 个 X-STR 基因座的试剂盒（Reaction Mix A、Primer Mix、Multi Taq2 DNA Polymerase、Control DNA 9947A、DNA size standard 550（BTO）、Allelic ladder、Nuclease-free water）、超纯去离子甲酰胺、POP-4 胶、Matrix Standards、灭菌超纯水。

2. 仪器设备　PCR 扩增仪、遗传分析仪、超净工作台、离心机、漩涡振荡器、微量移液器、移液器吸头、离心管、PCR 扩增管和分型软件。

【实验方法】

1. 模板 DNA 的制备：参见第十二章。

2. PCR 反应体系的建立：

（1）自行设计引物 X-STR PCR 反应体系（20μl）的建立：

2μmol/L 上下游引物混合物 2μl
10×PCR buffer 2μl
25mmol/L $MgCl_2$ 1.2μl
2mmol/L dNTPs 混合物 2μl
Taq DNA 聚合酶（5U/μl） 0.2μl
灭菌超纯水 11.6μl
模板 DNA 1μl

（2）12 个 X-STR 基因座试剂盒 PCR 反应体系（25μl）的建立：

Reaction Mix A 5μl
Primer Mix 2.5μl
Multi Taq2 DNA Polymerase 0.6μl
Nuclease-free water 16.9μl
Template DNA 1μl

3. PCR 扩增条件：

（1）自行设计 X-STR 按以下条件进行 PCR 扩增：

95℃预变性 2 分钟，然后

94℃ 30 秒
60℃或 58℃ 30 秒 } 32 个循环
72℃ 35 秒

最后 72℃ 7 分钟。

DXS6803 基因座的退火温度为 60℃，DXS9895 为 58℃。

（2）12 个 X-STR 基因座试剂盒按以下条件进行 PCR 扩增：

95℃预变性 4 分钟，然后

96℃ 30 秒
63℃ 120 秒 } 5 个循环
72℃ 75 秒

94℃ 30s 秒
60℃ 120 秒 } 25 个循环
72℃ 75 秒

最后 68℃ 60 分钟。

对微量 DNA（<100pg）进行分析时，可将第二轮循环数调整为 27 个，以获得更多得扩增产物进行分析。

4. 扩增产物的毛细管电泳检测分析（参见实验六十九）。

【实验结果】

1. 自行设计引物 X-STR 分型，每个男性样品仅有 1 个峰；女性样品纯合子为 1 个峰，杂合子为 2 个峰。根据各基因座等位基因分型标准物判断各样品的型别。

2.12 个 X-STR 基因座试剂盒的 Ladder 图谱及样品分型图谱（图 75-1，图 75-2，图 75-3）。女性样品除了 Amelogenin 基因座只有 1 个产物峰外，其余各基因座都有 1～2 个峰（图 75-2）；男性样品 Amelogenin 基因座有 2 个产物峰外，其余各基因座都只有 1 个峰（图 75-3）。

【注意事项】

1. 应用 X-STR 进行案件鉴定时，必须与常染色体、Y 染色体和线粒体的遗传标记相结合，X 染色体 STR 基因座仅是这些遗传标记的重要补充。

2. 由于单个 X 染色体基因座提供的信息有限，难以满足法医学检验鉴定之要求，所以多个 STR 基因座联合使用，可显著提高单次检测信息量和个体识别率。

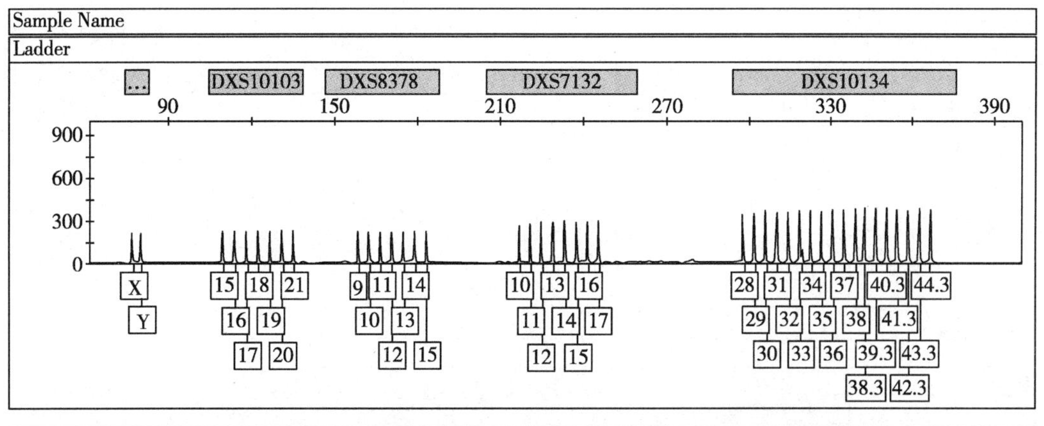

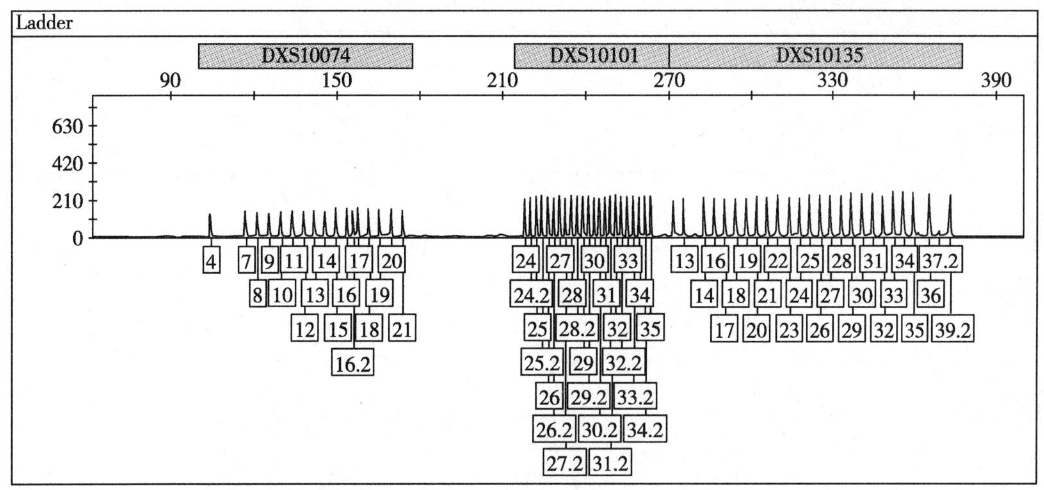

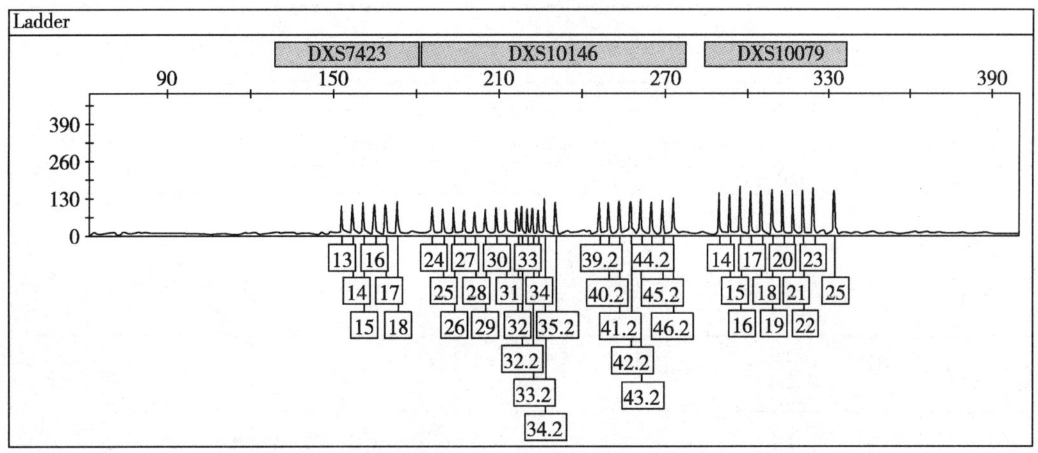

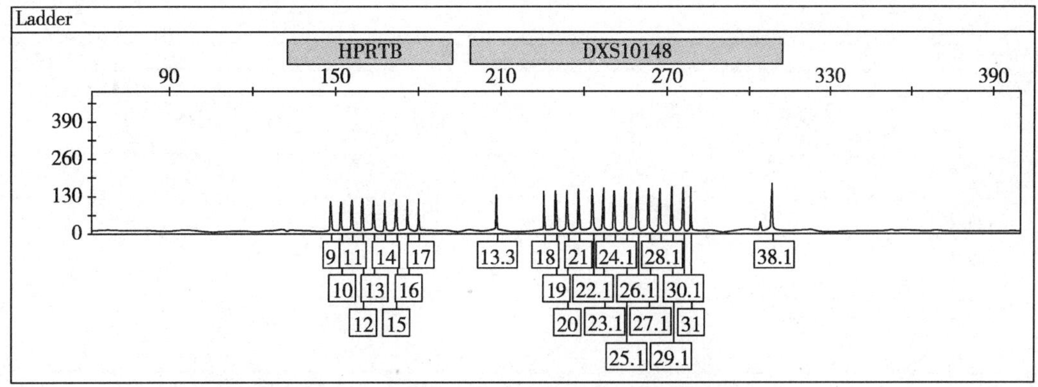

图 75-1　12 个 X-STR 基因座试剂盒 Ladder 图谱

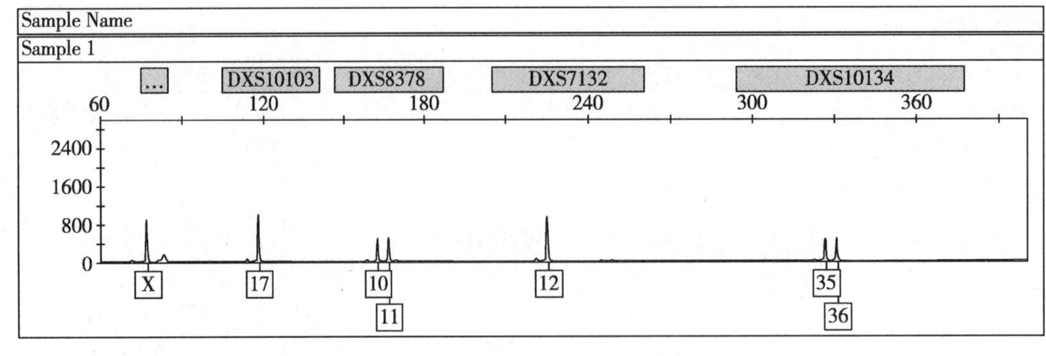

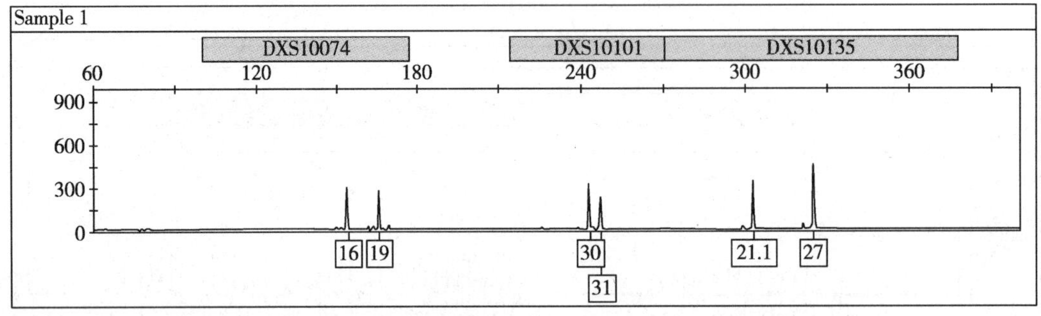

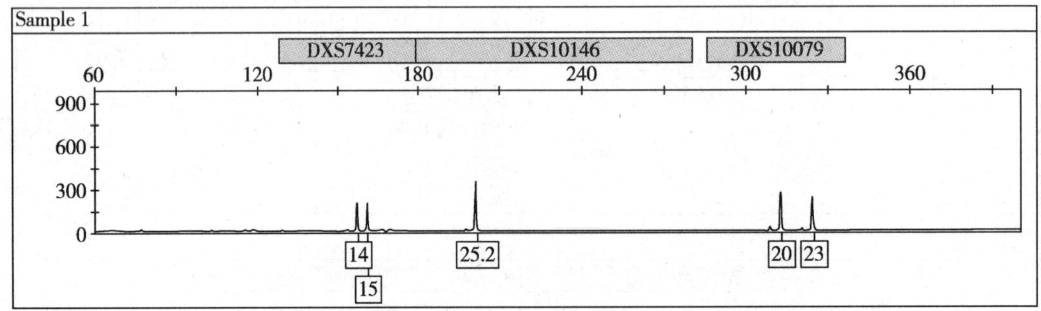

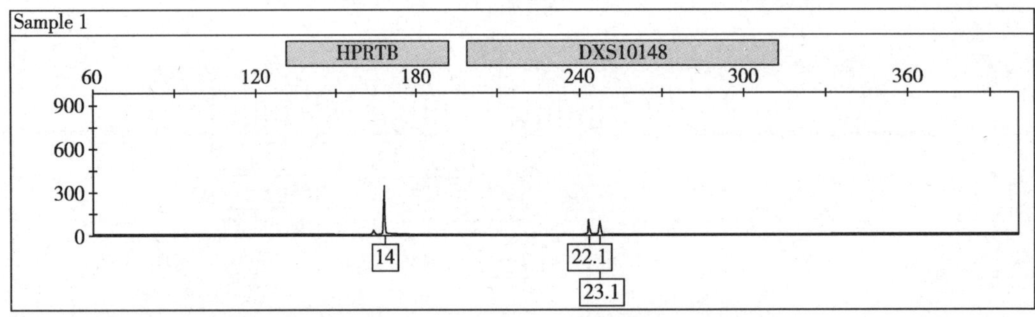

图 75-2 1 例女性样品 12 个 X-STR 基因座试剂盒分型结果

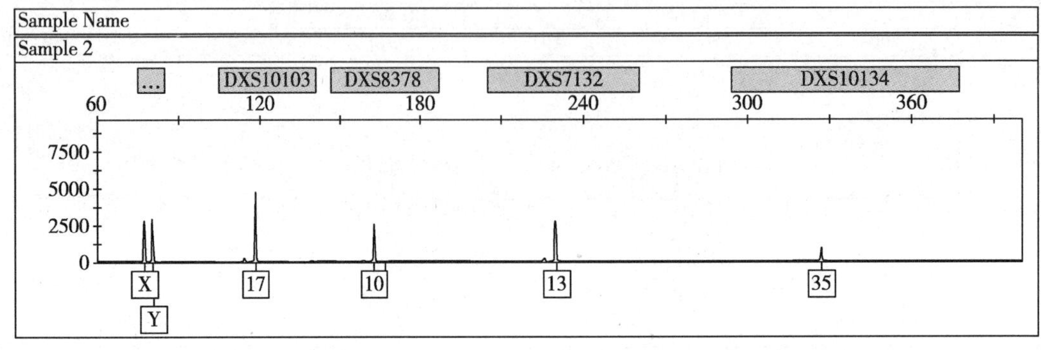

图 75-3 1 例男性样品 12 个 X-STR 基因座试剂盒分型结果

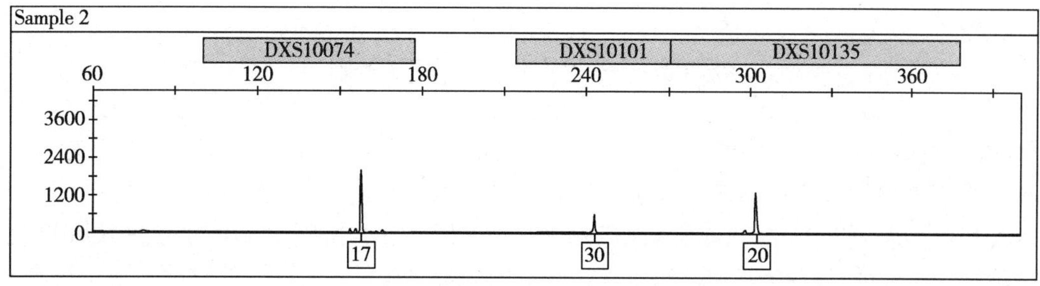

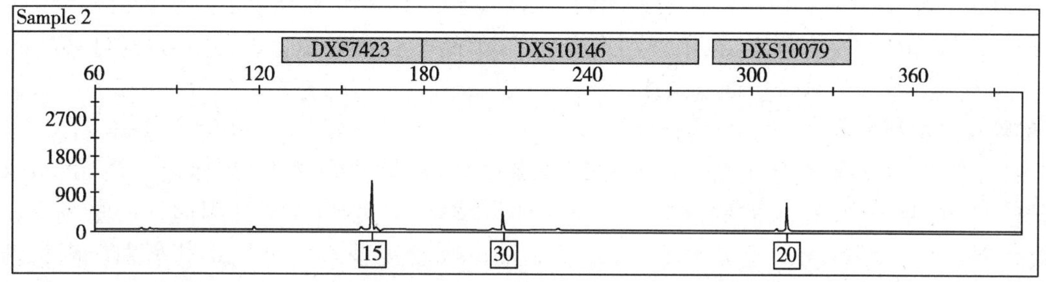

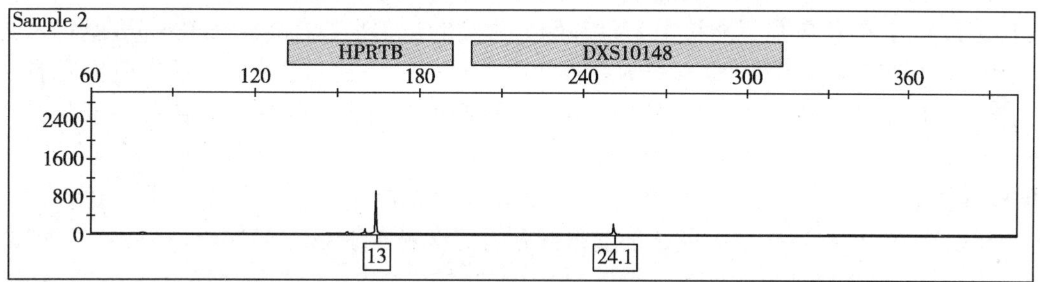

图 75-3　1 例男性样品 12 个 X-STR 基因座试剂盒分型结果（续）

3. 多个 STR 基因座联合使用考虑遗传连锁现象（目前公认的有四个连锁群，如本实验使用的含 12 个 X-STR 基因座的试剂盒，连锁群Ⅰ：DXS8378、DXS10135、DXS10148，连锁群Ⅱ：DXS7132、DXS10074、DXS10079，连锁群Ⅲ：HPRTB、DXS10101、DXS1010，连锁群Ⅳ：DXS7423、DXS10134、DXS10146）。在运用乘积原理进行计算时，应该将来自同一连锁群的多个基因座的信息按照一个单倍型进行分析，用单倍型频率代替单个基因座的等位基因频率。

4. 辅助父女关系的鉴定案件时，因父亲的 X 染色体必遗传给女儿，如果女儿与被假定父亲在多个 X-STR 基因座的等位基因不同，则支持排除父女关系；如果检测的所有基因座均相同，则不能排除其父女关系。半同胞姐妹（同父）关系鉴定时，在检测 X-STR 基因座，如果没有相同的等位基因，就可作不是同父所生的结论；如果所有基因座均相同，则不能排除。

5. 荧光染料标记于每一基因座一对引物的其中 1 条引物的 5′端。

6. 甲酰胺的质量、进样时间或者扩增产物与上样缓冲液的混合比例及不同实验室的仪器等因素会导致检测灵敏度存在差异或出现迁移，应以同批次电泳的等位基因分型标准物作为分型的依据。

7. 商品化试剂盒分型灵敏度很高，故应注意控制模板 DNA 用量，以 0.5～2ng 为宜。

8. 建立 PCR 反应体系时，模板 DNA 的用量可根据浓度差异适当调整，最后用灭菌超纯水补足至 25μl。

【思考问题】

1. X-STR 基因座具有什么样的遗传特征？

2. X-STR 分型具有哪些特殊的法医学应用价值？

实验七十六 Y-STR 检测

Y 染色体 DNA 分析在人类遗传学中有很多重要的应用，包括法庭证据调查、亲权认定、历史调查、通过男性家系追溯人类迁移模式以及家系研究等。对于性侵案件，混合物证中即使含有大量的女性 DNA 成分，男性特异性扩增也能检测到男性犯罪嫌疑人的分型；如指甲拭子中碎屑、皮肤上的唾液斑等混合物也可能被分析；Y-STR 父系遗传是从父亲到其所有的儿子甚至可以延伸到更多的子孙，还能够用于追溯家系。但由于父系亲属的一致性，Y-STR 分型不能用于区分兄弟甚至是较远的父系亲属；基因座之间没有重组；乘积规则不能应用，因此 Y-STR 的个体识别能力受群体数据库大小的限制；重复或者缺失导致分析的复杂化。

【实验技术原理】

Y-STR 是男性 Y 染色体上特有的短串联重复序列，和常染色体 STR 标记一样，可以采用一对特异性引物，用 PCR 技术扩增特定基因座上的等位基因，不同等位基因因核心重复单位的重复次数差异导致扩增产物片段大小不同，用特定的分离检测技术即可确定其型别。因男性性染色体为 XY，只含 1 条 Y 染色体，故正常男性只有 1 个等位基因 1 条带（多拷贝 Y-STR 基因座除外），女性因没有 Y 染色体则不能检出等位基因。本实验以 DYS19 和 DYS385 a/b 基因座为例介绍其检测方法。商品化 Y-STR 检测试剂盒即利用荧光标记引物，将多个扩增条件相近的 Y-STR 基因座在一个 PCR 反应体系中同时扩增，用于对法医案件样品、数据库样品和亲子鉴定样品的基因分型。

【实验材料】

本实验以某 23 个 Y-STR 基因座试剂盒为例介绍其检测方法（DYS576，DYS389I，DYS389 II，DYS448，DYS19，DYS391，DYS481，DYS549，DYS533，DYS438，DYS437，DYS570，DYS635，DYS390，DYS439，DYS392，DYS393，DYS458，DYS456，DYS643，YGATAH4 和 DYS385a/b）。

1. 试剂　引物（DYS19: 5′-FAM-GTT ATA TAT ATA TAG TGT TTT AG-3′, 5′-GTT AAG GAG AGT GTC ACT A-3′; DYS385: 5′-JOE-AGC ATG GGT GAC AGA GCT A-3′, 5′-CCA ATT ACA TAG TCC TCC TTT C-3′）、10×PCR buffer、25mmol/L $MgCl_2$、dNTPs 混合物、23 个 Y-STR 基因座试剂盒（Master Mix、Primer Pair Mix、2800M Control DNA、Water，Amplification Grade、Y23 Allelic Ladder Mix、CC5 Internal Lane Standard 500）、灭菌超纯水。

2. 仪器设备　PCR 扩增仪、遗传分析仪、超净工作台、离心机、漩涡振荡器、微量移液器、移液器吸头、离心管、PCR 扩增管和分型软件。

【实验方法】

1. 模板 DNA 的制备：参见第十二章。

2. PCR 反应体系的建立

1）自行设计引物 Y-STR PCR 反应体系（20μl）的建立：

2μmol/L 上下游引物混合物	2μl
10×PCR buffer	2μl
25mmol/L $MgCl_2$	1.2μl
2mmol/L dNTPs 混合物	2μl
Taq DNA 聚合酶（5U/μl）	0.2μl
灭菌超纯水	11.6μl
模板 DNA	1μl

2）23 个 Y-STR 基因座试剂盒 PCR 反应体系（25μl）的建立

扩增用水（Water，Amplification Grade）	15μl

Y23 5X Master Mix	5μl
Y23 10X Primer Pair Mix	2.5μl
模板 DNA（0.5ng）	2.5μl

3. PCR 扩增条件：

1）自行设计引物 Y-STR PCR 反应体系按以下条件进行 PCR 扩增：

95℃预变性 2 分钟，然后

94℃ 35 秒
60℃ 35 秒 } 32 个循环
72℃ 40 秒

最后 72℃ 7 分钟。

2）23 个 Y-STR 基因座试剂盒体系按以下条件进行 PCR 扩增：

96℃预变性 2 分钟，然后

94℃ 10 秒
61℃ 60 秒 } 30 个循环
72℃ 30 秒

最后 60℃保持 20 分钟。

4. 扩增产物的毛细管电泳检测分析（参见实验六十九）。

【实验结果】

1. 自行设计引物 Y-STR PCR 反应体系，每个男性样品 DYS19 基因座仅有 1 个峰，DYS385 a/b 基因座可有 1～2 个峰；女性样品没有扩增产物。根据各基因座等位基因分型标准物判断各男性样品的型别。

2. 23 个 Y-STR 基因座试剂盒的 Ladder 图谱及样品分型图谱（图 76-1，图 76-2）。

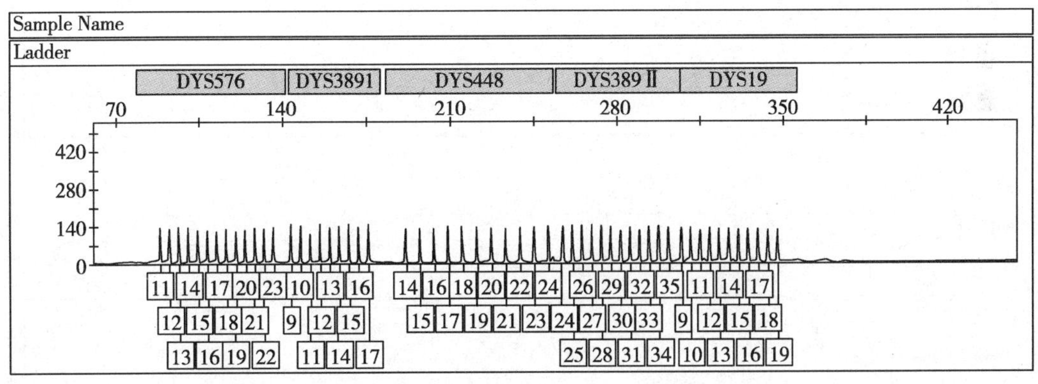

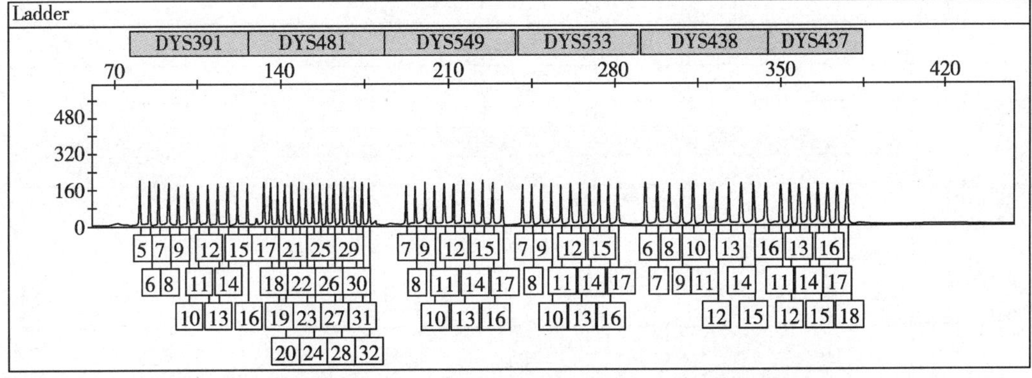

图 76-1 23 个 Y-STR 基因座试剂盒 Ladder 图谱

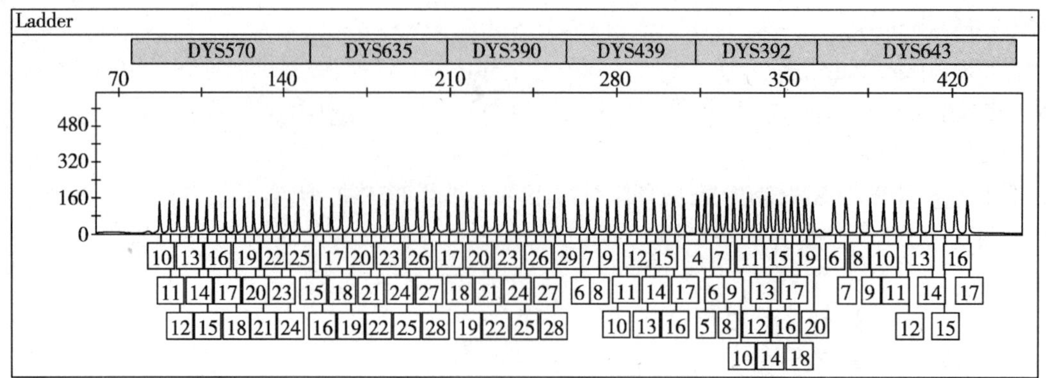

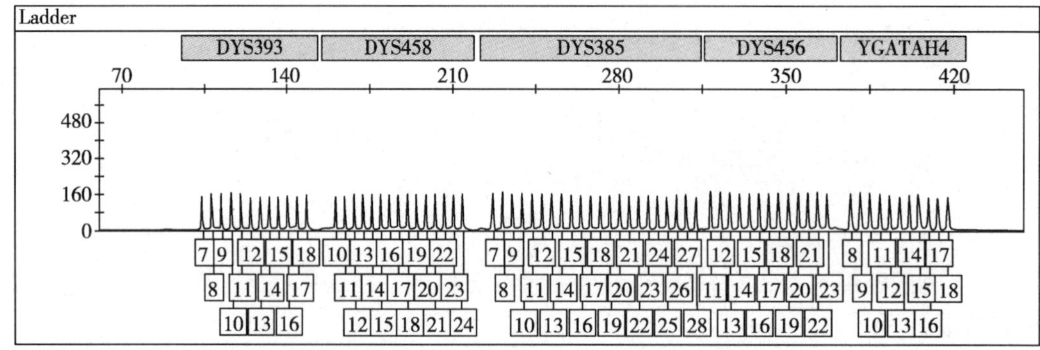

图 76-1　23 个 Y-STR 基因座试剂盒 Ladder 图谱（续）

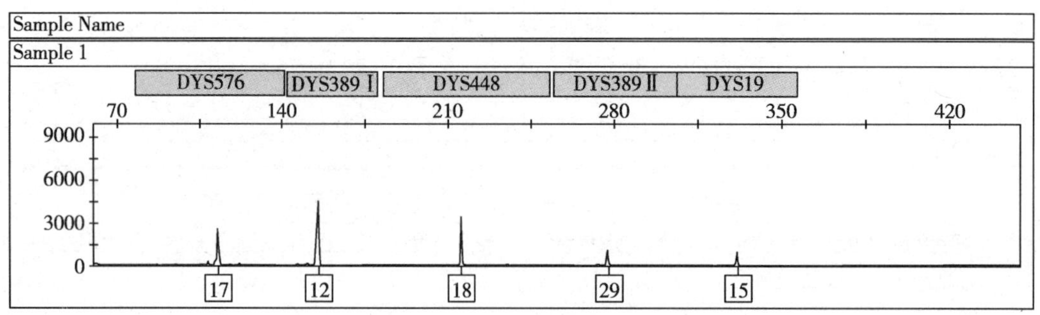

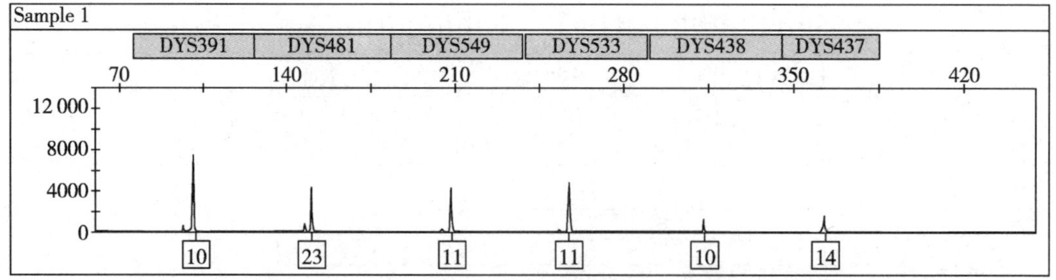

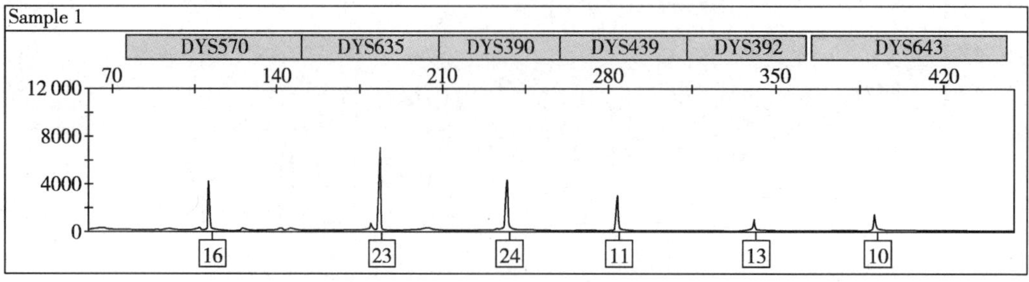

图 76-2　1 例男性样品 23 个 Y-STR 基因座试剂盒分型结果

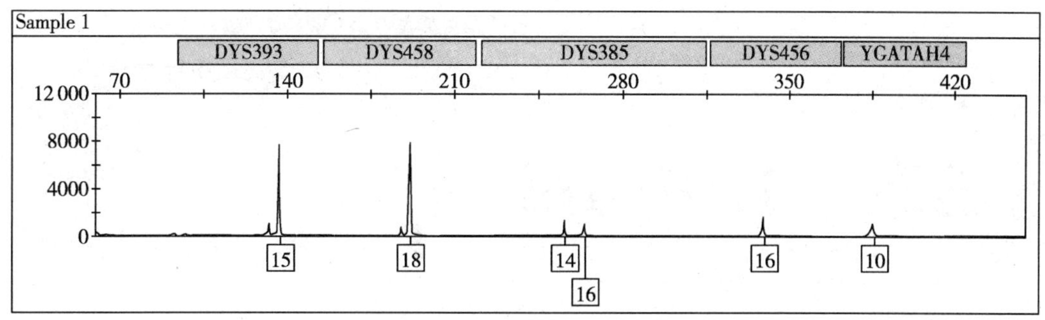

图 76-2　1 例男性样品 23 个 Y-STR 基因座试剂盒分型结果（续）

【注意事项】

1. 由于 Y 染色体可以从父亲传递给儿子（突变除外），因此观察到 Y-STR 分型一致并不能像常染色体 STR 那样认定该检材就是该嫌疑人所留。

2. 一般来说，通过比较未知样本和已知样本的 Y-STR 单倍型有可能得到三种结果：①排除：表明不同 Y-STR 单倍型的来源不同；②不能确定：分析的结果没有足够的数据来进行解释或者所得到的图谱不清楚，无法判读；③不能排除（肯定）：两个样本 Y-STR 的分型结果相同，表明可能来源于同一个体。

3. 由于 Y 染色体上含有大量回文序列，Y-STR 基因座有时会以双等位基因或三等位基因的形式存在。

4. 荧光染料标记于每一基因座一对引物的其中 1 条引物的 5′ 端。

5. 甲酰胺的质量、进样时间或者扩增产物与上样缓冲液的混合比例及不同实验室的仪器等因素会导致检测灵敏度存在差异或出现迁移，应以同批次电泳的等位基因分型标准物作为分型的依据。

6. 商品化试剂盒分型灵敏度很高，故应注意控制模板 DNA 用量，以 0.5～2ng 为宜。

7. 建立 PCR 反应体系时，模板 DNA 的用量可根据浓度差异适当调整，最后用灭菌超纯水补足至 25μl。

【思考问题】

1. Y-STR 基因座具有什么样的遗传特征？

2. Y-STR 分型具有哪些特殊的法医学应用价值？

3. 何谓单倍型？为什么说 Y 染色体遗传标记是以单倍体形式遗传的？

4. 男性只有 1 条 Y 染色体，为何 DYS385 a/b 基因座每个男性样品可检出 2 个等位基因？

5. 个体识别鉴定中，若检材 Y-STR 单倍型和嫌疑人单倍型一致，能否认定该检材就是该嫌疑人所留？

6. 强奸案中，用 Y-STR 分型试剂盒对阴道拭子分型检测时，若部分 Y-STR 基因座检出 2 个或 2 个以上的产物峰，说明了什么？

第十五章　SNP 分析

SNP（single nucleotide polymorphism）是单核苷酸多态性的英文缩写，是指定的基因组区域内存在的两个或更多的核苷酸变异，通常每种变异在群体中出现的频率应至少为 1%，其中最常见的为二等位基因，为目前较为常用的遗传标记。

用于 SNP 分析的技术多种多样，并且各具特色，正在法医学领域中发挥着越来越重要的作用。本章将介绍几种 SNP 的分析方法。

第一节　SNP 分型

实验七十七　微测序法检测 Y-SNP

微测序法又称为单核苷酸引物延伸法（single nucleotide primer extension，SnuPE），主要依据双脱氧单核苷酸特异结合识别位点进行微测序。适用于包括常染色体、性染色体及线粒体在内的 SNP 的鉴定。

SNP 广泛分布于人类基因组中，其二态性的特征可以选择微测序法对含有 SNP 的短的 DNA 序列进行分析；同时，控制同一位点或不同位点的产物长度，可鉴别同一位点和不同位点的等位基因。因此可用于法医学降解检材的检验，也可用于复合位点的分析。

【实验技术原理】

与 PCR 循环测序一样，微测序检测法也需首先扩增出含有 SNP 位点的目的片段 DNA，然后在 PCR 扩增产物中加入一个微测序引物进行微测序反应，微测序引物 3′ 末端碱基邻于多态性碱基。这样，当加入 DNA 聚合酶及荧光标记的 ddNTP 后，只进行一个碱基的延伸反应，延伸的这个碱基就是多态性碱基，最后经毛细管电泳检测荧光信号，通过不同的荧光检测结果达到对 SNP 位点的分析。

【实验材料】

1．试剂

（1）12 个 Y-SNP 基因座的扩增引物见表 77-1。12 个 Y-SNP 基因座的微测序引物序列见表 77-2。

（2）金牌 DNA 聚合酶及扩增体系（10×PCR 缓冲液、$MgCl_2$、dNTP）。

（3）丙烯酰胺 + 甲叉双丙烯酰胺凝胶贮备液：总浓度（T）为 40%，交联度（C）为 5%。

（4）PCR 产物纯化试剂：核酸外切酶 I（ExoI，20U/μl）、碱性磷酸酶（SAP，1U/μl）。

（5）SNaPshot 试剂盒。

（6）10% 过硫酸铵、TEMED、上样缓冲液、溴化乙锭、甲酰胺、内标 Liz120。

2．仪器　PCR 扩增仪、普通垂直板电泳槽、三恒电泳仪用电源、UV 观测仪、DNA 测序仪。

【实验方法】

1．复合 PCR 扩增　扩增体系为 25μl，其中包括 1×PCR 缓冲液、1.5mmol/L $MgCl_2$、200pmol/L dNTP、250nmol/L 正反链扩增引物（表 77-1）、1U 金牌 DNA 聚合酶、300ng 模板 DNA。PCR 反应条件为：96℃11 分钟；96℃60 秒，58℃60 秒，72℃60 秒，38 个循环；最后延伸为 72℃60 分钟。

表 77-1　12 个 Y-SNP 基因座的扩增引物序列

Y-SNP 基因座	上游引物序列（5′→3′）	下游引物序列（5′→3′）
SRY 2627	AGGTCTTTTTTGCCTTCTTA	TTCCTCGGAACCACTACCAG
92R7	GCCTATCTACTTCAGTGATTTCT	CTCAGCCTCCCAAAGTTCTG
M9	GCAGCATATAAAACTTTCAGG	AAAACCTAACTTTGCTCAAGC
SRY1532	TCCTTAGCAACCATTAATCTGG	AAATAGCAAAAAATGACACAAGGC
M13	TAGTTTATGCCCAGGAATGAAC	ATCCAACCACATTTGCAAAA
M17/19	CTGGTCATAACACTGGAAATC	TGACCTACAAATGAAACTC
M20	AGTTGGCCCTTTGTGTCTGT	CATGTTCAGTGCAAATGCAAC
SRY 8299	GGTATGACAGGGGATGATGTGA	CCACGCCCAGCTAATTTTTTGT
Tat	GACTCTGAGTGTAGACTTGTGA	GAAGGTGCCGTAAAAGTGTGAA
M69	CGGACTTGAAGGAATCAGCC	GAAAAATTTATCTCCCCTTAGCTCTC
M112	AAAAGCAAAAGAGAACTGCCTC	TTCAATTCTTGTCTGTTGCAGAA

2. PCR 产物的检测　取 2μl 的 PCR 产物，混合 2μl 的上样缓冲液，上样于 6% 的聚丙烯酰胺凝胶加样孔中，600V 电泳 1 小时，溴化乙锭染色后于 UV 下观察结果。

3. PCR 产物的纯化　10μl 的纯化体系包括扩增产物 2μl、Exo/SAP 3μl，超纯水补足 10μl，混匀后 37℃孵育 15 分钟，72℃15 分钟灭活酶活性。

4. 单碱基延伸反应　使用 SNaPshot 试剂盒进行单碱基延伸反应，采用试剂盒推荐的反应体系，即 Exo/SAP 纯化后的 PCR 产物 4μl，微测序引物（1μmol/L）0.5μl，SNaPshot 试剂 4.5μl。延伸反应参数为 96℃10 秒，50℃5 秒，60℃30 秒，25 个循环。反应结束后向微测序产物中加入 1μl 的 SAP，37℃孵育 15 分钟，72℃15 分钟进行纯化处理。

5. 取 0.5μl 微测序产物，然后加入 10μl 甲酰胺和 0.5μl 的内标 Liz120，混匀后上样于 DNA 测序仪进行电泳分析，条件为 15kV，电泳 18 分钟。

【实验结果】

1. 采用表 77-1 中引物扩增的 12 个 Y-SNP，由于扩增片段长度的限制，PCR 复合扩增分为两组，第一组为 7 个基因座（SRY2627、SRY1532、M13、M20、SRY8299、Tat 和 M69）；第二组为 5 个基因座（M9、92R7、M112、M17 和 M19）。经聚丙烯酰胺凝胶电泳及溴化乙锭染色，UV 下观察，结果显示片段大小范围为 100～400bp 的白色荧光带，为 12 个 Y-SNP 基因座对应的 PCR 产物。

表 77-2　12 个 Y-SNP 基因座的微测序引物序列

Y-SNP 基因座	引物序列（5′→3′）
SRY 2627	TTTGTAGGGCATGGGGCTTCACCCTGTGG
M9	ACTGCAAAGAAACGGCCTAAGATGGTTGAAT
SRY1532	TCTGGCCTCTTGTATCTGACTTTTTCACACAGT
92R7	CAAATTAGCATTGTTAAATATGACCAGCAAAGACAA
M13	$(T)_{6}$AAGGGCAGTAGGTAGGTTAAGGGCAAGACGGTTA
M17	$(T)_{16}$AGAGTTTGTGGTTGCTGGTTGTTACGGG
M19	$(T)_{13}$GACCACAAACTGATGTAGAGACATCTGAAACCCAC
M20	$(T)_{13}$TTTCACATTTGTAGGTTCAACCAACTGTGGATTGAAAAT
SRY 8299	$(T)_{26}$TGTAATCCCAGCCCTTCGAGAGGTCAAGGC
Tat	$(T)_{19}$CTTCTCTCTTGCTGTGCTCTGAAATATTAAATTAAAACAAC
M112	$(T)_{14}$GAGGTGAGATAAAAACAAAGCAGT
M69	$(T)_{19}$CCCTTTGTCTTGCTGAAATATATTTT

2. 微测序时同 PCR 扩增一样也分为两组，测序结果如图 77-1 所示。上图为 7 个基因座微测序结果，下图为 5 个基因座微测序结果。对应的不同荧光标记的碱基代表着相应基因座上 SNP 的基因型。

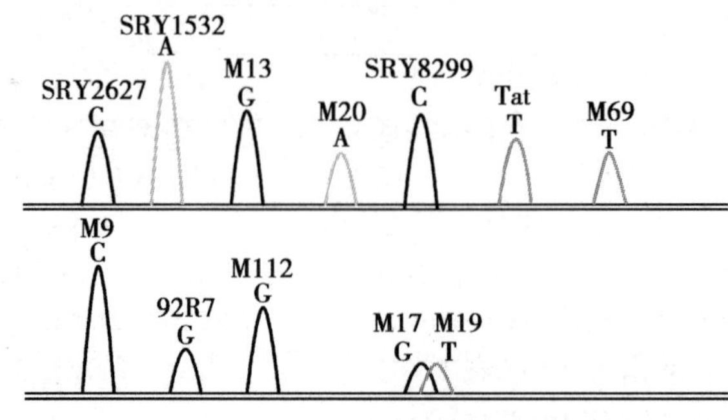

图 77-1　12 个 Y-SNP 基因座微测序检测结果模式图

【注意事项】

1. 微测序检查法对于新鲜血液、滤纸上血斑、唾液斑、混合斑和骨骼样本均可准确定型。

2. 不同方法提取的 DNA 应用于微测序法发现，Chelex-100 法提取的 DNA 较酚 - 氯仿法检出效果上有一定的差距，提示微测序技术检测 SNP 对 DNA 质量有一定的要求。

3. 复合扩增对各种反应物具有较高的要求，如引物浓度、$MgCl_2$ 浓度均应高于普通 PCR 反应。同时，该扩增体系需要采用金牌 DNA 聚合酶 PCR 扩增试剂。

【思考问题】

1. 纯化体系中加入的核酸外切酶Ⅰ和碱性磷酸酶两种酶是什么作用？

2. 如果一个物证检材通过以上 12 个 Y-SNP 检测，显示为阴性结果，最可能的解释是什么？

实验七十八　等位基因特异性杂交（Luminex 100 法）检测 HLA-A 基因座多态性

Luminex xMAP 技术，又称流式荧光技术、悬浮阵列、或液态芯片。该技术有机地整合了荧光编码微球技术、激光分析技术、流式细胞技术、高速数字信号处理技术、计算机运算法则等多项最新科技成果，具有自由组合、高通量、高速度、低成本、准确性高、重复性好、灵敏度高、线性范围广、无需洗涤、操作简便等优点，极大地提高检测效率和降低检测成本。该技术既能进行蛋白检测，又能进行核酸分析。

【实验技术原理】

Luminex xMAP 系统中包括一种内部掺入两种不同荧光染料的聚苯乙烯微球体（Microspheres），直径均为 5.6μm，根据这两种荧光染料混合比例的不同，可得到 100 种不同的颜色，这样，这些微球体就有了 100 种不同的光谱地址。如果将这些微球体的表面偶联上特异性的寡核苷酸探针，探针可用另一种颜色的荧光标记，由于微球体可标记为 100 种不同的颜色，因此，这些微球体也可联上 100 种不同的探针。此时，将特异性 PCR 扩增后的 DNA 产物与微球体上的 DNA 探针进行杂交，不同型别的 DNA 可结合到不同的探针上去。由于微球体可在特定的溶液中悬浮，这样，由 Luminex 研制的 Luminex100 分析仪就能使这些微球体排成单列通过检测通道，并使用双色激光同时对微球体内的不同颜色荧光和 DNA 探针上的报告荧光进行检测。其中一束判定微球体的颜色来决定被测物的特异性（定性）；另一束测定微球体上 DNA 探针的荧光标记强度从而给被测物定量，将结果输入分型软件，自动判定基因型（方法示意图见图 78-1）。

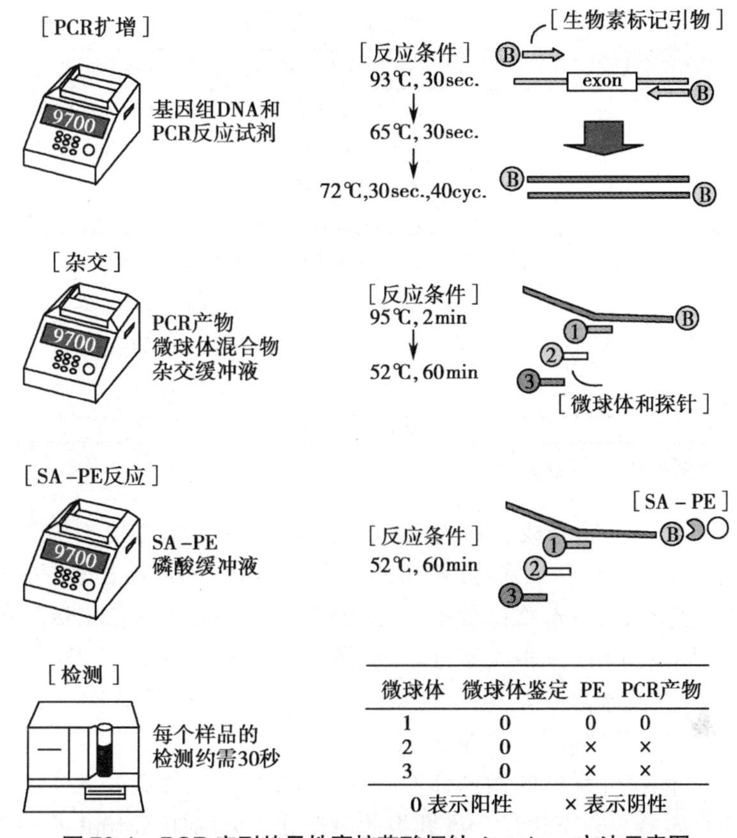

微球体	微球体鉴定	PE	PCR产物
1	0	0	0
2	0	×	×
3	0	×	×

图 78-1　PCR 序列特异性寡核苷酸探针 -Luminex 方法示意图

【实验材料】

1. 试剂

(1) 基因组 DNA 样品的准备：提取的基因组 DNA 样品纯化后，须经分光光度计检测，要求 A260/A280 的值在 1.5～1.9 范围内；DNA 的浓度需调整到 10～20ng/μl。

(2) 融入不同颜色的直径为 5.6μm 聚苯乙烯微球体。

(3) Taq DNA 聚合酶及扩增体系（10×PCR 缓冲液、$MgCl_2$、dNTP）、HLA-A 基因座外显子 2 和 3 区扩增引物见表 78-1。

(4) HLA-A 基因座外显子 2 和 3 区多态性鉴定用寡核苷酸探针序列见表 78-2。

(5) 1% 微球体（固体微球体溶于 0.1mmol/L 的 MES 缓冲液中，pH 4.5）、0.01% 的二氯乙烯（EDC）、100mmol/L 的 2- 吗啉乙磺酸（MES，pH 4.5）缓冲液、0.02% 的 PBST（Tween 20 加入到 PBS 中）、0.1% 的 SDS。

(6) 杂交缓冲液：3.75mol/L 的四甲基氯化铵（TMAC）、62.5mmol/L 的 Tris-HCl 缓冲液（pH 8.0）、0.5mmol/L 的 EDTA、0.125% 的 N- 十二烷基肌氨酸。

(7) 藻红蛋白连接的 Streptavidin（SA-PE）溶液。

2. 仪器设备　PCR 扩增仪、Luminex 100 流式细胞仪、高速离心机、96 孔板、离心机（含有 96 孔板离心转头）、HLA 分型软件。

【实验方法】

1. HLA-A 外显子 2 和 3 区的 PCR 扩增　扩增体系为 25μl，其中包括 1×PCR 缓冲液（50mmol/L KCl，10mmol/L Tris-HCl，pH 8.3）、1.5mmol/L $MgCl_2$、0.2mmol/L dNTPs、2% DMSO、0.1～1.0μmol/L 的扩增引物（表 78-1）、Taq DNA 聚合酶（50U/ml）、50～100ng 的基因组 DNA。PCR 反应条件为：93℃1 分钟；然后，执行 93℃30 秒，65℃30 秒，72℃30 秒，40 个循环，最后延伸为 72℃5 分钟。

表 78-1 HLA-A 外显子 2，3 区扩增引物的序列

引物名称	引物序列（5′→3′）*
HLA-A ex2-1 F	AAA CCG CCT CTG CGG GGA GAA GCA A
HLA-A ex2-2 F	AAA CGG CCT CTG TGG GGA GAA GCA A
HLA-A ex2-3 F	AAA CGG CCT CTG CGG GGA GAA GCA A
HLA-A ex2-1 R	GAT CTC GGA CCC GGA GAC TGT
HLA-A ex3-1 F	GGG CTG ACC GCG GGG T
HLA-A ex3-2 F	CGG GCT GAC CTC GGG GT
HLA-A ex3-3 F	CTG GGC TGA CCG TGG GGT
HLA-A ex3-1 R	GTG GCC CCT GGT ACC CGT
HLA-A ex3-2 R	GTG GCC TCT GGT ACC CGT

*：所有的扩增引物 5′端均被生物素化标记

2．寡核苷酸探针的准备　将合成的寡核苷酸探针借助水溶性的二氯乙烯（EDC）共价结合到羧化修饰的聚苯乙烯微球体上。简要步骤为：将 100μl 的 1μmol/L 的寡核苷酸探针溶于 0.1mmol/L 的 MES 缓冲液中后，加入到 1% 的 1ml 微球体中，然后混合 50μl 的 0.01% 的 EDC，强力混合。待 30 分钟室温孵育后，加入相同量的 EDC，再次混合，室温下再孵育 30 分钟。11 750g 下离心 4 分钟，收集微球体，用 0.02% PBST 洗微球体 1 次，用含有 0.1% 的 SDS 的 PBS 洗 2 次。最后，将微球体悬浮于 400ml 的 0.1mmol/L 的 MES 缓冲液中，保存于 4℃冰箱中备用。

3．杂交　将寡核苷酸探针标记的微球体混合在一起，制备成每微升含有 100 个寡核苷酸探针标记的微球体用于杂交实验。杂交时，于 96 孔板的每个孔中分别加入 40μl 的杂交缓冲液，5μl 的含有 100 个寡核苷酸探针标记的微球体，以及 5μl 的 5′端标记有生物素的 PCR 扩增产物。反应条件为 95℃下变性 2 分钟，52℃条件下杂交 1 小时，反应在 PCR 扩增仪中进行。

4．SA-PE 反应　杂交后，用 100μl 的 0.01% PBST 冲洗核苷酸探针标记的微球体，然后 1000g 离心 5 分钟。仔细去除上清后，向含有核苷酸探针标记微球体的每个孔内各加入 70μl 用 0.01% 的 PBST 100 倍稀释的 SA-PE 溶液，应用加样器仔细混合后，将反应 96 孔板放入 PCR 扩增仪中，52℃条件下反应 5 分钟。反应结果应用 Luminex 100 流式细胞仪进行测量。

【实验结果】

1．635nm 激光束可发现和鉴定寡核苷酸探针标记的微球体，而 532nm 激光束可以定量杂交到寡核苷酸探针标记的微球体上 SA-PE- 生物素标记 PCR 产物的 PE 荧光。

2．PE 的平均荧光密度（MFI）习惯上用于对结合到微球体上的 DNA 进行定量，测量的数据由软件处理后自动生成。阴性对照的荧光密度应从每一个 MFI 值中作为背景值而减去，这样以确定真正的光密度值。

3．PCR 序列特异性寡核苷酸探针 -Luminex 方法应用 96 孔板可进行多位点的基因型判定，特别适用于 HLA 多基因座的单倍型鉴定。从基因组 DNA 的提取，到等位基因及基因型的确定仅需花费约 5 小时的时间。而且，多基因座检测可选用相同的 PCR 扩增和杂交条件，体现出是一种快速和高通量的方法。

表 78-2 HLA-A 基因座外显子 2 和 3 区寡核苷酸探针序列

探针名称	探针序列（5′→3′）*
A01	GGATGTGAAGAAATACCTCATG
A02	GGAGGTGTAGAAATACCTCATGGAA
A03	GGATGTGGAGAAATACCTCATG
A04	TGTGGTGAAATACCTCATGGAG

续表

探针名称	探针序列（5′→3′）*
A05	TGGAGAAATACCTCATGGATTG
A06	GGAAGTGTAGAAATACCTCATG
A07	AAGCGGGGCTTCCCGCGGCCGG
A08	AAGCGGGGCTCCCCGCGGCCGG
A09	GAAGCGGGGCTCTCCACTGCC
A10	GACCAGGAGACACGGAATGTG
A11	TTGGGACCGGAACACACGGAA
A12	TGGGACGGGGAGACACGGAAA
A13	GACGAGGAGACAGGGAAAGT
A14	TATTGGGACCTGCAGACACGG
A15	CAGACTCACCGAGTGGACCT
A16	CAGACTGACCGAGTGGACCT
A17	CAGATTGACCGAGTGGACC
A18	CAGACTGACCGAGCGAACCTG
A19	CAGACTGACCGAGAGAACC
A20	GACCGAGAGAGCCTGCGGATC
A21	CTGCGGATCGCGCTCCGCTAC
A22	GTCGCAGCCACACATCCTCTGG
A23	TCGCAGCCATACATCCTCTGGA
A24	GTCGCAGCCAAACATCCTCTG
A25	CGTAAGCGTTCTGCTGGTAC
A26	CGTAAGCGTCCTGCTGGTAC
A27	GGACAAGGCAGCTCAGACCAC
A28	TGGGAGACGGCCCATGAGG
A29	GAGGCGGCCCGTGTGGCG
A30	GAGGCGGCCCATGTGGCG
A31	GGAGCAGCGGAGAGTCTACC
A32	GCAGCAGAGAGCCTACCTG
A33	GGAGCAGTTGAGAGCCTA
A34	GGAGCAGTGGAGAGCCT
A35	AGAGCCTACCTGGATGGC
A36	CTGGAGGGCGAGTGCGTGG
A37	CTGGAGGGCCGGTGCGTGGA
A38	GTGCGTGGACGGGCTCCGCA
A39	GTGCGTGGAGTGGCTCCGCA
A40	TGGAGAAATACCTCATGGAGT
A41	CAGGAGAGTCCGGAGTATT
A42	GAGCAGGAGGGTCCGGAG
A43	GTAAGCGTCCCGCTGGTAC
A44	GGTGGTCTGAGCTGCCATGTC
A45	CTGGAGGGCACGTGCGTGGA
A46	CTGCGCGGCTAGTACAA
AP2	GCTACTACAACCAGAGCGAG
AP3	GGAAGGAGACGCTGCAGCGC

*：所有寡核苷酸探针的5′端均由一个末端氨基所修饰

【注意事项】

1. 实验中应选用阳性和阴性对照样本。

2. 由于单一碱基的差异将造成相差几度的杂交温度的变化，因此，探针序列的设计需慎重，同时长度上最好为20bp左右。

3. 设计的探针序列上必须与PCR扩增引物中标记的引物序列互补，同时，SNP或突变点应定位在探针的中间。

【思考问题】

1. 如何解释实验中出现的模棱两可的结果？应如何确证最终结果？

2. 与寡核苷酸探针标记的微球体杂交后的PCR产物是如何与SA-PE结合的，其作用为何？

实验七十九 TaqMan法检测SNP的基因型

为了获得对SNP位点双等位基因的最佳鉴别，扩增子长度范围最好在50～150bp之间，且扩增系统中最好选择金牌DNA聚合酶。探针和引物的设计应参照Applied Biosystems P/N 4317594提供的Primer Express Version 1.5和TaqMan MGB Probes for Allelic Discrimination软件进行。

【实验技术原理】

TaqMan技术是PE公司开发的，目前已广泛应用于SNP的基因型检测。该技术的基本原理就是设计一对具有特异荧光标记的寡核苷酸探针，即TaqMan探针。每种探针带有5′端特异荧光基团和3′端荧光淬灭基团。其中一种荧光基团被用来标记野生型，另一种荧光基团则标记突变型。PCR反应中只有与DNA模板的碱基匹配的TaqMan探针可以与扩增片段杂交，此时DNA聚合酶的5′→3′核酸外切酶功能将探针的5′端荧光报告基团切除，使其与荧光淬灭基团分离，从而发出特定波长的荧光信号。同时未杂交的探针，其荧光报告基团无法被切除，因此仍然被3′端的荧光淬灭基团所淬灭，无法发射任何荧光信号。因此，根据所检测到的荧光信号，可以判断模板DNA的基因型。一次实验所检测的碱基变化的数量取决于实验的设计和荧光定量PCR仪所支持的荧光基团检测种类。本实验只检测人类胆囊收缩素（CCK）基因启动子区-45C/T的单一SNP基因座。

【实验材料】

1. 试剂

（1）2×TaqMan通用PCR混合体系。

（2）-45C/T基因座PCR扩增上游引物为5′-GGC AGC TGA GCC AAG TTC A-3′；下游引物为5′-TCA GCG TTG GGT AAA TAC ATG ACT-3′。

（3）鉴定-45C/T基因座SNP的一对TaqMan探针序列分别为FAM-ATA GCC CCG CCC GGC G-TAMRA和TET-AAT AGC CCC ACC CGG CGG-TAMRA。

2. 仪器设备 ABI Prism®7900HT型荧光定量PCR仪、8孔排式或96孔PCR扩增管、离心机。

【实验方法】

1. 准备PCR扩增体系，即总量为10μl的反应体系，其中包括模板DNA（10ng/μl）2μl、上下游引物（20pmol/μl）各0.45μl、2×TaqMan通用PCR混合体系5μl、TaqMan FAM/TET探针（10pmol/μl）各0.25μl、双蒸水1.6μl，混合于PCR扩增管中。

2. PCR反应条件为：起始条件为50℃下2分钟和一个接续的95℃下10分钟；然后，进行95℃变性15秒和60℃复性/延伸60秒，共进行40个循环，结束PCR反应。

3. 应用分析软件进行自动分型。

【实验结果】

1. -45C/T基因座扩增产物为长97bp的片段。两TaqMan探针序列定位于扩增产物的近中央处，单碱基差异及5′端荧光标记物的不同确立了该基因座的基因型分型基础。

2. 实时定量PCR进行-45C/T基因座基因型识别的结果如图79-1所示。图中各点落入4个不同点群，点群1的样品为FAM荧光信号（x坐标），位于右下角，这些点表示只与FAM探针特异性结合的样本，为纯合子CC型；点群2的样品为TET荧光信号（y坐标），位于左上角，这些点表示只与TET探针特异性结合的样本，为纯合子TT型；点群3的样品为FAM和TET两种荧光信号的结合，位于点群1上，点群2右，这些点表示与两种探针均能特异性结合的样本，为杂合子CT型；点群4的样品为两种荧光信号皆不能检测到，位于点群1左，点群2下，表示无模板对照样本。

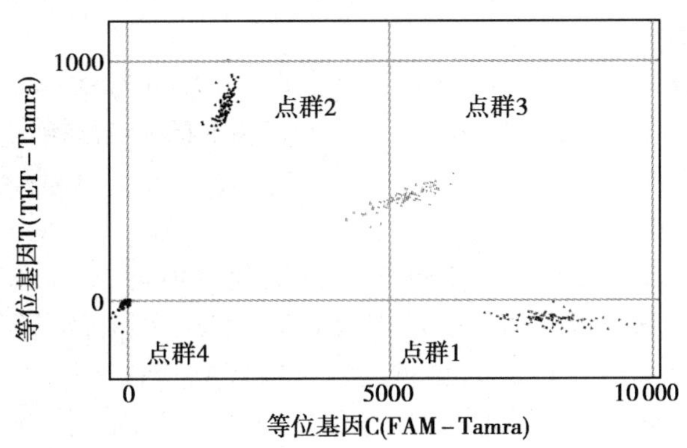

图79-1　TaqMan法-45C/T基因座基因型分型图

【注意事项】

1. 使用TaqMan方法进行SNP基因型分型，引物和探针设计应尽量避免碱基序列的自身结合，避免发夹结构产生，避免引物二聚体形成。

2. 引物的Tm最好选在55℃左右；探针最好要比较短，而且多态性位点应位于探针的中间。正式实验前应进行条件优化。

【思考问题】

1. 如果TaqMan法基因型分型图中只有点群1和点群3显示出荧光信号，如何解释这一分型结果？

2. 如果TaqMan法基因型分型图中点群4也显示出荧光信号，如何解释？

实验八十　PCR-RFLP法测定SNP基因型

PCR扩增片段限制性长度多态性（PCR-RFLP）技术是一种广泛使用的分子生物学方法，常用于检测DNA序列多态性。该技术既可对PCR扩增的长片段进行多态性分析，也可鉴定短片段中存在的SNP。

先决条件是PCR扩增富集目的片段，同时必须有围绕SNP位点可供选择的特异性限制性内切酶。

【实验技术原理】

DNA限制性内切酶具有识别特定的DNA序列并在特定的部位切断DNA双链的活性功能，DNA分子由于突变（核苷酸的置换、插入或缺失）改变（或形成）了限制性内切酶识别序列，使DNA限制性内切酶不能（或可以）将靶DNA片段切断。这样，应用PCR扩增目的基因，然后选择与SNP位点相关的特异性限制性内切酶进行切割，之后进行电泳分离。存在相应DNA限制性内切酶识别序列者，DNA片段被切割变成短片段；不存在相应DNA限制性内切酶识别序列者，DNA片段长度将不发生变化，这样，依据片段长度可鉴定出相应的等位基因。本实验选择了决定PGM_3表型多态性的SNP位点进行PCR-RFLP分析。

【实验材料】

1. 试剂

(1) Taq DNA聚合酶及扩增体系(10×PCR缓冲液、$MgCl_2$、dNTP)。

(2) PCR扩增PGM_3基因编码区A1396G的SNP位点的上游引物为5′-ATG TTT AAC AGG TTA AGC TTC TGA A-3′(序列定位于内含子12中);下游引物为5′-GGT GTA ACT GCT TGT CTT TCA GGA T-3′(序列定位于外显子13中)。

(3) 丙烯酰胺+甲叉双丙烯酰胺凝胶贮备液:总浓度(T)为40%,交联度(C)为5%。

(4) 限制性内切酶*Mbo*I、10×酶反应缓冲液。

(5) 10%过硫酸铵、TEMED、6×上样缓冲液、溴化乙锭、25bp的DNA分子量标准品。

2. 仪器设备 PCR扩增仪、PCR扩增管及EP管、普通垂直板电泳槽、三恒电泳仪用电源、UV观测仪。

【实验方法】

1. PCR扩增 扩增体系为25μl,其中包括1×PCR缓冲液,1.25mmol/L $MgCl_2$、0.125mmol/L dNTP,各0.3μmol/L的上下游扩增引物,1U Taq DNA聚合酶,1～2μl的基因组DNA。PCR反应条件为:94℃1分钟;然后执行96℃15秒、60℃20秒,72℃15秒,35个循环,最后延伸为72℃2分钟。

2. PCR产物的检测 取3μl的PCR产物,混合2μl蒸馏水和1μl的6×上样缓冲液,上样于10%的聚丙烯酰胺凝胶,180V电泳1小时,溴化乙锭染色后于UV下观察结果。

3. PCR产物的限制性内切酶消化 每个样本的消化体系中包括1μl的10×酶反应缓冲液、2.5U的限制性内切酶*Mbo*I、3μl的PCR产物,最后加蒸馏水至10μl,37℃下消化1.5小时,备检。

4. 酶切PCR产物的检测:方法同步骤2。

【实验结果】

1. PCR扩增后,PCR产物经聚丙烯酰胺凝胶电泳及溴化乙锭染色,UV下观察,结果显示片段长度为124bp,可参照DNA分子量标准品确定产物为单一白色荧光带。

2. 扩增得到的PCR产物,经特异的限制性内切酶*Mbo*I消化后,再经聚丙烯酰胺凝胶电泳及溴化乙锭染色,UV下观察,可得到三种不同的结果,即仅观察到一条分子量为124bp的带型为PGM_3 2-2型纯合子(未被*Mbo*I消化);由分子量为98bp和26bp的两条带型组成的为PGM_3 1-1型纯合子(完全由*Mbo*I消化);同时观察到上述三种带型的为PGM_3 2-1型杂合子。电泳模式图如图80-1所示。

3. 限制性内切酶*Mbo*I识别的碱基序列和切割点如图80-2所示。

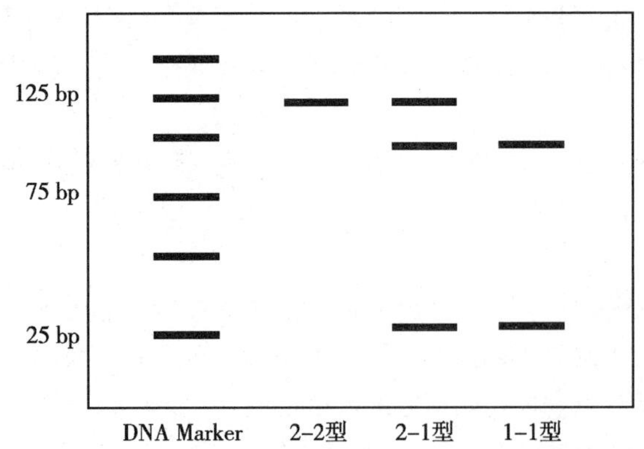

图80-1 PCR-RFLP检测PGM_3的A1396G结果模式图

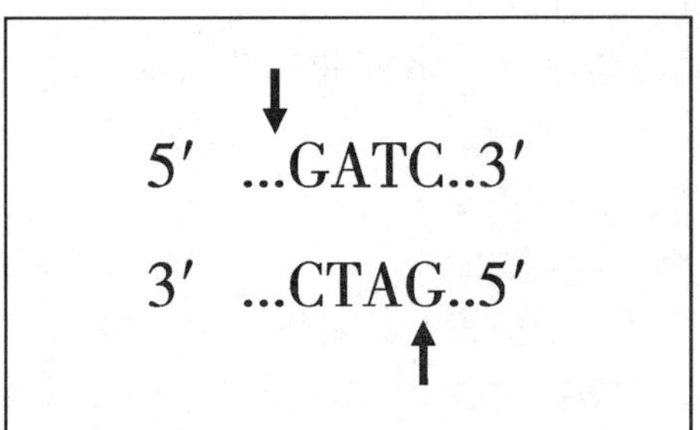

图80-2 *Mbo*I识别的碱基序列和切割点

【注意事项】

1. 因为PCR扩增的PGM_3基因目的片段中没有自身存在的限制性内切酶*Mbo*I识别序列,本实验为了鉴定决定其多态性的 SNP 位点，采用人为引进的限制性内切酶 *Mbo*I 识别序列，也称之为不匹配 PCR。

2. 实验中如采用不同的 PCR 扩增反应体系，应适当地调整 PCR 反应条件。

3. 本技术对限制性内切酶消化条件要求比较严格，限制酶切割必须彻底，如果因为酶用量不足，或酶活性不够高，酶切时间不足等，或者反应体系存在酶活性抑制物，常造成酶切不全，无法获得准确的判型结果。

4. 如果分型谱带中观察到多余的片段、位置发生变化的片段等非预期的结果，应考虑扩增的目的片段中是否存在变异？选择对该样本进行 DNA 测序进行验证。

【思考问题】

1. 如果由你选择扩增的目的片段特异的限制性内切酶，应考虑的基本原则是什么？

2. 如果本实验结果中发现，经限制性内切酶 *Mbo*I 消化后，电泳中发现其中的一个样品出现 3 条带，如何解释？

实验八十一　焦磷酸测序法测定 SNP 基因型

焦磷酸测序技术是一种依靠生物发光进行 DNA 序列分析的技术。该技术不需要荧光标记的引物或核酸探针，也不需要进行电泳，具有分析结果快速、准确、灵敏度高和自动化的特点。该技术适用于线粒体高变区多态性分析、SNP 分析、甲基化分析、克隆检测和等位基因频率分析。

【实验技术原理】

引物与模板 DNA 退火后，在 DNA 聚合酶、三磷酸腺苷硫酸化酶、荧光素酶和三磷酸腺苷双磷酸酶的协同作用下完成循环测序反应。当加入的 dNTP 与模板互补时，DNA 模板与互补的 dNTP 聚合同时产生等摩尔 PPi（图 81-1），在三磷酸腺苷硫酸化酶的催化下，PPi 与 5′ 磷酸化硫酸腺苷（APS）反应生成等量的 ATP；在荧光素酶催化下，ATP 与虫荧光素反应发光（图 81-2）。产生的荧光信号强度与聚合的 dNTP 个数成正比，根据加入的 dNTP 类型和荧光信号强度可实时记录模板 DNA 的核苷酸序列。本实验选择分析 HLA-DRB 基因的一段序列。

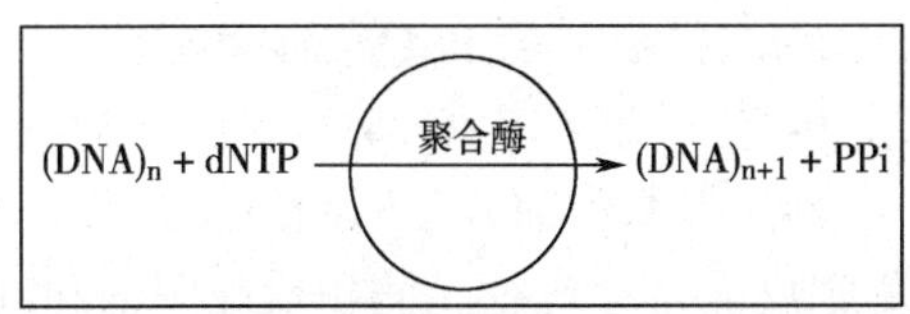

图 81-1　焦磷酸测序技术化学反应方程式

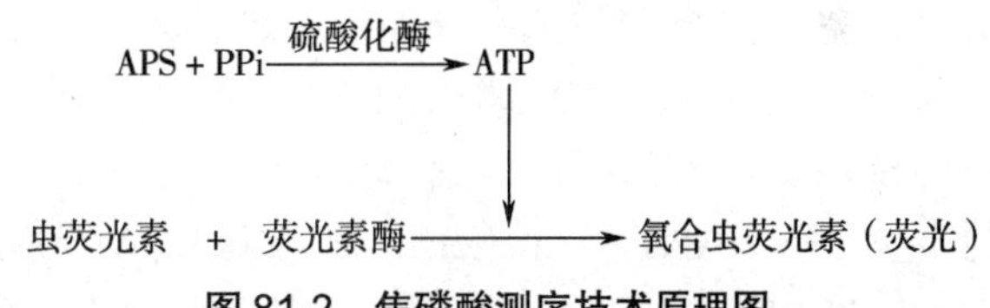

图 81-2　焦磷酸测序技术原理图

序列 81-1 人类 MHC II 类抗原（HLA-DRB3）基因，HLA-DRB3*02023 等位基因外显子 2 和部分编码区序列

LOCUS　　AY036908　　　307 bp　　DNA　　linear

DEFINITION　Homo sapiens MHC class II antigen（HLA-DRB3）gene，HLA-DRB3*02023 allele，exon 2 and partial cds.

ACCESSION　AY036908

序列　1 cctgtgtgac　cggagcattc　gtgtccccac　agcacgtttc　ttggagctgc　ttaagtctga
61 gtgtcatttc　ttcaatggga　cggagcgggt　gcggttcctg　gagagacact　tccataacca
121 ggaggagtac　gcgcgcttcg　acagcgacgt　gggggagtac　cgggcggtga　gggagctggg
181 gcggcctgat　gccgagtact　ggaacagcca　gaaggacctc　ctggagcaga　agcggggcca
241 ggtggacaat　tactgcaggc　acaactacgg　ggttggtgag　agcttcacag　tgcagcggcg
301 aggtgag

【实验材料】

1. 试剂

(1) DNA 聚合酶、其他 PCR 扩增体系(10×PCR 缓冲液、$MgCl_2$、dNTP);扩增 HLA-DRB 外显子 2 基因片段的引物为:DR-1R(生物素 -5′-CCG CTG CAC TGT GAA GCT CT- 3′)、DR-1FC(5′-AAT CCC CAC AGC ACG TTT CCT G-3′)、DR-1FT(5′-AAT CCC CAC AGC ACG TTT CTT G -3′)、DR-4F(5′-GTT TCT TGG AGC AGG TTA AAC-3′)。

(2) DNA 纯化试剂盒(偶联 Streptavidin 的磁珠)。

(3) 测序反应试剂盒。

(4) 测序引物为:DR-S1a(5′-TCA ATG GGA C-3′)、DR-S1b(5′-TCA ATG GG A T-3′)、DR-S1c(5′-TCA ACG GGA C-3′)、DR-S1d(5′-GGG CGG CCT-3′)、DR-S1e(5′-GGA ACA GCC A-3′)、DR-S4(5′-TGG AGC AGG TTA-3′)。

(5) TAE 或 TBE 缓冲液、琼脂糖、溴化乙锭。

2. 仪器 PCR 扩增仪、潜水电泳装置、UV 观测仪、PSQ96 全自动焦磷酸测序仪。

【实验方法】

1. PCR 扩增 扩增体系为 50μl,其中包括 1×PCR 缓冲液、2.0mmol/L $MgCl_2$、0.8μmol/L dNTP、PCR 正向引物(DR-1FC,DR-1FT 和 DR-4F)及反向引物(DR-1R)各 0.2μmol/L、Taq DNA 聚合酶 2U 及基因组 DNA 模板。PCR 反应条件为:94℃预变性 5 分钟;然后,94℃45 秒 → 62℃30 秒 → 72℃45 秒,共进行 30 个循环;随后 72℃延伸 5 分钟。

2. PCR 产物经 2% 琼脂糖凝胶电泳分析,溴化乙锭染色后于 UV 下观察结果。

3. 单链 DNA 模板的制备:PCR 反向引物 DR-1R 的 5′ 端标记了生物素,这样,在 40μl 的 PCR 扩增产物中加入等体积结合缓冲液(Pyrosequencing AB 公司试剂)及 4μl 链亲和素(Streptavidin)包被的磁珠,室温下孵育 10 分钟,将结合 PCR 产物的磁珠吸附到磁性平板,真空吸除未结合缓冲液,微球重悬于 50μl 变性缓冲液中,DNA 双链经碱变性分开,用 150μl 洗涤缓冲液清洗 2 次,纯化得到含生物素标记引物的待测序单链 DNA 模板,重悬于 50μl 退火缓冲液中。

4. 焦磷酸测序:实时焦磷酸测序在 PSQ96 微测序仪上进行。采用 Pyrosequencing 公司 PSQ96 SQATM 试剂盒,参照试剂盒操作说明进行。即将 40μl 单链 DNA 模板移至 PSQ TM 96 孔板中,然后加入 5μl 测序引物,80℃变性 2 分钟,待冷却至室温后,将 96 孔板放入 PSQ96 测序仪样本舱中,PSQ96 SQATM 酶混合物(包括 DNA 聚合酶、ATP 硫酸化酶、荧光素酶和腺苷三磷酸双磷酸酶)和底物混合物(包括 APS 和 Luciferin)加入到 SQA 反应筒中,测序反应自动进行。测序反应图像和数据由 PSQ96MA 2.02 软件分析处理,基因序列与 HLA 数据库比较,确定 HLA-DRB 基因型。

【实验结果】

1. 应用 DR-1R 和 DR-1FT 引物对基因组 DNA 进行 PCR 扩增,可扩增出 HLA-DRB 外显子 2 基因的片段,经 2.0% 琼脂糖凝胶电泳分析及溴化乙锭染色,UV 下观察,结果显示片段大小约 270bp。

2. 焦磷酸微测序分析及基因型鉴定 每个测序反应可判读 40～80 个碱基长度的 DNA 序列。图 81-3 所示为引物 DR-S1a 的测序图,上述 4 个测序反应测得序列覆盖了外显子 2 的主要多态性区域,通过与 HLA 数据库比较,确定为 HLA-DRB3*02023 等位基因。

【注意事项】

1. 本实验应用的是焦磷酸微测序技术,因此,通常一次可判读 40～80 个碱基。如采用 3～4 个微测序可以判读全部扩增区域的多态性位点。

2. 生成的 ATP 可以和荧光素结合形成氧化型荧光素,同时产生可见光,这些可见光可以通过 CCD 光学系统获得一个特异的检测峰,峰值匹配于相对应的碱基,而峰的高低代表着相同碱基的数目差。

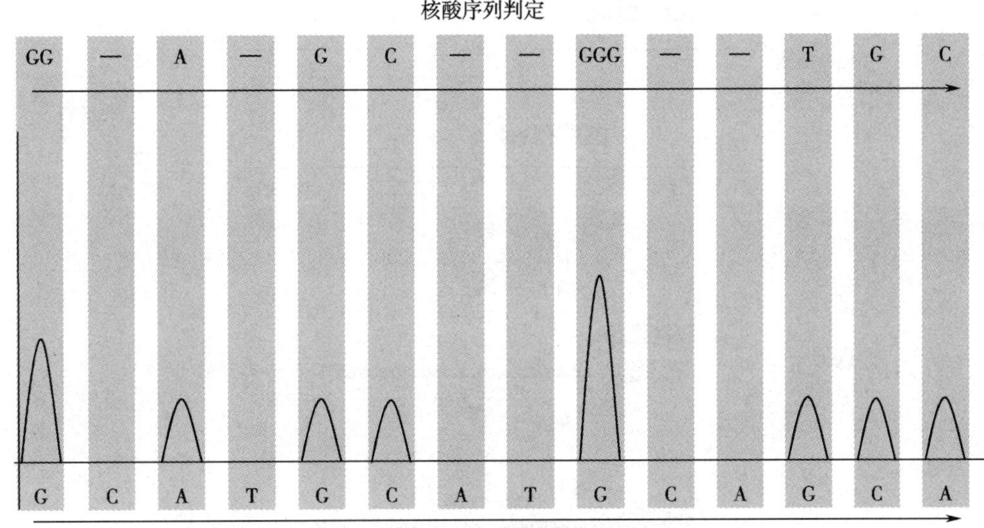

图 81-3　HLA-DRB3*02023 的焦磷酸微测序检测结果模式图

3. 因产生的信号强度反映定量的信息，故可将多个样本进行混合，按一个样本测序，依据峰高计算某一 SNP 位点等位基因的频率。

4. 对于人类 Y- 染色体和线粒体 DNA 上 SNP 的测序，其检测结果反映所有 SNP 组成的对应单倍型。

【思考问题】

1. 焦磷酸测序的技术流程通常包括哪几步？

2. 焦磷酸测序的聚合反应中用 dATPaS 代替 dATP 的优点是什么？

第二节　插入缺失(InDel)分型

实验八十二　常染色体 InDel 单基因座检测分型

InDel 多态性是人类基因组中一种特殊类型的二等位基因遗传标记，表现为基因组中插入或缺失不同大小的 DNA 片段。InDel 本质上属于长度多态性，采用 PCR 和电泳分离的方法很容易对 InDel 多态性位点进行分型；也可以用目前法医 DNA 实验室普及的毛细管电泳技术平台进行自动分析。能够通过很小的扩增子进行扩增(<50bp)，甚至对高度降解的检材可以成功分型。此外，InDel 突变率低，适用于 STR 出现变异时的补充。

【实验技术原理】

InDel 多态性位点的等位基因可采用确定荧光标记片段长度来完成。一般来说，目的片段通过荧光标记的上位引物和非标记的下位引物配对，或者通过非标记的上位引物和荧光标记的下位引物配对，经 PCR 扩增后使产物标记上荧光。进一步借助毛细管电泳的分离，根据检测带有荧光的扩增子的大小来准确地确定基因型。本实验采用通用的荧光 PCR 进行 InDel 分型的方法，即借助含有通用引物尾序列的上位引物和非标记的下位引物首先扩增出目的片段，然后，应用标记荧光的通用引物进行二次扩增，获得用于长度鉴别的荧光目的片段(图 82-1)。本实验选择定位在人类 1 号染色体上的 rs2308039 位点进行分析，位点等位基因表现为 -/CCA 的 3 碱基的插入缺失。

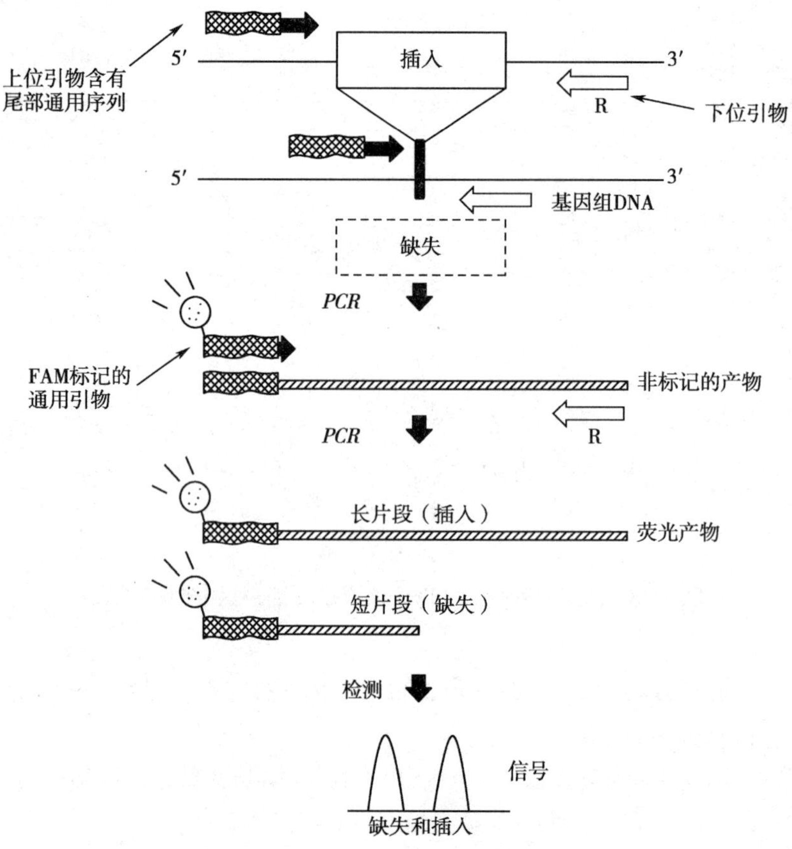

图 82-1 InDel 单基因座分型技术原理图

【实验材料】

1. 试剂

(1) Chelex-100 等基因组 DNA 提取试剂(参照第十二章)。

(2) 特异性序列引物和荧光通用引物(表 82-1)、10×PCR 缓冲液、dNTP、金牌 DNA 聚合酶、灭菌超纯水。

(3) MinElute PCR 纯化试剂盒(Qiagen)、甲酰胺、GeneScan™ HD 400 ROX™ 分子量标准品(Applied Biosystems)。

表 82-1 rs2308039 位点基因型分析的引物序列信息

上位引物(5′→3′)	CGCCAGGGTTTTCCCAGTCACGACACTGCAGCACAGAGATCCAT
下位引物(5′→3′)	GGGTGGCATGTAGGGAAAAA
荧光引物(5′→3′)	FAM-CGCCAGGGTTTTCCCAGTCACGAC
目的片段大小	64，67bp

2. 仪器设备 紫外分光光度计、PCR 扩增仪、微量移液器、DNA 测序仪。

【实验方法】

1. 基因组 DNA 模板的准备 采用 Chelex-100 法提取血痕中的基因组 DNA(提取方法见第十二章)。

2. PCR 扩增 扩增体系为 20μl，其中包括 1×PCR 缓冲液、200μmol/L dNTPs、200nmol/L 正反链扩增引物(表 82-1)、500nmol/L 的荧光标记通用引物、1U 的金牌 Taq DNA 聚合酶、1ng 模板 DNA。PCR 反应条件为：95℃11 分钟，96℃60 秒，62℃60 秒，72℃60 秒，32 个循环，最后延伸为 72℃60 分钟。

3. PCR产物的纯化　应用MinElute PCR纯化试剂盒，参照厂家提供的步骤进行纯化。

4. 取纯化后的产物1μl，加入20μl甲酰胺和0.5μl的内标分子量标准品GeneScan™ HD 400 ROX™，混匀后上样于DNA测序仪进行电泳分析，GeneMapper自动分析基因型。

【实验结果】

1. 扩增产物经毛细管电泳检测，数据通过GeneMapper分析软件进行分析，可获得目的片段的大小及分型。纯合子的缺失为分子量64bp的单一峰；无缺失的纯合子为分子量67bp的单一峰；杂合子则是64和67bp的双峰结构（图82-2）。

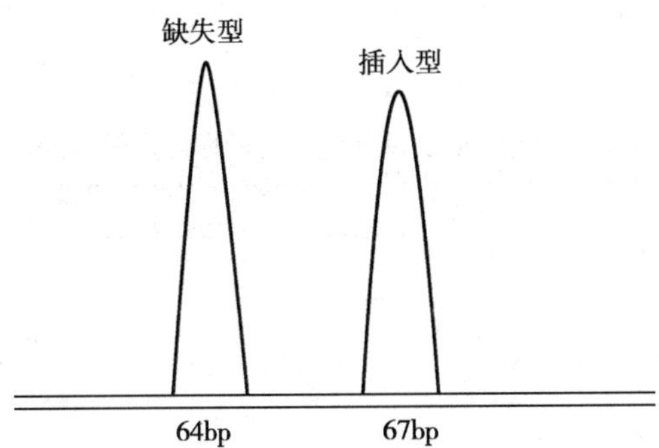

图82-2　rs2308039基因座检测结果模式图

2. 插入/缺失多态性位点的基因型描述用(+)或(-)，如纯合子的插入基因型为(+)/(+)。

【注意事项】

1. 因人为在上位引物中加入了通用引物序列，这样，实际检测中特异的荧光片段所显示的大小应为64+24bp（缺失型）和67+24bp（插入型）。

2. 与高度多态的STR相比，InDel这一双等位基因标记在鉴别概率上相对较低，应考虑复合扩增更多的InDel位点以增加鉴别能力。

3. 本实验方法中采用了通用荧光PCR方法，这就为接续的复合扩增多个InDel位点提供了基础。

4. 本实验采用较少量的模板DNA，可达到较好的扩增结果。同时也提示其用于复合扩增多位点在使用检材上的优势，体现出其在法医学鉴定中的应用价值。

【思考问题】

1. 是否可以不采用通用荧光引物而直接用荧光标记两个特异性扩增引物之一？

2. 与STR位点的扩增比较，为什么InDel位点可以扩增更短的目的片段？

实验八十三　常染色体InDel多基因座检测分型

InDel的两个等位基因表现为片段长度多态性，可采用目前法医DNA鉴定领域常用的复合荧光多重PCR扩增联合毛细管电泳分型技术进行检测。此外，InDel的扩增片段可以设计更短，既可以增加DNA降解检材分型的成功率，又利于多个位点进行复合扩增。

【实验技术原理】

Investigator®DIPplex是第一个商品化的InDel分型试剂盒，可同时扩增分布于超过19个常染色体中的30个InDel多态性位点和性别鉴定基因，最大扩增子长度为160bp（所有位点信息见网络增值服务）。采用四种不同的荧光染料分别标记扩增30个位点的引物，借助控制所扩增目的片段的长度，采用毛细管电泳分析技术平台和GeneMapper ID v3.2软件进行30个InDel位点的基因型鉴定。

【实验材料】

1. 试剂

(1) Investigator®DIPplex（德国Qiagen公司）荧光标记复合扩增系统，其中包括：反应混合物A、引物混合物 DIPplex、Multi Taq2 DNA 聚合酶、去核酸酶纯水、DNA 分子量标准品 550、等位基因标准品 DIPplex。

（2）甲酰胺、10× 含 EDTA 的基因分析缓冲液、POP-4 胶。

2. 仪器设备　9700 型 PCR 扩增仪、振荡器、离心机、DNA 测序仪、微量进样器。

【实验方法】

1. 融解进行 PCR 扩增的所有试剂及模板 DNA，配制体系前应对上述试剂和模板 DNA 彻底混合。

2. 按照表 83-1，依据扩增样本的个数准备扩增体系。扩增体系中应包含除模板 DNA 外的所有成分。

表 83-1　30 个 InDel 基因座复合扩增反应体系的准备

成分	每个反应的体积
反应混合物 A	5.0μl
引物混合物	5.0μl
Multi Taq2 DNA 聚合酶	0.6μl
去核酸酶纯水	可调
模板 DNA	可调
总体积	25μl

3. 混匀准备的总的样本扩增体系后，等体积分配于 PCR 扩增管或 PCR 扩增板的孔中。

4. 分别加入模板 DNA 于不同的 PCR 扩增管或孔中，每个扩增管或孔内的终体积为 25μl。

5. 同时准备阳性和阴性对照，即向阳性对照扩增管中加入 5μl 的已知的对照 DNA 模板；向阴性对照扩增管中加入去核酸酶的纯水。

6. PCR 扩增条件见表 83-2。

表 83-2　30 个 InDel 基因座复合 PCR 扩增条件

温度	时间	循环数
94℃	4 分钟	—
94℃	30 秒	
61℃	125 秒	30 个循环
72℃	75 秒	
68℃	60 分钟	—
10℃	无穷大	—

7. 扩增完成后，将扩增的样本于 -30～-15℃下避光保存，或者也可直接进行电泳分析。

8. 电泳样本的准备和上样

（1）一个分析样本准备 12μl 的甲酰胺和 0.5μl 的 DNA 分子量标准品 550；多个样本需按比例准备总的反应体系后充分混合，然后按 12.5 微升 / 样本管进行分配。

（2）分别向分配的管中加入 1μl 扩增后样本或等位基因标准品。

（3）混匀后于 95℃下变性 3 分钟，然后迅速放置于冰上 3 分钟。将变性后的 PCR 产物在 3130xl 型遗传分析仪上进行毛细管电泳。用 GeneMapper ID v3.2 软件对 30 个 InDel 位点和性别基因座 Amelogenin 进行分型。

【实验结果】

1. DNA 分子量标准品 550 包括 60，80，90，100，120，140，160，180，200，220，240，250，260，280，300，320，340，360，380，400，425，450，475，500，525 和 550bp 等 26 个已知长度片段。

2.30个InDel基因座基因型的确定依据等位基因标准品由GeneMapper ID v3.2来完成。各基因座遗传信息及插入/缺失片段长度见表83-3。

表83-3　30个InDel基因座的遗传信息及插入/缺失片段长度

染色体	基因座	dbSNP录入号	荧光标记颜色	缺失片段长度(bp)	插入片段长度(bp)
1	HLD40	rs2307956	红色	106	129
	HLD39	rs17878444	红色	125	143
	HLD128	rs2307924	红色	113	121
2	HLD45	rs2307959	蓝色	92	96
	HLD48	rs28369942	黄色	89	94
3	HLD133	rs2067235	红色	91	102
4	HLD56	rs2308292	蓝色	144	149
5	HLD64	rs1610935	黄色	138	144
	HLD58	rs1610937	蓝色	136	140
	HLD67	rs1305056	绿色	140	147
6	HLD70	rs2307652	蓝色	104	108
7	HLD81	rs17879936	黄色	147	158
	HLD77	rs1611048	蓝色	84	88
	HLD131	rs1611001	蓝色	100	113
8	HLD83	rs2308072	黄色	76	80
	HLD84	rs3081400	红色	135	140
9	HLD88	rs8190570	绿色	118	128
11	HLD92	rs17174476	绿色	87	90
12	HLD93	rs2307570	绿色	98	103
13	HLD97	rs17238892	红色	97	110
14	HLD99	rs2308163	绿色	108	113
15	HLD101	rs2307433	绿色	131	135
16	HLD6	rs1610905	蓝色	118	134
17	HLD114	rs2307581	黄色	83	100
	HLD111	rs1305047	蓝色	122	126
20	HLD118	rs16438	绿色	77	81
21	HLD122	rs8178524	黄色	115	126
22	HLD125	rs16388	黄色	129	135
	HLD136	rs16363	红色	79	84
	HLD124	rs6481	黄色	104	109
	Amelogenin		蓝色	77(X)	80(Y)

3. 扩增片段长度均在70～160bp之间，纯合子只显现1个等位基因峰，杂合子则有2个等位基因峰。图83-1为500pg的阳性对照DNA样本9948的Investigator DIPplex试剂盒电泳图谱。

【注意事项】

1. 尽管该试剂盒已报道的数据显示变异率较低，同时未发现显著的连锁不平衡现象，但是对于同一染色体上的InDel基因座最好还是从群体学水平上评价连锁相关性为宜。

2. 试剂盒应考虑用于微量血痕、甲醛固定石蜡包埋组织等DNA降解生物检材的分析，以期整体对30个InDel基因座的扩增效率进行评估，同时能体现出对于疑难检材的检测更具有优势。

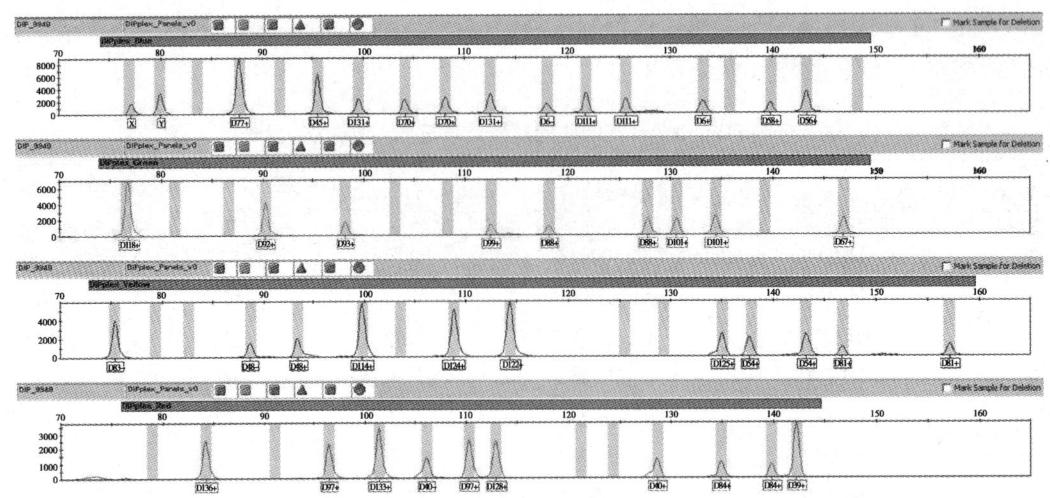

图 83-1　样本 9948 的 Investigator DIPplex 试剂盒复合扩增图谱

3. 相比较复合扩增 STR 的基因座，该 InDel 基因座试剂盒的鉴别几率相对低，目前主要考虑作为法医学亲子鉴定和个人识别的补充。

4. PCR 后的分析及采用适当的软件进行自动化等位基因分析是确保准确和可靠地鉴别所有等位基因的关键。分析步骤包括：①检查 DNA 分子量标准品；②检查等位基因标准品；③检查阳性和阴性对照；④分析和解释样本的数据。

5. 如果峰高是在线性的检测范围之外，或者如果应用了一个不正确的基础分析矩阵数据，可能会出现 Pull-up 峰。此时，会发现在一种颜色特异峰位置上出现的峰也可以在其他颜色频道中观察到，典型地表现为低信号强调。为了防止 Pull-up 峰的出现，峰高将不要超过临界值。

6. 因为存在末端转移酶的活性，Taq DNA 聚合酶可以在扩增 DNA 片段的 3′ 端产生不完全地腺苷酰作用。这种“非正常产物”的峰比期待的峰短一个碱基，且峰高与模板 DNA 的量相关。因此建议实验室最好自己定义对这些峰分析的限制办法。

【思考问题】

1. 为什么 Investigator®DIPplex 试剂盒可以选择毛细管电泳分析技术平台和 GeneMapper ID v3.2 软件联合分析？

2. InDel 和 SNP 遗传标记的异同？InDel 与 STR 遗传标记的异同？

第十六章　线粒体 DNA 分析

当细胞核 DNA 量不足而无法进行分型时，线粒体 DNA 技术分析是唯一可以利用的技术，生物检材中的毛干、骨头、牙齿和其他严重降解的检材也依赖线粒体 DNA（mtDNA）分析。法医 mtDNA 经典检验主要在非编码区（即 D- 环区）的和高变区Ⅰ（HV-Ⅰ）和高变区Ⅱ（HV-Ⅱ），多态性包括单核苷酸多态性、插入、缺失和串联重复序列多态性等等。

此外，mtDNA 分析技术在种属鉴定也发挥重要的作用。细胞色素 b（*cytb*）由两个亚基组成，其中之一由 *cytb* 基因编码，在线粒体内合成。不同动物的 *cytb* 基因序列有差异，因此，可将 *cytb* 基因应用于法医学种属鉴定。

实验八十四　线粒体 DNA 序列变异筛选

变性高效液相色谱（denaturing high performance liquid chromatography，DHPLC）技术能利用野生型和变异的 DNA 链形成异源双链来鉴别点突变。它具有准确率高、成本低、操作简便、分析快、结果简单明了和对突变检测灵敏度高等特点，被广泛应用于 DNA 突变检测和 SNPs 分析等方面的研究。DHPLC 在部分变性温度条件下可以快速、高效、准确地进行 mtDNA 变异片段的筛选。

【实验技术原理】

DHPLC 技术通过对同源双链（homoduplex）和异源双链（heteroduplex）的分析，可以快速地进行变异 DNA 片段的筛选（图 84-1）。含有差异序列的 PCR 扩增产物在变性复性过程，它们不仅形成同源双链，同时也会错配形成异源双链。在部分变性的温度条件下，发生错配的异源双链 DNA 更易于解链为单链 DNA，由于单链 DNA 所带的负电荷减少，与 DNA 分离柱的结合力降低。因此，异源双链比同源双链先洗脱出来，根据柱子保留时间的差异将同源双链和异源双链分离，从而可以快速分析单个核苷酸的突变和多态性。结合 mtDNA 控制区序列特点和 DHPLC 检测的要求，可将整个控制区分为 4 个片段（中间有重叠），进行 mtDNA 序列变异筛选。

【实验材料】

1. 样本　人源血痕、口腔拭子等。

2. 试剂　10×PCR buffer、2mmol/L dNTPs、Taq Gold DNA 聚合酶（ABI）、Pfu Taq DNA 聚合酶、超纯水、三乙基氨醋酸（triethylammonium acetate，TEAA，HPLC 级）、乙腈（acetonitrile，ACN，HPLC 级）。

3. 仪器设备　台式高速离心机、冰箱、PCR 扩增仪、变性高效液相色谱系统、1000μl、100μl 和 10μl 可调移液器及相应的防回吸吸头、1ml、500μl 和 200μl 微量离心管。

【实验方法】

1. DNA 提取　参照第十二章。

2. PCR 扩增　将整个控制区分为 A、B、C、D 等 4 个片段（中间有重叠）进行 mtDNA 扩增，各片段引物序列见表 84-1。采用 25μl 体系进行扩增，其中包括：10×PCR buffer 2.5μl、2mmol/L dNTP

1.25μl、10μmol/L A、B、C、D 等 4 个片段各自的一对引物各 1.25μl、DNA 聚合酶（Taq Gold DNA Polymerase: Pfu Taq Polymerase=9: 1，V/V）0.12μl（5U/μl）、DNA 模板 10～100ng。热循环条件为：95℃10 分钟，94℃20 秒，60℃30 秒，72℃30 秒，共 30 个循环；60℃30 分钟；4℃保存。

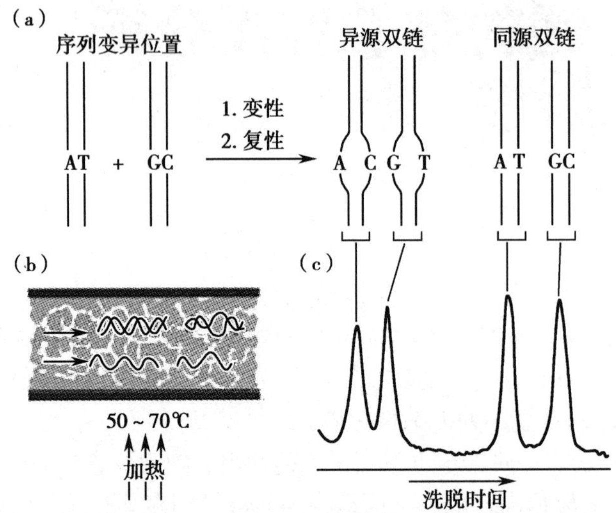

图 84-1 变性高效液相色谱技术进行 DNA 变异序列筛选原理示意图

表 84-1 mtDNA 控制区 4 个片段的 PCR 引物

mtDNA 控制区		引物序列	长度（bP）
片段 A	A-Forward	5′CGC CCG CCC CCC GCC GAA AAA GTC TTT AAC TCC AC 3′	280
	A-Reverse	5′GAG GGT TGA TTG CTG TAC TT 3′	
片段 B	B-Forward	5′ATC CAC ATC AAA ACC CCC TC 3′	211
	B-Reverse	5′ACA AGC AAG TAC AGC AAT CA 3′	
片段 C	C-Forward	5′ATC ACG ATG GAT CAC AGG TC 3′	308
	C-Reverse	5′GGT GGA AAT TTT TTG TTA TG 3′	
片段 D	D-Forward	5′GGG CGG GAC AAT TGA ATG TCT GCA CAG 3′	367
	D-Reverse	5′TTT GAG GAG GTA AGC TAC AT 3′	

3. 制备异源双链　分别等比例混合待检的 2 个样本的 4 个片段的 PCR 扩增产物，95℃变性 3～5 分钟，然后缓慢降温至 25℃（1.5℃/min，约需 45 分钟），使之充分杂交形成异源双链。

4. DHPLC 检测（以 WAVE™ 核苷酸分析系统为例）　打开 WAVEMAKER®，填写 Sample Sheet，放置已混合变性 / 复性后的 PCR 产物，运行 DHPLC 系统。WAVE 运行条件：Elute A：0.1mol/L TEAA，0.25% CANC；Elute B：0.1mol/L TEAA，25% CAN；Flow Rate：1.5ml/min；Injection：5μl；Application Type：Mutation Detection；Column Temperature：片段 A（57.2℃）、片段 B（58.5℃）、片段 C（59.1℃和 55.1℃）、片段 D（57.8℃）；Detection Wavelength：260nm；Gradient：按照软件自动设定的梯度。

【实验结果】

1. 序列同一的两个样本的混合物的 DHPLC 图谱只显示 1 个样品洗脱峰。

2. 序列不同的两个样本的混合物的 DHPLC 图谱显示 2 个或数目更多的样品洗脱峰。

【注意事项】

1. PCR 扩增产物的忠实性和扩增产量对分析十分重要，DNA 聚合酶对 DHPLC 检测的影响已逐渐为人们所重视。非特异的扩增将会形成错误的异源双链，从而产生假阳性。为了提高保真性，可选用具有校正功能的 Pfu DNA 聚合酶。

2. 配对进行序列变异筛选的两个样本的用量应相当，最好是 1∶1。

3. 采用本技术还可同时进行 mtDNA 异质性的检测。

4．两条配对的序列不同，实验结果只能提示变异的存在，无法确定具体的错配类型及位置。

【思考问题】

变性高效液相色谱技术进行序列变异筛选的原理是什么？

实验八十五　线粒体 DNA 序列多态测定

Sanger 测序这种直接测序方法具有高度的准确性和简单、快捷等特点，因其准确性高而成为基因检测的金标准。下一代 DNA 测序技术仍然无法完全替代 Sanger 测序技术。绝大多数个体间的 mtDNA 多态性位于控制区，并且只有大约 1%～2% 的变异，这些变异散布于高变区Ⅰ(HV-Ⅰ)和高变区Ⅱ(HV-Ⅱ)，目前主要用 Sanger 测序法进行 DNA 测序分析。

【实验技术原理】

线粒体 DNA 是人类第二套基因组 DNA，携带有编码蛋白质和 RNA 的基因。线粒体 DNA 呈闭合环状结构，不易降解，具有高灵敏度的优势。线粒体 DNA 序列多态性的分析常常应用于在毛发、指甲、骨骼、超微量血痕的检测中。Sanger 法即双脱氧核苷酸链终止法，是在 DNA 复制反应过程中加入 2′, 3′- 双脱氧核苷酸(ddNTP)，由于 ddNTP 在脱氧核糖的 3′ 端位置缺乏一个羟基，不能在 DNA 聚合酶的作用下与后续的 dNTP 形成磷酸二酯键，使延伸的引物链在此终止。通常在一个模板 DNA 的测序反应中，设置一套四组反应体系，即在每个体系中加入 dNTP 外，分别加入四种 ddNTP，使引物延伸过程随机终止，形成一系列长度不同的新 DNA 片段。荧光染料标记自动测序技术根据荧光标记方法分为两种：标记 ddNTP 法与标记引物法，其中应用较多的是前者，将四种荧光染料标记在终止物 ddNTP 上，于一个样品槽中电泳展开，相互间仅差 1 个碱基的 DNA 片段形成一条具有 4 种颜色的阶梯分布图像。阶梯中每一 DNA 片段由标记在该片段上的特征性荧光集团发出的荧光所指示。

【实验材料】

1．样本　人源血痕、口腔拭子等。

2．试剂　FS 测序试剂盒或 BigDye 测序试剂盒、2%$MgCl_2$、55μl 95% 乙醇混合液。

3．仪器设备　PCR 仪、全自动 DNA 测序仪。

【实验方法】

1．DNA 提取　参照第十二章。提取的 DNA 经纯化后可用于 PCR 扩增。序列测定之前的线粒体 DNA 扩增分两步进行。先用 L15926-H00580 引物扩增约 1.3kb 长的全控制区片段，然后以扩增产物作为第二次扩增的模板，再分别扩增 HV-I 和 HV-Ⅱ区段，两次扩增的引物序列见表 85-1。

表 85-1　mtDNA 控制区、HV-I 和 HV-Ⅱ扩增引物序列

引物	序列
L-15926	5′-TCA AAG CTT ACA CCA GTC TTG TCT TGT AAA CC-3′
H-00580	5′-TTG AGG AGG TAA GCT ACA TA-3′
L-15997	5′-CAC CAT TAG CAC CCA AAG CT-3′
H-16401	5′-TGA TTT CAC GGA GGA TGG TG-3′
L-00029	5′-GGT CTA TCA CCC TAT TAA CCA-3′
H-00408	5′-CTG TTA AAA GTG CAT ACC GCC-3′
M13(-21)L-15997	5′-TGT AAA ACG ACG ACG GCC AGT CAC CAT TAG CAC CCA AAG CT-3′
M13(-21)H-16401	5′-TGT AAA ACG ACG ACG GCC AGT TGA TTT CAC GGA GGA TGG TG-3′
M13(-21)L-00029	5′-TGT AAA ACG ACG ACG GCC AGT GGT CTA TCA CCC TAT TAA CCA C-3′
M13(-21)H-00408	5′-TGT AAA ACG ACG ACG GCC AGT CTG TTA AAA GTG CAT ACC GCC A-3′

HV-I 区段引物序列：M13-(21)L-15997 和 H-16401

HV-Ⅱ区段引物序列：M13-(21)L-00029 和 H-00408

2. PCR 扩增　在 50μl 反应体系中，含有 0.25μmol/L 引物、1×PCR 缓冲液、1.5μmol/L $MgCl_2$、200μmol/L dNTPs、1U Taq 酶、1～2μl DNA 模板。扩增条件：95℃3 分钟，94℃30 秒，55℃30 秒，72℃90 秒，循环 35 次。最后于 72℃延伸 7 分钟。

毛发和陈旧骨 mtDNA 模板量少，为了得到足够产量的测序模板，常用巢式 PCR 扩增，以提高成功率。

3. 样本扩增产物的纯化　在获得线粒体 DNA 目的片段的扩增产物后，要对产物进行纯化，去除残存的引物和 dNTP。低熔点琼脂糖凝胶电泳结合 DNA 凝胶回收试剂盒方法。

4. 测序反应与反应产物的纯化　利用 PCR 产物进行链的标记 - 终止反应，反应体积可根据情况设定。选用商品化试剂盒或配制的试剂进行循环测序，如 ABI 公司的 BigDye 1.0 和 2.0 测序试剂盒。扩增条件为：96℃，10 秒；55℃，5 分钟；60℃，4 分钟。循环 28 次。

测序反应后，将产物加于等体积的 2% $MgCl_2$ 和 55μl 95% 乙醇混合液中。放置 15 分钟，以 15000 转 / 分，离心 20 分钟；收集沉淀，溶于 5μl 上样缓冲液；取 1μl 上样。

5. 电泳分离　采用毛细管电泳，分离识别 DNA 片段。

6. 打开凝胶文件，按加样顺序给各泳道凝胶添加数据，正确选用 Matrix 文件，然后分析，读取结果。运用 PE 公司 Sequence Editor 软件，将所测样品 DNA 的碱基序列与 Anderson 序列对比。

【实验结果】

通过将所测样品 DNA 的碱基序列与 Anderson 序列对比，得到不同个体间线粒体 DNA 高变区段碱基序列差异，进行 mtDNA 的分型。

几种真实案例检材 mtDNA HV-I 区测序结果图谱及其与 Anderson 序列对比分析差异结果见增值性服务网站。

【注意事项】

1. 由于 mtDNA 具有较为广泛的异质性，其突变率也比核 DNA 高，因此，2 个检测样本的结果出现 3 个以上的碱基序列的差异才排除其相似性。

2. 线粒体 DNA 并不能区分来自同一母系的个体。

3. 线粒体 DNA 分析的个人识别率远低于核 DNA，仅根据线粒体 DNA 分析，达不到个体同一认定水平。

4. 实验过程必须严格控制污染，防止假性结果：

(1) 线粒体 DNA 分析方法的灵敏度高，在实验中应严格控制污染。提取样品 mtDNA 前，应将样品表面清洗干净，毛发应先用去污剂洗，骨、牙清洗后用紫外线照射。

(2) 设置阴性对照和阳性对照控制污染。

【思考问题】

1. 如何避免线粒体 DNA 序列分析中可能存在的异质性影响？

2. 在法医物证检验实践中，线粒体 DNA 非编码区序列分析技术与核 DNA 的 STR 分析技术相比有何优势？

实验八十六　细胞色素 B 基因种属鉴定检验

种属鉴定在法医学中占有重要的地位，其主要任务是鉴定法医学生物检材的种属来源，确定检材是否来自人体，有时还要确定检材来自何种动物。mtDNA 为闭合环状分子，其进化速度快，种属间差异较大，特别是拷贝数多，在腐败检材中仍有部分 mtDNA 保留，非常适合应用 DNA 技术进行种属鉴定。PCR-RFLP 技术结果准确，操作简单，同时对实验设备要求较低，是非常合适的种属鉴定的 DNA 技术。

【实验技术原理】

线粒体内膜上的细胞色素氧化酶是由 7 条多肽链组成的蛋白质，其中 3 条较大的肽链（细胞色素

c 氧化酶Ⅰ、Ⅱ、Ⅲ亚基）由线粒体基因编码，另外 4 条较小的肽链则由核基因编码，并在细胞质中的核糖体上合成。细胞色素 b 由两个亚基组成，其中之一由 *cytb* 基因编码，在线粒体内合成。不同动物的 *cytb* 基因序列有差异，因此，可将 *cytb* 基因应用于法医学种属鉴定。相对于 *cytb* 基因扩增后测序分析不同物种碱基差异技术，PCR-RFLP 技术更能方便快捷、经济高效的甄别人和其他动物种属。

【实验材料】

1. 样本　人、猪、牛、羊、狗、鸡等血痕。
2. 试剂　TBE、聚丙烯酰胺凝胶、内切酶 *Alu*I 和 *Nco*I。
3. 仪器设备　PCR 仪、电泳槽。

【实验方法】

1. DNA 提取　酚 - 氯仿法提取 DNA。
2. 引物序列　5′-CAT CGA CCT TCC AGC CCC ATC AAA CAT-3′, 5′-TGT TCT ACT GGT TGG CCT CCA ATT CA-3′。
3. 反应体系　lng 样本 DNA、10mmol/L Tris-HCl、0.2U Taq 酶、50mmol/L KCl、1.5mmol/L $MgCl_2$、0.2μmol/L 每种 dNTP、20pmol/L 每种引物，共 50μl。
4. 扩增体系　94℃变性 30 秒，55℃复性 30 秒，72℃延伸 30 秒，共 30 个循环。
5. 酶切　总体积 10μl，含扩增产物 6μl、双蒸水 2.6μl、10U/μl *Alu*I 或 *Nco*I 酶 0.4μl、10×buffer lμl，37℃水浴 14～17 小时。
6. 电泳　酶切产物 4μl、loading buffer 4μl，6% 变性聚丙烯酰胺凝胶电泳，硝酸银染色。

【实验结果】

各种动物 *cytb* 基因的 PCR-RFLP 图不同，尚未发现有酶切片段为某两种动物共有（家兔与野兔都有 157bp 的片段，鸡与火鸡酶切片段完全相同，是由于家兔与野兔、鸡与火鸡各属同种动物中的不同亚种），可以认为，*cytb* 基因酶切片段具种属特异性。根据 *cytb* 基因的 PCR-RFLP 图，判断检材含有某种或某几种动物 *cytb* 基因，因而能鉴别混合检材（表 86-1）。

表 86-1　各种动物细胞色素 b 基因扩增产物经 ALUI 和 NCOI 酶切后的片段长度

内切酶	牛	猪	羊	狗	猫	野兔	家兔	火鸡	鸡	人
Alu I	453	580	517	463	655	450	834			978
	322	243	450	387	206	374	157			3
	206	131	14	101	120	157				
		27		30				623	623	
Nco I								349	349	

【注意事项】

尽管通过 *cytb* 基因 PCR 扩增后测序分析，可以根据不同种属的动物 DNA 一级结构碱基序列的差异区分种属，但是联合应用内切酶 *Alu*I 和 *Nco*I 对 *cytb* 基因进行 PCR-RFLP 分析可以更加便捷有效的鉴别常见动物 DNA 与人类 DNA，在法医学实践中具有较好的应用价值。

【思考问题】

种属鉴定的常用方法有哪些？

第四篇　似然率的计算与DNA数据库

第十七章　似然率计算

法医物证属于“科学证据”，针对其检测结果的解释需要经过严格的逻辑推理并运用科学的理论加以评估。例如，强奸案中从被害人阴道拭子提取的精斑遗传标记分型结果与嫌疑人相同，则在“某种程度上”支持嫌疑人实施了强奸的论点；亲权鉴定中若被控父（alleged father，AF）与孩子的遗传标记分型结果不违背遗传规律，则也在“某种程度上”支持AF是孩子的生父。这种支持程度的大小取决于所用遗传标记的数量、系统效能和个案效能。这些指标均需经过统计学计算，然后再根据计算所得的具体量化值来评估法医物证的科学证据意义。

第一节　父权指数计算

父权指数（paternity index，PI）或称亲权指数，是亲子关系鉴定中遗传标记针对具体个案的鉴定能力（个案效能），是判断遗传证据强度的重要指标。

实验八十七　三联体亲权鉴定父权指数的计算

【使用范围及条件】

1. AF、生母及孩子参加的三联体鉴定。

2. AF-母-子之间的遗传标记分型结果不违反人类遗传规律。

【计算原理】

亲权鉴定案经过遗传标记分型后，若AF-母-子之间的型别组合不违反孟德尔遗传规律，此时存在两种可能性：一是AF是孩子的生父（原告假设H_p）；另一种可能是其他男子是孩子的生父，AF仅因巧合而具有相同的型别（被告假设H_d）。亲权鉴定的统计学评估就是要根据样本分型结果对这两种可能性进行比较以推断究竟是H_p成立还是H_d成立。故PI为这两个条件概率的似然比（likelihood ratio，LR），即具有AF遗传表型的男子是孩子生父的概率（X）与随机男子是孩子生父的概率（Y）的比值。若用E来代表所有的遗传学证据（母亲、孩子和AF的型别）；用竖线分开条件与事件，竖线右边为条件，左边为事件，$\Pr(E|H_p)$和$\Pr(E|H_d)$分别代表在H_p和H_d假设条件下的概率，则PI的计算公式为：

$$PI=\frac{X}{Y}=\frac{\Pr(E\mid H_p)}{\Pr(E\mid H_d)}=\frac{\text{母亲提供母源基因的概率}\times\text{AF提供父源基因的概率}}{\text{母亲提供母源基因的概率}\times\text{随机男子提供父源基因的概率}}$$

先逐个计算单个遗传标记的PI，再用乘法原则计算多个互不连锁的遗传标记的累计父权指数（combined paternity index，CPI）。

【材料及仪器设备】

1. 材料　笔、纸、AF-母-子的遗传标记分型结果、群体等位基因频率。

2. 仪器设备　计算器或电脑。

【计算方法】

以实际案例为例进行介绍。某三联体亲权鉴定案15个常染色体STR分型结果见表87-1。

表87-1　某三联体亲权鉴定案STR分型结果

基因座	AF	母亲	孩子	父源基因
D8S1179	13	14	13，14	13
D21S11	31	29，32.2	29，31	31
D7S820	8，13	10，11	11，13	13
CSF1PO	10，11	10，12	11，12	11
D3S1358	15	15，17	15	15
TH01	7，9	6，7	6，7	6或7
D13S317	8，11	8，12	8，12	8或12
D16S539	9	10，11	9，11	9
D2S1338	23	23	23	23
D19S433	13.2，15	13	13，15	15
vWA	16，17	14，17	14，17	14或17
TPOX	8，11	11	11	11
D18S51	15，19	13，14	13，19	19
D5S818	11，12	7，12	11，12	11
FGA	23，24	23，24	23，24	23或24

1. 根据遗传标记分型结果，判断AF-母-子之间的型别组合是否符合孟德尔遗传规律，若符合则按下述方式计算。本案例15个STR分型结果均不违反孟德尔遗传规律。

2. 比较母-子的分型结果确定母源基因（母亲传递给孩子的基因）和父源基因（母亲传递的基因之外必然来自生父的基因）。多数情况下，母源和父源基因的确定比较简单，例如D8S1179基因座母亲为14、孩子为13，14，母源基因为母-子共有的基因14，则父源基因为13。但当母子均为相同的杂合子时，因无法确定母亲具体传哪个基因给孩子，故母源基因和父源基因存在两种可能。例如TH01基因座母子均为6，7，则母源基因可能是6，也可能是7，由此父源基因则为7或6。

3. 在H_p假设条件下，确定母亲传递母源基因、AF传递父源基因的概率。根据孟德尔遗传规律，亲代的两个等位基因传给子代时机会均等，故当母亲或AF为纯合子时，母亲提供母源基因或AF提供父源基因的概率为1；当母亲或AF为杂合子时，其提供相应基因的概率为0.5。

4. 在H_d假设条件下，确定母亲传递母源基因、随机男子传递父源基因的概率。此时母亲传递母源基因的概率确定同上，即母亲为纯合子时概率为1，杂合子时为0.5。随机男子提供父源基因的概率为该基因的群体频率。

5. 在相应的群体基因频率表中查找相关基因的频率。例如，本案例相关基因的汉族群体频率为D8S1179：13=0.2221；D21S11：31=0.0995；D7S820：13=0.0351；CSF1PO：11=0.2491；D3S1358：15=0.3453；TH01：6=0.0993、7=0.2664；D13S317：8=0.2874、12=0.1592；D16S539：9=0.2840；D2S1338：23=0.2031；D19S433：15=0.0594；vWA：14=0.2567、17=0.2361；TPOX：11=0.2987；D18S51：19=0.0466；D5S818：11=0.3222、12=0.2406；FGA：23=0.2237、24=0.1894。

6. 根据公式计算各基因座的PI值。本案中：

$$PI_{D8S1179}=\frac{\text{母亲传递基因14的概率}\times\text{AF传递基因13的概率}}{\text{母亲传递基因14的概率}\times\text{随机男子传递基因13的概率}}=\frac{1\times 1}{1\times p_{13}}$$

$$=\frac{1}{p_{13}}=\frac{1}{0.2221}\approx 4.5025$$

$$PI_{D7S820}=\frac{\text{母亲传递基因11的概率}\times \text{AF传递基因13的概率}}{\text{母亲传递基因11的概率}\times \text{随机男子传递基因13的概率}}=\frac{0.5\times 0.5}{0.5\times p_{13}}$$

$$=\frac{1}{2p_{13}}=\frac{1}{2\times 0.0351}\approx 14.2450$$

$$PI_{TH01}=\frac{\text{母亲传递基因6的概率}\times \text{AF传递基因7的概率}}{\text{母亲传6的概率}\times \text{随机男子传7的概率}+\text{母亲传7的概率}\times \text{随机男子传6的概率}}$$

$$=\frac{0.5\times 0.5}{0.5\times p_7+0.5\times p_6}=\frac{1}{2\times (p_6+p_7)}=\frac{1}{2\times (0.0993+0.2664)}\approx 1.3672$$

$$PI_{FGA}=\frac{\text{母亲传23的概率}\times \text{AF传24的概率}+\text{母亲传24的概率}\times \text{AF传23的概率}}{\text{母亲传23的概率}\times \text{随机男子传24的概率}+\text{母亲传24的概率}\times \text{随机男子传23的概率}}$$

$$=\frac{0.5\times 0.5+0.5\times 0.5}{0.5\times p_{24}+0.5\times p_{23}}=\frac{1}{p_{23}+p_{24}}=\frac{1}{0.2237+0.1894}\approx 2.4207$$

$$PI_{D21S11}=\frac{0.5\times 1}{0.5\times p_{31}}=\frac{1}{p_{31}}=\frac{1}{0.0995}\approx 10.0503$$

$$PI_{CSF1PO}=\frac{0.5\times 0.5}{0.5\times p_{11}}=\frac{1}{2p_{11}}=\frac{1}{2\times 0.2491}\approx 2.0072$$

$$PI_{D3S1358}=\frac{0.5\times 1}{0.5\times p_{15}}=\frac{1}{p_{15}}=\frac{1}{0.3453}\approx 2.8960$$

$$PI_{D13S317}=\frac{0.5\times 0.5}{0.5\times p_{12}+0.5\times p_8}=\frac{1}{2\times (p_8+p_{12})}=\frac{1}{2\times (0.2874+0.1592)}\approx 1.1196$$

$$PI_{D16S539}=\frac{0.5\times 1}{0.5\times p_9}=\frac{1}{p_9}=\frac{1}{0.2840}\approx 3.5211$$

$$PI_{D2S1338}=\frac{1\times 1}{1\times p_{23}}=\frac{1}{p_{23}}=\frac{1}{0.2031}\approx 4.9237$$

$$PI_{D19S433}=\frac{1\times 0.5}{1\times p_{15}}=\frac{1}{2p_{15}}=\frac{1}{2\times 0.0594}\approx 8.4175$$

$$PI_{vWA}=\frac{0.5\times 0.5}{0.5\times p_{17}+0.5\times p_{14}}=\frac{1}{2\times (p_{14}+p_{17})}=\frac{1}{2\times (0.2567+0.2361)}\approx 1.0146$$

$$PI_{TPOX}=\frac{1\times 0.5}{1\times p_{11}}=\frac{1}{2p_{11}}=\frac{1}{2\times 0.2987}\approx 1.6739$$

$$PI_{D18S51}=\frac{0.5\times 0.5}{0.5\times p_{19}}=\frac{1}{2p_{19}}=\frac{1}{2\times 0.0466}\approx 10.7296$$

$$PI_{D5S818}=\frac{0.5\times 0.5}{0.5\times p_{11}}=\frac{1}{2p_{11}}=\frac{1}{2\times 0.3222}\approx 1.5518$$

7. 按下面的公式计算 CPI：

$CPI=PI_1\times PI_2\times PI_3\times \cdots \times PI_n=\prod_{i=1}^{n}PI_i$，$PI_i$ 为第 i 个遗传标记的父权指数。

本案例 15 个 STR 基因座的 CPI 值为：

CPI=4.5025×10.0503×14.2450×2.0072×2.8960×1.3672×1.1196×3.5211

$\times 4.9237\times 8.4175\times 1.0146\times 1.6739\times 10.7296\times 1.5518\times 2.4207$

$\approx 5.73\times 10^{7}$

【计算结果的解释】

在检测所用的遗传标记累积非父排除概率≥0.9999的前提下，若CPI≥10000，则支持AF是孩子生父；若CPI≤0.0001，则支持AF不是孩子的生父；若0.0001<CPI<10000，应当通过增加遗传标记的检测来达到要求。

【注意事项】

1. 本实验仅以STR分型为代表介绍了共显性遗传标记的PI计算方法，当遗传标记存在显性隐性遗传关系时，PI计算比较复杂，可参考理论教材上的介绍。

2. 应采用被鉴定人所在的民族或地区的群体基因频率数据进行计算。

【思考问题】

1. 若亲权鉴定所用的某些遗传标记存在连锁遗传关系，PI计算时应如何处理？

2. 某亲权鉴定案经计算，其CPI<10000，应如何进一步处理？

3. 在MN血型检测中，若AF、母亲和孩子均为MN型，其PI值为多少？这种情况与STR分型中AF、母亲和孩子均为相同的杂合子的PI计算有何不同？

实验八十八　二联体亲权鉴定父权指数的计算

【使用范围及条件】

1. AF与孩子参加的单亲鉴定。

2. AF-子之间的遗传标记分型结果不违反人类遗传规律。

【计算原理】

与三联体亲权鉴定相似，因母亲未参与鉴定，故以随机女子代替母亲进行计算。由此PI的计算公式为：

$$PI=\frac{X}{Y}=\frac{\Pr(E|H_p)}{\Pr(E|H_d)}=\frac{\text{AF提供父源基因的概率}\times\text{随机女子提供母源基因的概率}}{\text{随机男子提供父源基因的概率}\times\text{随机女子提供母源基因的概率}}$$

【材料及仪器设备】

1. 材料　同三联体亲权鉴定。

2. 仪器设备　同三联体亲权鉴定。

【计算方法】

以实际案例为例进行介绍。某二联体亲权鉴定案15个常染色体STR分型结果见表88-1。

表88-1　某二联体亲权鉴定案STR分型结果

基因座	AF	孩子	父源基因
D8S1179	13	13，14	13或14
D21S11	31	29，31	29或31
D7S820	8，13	11，13	11或13
CSF1PO	10，11	11，12	11或12
D3S1358	15	15	15
TH01	7，9	6，7	6或7
D13S317	8，11	8，12	8或12
D16S539	9	9，11	9或11
D2S1338	23	23	23
D19S433	13.2，15	13，15	13或15

续表

基因座	AF	孩子	父源基因
vWA	16，17	14，17	14 或 17
TPOX	8，11	11	11
D18S51	15，19	13，19	13 或 19
D5S818	11，12	11，12	11 或 12
FGA	23，24	23，24	23 或 24

1. 根据遗传标记分型结果，判断 AF- 子之间的型别组合是否符合孟德尔遗传规律，若符合则按照下述方式计算。本案例 15 个 STR 分型结果均符合孟德尔遗传规律。

2. 确定父源基因　因母亲未参与鉴定，故无法推断孩子基因中哪一个为父源基因。当孩子为杂合子时，两个基因皆可能是父源基因，例如 D8S1179 基因座孩子为 13，14，则父源基因可能是 13，也可能是 14。当孩子为纯合子时，父源基因和母源基因皆为构成该纯合子的基因，例如 D3S1358 基因座孩子为 15，则父源和母源基因均为 15。

3. 在 H_p 假设条件下，确定 AF 传递父源基因、随机女子传递母源基因的概率。当 AF 为纯合子时，其提供父源基因的概率为 1；杂合子时概率为 0.5。随机女子传递母源基因的概率为该基因的群体频率。

4. 在 H_d 假设条件下，确定随机男子传递父源基因、随机女子传递母源基因的概率。这两个概率均为相应基因的群体频率。

5. 在相应的群体基因频率表中查找相关基因的频率。

6. 根据公式计算各基因座的 PI 值。本案中：

$$PI_{D3S1358}=\frac{\text{AF传递基因15的概率}\times\text{随机女子传递基因15的概率}}{\text{随机男子传递基因15的概率}\times\text{随机女子传递基因15的概率}}$$

$$=\frac{1\times p_{15}}{p_{15}\times p_{15}}=\frac{1}{p_{15}}=\frac{1}{0.3453}\approx 2.8960$$

$$PI_{D8S1179}=\frac{\text{AF传递基因13的概率}\times\text{随机女子传递基因14的概率}}{\text{随机男子传13的概率}\times\text{随机女子传14的概率}+\text{随机男子传14的概率}\times\text{随机女子传13的概率}}$$

$$=\frac{1\times p_{14}}{p_{13}\times p_{14}+p_{14}\times p_{13}}=\frac{1}{2p_{13}}=\frac{1}{2\times 0.2221}\approx 2.2512$$

$$PI_{D7S820}=\frac{\text{AF传递基因13的概率}\times\text{随机女子传递基因11的概率}}{\text{随机男子传13的概率}\times\text{随机女子传11的概率}+\text{随机男子传11的概率}\times\text{随机女子传13的概率}}$$

$$=\frac{0.5\times p_{11}}{p_{13}\times p_{11}+p_{11}\times p_{13}}=\frac{1}{4p_{13}}=\frac{1}{4\times 0.0351}\approx 7.1225$$

$$PI_{D5S818}=\frac{\text{AF传11的概率}\times\text{随机女子传12的概率}+\text{AF传12的概率}\times\text{随机女子传11的概率}}{\text{随机男子传11的概率}\times\text{随机女子传12的概率}+\text{随机男子传12的概率}\times\text{随机女子传11的概率}}$$

$$=\frac{0.5\times p_{12}+0.5\times p_{11}}{p_{11}\times p_{12}+p_{12}\times p_{11}}=\frac{p_{11}+p_{12}}{4p_{11}p_{12}}=\frac{0.3222+0.2406}{4\times 0.3222\times 0.2406}\approx 1.8150$$

$$PI_{D21S11}=\frac{1\times p_{29}}{p_{29}\times p_{31}+p_{31}\times p_{29}}=\frac{1}{2p_{31}}=\frac{1}{2\times 0.0995}\approx 5.0251$$

$$PI_{CSF1PO}=\frac{0.5\times p_{12}}{p_{11}\times p_{12}+p_{12}\times p_{11}}=\frac{1}{4p_{11}}=\frac{1}{4\times 0.2491}\approx 1.0036$$

$$PI_{TH01}=\frac{0.5\times p_{6}}{p_{6}\times p_{7}+p_{7}\times p_{6}}=\frac{1}{4p_{7}}=\frac{1}{4\times 0.2664}\approx 0.9384$$

$$PI_{D13S317}=\frac{0.5\times p_{12}}{p_8\times p_{12}+p_{12}\times p_8}=\frac{1}{4p_8}=\frac{1}{4\times 0.2874}\approx 0.8699$$

$$PI_{D16S539}=\frac{1\times p_{11}}{p_9\times p_{11}+p_{11}\times p_9}=\frac{1}{2p_9}=\frac{1}{2\times 0.2840}\approx 1.7606$$

$$PI_{D2S1338}=\frac{1\times p_{23}}{p_{23}\times p_{23}}=\frac{1}{p_{23}}=\frac{1}{0.2031}\approx 4.9237$$

$$PI_{D19S433}=\frac{0.5\times p_{13}}{p_{15}\times p_{13}+p_{13}\times p_{15}}=\frac{1}{4p_{15}}=\frac{1}{4\times 0.0594}\approx 4.2088$$

$$PI_{vWA}=\frac{0.5\times p_{14}}{p_{17}\times p_{14}+p_{14}\times p_{17}}=\frac{1}{4p_{17}}=\frac{1}{4\times 0.2361}\approx 1.0589$$

$$PI_{TPOX}=\frac{0.5\times p_{11}}{p_{11}\times p_{11}}=\frac{1}{2p_{11}}=\frac{1}{2\times 0.2987}\approx 1.6739$$

$$PI_{D18S51}=\frac{0.5\times p_{13}}{p_{19}\times p_{13}+p_{13}\times p_{19}}=\frac{1}{4p_{19}}=\frac{1}{4\times 0.0466}\approx 5.3648$$

$$PI_{FGA}=\frac{0.5\times p_{24}+0.5\times p_{23}}{p_{23}\times p_{24}+p_{24}\times p_{23}}=\frac{p_{23}+p_{24}}{4p_{23}p_{24}}=\frac{0.2237+0.1894}{4\times 0.2237\times 0.1894}\approx 2.4375$$

7. 计算CPI　本案15个STR基因座的累计父权指数为：

$$\begin{aligned}CPI=&2.2512\times5.0251\times7.1225\times1.0036\times2.8960\times0.9384\times0.8699\times1.7606\\&\times4.9237\times4.2088\times1.0589\times1.6739\times5.3648\times1.8150\times2.4375\\\approx&2.93\times10^5\end{aligned}$$

【计算结果的解释】

同三联体亲权鉴定。

【注意事项】

1. 被控母-子二联体鉴定的计算方法同AF-子鉴定。

2. 二联体鉴定中，无论是遗传标记的系统效能（PE）还是个案效能（PI）常常低于三联体鉴定，故要达到相同的评估值标准，往往需检测更多的遗传标记。

【思考问题】

1. 根据AF和孩子的型别状态（杂合子或纯合子），总结二联体亲权鉴定PI值的计算规律。

2. 若将三联体鉴定中的母亲分型结果去掉，使之成为二联体鉴定，什么情况下PI值会变小、不变或变大？

实验八十九　不符合遗传规律时父权指数的计算

【使用范围及条件】

三联体或二联体鉴定中部分遗传标记分型结果不符合孟德尔遗传规律时PI值的计算。

【计算原理】

亲权鉴定中遇到遗传标记分型结果不符合遗传规律时，通常将其按基因突变处理，并计算其PI值，最后根据CPI值对鉴定结果进行评估。尽管突变基因座的PI值有好几种不同的计算方法，但我国出台的法庭科学DNA亲权鉴定规范推荐使用基于STR逐步突变模型建立的Brenner方法。

根据STR的逐步突变模型，绝大多数STR基因突变均为一步突变，即等位基因增加或减少1个重复单位，二步突变或多步突变发生的概率越来越低。由此，Brenner 提出以下计算突变基因座 PI 值的假设前提：①增加或减少 1 个重复单位的基因突变各占 50%；②增加或减少 2 个重复单位的基因突变各占 5%；③增加或减少 3 个重复单位的基因突变各占 0.5%……基于这些假设前提，联合考虑突变率、突变方向及突变步数后，再按前面介绍的 PI 值计算公式进行计算。

【材料及仪器设备】

1. 材料　笔、纸、遗传标记分型结果、基因座突变率及群体基因频率数据。

2. 仪器设备　计算器或电脑。

【计算方法】

1. 三联体亲权鉴定中不符合遗传规律基因座 PI 计算　例如，某 STR 基因座的分型结果如下：AF 为 Q′R，母亲为 PP，孩子为 PQ，其中，基因 Q′ 比 Q 小或大若干个重复单位。设 μ 为该突变基因座的平均突变率，p_Q 为基因 Q 的频率，s 为突变步数。

(1) 比较母 - 子的分型结果确定母源基因和父源基因，该例中母源基因为 P，父源基因为 Q。

(2) 确定突变基因及突变步数。根据 STR 逐步突变原则，通常应选择亲代中与孩子等位基因重复次数相差最小的基因作为突变基因。

(3) 在 H_p 假设条件下，确定母亲传递母源基因、AF 传递突变基因的概率。纯合子基因的传递概率为 1，杂合子基因的概率为 0.5。

(4) 在 H_d 假设条件下，确定母亲传递母源基因、随机男子传递父源基因的概率。母亲传递母源基因的概率同上，即纯合子时概率为 1，杂合子时为 0.5。随机男子提供父源基因的概率为该基因的群体频率。

(5) 在 H_p 假设条件下，计算 AF 和母亲生育该孩子的概率，即 X 值。

X=AF 传递基因 Q 的概率 × 母亲传递基因 P 的概率

=AF 传递 Q′ 的概率 ×Q′ 突变为 Q 的概率 × 等位基因长度增加或减少的概率

× 突变步数的概率 × 母亲传递基因 P 的概率

$$=\frac{1}{2}\times\mu\times\frac{1}{2}\times\left(\frac{1}{10}\right)^{s-1}\times 1$$

$$=\frac{\mu}{4}\times\left(\frac{1}{10}\right)^{s-1}$$

(6) 在 H_d 假设条件下，计算随机男子和母亲生育该孩子的概率，即 Y 值。

Y= 随机男子传递基因 Q 的概率 × 母亲传递基因 P 的概率 $=p_Q\times 1=p_Q$

(7) 计算 PI 值。

$$\mathrm{PI}=\frac{\mathrm{X}}{\mathrm{Y}}=\frac{\frac{\mu}{4}\times\left(\frac{1}{10}\right)^{s-1}}{p_Q}=\frac{\mu\times\left(\frac{1}{10}\right)^{s-1}}{4p_Q}$$

于是

若 s=1，则 $\mathrm{PI}=\frac{\mu}{4p_Q}$；

若 s=2，则 $\mathrm{PI}=\frac{\mu}{40p_Q}$；

若 s=3，则 $\mathrm{PI}=\frac{\mu}{400p_Q}$；

……

表 89-1 以 D7S820 基因座为例介绍了三联体亲权鉴定中不符合遗传规律基因座 PI 值的计算公式。

表 89-1 三联体亲权鉴定中不符合遗传规律基因座 PI 值计算公式（以 D7S820 基因座为例）

母亲	孩子	AF	PI 计算公式
7	7，8	9，11	$\frac{\mu}{4p_8}$
7	7，8	10，11	$\frac{\mu}{40p_8}$
7	7，8	11，12	$\frac{\mu}{400p_8}$
7	7，8	9	$\frac{\mu}{2p_8}$
7，8	8	9	$\frac{\mu}{2p_8}$
7，8	8	7，9	$\frac{\mu}{2p_8}$
7，8	8	9，11	$\frac{\mu}{4p_8}$
7，9	7，9	10，11	$\frac{\mu}{4(p_7+p_9)}$
7，9	7，9	10	$\frac{\mu}{2(p_7+p_9)}$
7，9	7，9	8，10	$\frac{3\mu}{4(p_7+p_9)}$
7，8	7，9	7，8	$\frac{\left(1+\frac{1}{3.5}\right)\mu}{4p_9}$
9	7，8	7	$\frac{1}{p_7}$
8，11	9，12	12	$\frac{1}{p_9+p_{12}}$
9，11	10，12	12	$\frac{2}{p_{10}+2p_{12}}$
被控母	孩子	父亲	PI 计算公式
9	7，8	7	$\frac{\mu}{2\times3.5\times p_8}$

注：表中 p_7、p_8 和 p_9 为相应等位基因 7、8 和 9 的频率；因来自父方的基因突变与来自母方的基因突变发生率之比大约为 3.5∶1，故遇到母方基因突变时，其突变率按 $\mu/3.5$ 计算

2．二联体亲权鉴定中不符合遗传规律基因座 PI 计算　例如，某 STR 基因座的分型结果如下：AF 为 Q′R，孩子为 PQ，其中，基因 Q′ 比 Q 小或大若干个重复单位。设 μ 为该突变基因座的平均突变率，p_P、p_Q 分别为基因 P 和 Q 的频率，s 为突变步数。

（1）确定突变基因及突变步数。根据 STR 逐步突变原则，通常应选择亲代中与孩子等位基因中重复次数相差最小的基因作为突变基因。

（2）在 H_p 假设条件下，确定 AF 传递突变基因、随机女子传递母源基因的概率。AF 为纯合子时传递概率为 1，杂合子时传递概率为 0.5。随机女子传递母源基因的概率为该基因的群体频率。

（3）在 H_d 假设条件下，确定随机男子传递父源基因、随机女子传递母源基因的概率。这两个概率均为相应基因的群体频率。

（4）在 H_p 假设条件下，计算 AF 和随机女子生育该孩子的概率，即 X 值。

X=AF 传递基因 Q 的概率 × 随机女子传递基因 P 的概率

=AF 传递 Q′ 的概率 ×Q′ 突变为 Q 的概率 × 等位基因长度增加或减少的概率

× 突变步数的概率 × 随机女子传递 P 的概率

$$=\frac{1}{2}\times\mu\times\frac{1}{2}\times\left(\frac{1}{10}\right)^{s-1}\times p_P$$

$$=\frac{\mu}{4}\times\left(\frac{1}{10}\right)^{s-1}\times p_P$$

（5）在 H_d 假设条件下，计算随机男子和随机女子生育该孩子的概率，即 Y 值。

Y= 随机男子传递 Q 的概率 × 随机女子传递 P 的概率

+ 随机男子传递 P 的概率 × 随机女子传递 Q 的概率

$=p_Q\times p_P+p_P\times p_Q$

$=2p_Pp_Q$

（6）计算 PI 值。

$$\mathrm{PI}=\frac{X}{Y}=\frac{\frac{\mu}{4}\times\left(\frac{1}{10}\right)^{s-1}\times p_P}{2p_Pp_Q}=\frac{\mu\times\left(\frac{1}{10}\right)^{s-1}}{8p_Q}$$

于是

若 s=1，则$\mathrm{PI}=\frac{\mu}{8p_Q}$；

若 s=2，则$\mathrm{PI}=\frac{\mu}{80p_Q}$；

若 s=3，则$\mathrm{PI}=\frac{\mu}{800p_Q}$；

……

表 89-2 以 D7S820 基因座为例介绍了二联体亲权鉴定中不符合遗传规律基因座 PI 值的计算公式。

表 89-2 二联体亲权鉴定中不符合遗传规律基因座 PI 值计算公式（以 D7S820 基因座为例）

孩子	AF	PI 计算公式
7，8	9，11	$\frac{\mu}{8p_8}$
7，8	10，11	$\frac{\mu}{80p_8}$
7，8	11，12	$\frac{\mu}{800p_8}$
7，8	9	$\frac{\mu}{4p_8}$
8	9	$\frac{\mu}{2p_8}$
8	7，9	$\frac{\mu}{2p_8}$
8	9，11	$\frac{\mu}{4p_8}$
7，9	8，10	$\frac{(2p_7+p_9)\mu}{8p_7p_9}$
7，9	8	$\frac{(p_7+p_9)\mu}{4p_7p_9}$
8，9	7，10	$\frac{(p_8+p_9)\mu}{8p_8p_9}$

注：表中 p_7、p_8 和 p_9 为相应等位基因 7、8 和 9 的频率

【注意事项】

1. 父源突变基因的确定有时比较复杂，例如 AF 为 8，10，母、子为 7，9 时，存在三种父源突变可

能：①母亲传递基因7，则父源基因为9，可能是AF的基因8突变为9；②母源基因为7，父源基因为9时，亦可能是AF的基因10突变为9；③母亲传递基因9，则父源基因为7，此时应为基因8突变为7。计算时三种情况均应考虑，不能遗漏。

2. 有些情况下，既可能是父源基因突变，也可能是母源基因突变。例如AF、母亲均为7，8，孩子为7，9时，若母亲传递基因7，则父源基因为9，此时应为AF的基因8突变为9，但也可能是AF传递基因7给孩子，则母源基因为9，此时应为母亲的基因8突变为9。计算时两种情况均应考虑，不能遗漏。

3. 表89-2中，若是被控母-孩子二联体鉴定，母方基因突变率按μ/3.5计算。

4. 应尽可能采用每个基因座的真实突变率μ进行计算，若没有相关基因座的突变率数据时，亦可采用平均突变率代替。

5. 任何情况下都不能为了获得较高的PI值而将检测到的不符合遗传规律的遗传标记删除。

【思考问题】

1. 为何表89-1中所列的有些情况下，其PI计算公式中没有突变率μ?

2. 不符合遗传规律基因座PI值计算除了本实验介绍的Brenner法外，还有哪些计算方法。

实验九十　亲权鉴定否定父权案例的判定

【使用范围及条件】

三联体或二联体亲权鉴定中部分遗传标记分型结果不符合孟德尔遗传规律。

【判定原理】

亲权鉴定中出现不符合孟德尔遗传规律的分型结果时，有两种可能：一是AF不是孩子的生父，另一种可能为AF是孩子的生父，但因基因突变导致不符合遗传规律。存在不符合遗传规律基因座的亲权鉴定案究竟是否定父权还是基因突变，通常有两种判定方法：根据不符合遗传规律的遗传标记个数判定或根据CPI值判定。前者的判定原理为概率原则，即单个遗传标记的突变发生率较低，多个遗传标记同时发生突变的概率极低，低至一定程度后即可认为极小概率事件几乎不可能发生，从而拒绝突变，否定父权；后者的判定原理类似于统计学假设检验，即假设所有不符合遗传规律的基因座皆为突变所致，然后根据实验八十九介绍的方法计算PI和CPI，当CPI值小于某一界限值时则拒绝突变假设，从而否定父权。

【判定方法】

1. 根据不符合遗传规律的遗传标记数判定

(1) 通常情况下，经过常规STR分型后，若AF和孩子之间≥4个基因座分型结果不符合遗传规律时，可否定AF的父权。

(2) 若发现存在1～3个基因座不符合遗传规律，则应增加遗传标记的检测数量后再作判断。

1) 若增加遗传标记检测后，未发现更多违反遗传规律的证据，则可考虑原有不符合遗传规律的遗传标记为基因突变所致，此时再根据实验八十九介绍的方法计算PI及CPI，达到判定标准后即可做出支持父权的结论。

2) 若增加遗传标记检测后，发现还有更多的基因座不符合遗传规律，则否定父权。

2. 根据CPI值判定

(1) 逐个计算各个遗传标记的PI值，包括符合和不符合遗传规律的基因座。

(2) 计算CPI。

(3) 在累积非父排除概率≥0.9999的前提下，若CPI≥10000，则支持认定父权。

(4) 若CPI≤0.0001，则支持否定父权。

(5) 若0.0001<CPI<10000，应当通过增加遗传标记的检测来达到要求。

举例：

某三联体亲权鉴定案STR分型检测结果如表90-1所示。

表90-1　某三联体亲权鉴定案15个STR基因座检测结果

基因座	AF	母亲	孩子	遗传规律判断	PI值
D8S1179	10，14	11，15	15，16	×	6.78×10^{-4}
D21S11	29，31.2	29	28，29	×	9.03×10^{-3}
D7S820	10，14	10，13	10	√	2.9904
CSF1PO	11	12	11，12	√	4.2955
D3S1358	16，18	14，16	15，16	×	1.45×10^{-3}
TH01	7，9.3	6，9	6，7	√	1.9305
D13S317	8	11，12	8，12	√	3.5063
D16S539	9，12	9	9，11	×	1.93×10^{-3}
D2S1338	17，24	24	19，24	×	2.54×10^{-4}
D19S433	14，15.2	14.2，16.2	13，16.2	×	2.16×10^{-3}
vWA	16，18	14，17	14，18	√	2.6288
TPOX	10，11	8	8	×	9.74×10^{-5}
D18S51	13，16	14，23	13，14	√	2.8769
D5S818	11，12	11，13	10，11	×	2.58×10^{-3}
FGA	22，23	21，25	21，23	√	2.1786
					CPI：3.38×10^{-21}

注：突变率μ按0.002计算

该案有8个STR基因座（D8S1179、D21S11、D3S1358、D16S539、D2S1338、D19S433、TPOX和D5S818）的分型结果不符合遗传规律，根据不符合遗传规律的遗传标记数目判定原则，否定AF的父权。该案的CPI为3.38×10^{-21}，根据CPI值判定原则，亦否定AF的父权。

【注意事项】

1. 通常，常规案件检验中4个遗传标记不符合遗传规律即可否定父权的判定原则比较可靠。迄今尚未见4个STR基因座同时突变造成错误排除的案例报道，而据美国血库协会（AABB）报道，3个STR基因座同时突变的发生率约为0.002%。但在使用时不能过于教条，因为检测的遗传标记数越多，遇到突变的可能性就越大，故应根据所检测的遗传标记的总数量灵活运用。

2. 处于临界范围需增加遗传标记检测时，除了常染色体遗传标记外，根据孩子的性别增加性染色体遗传标记，如Y-STR和X-STR的检测，具有特殊价值。

3. 若AF为孩子生父的近亲属（如父亲、兄弟）时，尽管AF不是孩子的生父，但可能存在所有遗传标记均符合遗传规律或者仅有个别标记不符合遗传规律且CPI值≥10000而错误认定父权的情况，因此了解案情十分重要。

【思考问题】

某亲权鉴定案经15个STR基因座检测，发现有2个基因座的分型结果不符合遗传规律，经过计算其CPI为6500，但实验室又无条件增加遗传标记的检测数量，这种情况下该如何得出鉴定结论？

第二节　个人识别似然率计算

似然率（likelihood ratio，LR）是个人识别鉴定中遗传标记针对具体个案的鉴定能力，即个案效能，它是判断个人识别案件中遗传证据强度的重要指标。

实验九十一　个人识别案例的似然率计算

【使用范围及条件】

1. 个人识别鉴定。

2. 被鉴定对象之间的遗传标记分型结果相同。

【计算原理】

个人识别案中被鉴定对象（可以是嫌疑人样本和现场生物检材，也可以是不同的现场生物检材）经过遗传标记检测后，若其分型结果相同，此时存在两种可能性：一是被鉴定对象来自同一个体（原告假设 H_p）；另一种可能是被鉴定对象来自不同的个体，仅因巧合而具有相同的基因型（被告假设 H_d）。个人识别鉴定的统计学评估就是要根据样本分型结果对这两种可能性进行比较以推断究竟是 H_p 成立还是 H_d 成立。故LR为这两个条件概率的比值，即被鉴定对象来自同一个体的概率与被鉴定对象来自不同个体仅因巧合相同的概率的比值。若用 E 来代表所有的遗传学证据（遗传标记分型结果），$Pr(E|H_p)$ 和 $Pr(E|H_d)$ 分别代表在 H_p 和 H_d 假设条件下的概率，则LR的计算公式为：$LR=\frac{Pr(E|H_p)}{Pr(E|H_d)}$。在 H_p 假设条件下，既然被鉴定对象来自同一个体，则其分型结果必然相同，即 $Pr(E\backslash H_p)=1$；在 H_d 假设条件下，被鉴定对象来自不同个体仅因巧合相同的概率为该基因型别在群体中的频率P(X)，即 $Pr(E|H_d)=P(X)$。于是，$LR=\frac{1}{P(X)}$，即群体中这种基因型别频率的倒数。

【材料及仪器设备】

1. 材料　笔、纸、被鉴定对象的遗传标记分型结果、群体等位基因频率。

2. 仪器设备　计算器或电脑。

【计算方法】

以实际案例为例进行介绍。某交通肇事逃逸案警方分别提取了嫌疑车辆右后轮胎内侧的可疑斑迹及死者的血样，经检验嫌疑车辆右后轮胎内侧的可疑斑迹为人血，且该血迹与死者血样的STR分型结果如表91-1所示。

表91-1　某交通肇事逃逸案检材STR分型结果

基因座	轮胎上血迹	死者血样	基因型频率
D8S1179	10，11	10，11	0.0197
D21S11	30，31	30，31	0.0556
D7S820	8，9	8，9	0.0174
CSF1PO	10，12	10，12	0.1794
D3S1358	15，17	15，17	0.1424
TH01	9	9	0.2720
D13S317	8，11	8，11	0.1361
D16S539	10	10	0.0163
D2S1338	20，24	20，24	0.0419
D19S433	13.2，14	13.2，14	0.0184
vWA	14，16	14，16	0.0844
TPOX	8	8	0.2638
D18S51	15，21	15，21	0.0074
D5S818	10，12	10，12	0.0921
FGA	24，26	24，26	0.0161

1. 根据遗传标记分型结果，判断被鉴定对象之间的型别是否相同　若不同，则排除轮胎上血迹来自死者；若相同，则不能排除，需按下述步骤进行评估。

2. 在相应的群体基因频率表中查找相关基因频率　例如，本案涉及的相关基因频率为 D8S1179：10=0.1054、11=0.0936；D21S11：30=0.2794、31=0.0995；D7S820：8=0.1382、9=0.0629；CSF1PO：10=0.2433、12=0.3686；D3S1358：15=0.3453、17=0.2062；TH01：9=0.5215；D13S317：8=0.2874、11=0.2368；D16S539：10=0.1278；D2S1338：20=0.1219、24=0.1718；D19S433：13.2=0.0372、14=0.2469；vWA：14=0.2567、16=0.1644；TPOX：8=0.5136；D18S51：15=0.1712、21=0.0215；D5S818：10=0.1915、12=0.2406；FGA：24=0.1894、26=0.0425。

3. 根据 Hardy-Weinberg 平衡定律和基因频率数据计算基因型频率　纯合子基因型频率等于该基因频率的平方；杂合子基因型频率等于构成杂合子两个基因频率乘积的二倍。本案中各基因座的基因型频率见表 91-1 最后一列。

4. 计算基因型组合频率　若所检测的基因座之间没有连锁遗传关系，则由这些基因座所构成的基因型组合的频率等于各基因座基因型频率的乘积。本案中，所有 15 个 STR 基因座基因型组合型别的频率为表 91-1 最后一列所有数据的乘积，即 5.53×10^{-20}。

5. 计算 LR　本案的$LR=\dfrac{1}{5.53\times10^{-20}}\approx1.81\times10^{19}$。

【计算结果的解释】

LR 提供了一种基于术语“支持”的简单约定，以便根据一定数据来支持一种假设，排斥另一种假设。若 LR>1，则证据支持原告假设（H_p）；反之，若 LR<1，则支持被告假设（H_d）。法医实践中，LR 大于全球人口总数，即大于 10^{11}，则极强烈支持原告假设 H_p，即被鉴定对象来自同一个体。

【注意事项】

应采用被鉴定对象所在的民族或地区的群体基因频率数据进行计算。

【思考问题】

1. 基因突变对个体识别鉴定有无影响？

2. 个体识别鉴定中，LR 和个体识别能力（DP）有何差异？

第十八章 DNA数据库

实验九十二 法庭科学DNA数据库的使用

DNA数据库是将DNA分型结果及其相关联的案件信息、人员信息全部存储于计算机，实现远程比对和查询的数据共享信息系统。DNA数据库在公安机关打击犯罪过程中发挥重要作用，尤其是在打拐、串并案、查找嫌疑人、查找尸源等方面具有突出优势。

【实验技术】

DNA数据库应用系统主要由实验室管理和数据库比对两大系统组成。实验室管理系统主要进行案件受理、实验流程控制及实验室基本数据的管理。数据库比对系统主要进行DNA数据录入与比对，案件比对情况查询及数据管理等。市级公安机关数据库获得的DNA数据存储后逐级上报省级和公安部数据库。在数据比对上，各个市级公安机关、省级公安机关均可进行本地数据库比对，同时可上报公安部数据库进行全国范围比对。

【实验步骤】

1. 登录系统　进入公安网，登录DNA数据库应用系统，输入用户名及密码，可选择子系统——实验室管理系统和数据库比对系统。选择进入实验室管理系统（图92-1）。

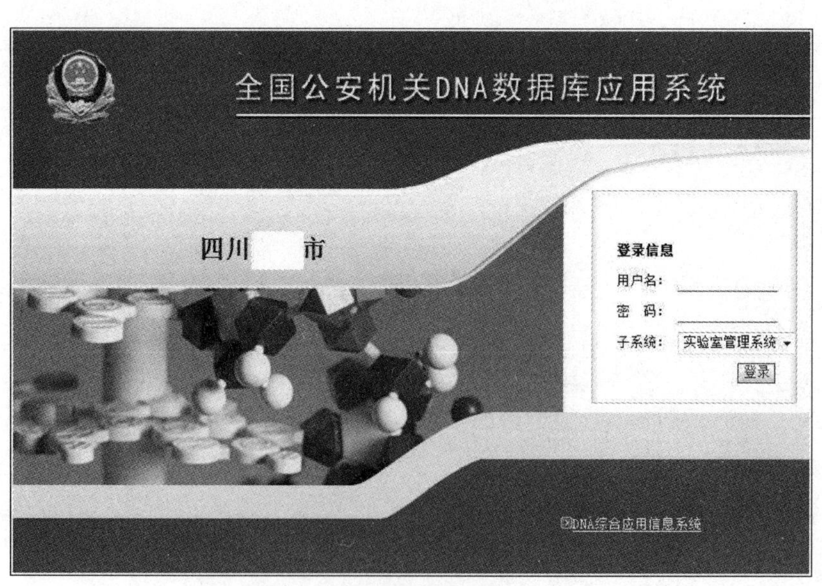

图92-1　实验室管理系统登录界面

2. 案件受理　进入实验室管理系统，首先进行案件的受理，主要包括案件信息（案件编号、案件名称、案件类型、简要案情等），委托信息和鉴定机构信息（图92-2）。

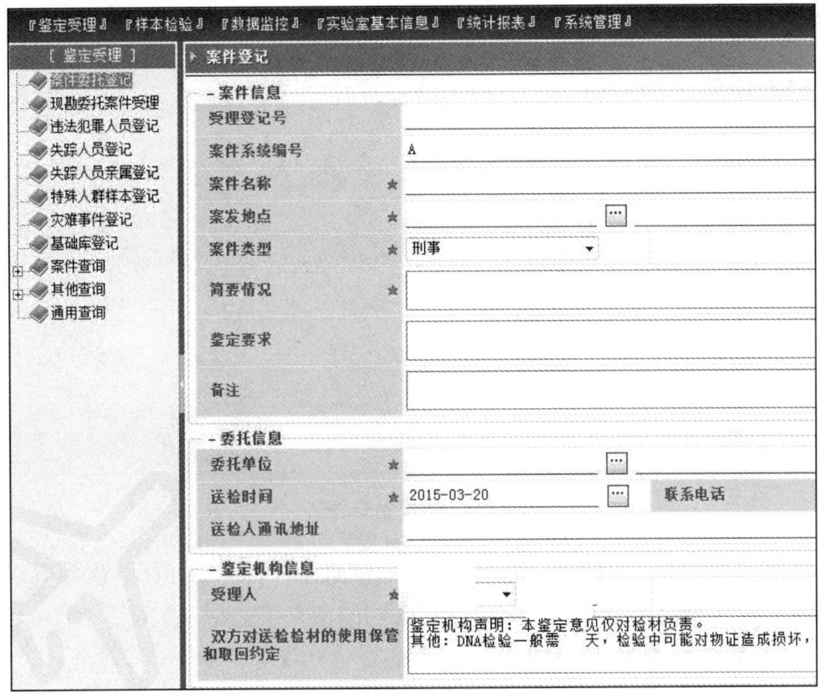

图 92-2　案件简要情况登记

3．样本检验　主要记录样本实验室检验的全过程，包括预实验、样本提取、扩增、电泳、分析、复核及鉴定书（图 92-3）。

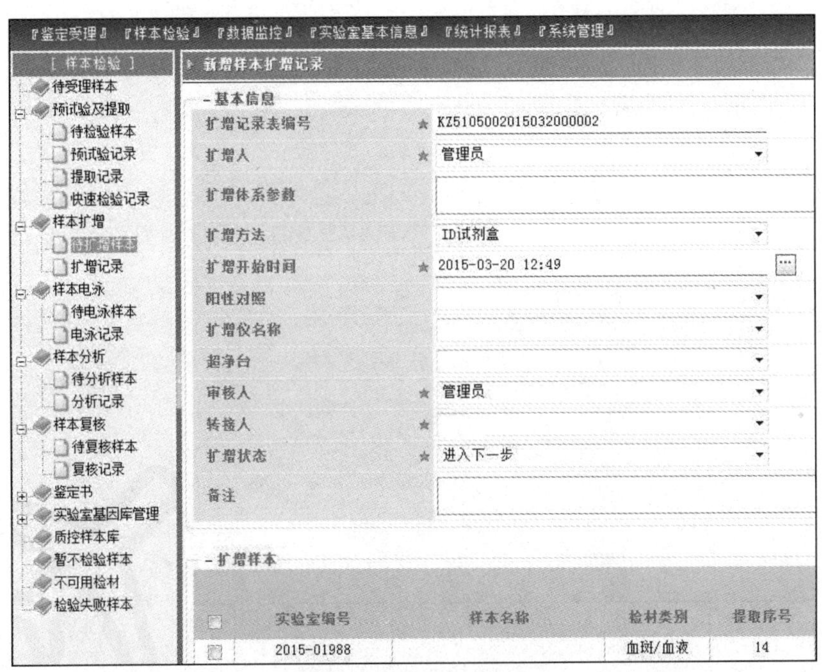

图 92-3　检验过程记录界面

4．数据比对　进入数据库比对系统（实验室管理系统与比对系统可在界面右上角相互切换），输入检测获得的基因信息进行本地数据库的快速比对（图 92-4）。

【注意事项】

1．DNA 数据库建设是一项长期工作，数据库还处于不断完善的过程中。

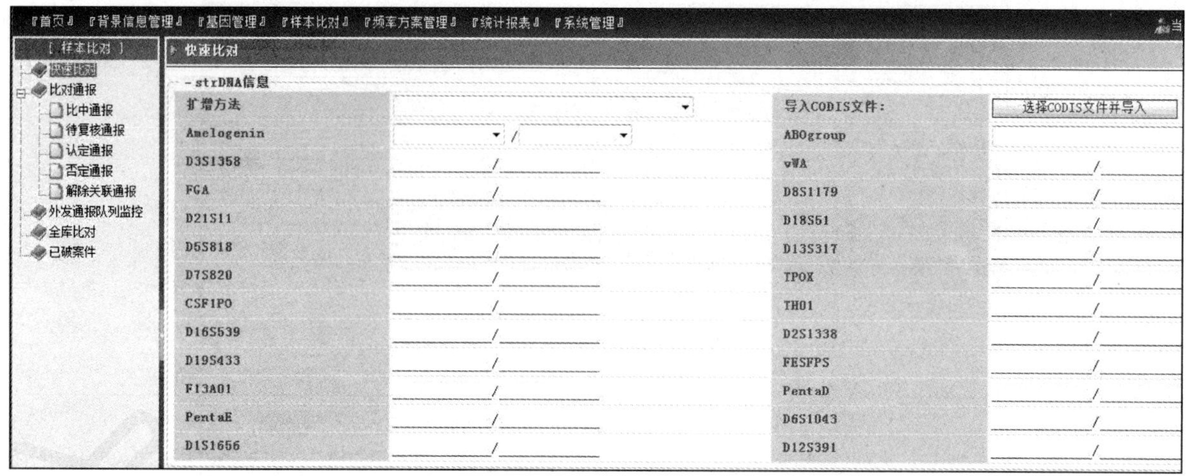

图 92-4　比对系统界面

2. 对比中信息的分析判断　对于不同案件比中的信息不能简单、盲目地认为可以认定、串并案。因为物证采集过程中的污染可能导致错误的认定、错误的串并案。因而，对于DNA比中的案件要结合多方面信息，综合分析认定嫌疑人、串并案的可能性。

【思考问题】

1. 目前DNA数据库分为哪几级？

2. DNA数据库主要具备哪些功能？

第五篇　鉴定文书

第十九章　案例实践与鉴定文书撰写

通过前面章节学习，大家已基本掌握了常见检材的DNA提取、PCR和DNA分型实验技能，并且也学习了亲权关系和个人识别中的似然率计算方法。从实际应用来讲，法医物证学的目的是解决司法实践中的个人识别和亲权鉴定等问题。通过学习，可以在以后的独立检案过程中，大家能够掌握如何受理、检测、分析和出具一份规范的法医物证司法鉴定文书。因此，本章的目的是培养学生综合运用所学法医物证知识解决实际问题的能力。

第一节　法医物证司法鉴定文书的撰写

司法鉴定文书是运用专门知识和技术对案件涉及的某些专门问题进行检验、分析，加以科学判断而形成的法律文书，是诉讼证据的一种。因此，在案例实践练习中，也要学习撰写规范的司法鉴定文书，了解法医物证司法鉴定文书相关法律知识和行业规范，掌握鉴定文书撰写的基本原则和要求。下面重点讲解一下法医物证司法鉴定文书的撰写要求。

【法医物证司法鉴定文书的规范依据】

1. 相关的法律文件

(1)《司法鉴定程序通则》(司法部令第107号)第三十四条规定，"司法鉴定机构和司法鉴定人在完成委托的鉴定事项后，应当向委托人出具司法鉴定文书。司法鉴定文书包括司法鉴定意见书和司法鉴定检验报告书。司法鉴定文书的制作应当符合统一规定的司法鉴定文书格式。"第三十五条还规定，"司法鉴定文书应当由司法鉴定人签名或者盖章。"

(2) 2007年11月1日司法部下发关于印发《司法鉴定文书规范》和《司法鉴定协议书(示范文本)》的通知，即司发通[2007]71号文件统一了司法鉴定文书的制作规范。

《司法鉴定文书规范》是规范司法鉴定文书编制的重要法律文件，详细内容见增值性服务网站。

2. 相关的行业标准　2014年5月9日公安部颁布了法医物证鉴定文书相关的行业标准《法庭科学DNA检验鉴定文书内容及格式》(GA/T 1161-2014)。该标准由公安部颁布，它与司法部发布的《司法鉴定文书规范》共同点是对正文所要求的要素基本一致，不同之处在于该标准将鉴定文书分为正、副本，封面格式有所不同。但是，该标准对正文内容的许多技术要素进行了细化，是我们编制法医物证司法鉴定文书的参考标准。

【法医物证鉴定文书的基本结构和内容撰写】

1. 法医物证司法鉴定文书分为鉴定意见书和检验报告书　鉴定文书的格式要按照《司法鉴定文书规范》要求编写，鉴定意见书一般包括标题、编号、基本情况、检案摘要、检材、检验过程、分析说明、鉴定意见、落款、附件及附注等内容，而检验报告书则不包含分析说明和鉴定意见这两个要素。

2. 正文标题和编号　标题一般写××司法鉴定机构鉴定事项名称（如基因档案、个体识别和亲子鉴定)，编号：×× 司法鉴定机构[×××× 年度]物鉴(检)字第 ×× 号。

3. 正文内容

(1) 基本情况：一般包括委托单位名称、委托负责人姓名、委托事项、委托时间、报告时间、鉴定地点。

(2) 简要案情：根据委托书上记载的相关内容，对案件情况进行客观、简明的描述。案件情况摘要中不应包含有直接确定案件性质的内容，如 ×× 将 ×× 奸杀。一般描述为："委托方称：………"

(3) 检材：

1) 送检检材：对于送检检材，逐项列出送检材料，并进行编号。根据原包装上标记内容，标明检材名称；客观描述检材封装情况；要对检材的相关性状(如种类、数量、大小、形状、颜色、和来源等)进行描述；已经初检确定属性的检材，可以标明其属性。如："血痕"、"精斑"；未进行初检的检材，不能标明属性，只可用"可疑血痕"、"可疑斑痕"加以描述。所有送检样本认真拍照，作为附件放入正文后面，并在本部分末尾说明相关照片见附 ×。

对于送检检材的描述如："标有"××"字样的完好无损密封样本袋 1 个，内装标有"××"字样的白色滤纸一张，上有一直径约 1.0cm 的类圆形红色斑迹，委托方称为 ×× 的可疑血痕，编号为检材 A。上述送检样本的真实性由送检单位负责，相关照片见附 1。"

2) 被鉴定人现场采样：因为被鉴定人要求出示身份证件，并现场拍照、采集指模和采样，所以在描述时要包含称谓、姓名、身份证件号码和采集检材类型，被鉴定人照片可以紧随其后，也可以作为附件附在正文后面，但要在此说明当事人照片见附 ×。

法医物证鉴定中检材包括送检检材和被鉴定人，这是法医物证鉴定的重要对象，建议单独作为一项内容进行详细描述。

(4) 检验过程　检验过程应简单描述对检材所采用的检验方法(如：依据 GA/T 383-2014)以及所使用的主要仪器等，包括前期检验、DNA 提取、DNA 质和量的检测(必要时)、DNA 检验等内容。

如："依据 GA/T 383-2014 标准，用 Chelex 法抽提 DNA，×× 试剂盒复合扩增，×× 遗传分析仪检测 STR 基因座的基因型；依据 GA/T 965-2011 标准判断亲权关系。"

(5) 检验结果：检验结果以表格的形式列出，标明检材名称(或编号)、基因座名称及分型结果。涉及亲权鉴定要将每一遗传标记的亲权指数也一并列入表格。每个检材在各个基因座上的基因型以数字表示，数字间以"/"分隔；纯合子只标出 1 个数字。未得到分型或者无法明确判定分型的基因座结果标"-"，完全未得到分型的检材也可以在表格后以文字形式说明，如："××(即检材名称)未见明显 STR 分型。"Amelogenin 基因座，标为 X 或 X/Y。

(6) 分析说明和鉴定意见：在检验结果的基础上进行的相关统计学指标的计算和基于计算结果的分析，为鉴定意见提供科学依据。计算依据应是公开发表的等位基因频率或单倍型频率及突变率。具体内容在本章各实验部分详细描述。

4. 署名及日期　要求两名以上鉴定人签名，在鉴定人下方打印文书形成日期。

5. 附录部分　根据正文内容说明附件信息，添加附件要求分类排序，如采集相关照片、参考文献等。

【法医物证司法鉴定文书撰写注意事项】

1. 鉴定程序的合法性　从案件委托、受理到报告发放必须符合《司法鉴定程序通则》等相关法规。

2. 检材的真实性　对于送检检材的真实性、合法性要仔细审核，并在鉴定文书中说明相关送检检材的真实性和相关法律责任均由委托方负责。

3. 采用技术的科学性和规范性　所采用的检验技术和分析方法必须是公认的科学技术手段，首选国家公开发行的行业标准和技术规范。注意实验操作的规范性，包括设置正确的阴、阳性对照，必要时在文书中描述对照结果。

4. 结果的客观性　在对照结果准确的情况下，检验结果必须经的起反复验证，可以重复。

5. 鉴定意见的严谨性和可靠性　文书编制必须符合《司法鉴定文书规范》要求，注意使用的语言必须符合法律规范，专业词语要规范化。鉴定意见严谨可靠，要求建立在符合相关行业标准或技术规范的结果评判的基础之上。

【思考题】

1. 法医物证司法鉴定意见书和司法鉴定检验报告书有什么不同？在使用时有什么规定？

2. 法医物证司法鉴定意见书的撰写要求有哪些？

第二节　法医物证案例实践

通过模拟法医物证案例的实战练习，让学生能够综合运用之前所学的相关实验技能，分析结果并得出鉴定结论，目的是培养学生临案物证的独立检验能力，掌握法医检案的基本思路，巩固法医物证检验的基本技术和相关理论；另一方面，学习出具一份规范的法医物证司法鉴定文书，这也是法医物证工作者的重要工作之一。

实验九十三　亲权鉴定肯定父权案例实践及鉴定文书撰写

【使用范围和使用条件】

1. 通过检测真实检材并模拟肯定父权亲子鉴定案例，可以做到对前面所学的实验方法和分析方法进行综合运用，同时也能够掌握肯定父权亲子鉴定的基本要求和整个鉴定流程。

2. 掌握肯定父权关系亲子鉴定类鉴定文书的编制，加深对父权指数的理解和掌握父权指数的计算方法，学习肯定父权关系的判断标准。

【案例实践题目】

1. 案情摘要及鉴定要求　2014年9月10日，王××（孩子生母）以夫妻感情不和为由将李×伟（被检父）起诉至××市××区人民法院，要求法院判决离婚，并提出孩子李×明由女方抚养，由男方一次性支付孩子抚养费50万元人民币。法院在审理过程中，李×伟提出孩子为女方与另一男性所生，申请进行亲子鉴定，以明确自己是否为孩子的生父。2014年12月10日，××市××区人民法院该案司法鉴定委托负责人××和××携带司法鉴定委托函以及被检父、孩子生母和孩子的血斑检材，要求对李×明与李×伟是否存在亲生关系进行亲子鉴定。

2. 检材信息　提供的检材有3份，分别为孩子被检父李×伟的血样、生母王××的血样和孩子李×明的血样（表93-1）。

表93-1　检材信息

被检验人	检材编号	检材类型
被检父李×伟	Ⅰ	血样
生母王××	Ⅱ	血样
孩子李×明	Ⅲ	血样

【鉴定原理和判断标准】

通过DNA检测分析来做亲子鉴定，其原理来自于孟德尔遗传规律。在肯定孩子的某些等位基因是来自生父，而争议父也带有这些基因的情况下，依据《法庭科学DNA亲子鉴定规范》(GA/T 965-2011)，三联体亲子鉴定肯定父权判断标准：在满足检测遗传标记数量的最低值即检测系统的累积非父排除率不小于0.9999时，累积父权指数≥10000，支持被检测男子是孩子生物学父亲的假设。

【实验材料及仪器设备】

试剂和仪器设备参见第十二章和第十四章。

【实验方法】

1. 案件受理后，对送检检材的来源、名称、数量及性状进行详细的审查，必要时向委托方问询核实。做好检材接受记录和拍照固定并由委托方签字确认，依据检材属性采用适合的包装袋分别包装，如血痕、口腔拭子等用纸质物证袋包装，并进行唯一性标志。

2. DNA 提取与定量（必要时）的检测方法和步骤按照第十二章相关内容开展，如按照“血液（血痕）DNA 提取”方法提取本案中的检材。

3. 选用多态性基因座（STR、SNP 等类型）　法医物证实验室一般采用商品化试剂盒进行检测，检测系统的累积非父排除概率应达到 0.9999 以上。选用 STR 基因座进行 PCR 扩增和扩增产物的检测按照第十四章 STR 分析相关实验内容操作，如 STR 多基因座检测分析。

4. 父权指数（PI）计算　参照第十七章“似然率计算”相关方法，要求计算每个基因座的 PI 值，最后计算得到累积父权指数（CPI）。若 CPI≥10 000，则支持亲子关系的存在。

【鉴定文书编制】

肯定父权关系亲子鉴定文书的编制要符合本章第一节的要求，分析说明和鉴定意见两项内容要按照肯定父权关系亲子鉴定相关要求描述。

分析说明中首先要说明使用的检测系统的遗传标记是否遵守孟德尔遗传规律，联合应用累积非父排除率是否满足亲权鉴定要求，一般应不小于 0.9999。

依据 DNA 分型结果，如果发现所检测的基因座上，孩子与被检父、生母的基因分型结果均不违反遗传规律，此时必须计算亲权指数 PI，若 CPI≥10 000，则支持亲子关系的存在。

如三联体亲子鉴定分析说明可以描述为：“根据检验结果分析可知，××（孩子）可与 ××（被检测争议父）、××（生母）之间的基因遗传符合孟德尔遗传规律。依据 GA/T 965-2011 标准，使用中国汉族群体资料对 ×× 个常染色体 STR 基因座计算的累积父权指数为 1×10^5，表示被检父是孩子生物学父亲的可能性是随机无关男子是孩子生物学父亲的可能性的 1×10^5 倍。在排除同卵双生和近亲的前提下，××（被检父）是 ××（孩子）的生物学父亲，从遗传学角度已经得到科学合理的确信。”

根据分析说明中对检验结果的论证内容，鉴定意见可以表述为：“根据检验结果，支持 ××（被检父）是 ××（孩子）的生物学父亲。”

法医物证鉴定中两类常用肯定父权亲子鉴定文书范本见网络增值服务。

【结果解释】

1. 检测过程必须设置阴、阳性对照和空白对照。阴性对照样本一般选取检材的无斑痕处检测，阳性对照用试剂盒提供的阳性检材，空白对照即试剂溶液里面不加入任何检材成分。所有对照的结果在准确无误的情况下，再分析鉴定检材的 DNA 分型结果。

2. 二联体肯定父权亲子鉴定文书可以参照三联体亲子鉴定文书内容编制。

3. 经常染色体 DNA 检测（系统的累积非父排除率在 99.99% 以上），发现 1～2 个基因座不符合相应的遗传定律（考虑存在突变），这种情形下，应增加检测其他高度多态性且遗传稳定的 STR 基因座；如果被检孩子为女孩，应尽可能对被检父母与女孩增加检测 X-STR；如果被检孩子为男孩，且被检父和孩子可能的生父不属于同一父系，应尽可能对被检父与男孩增加 Y-STR 的检验。将突变基因座写入报告书中，并按突变基因座 PI 值的计算方法计算 PI 和 CPI 值。计算后若发现 CPI≤0.0001，则据此排除亲权关系；若 0.0001<CPI<10 000，则不排除亲权关系。

【思考问题】

三联体亲子鉴定发现被检父和孩子之间 1～2 个基因座不符合相应的遗传定律的情况下，如何进一步鉴定？

实验九十四 亲权鉴定否定父权案例实践及鉴定文书撰写

【使用范围和使用条件】

1. 通过检测真实检材并模拟否定父权亲子鉴定案例，除巩固之前的实验方法和分析方法之外，也可以掌握否定父权与肯定父权判断标准的区别。

2. 学习否定父权关系亲子鉴定类鉴定文书的编制，掌握否定父权关系的判断标准。

【案例实践题目】

1. 案情摘要及鉴定要求 2014 年 8 月 20 日，×× 市公安局 ×× 区分局接群众 ×× 报案称其智障女刘 ×× 走失期间被人强奸并生育一女孩，但不清楚嫌疑父亲是谁。分局干警立即开展调查并怀疑张 ×× 有作案涉嫌。9 月 10 日，该单位为查明案情，委托办案人员李 ×× 和王 ×× 提供单位委托书一份，并提供被检父张 ××、生母刘 ×× 和女孩的口腔拭子各一份，要求进行亲子鉴定。

2. 检材信息 提供的检材有 3 份，分别为孩子被检父张 ×× 的口腔拭子、生母刘 ×× 的口腔拭子和女孩的口腔拭子（表 94-1）。

表 94-1 检材信息

被检验人	检材编号	检材类型
被检父张 ××	Ⅰ	口腔拭子
生母刘 ××	Ⅱ	口腔拭子
女孩	Ⅲ	口腔拭子

【鉴定原理和判断标准】

依据《法庭科学 DNA 亲子鉴定规范》(GA/T 965-2011)，三联体亲子鉴定否定父权判断标准是：在检测系统满足检测遗传标记数量的最低值，即累积非父排除率大于 0.9999 以上时，计算各基因座 PI 值，矛盾基因座按照突变模式计算 PI 值，如果被检测男子的累积父权指数小于 0.0001 时，支持被检测男子不是孩子生物学父亲的假设。该方法是一个非常科学严谨的标准。此外，目前各法医物证实验室也接受采用一个简单、可行的判断标准，即由司法部发布的《亲子鉴定技术规范》(SF/Z JD0105001-2010)提出，经过累积非父排除率大于 99.99% 的多个基因座的检测，发现被检父和孩子之间有 3 个以上的基因座不符合遗传规律，就可以排除父权关系的存在。

【实验材料及仪器设备】

试剂和仪器设备参见第十二章和第十四章。

【实验方法】

实验方法同实验九十三。

【鉴定文书编制】

否定父权关系亲子鉴定文书的编制要符合本章第一节的要求，分析说明和鉴定意见两项内容要按照否定父权关系亲子鉴定相关要求描述。

分析说明部分首先也要描述检测系统是否满足亲权鉴定要求，累积非父排除率也要求应不小于 0.9999。

依据 DNA 分型结果，如果发现所检测的基因座上，孩子与被检父在 3 个以上基因座上不符合遗传规律，则支持被检父不是孩子的生物学父亲。

如三联体亲子鉴定分析说明可以描述为："根据检验结果分析可知，结合生母 ×× 基因型，××（孩子）与 ××（被检测争议父）在 ××......（列出所有违反遗传规律的遗传标记）等基因座上违反遗传规律，可以认为 ××（被检父）不是 ××（孩子）的生物学父亲，从遗传学角度已经得到科学合理的确信。"

鉴定意见可以表述为："根据检验结果，不支持 ××（被检父）是 ××（孩子）的生物学父亲。"

法医物证鉴定中两类常用否定父权亲子鉴定文书范本见增值性服务网站。

【结果解释】

1. 检测过程必须设置阴、阳性对照和空白对照，要求同实验九十三。

2. 二联体否定父权亲子鉴定文书参照三联体亲子鉴定文书内容编制。

3. 被检父和孩子之间的矛盾基因座，既包括分型结果完全不同的基因座，也包括由生母基因型而确定的孩子应来自生父而被检父没有该等位基因的基因座。

4. 经常染色体 DNA 检测（系统的累积非父排除率在 99.99% 以上），发现 3 个基因座不符合相应的遗传定律，这种情形下，应增加检测其他高度多态性且遗传稳定的 STR 基因座；目前，有文献报道 3 个基因座不符合遗传规律的亲子鉴定案例，经增加遗传标记检测，最后发现其实际是肯定父权关系。

【思考问题】

三联体亲子鉴定否定父权的判断标准是什么？

实验九十五　个人识别案例实践及鉴定文书撰写

【使用范围和使用条件】

1. 通过检测真实检材并模拟个人识别案例，可以做到对前面所学的实验方法和分析方法进行综合运用，同时也能够掌握个人识别鉴定的基本要求和鉴定流程。

2. 对个人识别案例进行检测并出具司法鉴定文书，掌握个人识别鉴定文书的编制，掌握似然率的计算方法和似然率的评价方法，学习个人识别同一性认定的判断标准。

【案例实践题目】

1. 案情摘要及鉴定要求　2014 年 10 月 7 日 20 时 30 分许，吴 ×× 涉嫌驾驶粤 A×× 号牌小型客车在 ×× 路 ×× 公园入口处与行人赵 ×× 发生碰撞后逃逸，导致赵 ×× 当场死亡。为查明案情，×× 市公安局 ×× 交通警察大队李 ×× 和王 ×× 在嫌疑粤 A×× 号牌小型客车的右侧前挡风玻璃上提取血痕一份，并提取死者赵 ×× 的心血。10 月 12 日将上述检材送至 ×× 司法鉴定中心，要求对两份检材进行个人识别。

2. 检材说明　提供的检材为 1 份人血斑和 1 份粤 A×× 号牌小型客车的右侧前挡风玻璃上提取血痕（表 95-1）。

表 95-1　检材信息

检材名称	检材类型
粤 A×× 号牌小型客车的右侧前挡风玻璃	血棉
赵 ××	血滤纸

【鉴定原理和判断标准】

个人识别的实质是通过比较案发现场收集的法医物证检材与嫌疑人的遗传标记，判断前后两次或多次出现的个体是否为同一个体。

鉴定无非有两种结果：先后出现的个体可能是同一个体，也可能不是同一个体。若两份检材的遗传标记表型不同，可明确结论两份检材不是来自同一个体。若遗传标记表型相同，则称为两份检材的遗传标记表型匹配。

两份检材遗传标记表型匹配有两种可能的原因：①两份检材来自同一个体；②两份检材不是来自同一个体，仅仅因为其表型碰巧相同而出现了匹配。所以两种假设均存在：H_p：现场物证来自嫌疑人的假设；$Pr(H_p)$ 表示这个假设正确的可能性（或称概率）。H_d：代表现场物证是来自无关的随机个体的假设；

Pr(H_d)表示这个假设正确的可能性(概率)。比较这两种假设都正确的可能性，得到一个似然率(LR)。

$$LR = \frac{Pr(E|Hp)}{Pr(E|Hd)}$$

由此可知，似然率提供了一种基于术语“支持”的简单约定，以便根据一定数据来支持一种假设，排斥另一种假设。LR大于1时有利于H_p的假设，若小于1则有利于H_d的假设。实践中，LR大于全球人口总数，从法医遗传学角度，可以认为遗传分析提供的证据是充分的。

应该强调的是，如果只简单地做少数几个DNA遗传标记，鉴定所提供的证据强度是有限的。检测系统的个人识别能力越高，即联合应用多个遗传标记，可提高证据强度。此外，目前的遗传标记检测系统(如STR、SNP或InDel等)还无法对同卵双生的两个个体进行有效甄别。

【实验材料及仪器设备】

试剂和仪器设备见第十二章和第十四章。

【实验方法】

1. 检测方法和流程同实验九十三，一般也是采用商品化试剂盒进行检测。

2. LR的计算参照实验九十一相关方法。

【鉴定文书编制】

个人识别鉴定文书要符合本章第一节的要求，分析说明和鉴定意见两项内容要按照个人识别鉴定相关要求描述。

分析说明部分首先要说明所使用检测系统的个人识别系统效能是否能满足个人识别要求。目前常用常染色体STR商用试剂盒的累积个人识别率均超过0.999 999 999。

依据DNA分型结果对个人识别的鉴定，只有“排除来自同一个体”和“支持来自同一个体”两种情形：

(1) 被鉴定检材之间的基因分型结果不一致，即可确定排除来自同一个体；分析说明可以描述为：“根据检验结果分析可知，××(例如检材A)和××(例如检材B)在××、……(列出所有违反遗传规律的遗传标记)等基因座上分型不一致，故不支持两份检材来自同一个体。”

鉴定意见可以描述为：“根据检验结果，不支持××(例如检材A)和××(例如检材B)来自同一个体。”

(2) 被鉴定检材之间的基因分型结果完全一致，要求计算LR，通过LR的值来评估不同检材来自同一个体的可能性。

分析说明可以描述为：根据检验结果分析可知，“××(例如检材A)和××(例如检材B)在所检测的××个STR基因座上基因分型完全一致。经使用中国汉族人群资料进行统计学计算，在排除同卵双生的前提下，××(例如检材A)和××(例如检材B)来自同一个体的似然率为××，其值大于全世界人口总数，支持两份检材来自同一个体。”

鉴定意见可以描述为：“根据检验结果，在排除同卵双生的前提下，支持××(例如检材A)和××(例如检材B)来自同一个体。”

法医物证鉴定中两类常用否定父权亲子鉴定文书范本见增值性服务网站。

【结果解释】

1. 检测过程必须设置阴、阳性对照和空白对照。

2. 目前对个人识别的似然率的值没有相关标准可以参考，一般认为LR大于全球人口总数，所得到的支持结论，从遗传学角度已经得到科学合理的确信。

3. 目前的遗传标记检测系统(如STR、SNP或InDel等)还无法对同卵双生的两个个体进行有效甄别，因此，在分析说明和鉴定意见中，一定要注明支持结论是建立在排除同卵双生的情况下得出。

【思考问题】

个人识别同一性认定的鉴定标准是什么？

附录一　实验室标准化简介

实验室的标准化，指DNA检验的质量保证体系，包括了DNA检验的各个环节，既有管理与技术方面，又有人员和检验程序方面，使每个DNA实验室所有的工作环节都处于受控状态，以确保DNA分型检验的准确性、可比性和实验室数据的完整性。

一、人员

具备高素质、高技能的检验人员是开展DNA检验工作的基本条件。因为DNA检验，特别是PCR扩增的特点是灵敏、特异性强，技术操作直接关系到检验结论的优劣和可信度，要求检验人员必须具备实验、分析、理解、判断的综合能力，这也是开展DNA检验工作的关键之处。

二、实验室建立及设备配置

实验室是工作人员进行日常检验的场所，实验室的合理安排及相关区域的仪器设备配置是获得科学、准确结果的必要保证。DNA实验室的组建要求科学合理，充分考虑DNA检验的特点，尤其要注意避免检材DNA的交叉污染以及外源DNA的污染。标准规范的DNA实验室应该包括以下几个区域：

（一）样品处理区

本区域主要用来进行各种检材的照相、初检、镜检。应具备普通离心机、显微镜、水浴箱、烤箱等基本设备。

（二）DNA提取区

本区域主要用来提取各种检材的DNA，并对提取的DNA数量及质量进行检测。应具备台式高速离心机（室温及冷冻）、漩涡振荡器、干热器、反转摇床、恒温水浴箱、磁力搅拌器、潜水式凝胶电泳装置、微量移液器等。

（三）PCR扩增区

本区域主要用来进行PCR反应加样和扩增，加样应在隔离的超净工作台内进行。应具备超净工作台、漩涡振荡器、小型台式离心机、制冰机、微量移液器、PCR试剂专用冰箱、PCR扩增仪等设备。

（四）检测区

本区域主要用来进行扩增产物的确认和产物的分离及判型。应具备电泳装置、DNA片段显现装置、微量移液器、扩增产物专用冰箱。

此外，主要用于DNA检验的暗室应具备投射紫外观察灯、照相及显像装置。试机配置、消耗品存放、超纯水装置、数据处理装置应有单独空间。如实验室还进行其他DNA项目的检验，应在上述区域以外另行配备。

三、实验操作

（一）检验方法

1. 实验室应采用经鉴定并被同行业专家所认可的检验方法。

2. 实验室应有全部检验项目的详细操作手册，其中包括试剂配制、样品处理、DNA 提取、DNA 检测标准程序及数据计算。

（二）试剂

1. 实验所用试剂应有质量保证，符合 DNA 分型的技术标准。

2. 试剂容器上应有明显标签，记录试剂名称、成分、浓度、配制时间。

3. 新试剂应经过试验证明结果无误后方可使用。

（三）实验对照

实验中必须设置载体阴性对照、已知分型的 DNA 作阳性对照及试剂空白对照。

（四）检验结果

检验结果要在同条件检验的对照样品准确无误时，方可根据标准来判断结果。

四、检验报告

（一）实验记录

实验室对每一案件均应进行详细的实验记录。

1. 送检人应该填写案件情况，包括送检时间、送检单位、送检人、受害人及案件有关人员姓名、性别、年龄、民族、简要案情、检材提取情况、检材性状、检验要求等。

2. 应详细记录实验步骤，包括实验过程、结果、结果解释。

3. 应详细记录检材的归属　对于个案中每次送检的检材，均应由送检人详细填写送检记录，剩余检材取走时应由取走人签字。

（二）鉴定书

实验室对于检验完成的案件应出具鉴定书，鉴定书包括以下内容：

1. 送检时间、送检单位、送检人、简要案情。

2. 检材情况、检验要求及检验开始时间。

3. 详细记录检验过程。

4. 检验结果。

5. 对检验结果进行论证、分析说明。

6. 检验结论。

五、质量保证体系

从事 DNA 检验的实验室应遵循质量保证体系，确保数据的准确性、完整性和可信性。质量保证体系应包括如下内容：

（一）DNA 检验所用检材的提取和送检

在我国，用于 DNA 检验的检材多是由现场勘察人员提取。检材提取的正确与否直接关系到 DNA 检验的结果，因此检材的提取、包装、送检亦必须规范化、标准化。

（二）实验室质量保证

实验室应遵循 DNA 检验的质量保证系统，最大限度地减少工作间的污染。

1. 严格限制进出实验室的人员，禁止无关人员进入工作区。

2. 进入实验室必须穿着实验工作服，操作过程中必须按要求着专用服装，如隔离衣、手套、帽子、口罩、防护眼镜等。

3. 分析完的产物应统一归放，统一焚毁，不可带入其他工作区。

4. 不同区域的器材严禁交叉使用。

5. 定期打扫、消毒实验室并有安全措施。

（三）大型仪器的使用

实验室使用的各种大型仪器必须性能良好、稳定，同时要有使用记录和维修记录，经常维修、保养仪器。定期按照国家标准校对以确保实验的条件一致。实验室的大型仪器应有使用说明书，以确保仪器设备正常运转。

（四）检验方法

每个实验室均应有一套被确认的检验方法，每项技术必须有逐一描述的实验程序手册，包括原理、试剂、设备、对照、结果、注意事项、数据分析和解释标准，并在条件允许的情况下逐步提高检验水平。在个体识别和亲子鉴定方面要有以下方面的具体数据：

1．个体识别和亲子鉴定出具排除结论必需的依据。

2．该实验室个体识别中联合应用多系统的匹配概率；各案中做出同一认定结论的似然比率。

3．该实验室亲子鉴定联合应用多系统的累计非父排除概率；各个案件的父权概率必须达到什么标准方能认定并出具认定结论。

（五）检验过程

1．检验时应保留部分检材或提取的DNA，以备复核。接触不同检材时应更换手套，切忌将多个检材同时处理，避免检材见交叉污染。

2．试剂的配制应按实验手册操作，并有配制记录与复核人。商业化的试剂盒应有企业认证证明，并注意存放时间及失效时间。使用前应仔细鉴别和评估其是否适合本实验室使用。

3．提取的检材DNA和扩增的产物，应有一套标准的检验方法，其中包括测量浓度及浓缩，纯化，分离等。

4．对每项检验均应设置标准和阴性、阳性对照，等位基因标记物和内标。

5．整个检验应有详细的记录，有些要有照片或结果的分析图，一并存入档案，以备检查、复核。

6．出具法医物证鉴定书，应包括：基本情况（送检时间，送检单位，送检人，案情摘要，送检物提取及描述，检验目的）、检验（检验方法，试验结果）、结果、论证（对结果的解释，包括计算的匹配概率、似然率、非父排除率、父权概率等）、结论等要件，同时还应有两名以上具有鉴定资格的鉴定人员签名。

7．案件数据、原始记录、鉴定书原文都要经过相应资格的人员复核签字后方可出具鉴定书。

六、仪器维护、保养及安全

1．实验室应选择适合所开展检验项目的仪器，并有专人进行仪器维护。

2．所有仪器均应备有详细使用说明书及使用记录，以备查询。

3．仪器应定期请专业人员进行检修、校准，以保证其正常运转。

4．实验室要有严格的消防措施，以防万一。

附录二　常用STR基因座群体遗传学数据

附表 2-1　TPOX 基因座等位基因频率分布

等位基因	频率分布					
	汉族（北京）	汉族（上海）	日本人	白人（美国）	黑人（美国）	葡萄牙人
6				0.002	0.05	
7	0.0173	0.0209			0.034	0.003
8	0.4926	0.4607	0.451	0.528	0.353	0.526
9	0.151	0.1309	0.121	0.093	0.192	0.108
10	0.052	0.0419	0.036	0.056	0.113	0.052
11	0.2698	0.3141	0.349	0.284	0.21	0.281
12	0.005	0.0314	0.039	0.037	0.048	0.029
14	0.0124		0.004			

附表 2-2　D3S1358 基因座等位基因频率分布

等位基因	频率分布				
	汉族（武汉）	汉族（北京）	葡萄牙人	白人（美国）	黑人（美国）
9					0.0026
11			0.003	0.0025	0.0026
12			0.003	0.0025	0.0051
13	0.0026	0.0017		0.005	
14	0.0464	0.0433	0.141	0.1125	0.118
15	0.3608	0.37	0.271	0.2825	0.2795
15.2					0.0026
16	0.3325	0.315	0.239	0.2225	0.3231
17	0.2216	0.1917	0.173	0.2225	0.218
18	0.0309	0.0667	0.17	0.145	0.0462
19	0.0052	0.0117		0.005	0.0026

附表 2-3　FGA 基因座等位基因频率分布

等位基因	频率分布				
	汉族	汉族（北京）	壮族	白人（美国）	黑人（美国）
16.2					0.0026
17					0.0026
18	0.0578	0.0117		0.015	0.0051
19	0.1111	0.0367	0.0049	0.0625	0.0462
19.2		0.0017			0.0026

续表

等位基因	频率分布				
	汉族	汉族(北京)	壮族	白人(美国)	黑人(美国)
20	0.0578	0.0333	0.0146	0.1625	0.0436
20.2		0.005		0.0075	
21	0.2178	0.1267	0.0437	0.1775	0.1333
21.2		0.01	0.0097		0.0026
22	0.3289	0.175	0.068	0.165	0.1897
22.2	0.0178	0.0117		0.005	0.0026
23	0.2089	0.227	0.1553	0.14	0.1897
23.2	0.0089	0.015	0.0097		
24	0.1956	0.1933	0.1445	0.1325	0.1641
24.2	0.0044	0.0133	0.0049		0.1641
25	0.1156	0.09	0.1408	0.1125	0.1231
25.2	0.0022	0.0033	0.0049		
26	0.0511	0.04	0.1039	0.015	0.041
26.2					
27	0.0111	0.01	0.0922		0.041
28	0.0022	0.0017	0.0485		0.0077
29			0.0146		0.0026

附表 2-4　HumCSF1PO 基因座等位基因频率分布

等位基因	频率分布						
	汉族(北京)	汉族(上海)	汉族(武汉)	汉族(青岛)	壮族	苗族	汉族(台湾)
7			0.005		0.0149		0.013
8	0.019		0.002	0.018	0.005	0.0036	0.004
9	0.0833	0.0507	0.048	0.0721	0.0693	0.0109	0.056
10	0.25	0.2765	0.205	0.2433	0.1733	0.2065	0.272
11	0.3333	0.235	0.234	0.2703	0.2021	0.2536	0.198
12	0.025	0.2949	0.402	0.3198	0.2673	0.3841	0.409
13	0.0571	0.1152	0.093	0.0676	0.1238	0.1087	0.047
14	0.0071	0.0092	0.011	0.009	0.0446	0.029	
15		0.0138			0.0099	0.0036	
16		0.0047					

附表 2-5　D5S818 基因座等位基因频率分布

等位基因	频率分布		
	汉族	白人(美国)	黑人(美国)
6	0.0044		
7	0.0133	0.0025	0.0026
8	0.0067	0.005	0.0513
9	0.0844	0.0225	0.0205
10	0.1756	0.0675	0.0744
11	0.3333	0.3925	0.2539
12	0.2467	0.3325	0.3256
13	0.1244	0.165	0.2487

续表

等位基因	频率分布		
	汉族	白人（美国）	黑人（美国）
14	0.0089	0.01	0.0205
15	0.0022		0.0026
16		0.0025	

附表2-6　D7S820基因座等位基因频率分布

等位基因	频率分布				
	汉族	回族	壮族	白人（美国）	黑人（美国）
5	0.0017			0.002	0.002
6	0.0017			0.002	0.002
7	0.0017	0.0049	0.0074	0.01	0.012
8	0.1233	0.1165	0.0324	0.155	0.179
9	0.0567	0.0825	0.0662	0.152	0.084
10	0.18	0.1942	0.1765	0.295	0.351
11	0.3738	0.3204	0.3971	0.195	0.235
12	0.22	0.2524	0.1618	0.121	0.112
13	0.0367	0.0194	0.0515	0.057	0.019
14	0.0017	0.0097	0.0074	0.012	0.007

附表2-7　D8S1179基因座等位基因频率分布

等位基因	频率分布			
	汉族（武汉）	汉族（成都）	白人（美国）	黑人（美国）
8				0.0151
9			0.01	0.0051
10			0.08	0.0308
11	0.1288	0.0644	0.0625	0.0436
12	0.0901	0.1237	0.1425	0.1051
13	0.1416	0.1089	0.3475	0.1974
14	0.2017	0.1386	0.1875	0.3333
15	0.1974	0.2079	0.13	0.2103
16	0.1631	0.1931	0.02	0.0641
17	0.0601	0.104	0.0025	0.0103
18	0.015	0.0396		
19	0.0022	0.0198		

附表2-8　HumTH01基因座等位基因频率分布

等位基因	频率分布						
	汉族（北京）	汉族（上海）	汉族（广州）	汉族（台湾）	壮族	苗族	藏族
5			0.0039		0.005		
6	0.0805	0.1436	0.1047	0.142	0.0693	0.1087	0.097
7	0.286	0.2277	0.2597	0.241	0.2475	0.2138	0.227
8	0.0508	0.0693	0.0543	0.056	0.0693	0.0653	0.091
9	0.4894	0.3465	0.5233	0.483	0.396	0.4928	0.481
9.3	0.0339	0.0891	0.0155	0.009	0.0446	0.087	0.104
10	0.0539	0.1188	0.0388	0.069	0.1634	0.0326	
11		0.0049			0.005		

附表 2-9 HumvWA基因座等位基因频率分布

等位基因	频率分布						
	汉族(北京)	汉族(成都)	汉族(广州)	壮族	藏族	黑人(美国)	白人(德国)
13	0.015	0.004	0.0038			0.005	0.005
14	0.2625	0.232	0.303	0.3048	0.101	0.069	0.115
15	0.0375	0.012	0.0227	0.0286	0.034	0.223	0.09
16	0.165	0.157	0.1932	0.1238	0.208	0.243	0.14
17	0.2425	0.302	0.1818	0.2048	0.303	0.203	0.31
18	0.17	0.182	0.1932	0.2143	0.208	0.158	0.225
19	0.0925	0.099	0.0985	0.1048	0.129	0.084	0.095
20	0.015	0.012	0.0038	0.0095	0.017	0.01	0.015
>20				0.0095			

附表 2-10 D13S317基因座等位基因频率分布

等位基因	频率分布					
	汉族	汉族(武汉)	回族(宁夏)	壮族(广西)	白人(美国)	黑人(美国)
7	0.0033	0.005	0.0049	0.0149		0.002
8	0.3604	0.2736	0.2233	0.2612	0.143	0.033
9	0.1599	0.1956	0.1602	0.2164	0.052	0.019
10	0.1066	0.1567	0.1068	0.1791	0.052	0.026
11	0.167	0.194	0.3107	0.194	0.305	0.309
12	0.167	0.1418	0.1262	0.097	0.307	0.414
13	0.0281	0.0249	0.0485	0.0373	0.83	0.149
14	0.0077	0.0075	0.194		0.057	0.049

附表 2-11 D16S539基因座等位基因频率分布

等位基因	频率分布			
	汉族	壮族	白人(美国)	黑人(美国)
5				0.002
7		0.1585		
8	0.0139	0.0634	0.026	0.023
9	0.3102	0.0048	0.107	0.205
10	0.1157	0.0297	0.079	0.093
11	0.25	0.094	0.319	0.316
12	0.1991	0.3118	0.269	0.202
13	0.1065	0.2922	0.167	0.133
14	0.0046	0.0347	0.031	0.026
15		0.0198	0.002	

附表 2-12 D18S51基因座等位基因频率分布

等位基因	频率分布			
	汉族	汉族(重庆)	白人(美国)	黑人(美国)
10	0.0023		0.005	0.0051
10.2				0.0051
11	0.007	0.002	0.02	0.0154
12	0.0444	0.026	0.1425	0.0564

续表

等位基因	频率分布			
	汉族	汉族(重庆)	白人(美国)	黑人(美国)
13	0.2126	0.187	0.15	0.041
13.2		0.009		0.0051
14	0.2093	0.176	0.1675	0.0067
14.2		0.009		0.0051
15	0.1682	0.19	0.1425	0.1769
15.2		0.002		
16	0.1355	0.15	0.14	0.1744
17	0.0584	0.082	0.105	0.105
18	0.0444	0.046	0.06	0.1103
19	0.0467	0.058	0.0375	0.1026
20	0.1636	0.017	0.015	0.0487
21	0.0327	0.019	0.01	0.0103
22	0.0164	0.01	0.0025	0.0103
23	0.0094	0.01	0.0025	0.0026
24	0.0023	0.003		
25		0.003		

附表2-13　D21S11基因座等位基因频率分布

等位基因	频率分布					
	汉族(北京)	汉族(广州)	汉族(重庆)	壮族	白人(美国)	黑人(美国)
<26					0.005	
26						0.0026
27	0.0017		0.007		0.0375	0.059
28	0.0533	0.0198	0.054		0.1025	0.218
28.2	0.0183	0.0049	0.01			
29	0.2833	0.104	0.245	0.034	0.2075	0.2
29.2	0.0083	0.0099	0.01	0.0291	0.005	
29.3						0.0026
30	0.2733	0.2525	0.268	0.2476	0.2625	0.1615
30.2	0.0117		0.017	0.0243	0.025	0.0256
31	0.1017	0.2129	0.109	0.2476	0.055	0.0897
31.2	0.0583	0.0099	0.077	0.0534	0.105	0.059
31.3						
32	0.0383	0.1188	0.02	0.0583	0.0125	0.0077
32.2	0.1	0.0792	0.119	0.0291	0.0725	0.0692
33	0.0033	0.0445	0.007	0.068	0.0025	0.0051
33.1						0.0026
33.2	0.045	0.1045	0.054	0.034	0.04	0.041
34				0.1359		0.0026
34.2	0.0033	0.0347			0.0075	
35				0.0291		0.0359
35.2		0.0049		0.0049		
36				0.0049		0.0154
38						0.0026

附表 2-14　D2S1338 基因座等位基因频率分布

等位基因	频率分布					
	汉族（北京）	汉族（上海）	汉族（天津）	意大利人	白人（美国）	黑人（美国）
15	0.0194			0.002	0.0025	
16	0.0216	0.0094	0.0082	0.067	0.0425	0.0564
17	0.0582	0.0469	0.0847	0.23	0.1775	0.1103
18	0.1121	0.1438	0.112	0.084	0.0875	0.0282
19	0.1853	0.1969	0.1913	0.108	0.1275	0.1641
20	0.1122	0.1219	0.082	0.127	0.135	0.0872
21	0.0194	0.0063	0.0191	0.026	0.0325	0.1359
22	0.0517	0.0531	0.0437	0.028	0.0375	0.1231
23	0.2177	0.2031	0.2268	0.103	0.1075	0.0872
24	0.1444	0.1719	0.1284	0.105	0.1	0.0846
25	0.0345	0.0406	0.0792	0.093	0.12	0.0872
26	0.0129	0.0031	0.0191	0.016	0.0275	0.0282
27	0.0108		0.0027	0.002		0.0051
28		0.0031	0.0027	0.002	0.0025	0.0026

附表 2-15　D19S433 基因座等位基因频率分布

等位基因	频率分布					
	汉族（北京）	汉族（上海）	汉族（天津）	瑞士人	白人（美国）	黑人（美国）
10	0.0043					0.0077
10.2						0.0026
11	0.0022	0.0063			0.0025	0.077
11.2						0.0026
12	0.0647	0.0313	0.0519	0.101	0.065	0.1051
12.2	0.0086	0.0063	0.0109	0.005		0.041
13	0.2672	0.2313	0.2459	0.222	0.26	0.2692
13.2	0.0388	0.0375	0.0464	0.012	0.0225	0.0462
14	0.2586	0.2469	0.265	0.35	0.3275	0.218
14.2	0.0991	0.1531	0.082	0.017	0.0325	0.059
15	0.0797	0.0594	0.0874	0.175	0.1825	0.0744
15.2	0.1336	0.1656	0.1557	0.037	0.025	0.0487
16	0.0086	0.0063	0.0164	0.056	0.0525	0.0077
16.2	0.0323	0.0563	0.0355	0.025	0.02	0.0333
17	0.0022				0.005	
17.2			0.0027		0.0025	0.0051
18.2					0.0025	0.0026

附表 2-16　部分地区中国人群 PentaD 基因座等位基因频率分布

等位基因	频率分布							
	黑龙江	北京	河南	武汉	四川	湖南	广州	台湾
2.2		0.0025						
3.2		0.0025						
5		0.0025						

续表

等位基因	频率分布							
	黑龙江	北京	河南	武汉	四川	湖南	广州	台湾
6	0.0036	0.0075						
7	0.0108	0.0025	0.0046	0.0065	0.024	0.0165	0.0147	0.0123
8	0.0362	0.0547	0.0231	0.0696	0.0481	0.0604	0.0588	0.0492
9	0.3188	0.301	0.3657	0.3587	0.375	0.3571	0.3941	0.3811
10	0.1376	0.0721	0.0741	0.113	0.1394	0.0962	0.0971	0.1189
11	0.163	0.2139	0.1806	0.1261	0.1394	0.1346	0.1647	0.1066
12	0.1702	0.1642	0.2083	0.1826	0.1106	0.1346	0.1324	0.1598
13	0.1231	0.1194	0.1111	0.1087	0.1346	0.1319	0.0941	0.1107
14	0.0289	0.0473	0.0278	0.0261	0.024	0.0549	0.0441	0.0369
15	0.0072	0.005	0.0046	0.0065	0.0048	0.011		0.0205
16	0.0025			0.0022				0.0041
17	0.0025							
18								
19						0.0027		

附表 2-17　部分地区中国人群 PentaE 基因座等位基因频率分布

等位基因	频率分布							
	黑龙江	北京	河南	武汉	四川	湖南	广州	台湾
5	0.0253	0.0647	0.0648	0.0516	0.0619	0.0608	0.0559	0.0595
6		0.0025					0.0029	
7		0.005	0.0046	0.0018			0.0059	
8	0.0072	0.0075	0.0046	0.0089		0.0028	0.0059	
9			0.0093	0.0124	0.0143	0.0166	0.0088	0.0198
10	0.0326	0.0423	0.0463	0.0552	0.0524	0.0414	0.0706	0.0714
11	0.1231	0.1343	0.1204	0.1139	0.1905	0.1657	0.1441	0.1746
12	0.1014	0.107	0.1389	0.1263	0.0857	0.1436	0.1176	0.1349
13	0.0688	0.0547	0.0417	0.048	0.0714	0.0497	0.0168	0.0278
14	0.0978	0.0846	0.0648	0.0783	0.0857	0.0801	0.0824	0.0714
15	0.134	0.0995	0.0741	0.1068	0.1	0.105	0.0588	0.1071
16	0.0543	0.0896	0.0694	0.0694	0.0952	0.0718	0.1088	0.0397
17	0.0724	0.0771	0.1111	0.0658	0.0333	0.0608	0.05	0.0595
18	0.0869	0.0846	0.0602	0.0676	0.0762	0.0663	0.0735	0.0635
19	0.0869	0.0373	0.0648	0.0712	0.0619	0.0525	0.0618	0.0714
20	0.0652	0.0274	0.0694	0.0498	0.0143	0.0359	0.0265	0.0357
21	0.0326	0.0423	0.0185	0.0338	0.0333	0.0249	0.0235	0.0397
22	0.0072	0.0174	0.0046	0.0196	0.0143	0.011	0.0324	0.004
23		0.0174	0.0185	0.0107	0.0095	0.0083	0.0029	0.0119
24	0.0036	0.005	0.0139	0.0036		0.0028	0.0029	0.0079
25				0.0018			0.0029	
26				0.0036				

附表 2-18　PentaB 基因座等位基因频率分布

等位基因	频率分布		
	汉族（武汉）	汉族（北京）	日本人
6	0.0022	0.0025	
7	0.0087	0.0126	0.005
8	0.0349	0.0126	0.003
9	0.1725	0.1558	0.182
10	0.1376	0.1407	0.095
11	0.2096	0.1802	0.163
12	0.2314	0.2764	0.338
13	0.1157	0.113	0.09
14	0.0546	0.0503	0.077
15	0.0175	0.0452	0.032
16		0.005	0.012
17	0.0131	0.0025	
18			
19			
20			
21	0.0022		
22			
23		0.0025	0.003

附表 2-19　PentaC 基因座等位基因频率分布

等位基因	频率分布		
	汉族（武汉）	汉族（北京）	日本人
5	0.0167	0.0377	0.067
6			
7		0.0075	
8	0.0649	0.0603	0.087
9	0.3159	0.3166	0.315
10	0.0565	0.0502	0.058
11	0.3347	0.3317	0.343
12	0.159	0.1206	0.107
13	0.0481	0.0603	0.023
14	0.0042	0.005	
15			
16			
17			
18		0.0101	

附表 2-20　D6S1043 基因座等位基因频率分布

等位基因	频率分布				
	汉族	亚洲人群	非洲裔美国人	高加索人	西班牙人
<8				0.0018	
9			0.0016		
10	0.0286	0.0273	0.0159	0.0165	0.019

续表

等位基因	频率分布				
	汉族	亚洲人群	非洲裔美国人	高加索人	西班牙人
11	0.1094	0.1136	0.1048	0.2647	0.1635
12	0.1406	0.1386	0.2254	0.2794	0.2038
13	0.1328	0.1114	0.0968	0.068	0.1232
14	0.1641	0.1636	0.0571	0.0496	0.1256
15	0.0026	0.0182	0.0556	0.011	0.0261
16	0.0052	0.0023	0.0365	0.0092	0.0024
17	0.0495	0.0227	0.0762	0.0643	0.064
18	0.1719	0.1955	0.1175	0.079	0.09
18.2		0.0023			
19	0.151	0.1318	0.1365	0.0974	0.0758
19.3			0.0016		
20	0.026	0.0545	0.0517	0.0515	0.0237
20.3					0.0142
21	0.0182	0.0136	0.0032	0.0055	0.0047
21.3			0.0032	0.0018	0.0474
22					
22.3			0.0016		0.0071
23			0.0048		0.0024
23.3					0.0047
24			0.0016		
24.3					0.0024
25			0.0032		

附表 2-21　D12S391 基因座等位基因频率分布

等位基因	频率分布				
	汉族	亚洲人群	非洲裔美国人	高加索人	西班牙人
13					0.0024
14					
15	0.0156	0.0068	0.0603	0.046	0.0474
16	0.0078	0.0045	0.0651	0.0239	0.0592
17	0.0885	0.0591	0.1587	0.1011	0.0592
17.1			0.0032		
17.3			0.0048	0.0221	0.0142
18	0.1901	0.2455	0.2571	0.1562	0.1754
18.3		0.0045	0.0095	0.0202	0.019
19	0.2292	0.1818	0.1698	0.1066	0.1825
19.1			0.0063		
19.3			0.0016	0.0055	0.0284
20	0.1927	0.0175	0.1095	0.1232	0.1351
20.3		0.0023		0.0037	0.0024
21	0.125	0.1068	0.0683	0.1305	0.1066
22	0.1016	0.0932	0.0333	0.1342	0.0924
23	0.0286	0.0591	0.0206	0.0846	0.0355

续表

等位基因	频率分布				
	汉族	亚洲人群	非洲裔美国人	高加索人	西班牙人
24	0.0078	0.0318	0.019	0.0276	0.0118
25	0.0104	0.0159	0.0111	0.0092	0.019
26	0.0026	0.0023	0.0016	0.0055	0.0071
27		0.0045			0.0024
28		0.0023			

附表2-22　D3S1359基因座等位基因频率分布

等位基因	频率分布		
	汉族(武汉)	德国人	芬兰人
<11	0.0014		0.0004
11	0.0043	0.011	0.0037
12	0.0374	0.129	0.1698
13	0.1336	0.188	0.1992
14	0.2989	0.096	0.0837
15	0.2658	0.07	0.0727
16	0.1006	0.018	0.0437
17	0.0172		0.0233
17.3	0.0014	0.015	0.0233
18		0.007	0.0057
18.3		0.015	0.0237
19.3	0.0014	0.075	0.06
20.3	0.0043	0.096	0.049
21.1		0.004	0.096
21.3	0.0072	0.099	0.0959
22.3	0.0259	0.092	0.078
23.3	0.046	0.059	0.043
24.3	0.0259	0.015	0.031
25.3	0.0172	0.018	0.0151
26.3	0.0043		0.0033
27.3	0.0043		
28.3	0.0029		

附表2-23　D10S2325基因座等位基因频率分布

等位基因	频率分布				
	汉族(成都)	汉族(武汉)	汉族(广州)	德国人	美国黑人
6	0.008	0.0171	0.005		0.137
7	0.23	0.3013	0.26	0.16	0.095
8	0.031	0.0171	0.02	0.045	0.142
9	0.109	0.0705	0.14	0.095	0.189
10	0.091	0.1282	0.14	0.115	0.216
11	0.117	0.1303	0.19	0.14	0.1
12	0.152	0.1068	0.095	0.245	0.084
13	0.129	0.1154	0.07	0.15	0.026

续表

等位基因	频率分布				
	汉族(成都)	汉族(武汉)	汉族(广州)	德国人	美国黑人
14	0.074	0.0534	0.035	0.03	
15	0.023	0.0214	0.015	0.015	
16	0.008	0.0235	0.015	0.005	0.011
17	0.012	0.0043	0.01		
18					
19	0.008	0.0021			
20					
21	0.008		0.005		
22		0.0064			
23					
24		0.0021			

附表 2-24 D19S253基因座等位基因频率分布

等位基因	频率分布			
	汉族(武汉)	汉族(成都)	汉族(广州)	壮族
7	0.1956	0.1714	0.124	0.1485
8	0.0311	0.0714	0.019	0.0643
9	0.0089		0.014	0.0048
10	0.02	0.0333	0.005	0.0297
11	0.1644	0.0952	0.152	0.094
12	0.2933	0.3	0.286	0.3118
13	0.1867	0.181	0.262	0.2922
14	0.0956	0.1334	0.109	0.0347
15	0.0044	0.0143	0.029	0.0198

附表 2-25 D19S400基因座等位基因频率分布

等位基因	频率分布								
	汉族(成都)	汉族(广州)	汉族(吉林)	藏族	壮族	蒙古族	日本人	德国人	美国黑人
7		0.0051					0.0042		
8		0.005					0.0085	0.0104	
9	0.2207	0.1786	0.2071	0.1986	0.1932	0.1044	0.2034	0.1042	0.0301
10	0.0227	0.0357	0.0354	0.0618	0.0739	0.0714	0.0636	0.0469	
11	0.0519	0.1071	0.0707	0.0562	0.0682	0.0659	0.089	0.0729	
12	0.3442	0.3061	0.303	0.3596	0.2273	0.3243	0.3136	0.1667	0.1563
13	0.1494	0.1582	0.1869	0.173	0.1307	0.1923	0.1059	0.151	0.0625
14	0.0942	0.0765	0.0859	0.0393	0.0625	0.1209	0.0466	0.1667	0.1094
15	0.0682	0.0714	0.0707	0.1124	0.1307	0.0879	0.1059	0.1719	0.2968
16	0.0455	0.0459	0.0404	0.0112	0.0852	0.0275	0.0169	0.0938	0.2812
17	0.0032	0.0102		0.0056	0.0284	0.0055		0.0156	0.0625

附表 2-26　HumFES/FPS 基因座等位基因频率分布

等位基因	频率分布						
	汉族(北京)	汉族(吉林)	汉族(广州)	壮族	景颇族	美国白人	美国黑人
6		0.005					
7	0.0025					0.014	0.003
8	0.0075				0.0094		0.073
9	0.005	0.02	0.0152	0.0048	0.0236	0.307	0.046
10	0.064	0.0202	0.0455	0.0667	0.0519	0.39	0.24
11	0.5125	0.5101	0.4735	0.381	0.4434	0.22	0.357
12	0.2625	0.2424	0.3258	0.3333	0.2925	0.063	0.23
13	0.1625	0.1869	0.1326	0.2048	0.1651	0.005	0.048
14	0.0075	0.0101	0.0007	0.0095	0.0142		
15		0.005					

附录三　常用试剂及配制方法

一、常用储存液（stock solution）的配制

1. 1mol/L 三羟甲基氨基甲烷（Tris）　取 121.14g Tris 碱加入约 800ml 超纯水中，加浓盐酸调 pH 至所需值（7.4，7.6，8.0）。一般需要下列量的浓盐酸：

pH	HCl 量
7.4	70ml
7.6	60ml
8.0	42ml

待溶液冷至室温后再调 pH，加水定容至 1000ml，分装后高压灭菌备用。

2. 0.5mol/L 乙二胺四乙酸二钠（$Na_2EDTA \cdot 2H_2O$）(pH8.0)　取 186.1g $Na_2EDTA \cdot 2H_2O$ 加入约 800ml 超纯水中，用磁力搅拌，用 NaOH（约 20g）调 pH 至 8.0，溶解后加入超纯水至 1000ml。分成若干份高压灭菌。

3. 5mol/L NaCl　取 292.2g NaCl 加入约 800ml 超纯水中，溶解后至 1000ml。分成若干份高压灭菌。

4. 1mol/L $MgCl_2$　取 203.3g 的 $MgCl_2 \cdot 6H_2O$ 加入约 800ml 的超纯水中，待溶解后定容至 1000ml。分成若干份高压灭菌。

5. 3mol/L 醋酸钠（NaAc）(pH 5.2)　取 408.24g $NaAc \cdot 3H_2O$ 加入约 800ml 超纯水中，用冰醋酸调 pH 至 5.2，溶解后加超纯水至 1000ml。分成若干份高压灭菌。

6. 1mol/L 二硫苏糖醇（1，4-Dithiothreitol，DTT）　取 3.09g DTT 加入约 20ml 0.01mol/LNaAc（pH 5.2）中，过滤除菌。分装每管 1ml，置 −20℃保存。注意此试剂不能高压灭菌。

7. β- 巯基乙醇（β-Mercaptoethanol，β-ME）　β-ME 原液为 14.1mol/L 溶液，用深色瓶装，置 4℃保存。β-ME 不能高压。

8.10% 十二烷基硫酸钠（Sodium dodecyl sulfate，SDS）　取 100g 分析纯级 SDS 加入 900ml 超纯水中，加热至 68℃助溶，加少量浓盐酸调至 pH7.2，加超纯水至 1000ml。分成若干份保存，不必高压。注意称量 SDS 时需戴口罩。

二、DNA 提取用试剂

1. 1× 细胞核裂解液（TNE）（100mmmol/L NaCl，1mmmol/L EDTA，10mmmol/L Tris-HCl pH 8.0）2mmol/L Tris-HCl（pH8.2）0.5ml，4mmol/L NaCl 10ml，2mmmol/L EDTA 0.4ml，加水至 100ml。

2. 10% 十二烷基硫酸钠（SDS）　称量 10g 高纯度的 SDS 置于 100～200ml 烧杯中，加入约 80ml 的去离子水，68℃加入溶解；滴加浓盐酸调节 pH 值至 7.2；将溶液定容至 100ml 后，室温保存。

3. 1mg/ml 蛋白酶 K 溶液（PK）　将 10mg 的蛋白酶 K 加入到 9.5ml 水中，轻轻摇动，直至蛋白酶 K 完全溶解，不要漩涡混合。加水定容到 10ml，然后分装成小份贮存于 −20℃。

4. 2mg/ml 蛋白酶 K 溶液　将 20mg 的蛋白酶 K 加入到 9.5ml 水中，轻轻摇动，直至蛋白酶 K 完全溶解，不要漩涡混合。加水定容到 10ml，然后分装成小份贮存于 −20℃。

5. 1mol/L DTT（DL-Dithiothreitol，二硫苏糖醇）　称取 3.09g DTT，加入到 50ml 塑料离心管内；加 20ml 的 0.01M NaAC（pH 5.2），溶解后使用 0.22mm 滤器过滤除菌；适量分成小份后，−20℃保存。

6. 3mol/L NaAC 溶液（pH 5.2）　称量 40.8g NaAC•$3H_2O$ 置于 100～200ml 烧杯中，加入 40ml 的去离子水搅拌溶解；加入冰醋酸调节 pH 至 5.2；加去离子水将溶液定容至 100ml；高温高压灭菌后，室温保存。

7. 5mol/L NaCl　称取 292.2g NaCl 置于 1L 烧杯中，加入约 800ml 的去离子水后搅拌溶解；加去离子水将溶液定容至 1L 后，适量分成小份；高温高压灭菌后，4℃保存。

8. 0.5mol/L EDTA（pH 8.0）　称取 186.1g 乙二胺四乙酸二钠（$Na_2EDTA•2H_2O$），置于 1L 烧杯中；加入约 800ml 的去离子水，充分搅拌；用 NaOH 调节 pH 至 8.0（约需 20g NaOH）；加去离子水将溶液定容至 1L；适量分成小份后，高温高压灭菌，室温保存（注意：pH 至 8.0 时，EDTA 才能完全溶解）。

9. 1mol/L Tris-HCl　在 800ml 水中溶解 121.1g Tris，加入浓 HCl 调节 pH 至所需值（一般 pH 为 7.4 约需 HCl 70ml；pH 为 7.6 约需 HCl 60ml；pH 为 8.0 约需 HCl 42ml，应该使溶液冷至室温后方可调定 pH），加水定容至 1L，分装后高压灭菌备用。

10. 1×TE　在 800ml 水中依次加入 1mol/L Tris-HCl（pH 8.0）10ml，0.5mol/L EDTA（pH 8.0）2ml，加水定容至 1L，分装后高压灭菌。

11. CTAB 提取缓冲液（2%CTAB，20mmol/L Tris-HCl pH8.0，1mmol/L EDTA，1.4mmol/L NaCl，0.2% 巯基乙醇）　取 10%CTAB 20ml，加 1mol/L Tris-HCl（pH 8.0）2ml，加 0.5mo1/L EDTA（pH 8.0）0.2ml，加 5mol/L NaCl 0.028ml 并定容到 100ml，高压灭菌 20 分钟，0.2ml β- 巯基乙醇现用现加。

12. 饱和重蒸酚　将重蒸酚置于 65℃水浴中融化，与等体积的 1mol/L Tris-HCl（pH8.0）混匀，置室温下让其分层。检查其上清液的 pH 若低于 pH7.6，则弃上清液后再与等体积 0.1mol/L Tris-HCl（pH 8.0）混匀，置 4℃让其分层。必要时重复后一步骤，直至其上清液 pH>7.6 为止。加入 8- 羟基奎宁使终浓度达 1mg/ml，置棕色瓶 4℃保存备用。

13. 5%Chelex-100 贮存液　称取 5g Chelex-100，加灭菌超纯水至 100ml，混匀。检测 pH，若大于 9 则可用，放 4℃保存。

14. 20%Chelex-100 贮存液　称取 20g Chelex-100，加灭菌超纯水至 100ml，混匀。检测 pH，若大于 9 则可用，放 4℃保存。

三、聚丙烯酰胺凝胶试剂

1.30% 丙烯酰胺储存液或称母液（丙烯酰胺：甲叉双丙烯酰胺 =29∶1）　取 29g 丙烯酰胺和 1g N，N′- 甲叉双丙烯酰胺加超纯水溶解至 60ml，加热至 37℃溶解，过滤，再加蒸馏水至终体积为 100ml。溶液的 pH 应不大于 7.0。置棕色瓶中保存于室温。注意其有神经毒性。

2.10% 过硫酸胺（ammonium persulfate，APS）　取 1g 过硫酸铵加超纯水溶解至 10ml，该溶液易失效，在 4℃保存不要超过 1 周。

3. TEMED（N，N，N′，N′- 四甲基乙二胺）　4℃下保存。

4. 非变性聚丙烯酰胺凝胶（20ml，胶浓度 6%）的制备

丙烯酰胺母液（30%）	4ml
5×TBE	4ml
TEMED	10μl
10%APS	150μl
超纯水	加至 20ml

5. 变性聚丙烯酰胺凝胶（20ml，胶浓度 6%）的制备

尿素	9.6g
丙烯酰胺母液（30%）	4ml
5×TBE	4ml
TEMED	10μl
APS	150μl
超纯水	加至 20ml

四、常用电缓冲液的配制

1. Tris- 醋酸液（TAE）

50×TAE：Tris 242g，冰醋酸 57.1ml，0.5mol EDTA（pH 8.0）100ml，加纯水至 1000ml。

1×TAE：工作液。

2. Tris- 磷酸液（TPE）

10×TPE：Tris 108g，85% 磷酸（1.679mg/ml）15.1ml，0.5molEDTA（pH 8.0）40ml，加纯水至 1000ml。

1×TPE：工作液。

3. Tris- 硼酸液（TBE）

5×TBE：Tris 54g，硼酸 27，5g，0.5mol EDTA（pH 8.0）20ml，加纯水至 1000ml。

1×TBE：工作液。

4. 电泳上槽液　0.5×TBE。

5. 电泳下槽液　1×TBE。

6. 6× 上样缓冲液（loading buffer）　内含 0.25% 溴酚蓝（bromophenol blue），0.25% 二甲苯腈（xylene cyanol），40% 甘油，室温保存。另一种配方是用 40% 蔗糖代替 40% 甘油。

五、银染试剂的配制

1. 固定液（10% 乙醇）　无水乙醇 100ml 加蒸馏水定容至 1000ml。

2. 1% 硝酸　先加蒸馏水少量置烧杯，然后加 15.4ml 硝酸（浓度为 68.0%），再加蒸馏水定容至 1000ml。

3. 银染液（12mmol/L 硝酸银）　称取 2.038g 硝酸银，加蒸馏水溶解后，定容至 1000ml。

4. 显色液　称取 30g 无水碳酸钠置烧杯，一边加蒸馏水一边用玻璃棒摇匀，加入 37% 甲醛 0.7～0.9ml，加蒸馏水定容至 1000ml。

5. 停显液（10% 醋酸）　100ml 冰醋酸加蒸馏水定容至 1000ml，摇匀。

六、其他

10mg/ml 溴化乙锭（Ethidium bromide）　在 100ml 蒸馏水中加入 0.5g 溴化乙锭，磁力搅拌数小时至其完全溶解，然后用铝箔包裹容器或转移至棕色瓶中，保存于室温。工作液浓度为 0.5μg/ml。有 DNA 诱变作用。

参考文献

1. 侯一平. 法医物证学. 第3版. 北京：人民卫生出版社，2009.
2. 张林. 法医物证学实验指导. 北京：人民卫生出版社，2008.
3. 《法医生物检材的提取、保存、送检规范》(GA/T 1162-2014).
4. 皮建华. 刑事科学技术概论. 北京：光明日报出版社，2013.
5. 斯图尔特 H. 詹姆斯，保罗 E. 基什，T. 伯利特•萨顿. 血迹形态分析原理 - 理论与实践. 刘力，唐晖译. 北京：科学出版社，2008.
6. 王国明. 犯罪现场勘查. 成都：四川大学出版社，2008.
7. 王保捷. 法医学. 第6版. 北京：人民卫生出版社，2013.
8. 吴家敦. 法医学. 第3版. 成都：四川大学出版社，2006.
9. 崔家贵，黄力力. 首届中国法医物证学术交流会论文汇编. 1993.
10. 吴梅筠. 法庭生物学. 成都：四川大学出版社，2006.
11. 何维. 医学免疫学. 北京：人民卫生出版社，2005.
12. 李红芬，郑肇巽，马品耀，等. HE 染色原理和试剂配制及染色过程中的若干问题的探讨. 医学信息，2011，24(4)：1985-1986.
13. R Hausmann，C Pregler，B Schellmann. The value of the Lugol's iodine staining technique for the identification of vaginal epithelial cells. International journal of legal Medicine，1994，106(6)：298-301.
14. R Hausmann，B Schellmann. Forensic value of the Lugol's staining method：further studies on glycogenated epithelium in the male urinary tract.Int J Legal Med，1994，107(3)：147-151.
15. CEV French，CG Jensen，SK Vintiner，et al. A novel histological technique for distinguishing between epithelial cells in forensic casework. Forensic Science International，2008，178(1)：1-6.
16. Zhou B，Guo JY，Wang CX，et al. The rapid determination of the ABO group from body fluids(or stains)by dot enzyme-linked immunosorbent assay(dot-ELISA)using enzyme-labeled monoclonal antibodies. Journal of Forensic Sciences，1990，35(5)：1125-1132.
17. 欧炯文，李英碧，吴梅筠. 用酶标抗体免疫组化法测定性交后阴道内容物中精子的 ABO 血型. 中国法医学杂志，1993，(1)：9-12.
18. 庞灏，贾静涛，胡忠国. 中国(辽宁地区)汉族唾液酸性富含脯氨酸蛋白(APRPs)多型分布的研究. 法医学杂志，1990，6(4)：1-4.
19. 庞灏，贾静涛，胡忠国. 唾液中酸性富含脯氨酸蛋白遗传多型性的进一步研究. 遗传，1995，17(5)：14-16.
20. Azen EA，Kim HS，Goodman P，et al. Alleles at the PRH1 locus coding for the human salivary-acidic proline-rich proteins Pa，Db，and PIF. Am J Hum Genet，1987，41(6)：1035-1047.
21. Yamakami K. The individuality of semen，with reference to its property of inhibiting specifically isohemoagglutination. J Immunol，1926，12(3)：185-189.
22. Sweet D，Lorente M，Lorente JA，et al. An improved method to recover saliva from human skin：the double swab

technique. J Forensic Sci, 1997, 42(2): 320-322.

23. Azen E, Lyons KM, McGonigal T, et al. Clones from the human gene complex coding for salivary proline-rich proteins. Proc Natl Acad Sci USA, 1984, 81(17): 5561-5565.
24. 郭景元，李伯龄. 中国刑事科学技术大全•法医物证学. 北京：中国人民公安大学出版社，2002.
25. 余舰，韦登明. ABC法研究ABH物质在正常人体组织切片中的分布. 遵义医学院学报，1998，21(2)：9-11.
26. Butler JM. Advanced Topics in Forensic DNA Typing: Methodology. San Diego: Elsevier Academic Press, 2012.
27. 宋洁云，刘芳宏，马军，等. 酚/氯仿法和盐析法提取人类外周血基因组DNA方法的比较. 中国实验诊断学，2013，17(5)：802-805.
28. 陈丽霞，张振昶，谢小冬，等. 3种提取全血基因组DNA的方法比较. 基因组学与应用生物学，2014，33(5)：1110-1113.
29. 李成涛，赵书民，柳燕. DNA鉴定前沿. 北京：科学出版社，2011.
30. 郑秀芬. 法医DNA分析. 北京：中国人民公安大学出版社，2002.
31. 童大跃，刘超. 新编法医物证检验技术. 北京：中国医药技术出版社，2013.
32. 涂政，刘志芳，陈松，等. 牙齿的DNA提取及STR分型研究. 刑事技术，2007，5：9-11.
33. 赵兴春，涂政，张志强，等. 联合运用CTAB与磁珠提取陈旧骨骼D N A. 中国法医学杂志，2003，18：99-100.
34. 杨电，张丽萍，刘超，等. Chelex法和两种磁珠法提取接触DNA效果的比较. 刑事技术，2012，1：11-13.
35. 杨电，刘超，徐曲毅，等. 人体接触检材前处理方式对磁珠法提取DNA效果的影响. 中国法医学杂志，2011，26(5)：393-396.
36. 陈志忠，廖扬勋，陈尚良，等. PCR-SSP基因分型技术在ABO疑难血型定型中的应用. 现代检验医学杂志，2011，4(26)：53-55.
37. 廖扬勋，王洋洋，陈立强，等. 聚合酶链式反应-特异性序列引物基因定型在新生儿溶血病ABO血型定型中的应用. 检验医学与临床，2012，13(9)：1552-1553.
38. 王保捷，丁梅，李春梅，等. 非分泌型的基因型与血型物质的分泌研究. 中国法医学杂志，1998，2(13)：65-67.
39. 张卓君，张磊，姚文，等. FUT2基因单核苷酸位点多态性与母乳中性寡糖水平关联性研究. 中国循证儿科杂志，2011，1(6)：42-47.
40. 刘利民，梁健，宋芳吉，等. 应用SSP-PCR/SSO方法进行中国辽宁汉族HLA-DRB1基因的遗传多态性研究. 遗传，1999，1(23)：20-24.
41. 蔡燕，高泓，吕延鹤，等. PCR-ASO探针反向点杂交技术检测人类HLA-DQ基因型在亲子鉴定中的应用. 生殖医学杂志，1995，4(4)：241-242.
42. 张雷，李利华，潘绍义，等. 维生素D结合蛋白基因rs2282679 A/C多态性与维生素D缺乏的关系. 中华内分泌代谢杂志，2013，10(29)：846-848.
43. 邵雪景，缪珩，蒋秀琴，等. 南京汉族人群维生素D结合蛋白受体基因多态性与2型糖尿病的相关性研究. 中国现代医学杂志，2012，15(22)：45-48.
44. 宋海燕，杨庆恩，陈慧，等. 应用PCR-RFLP调查武汉汉族人群PGM1基因型. 中国法医学杂志，2002，1(17)：17-20.
45. 王惠玲，赵钧海，葛淑敏. 西安地区汉人GPT遗传多态性研究. 西安医科大学学报(中文版)，1996，5(17)：440-442.
46. 杜宏，张林，周斌，等. 微测序技术检测12个Y-SNP及其遗传多态性. 法医学杂志，2006，22(2)：125-129.
47. Livak KJ. Allelic discrimination using fluorogenic probes and the 5'-nuclease assay. Genet Anal, 1999, 14(5-6): 143-149.
48. Dunbar SA. Applications of Luminex xMAP technology for rapid, high-throughput multiplexed nucleic acid detection. Clin Chim Acta, 2006, 363(1-2): 71-82.
49. Dunbar SA, Vander Zee CA, Oliver KG, et al. Quantitative, multiplexed detection of bacterial pathogens: DNA and protein applications of the Luminex LabMAP system. J Microbiol Methods, 2003, 53(2): 245-252.
50. Fulton RJ, McDade RL, Smith PL, et al. Advanced multiplexed analysis with the Flow Metrix system. Clin Chem, 1997, 43(9): 1749-1756.

51. Itoh Y，Mizuki N，Shimada T，et al. High-throughput DNA typing of HLA-A，-B，-C，and -DRB1 loci by a PCR-SSOP-Luminex method in the Japanese population. Immunogenetics，2005，57（10）：717-729.

52. 王小红，王升启. 荧光定量PCR技术研究进展. 国外医学分子生物学分册，2001，23（1）：42-45.

53. Livak KJ，Flood SJ，Marmaro J. Oligonucleotides with fluorescent dyes at opposite ends provide a quenched probe system useful for detecting PCR product and nucleic acid hybridization. PCR Methods Appl，1995，4（6）：357-362.

54. Pang H，Koda Y. N-acetylglucosamine-phosphate mutase genotype and diabetic microvascular complications. Diabetic Medicine，2003，20（5）：419-420.

55. 袁建林，武国军，薛丽，等. 应用焦磷酸微测序技术行HLA-DRB基因型分析. 中国现代医学杂志，2006，16（8）：1164-1166.

56. 刘曙光，孙玉英，奚永志. 焦磷酸测序-HLA基因高分辨分型的新策略. 中国器官移植杂志，2005，26（9）：574-576.

57. 孙宽，张素华，朱如心，等. 新一代遗传标记——InDel研究进展. 法医学杂志，2013，29（2）：134-139.

58. Oka K，Asari M，Omura T，et al. Genotyping of 38 insertion/deletion polymorphisms for human identification using universal fluorescent PCR. Mol Cell Probes，2014，28（1）：13-18.

59. 百茹峰，姜立喆，张中，等. 北京汉族群体30个常染色体InDel位点群体遗传学及法医学研究. 遗传，2013，35（12）：1368-1376.

60. Qiagen. For multiplex amplification of 30 deletion/insertion polymorphisms，plus Amelogenin. Investigator®DIPplex Handbook，2010.

61. 孙宏钰，蔡贵庆，陆惠玲，等. DHPLC-mtDNA控制区多态性分析系统的建立. 法医学杂志，2005，21（4）：265-270.

62. 冯强，陈浩，周斌，等. PCR-RFLP分析线粒体DNA细胞色素b基因用于法医学种属鉴定. 刑事技术，2006，5：16-18.

63. 白丽萍，姜先华，赵贺群，等. 人与动物mtDNA细胞色素b基因的序列差异. 中国法医学杂志，2004，19（3）：154-156.

64. Evett IW，Weir BS. Interpreting DNA evidence—statistical genetics for forensic scientists. Sunderland：Sinauer Associates，1998.

65. Brenner C. Mutations in paternity. http://dna-view.com/mudisc.htm

66. 中华人民共和国司法部司法鉴定管理局.《亲权鉴定技术规范》（SF/Z JD0105001-2010）

67. 中华人民共和国公安部.《法庭科学DNA亲子鉴定规范》（GA/T 965-2011）

10